RELIGIONS
~ DU MONDE ~

Âme parfaite
Jaïnisme (page 45)

RELIGIONS DU MONDE

JOHN BOWKER

avec la collaboration de : David Bowker – Heather Elgood
Paul Dundas – Ian Harris – Eleanor Nesbitt – Stewart McFarlane – Clark Chilson
Lavinia Cohn-Sherbok – Margaret Bowker – David Thomas – Paul Heelas

TRADUCTION : MARC BAUDOUX

Le Christ Roi
Christianisme (page 144)

Détail du temple de Jagannâtha
Hindouisme
(page 19)

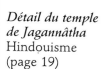

Libre Expression

Libre Expression

Édition originale
World Religions
© 1997 Dorling Kindersley Limited, Londres
© 1997 John Bowker pour le texte

Édition française
© 1998 Larousse-Bordas pour la langue française

Édition Dulce Gamonal
Conseiller scientifique Fernand Comte
Responsable éditoriale Dominique Wahiche
Couverture et jaquette Henri-François Serres Cousiné
Fabrication Jeanine Mille

© 1998 Éditions Libre Expression ltée
pour l'édition canadienne

Masque Kuba
Religions autochtones (page 186)

Photogravure (intérieur) GRB Editrice s.r.l.
Photogravure (couverture et jaquette) Offset Publicité
Achevé d'imprimer par A. Mondadori à Vérone (Italie)
en mars 1998

Éditions Libre Expression
2016, rue Saint-Hubert
Montréal (Québec) H2L 3Z5

Dépôt légal :
2ᵉ trimestre 1998

ISBN 2-89111-772-7

SOMMAIRE

QU'EST-CE QUE LA RELIGION ?

LES RELIGIONS ANCIENNES
Collaborateur : David Bowker

L'HINDOUISME
Collaborateur : Dr Heather Elgood

LE JAÏNISME
Collaborateur : Dr Paul Dundas

Pagode miniaturisée
Bouddhisme (pages 60-61)

LE BOUDDHISME
Collaborateur : Dr Ian Harris

Guru Nânak
Sikhisme (page 78)

LE SIKHISME
Collaboratrice : Dr Eleanor Nesbitt

Trois divinités sidérales
Religions chinoises
(page 94)

*Cédrat et gerbe
de palmes, de
myrte et d'osier*
Judaïsme
(page 129)

Sûtra du Lotus
Religions japonaises
(pages 110–11)

Ascension de Mahomet
Islam (page 164)

QU'EST-CE QUE LA RELIGION ?

AVANT-PROPOS DE L'AUTEUR

Que signifie l'appartenance à une religion ? À peu près tout, parce que la religion traite de l'ensemble de la vie humaine. Et de la mort. Au long des millénaires, les hommes ont cherché un sens et une vérité à leur nature propre et à celle de l'univers ; le résultat en est la religion, avec ce qu'elle a de totalisant. Même les sciences naturelles ont d'abord été religieuses : ce n'est que depuis trois siècles que la science et la religion constituent des axes de recherche séparés. Aujourd'hui, l'on considère les religions comme des communautés qui se distinguent par des pratiques et par des croyances (souvent en un Dieu ou en des dieux), qui se réunissent en des lieux consacrés au culte ou à la méditation et qui prônent un certain mode de vie. Nous savons que plus des trois quarts de la population mondiale disent appartenir à une religion, de près ou de loin.

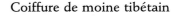

Vairochana

Amitâbha

QUE CELA SIGNIFIE-T-IL DONC, D'ADHÉRER À UNE RELIGION ? Tant de choses pour tant de gens différents que, souvent, ils se contredisent entre eux. C'est croire que Dieu est la source et le but de la vie, ou bien qu'il constitue au mieux un rêve de jeunesse ; c'est aimer son prochain comme soi-même, ou bien le vouer à l'exécration et à un destin bien pis que la mort ; c'est consulter des sorcières ou bien les brûler vives ; c'est avoir une âme ou n'en avoir point ; c'est obéir à l'injonction de se multiplier ou bien faire vœu de célibat ; c'est se retirer dans le silence ou prêcher à travers le monde ; c'est se raser le crâne ou ne jamais s'ôter un poil ; c'est aller à la mosquée le vendredi, à la synagogue le samedi ou à l'église le dimanche ; ce peut être prier, méditer, léviter, pratiquer un culte, entrer en transe ou connaître l'extase ; bâtir la cathédrale Saint-Paul, le Temple d'or ou la Grande Pyramide ; traverser les océans et les continents pour accomplir un pèlerinage ; convertir les autres ; partir en croisade ou en *jihad* ; enfin cela fut la création inspirée de musiques, de statues, d'icônes, de symboles, de poésies qui défient l'imagination, mais cela peut se révéler aussi un sentiment vulgaire.

Tîrthankara
Statuette représentant l'un des vingt-quatre tîrthankara, maîtres religieux du jaïnisme qui, par leur exemple, ont montré la voie de la délivrance spirituelle. Le vingt-quatrième, fondateur de la religion, est Mahâvîra, qui a vécu en Inde au VIᵉ siècle av. J.-C.

RELIGIONS ET SÉLECTION NATURELLE

Qu'est-ce enfin que la religion ? Le terme latin *religio* signifie quelque chose que l'on accomplit avec un souci inquiet ou scrupuleux du détail ; de là, il s'est appliqué à ce que nous appelons la religion, en raison de la manière dont les anciens pratiquaient les sacrifices (voir pp. 14-15). Ce mot viendrait d'un verbe, *religare*, qui signifie lier étroitement ensemble : voilà peut-être une indication très importante concernant les religions. Elles rassemblent les gens autour de pratiques et de croyances communes ; elles dirigent leur vie vers un même but. Ce but peut être la « vie » au sens le plus littéral puisque les religions constituent les plus anciens systèmes connus intégrant la maternité et accompagnant l'évolution de l'enfant vers l'âge adulte. Cet aspect est primordial : la sélection naturelle et l'évolution font que partout où l'on protège efficacement la naissance et l'éducation (la transmission des gènes et les soins aux enfants), les communautés humaines survivent et fleurissent. Nous sommes tous composés de gènes et de protéines, qui sont protégés de deux façons : par notre peau et par la culture où nous vivons. Ancien-

Coiffure de moine tibétain
Ce diadème, porté par un lama, montre les cinq bodhisattva les plus importants du Tibet : Amitâbha, Vairochana, Akshobhya, Ratnasambhava et Amoghasiddhi. Ils règnent sur les différentes régions du paradis où les bouddhistes peuvent renaître. Ceux-ci n'y atteignent pas encore l'éveil : ils restent sujets aux renaissances et donc à la souffrance, causée par le désir. L'éveil ne sera atteint que par l'élimination du désir.

nement, le culte de dieux et de déesses a joué un grand rôle dans la constitution de cultures où tous partageaient mêmes symboles, mêmes mythes et mêmes critères d'approbation ou de condamnation. Culture et culte viennent du même mot latin *cultus*, dévotion envers les dieux (voir pp. 14-15) ou envers un être suprême. La dévotion et la croyance en une puissance supérieure forment les bases de la culture, même si, à mesure que les hommes ont appris plus de choses sur « ce » à quoi ils ont affaire, leurs idées, leurs représentations et leurs croyances au sujet de Dieu ont changé. La culture est protection et les religions, dans la diversité de leurs articles de foi et de leurs pratiques, ont été les premiers systèmes culturels qui aient protégé la reproduction des gènes et la survie des enfants.

RELIGIONS, SEXUALITÉ ET ALIMENTATION

La question de la survie explique que tant de religions se préoccupent de sexe et de nourriture. Des règles exposent ce que vous pouvez ou ne pouvez pas manger, qui vous pouvez ou ne pouvez pas épouser, quels comportements sexuels vous sont permis ; certaines définissent très soigneusement le statut et l'activité des femmes. Ces règles avaient un sens en des temps où l'on en savait bien peu sur la reproduction et où la

Akshobhya

Ratnasambhava

Amoghasiddhi

que la sagesse héritée ou acquise par une génération passe à la suivante. Les religions sont des systèmes organisés pour que l'information soit conservée et passe d'une génération à l'autre. Leurs modes d'organisation varient considérablement. Certaines ont une structure rigide, avec une hiérarchie qui exerce autorité et contrôle (c'est le cas du catholicisme romain), d'autres en ont une plus lâche ou quasiment pas (c'est le cas de l'hindouisme, bien qu'il y ait en son sein des sous-systèmes très contraignants, qui s'appuient sur des maîtres, ou gourous, sur des temples ou sur des lieux saints). Cette organisation fait intervenir une quasi-infinité de spécialistes : prêtres, sorciers, chamans, gourous, imams, rabbins, *bhikshu*, nonnes, moines, popes, etc.

vie était incertaine, surtout pour les bébés et les enfants. Que beaucoup soient remises en question, maintenant que la contraception permet aux couples d'avoir des rapports sans concevoir, n'enlève rien au fait que, durant des millénaires, les religions ont constitué les meilleurs systèmes imaginés par l'espèce humaine pour assurer sa perpétuation. Et elles ont fonctionné : nous sommes là ; sans de tels boucliers, nous aurions pu, tels les dinausores et les dodos, nous éteindre.

L'ORGANISATION RELIGIEUSE

Ce qui précède explique que les hommes aient besoin de protection et de l'assurance

RELIGION ET RECHERCHE

Si la religion sert souvent à relier les gens les uns aux autres, elle va beaucoup plus loin que cela. Dès que des systèmes efficaces de protection ont été établis, ils ont permis à certains de se lancer à la recherche d'eux-mêmes et du monde. La plus importante de ces explorations a été celle du corps

humain : de ce qu'il peut éprouver comme de ce qu'il peut devenir. Ou bien l'on s'est concentré sur l'introspection et sur la quête de la vérité au travers du corps par l'expérience de l'éveil, de la paix, de la vacuité, de la nature de bouddha (voir pp. 64-65) : le voyage sur ce que le philosophe Thoreau a appelé « la mer privée », sur les courants et les océans de la nature intérieure, a conduit à des religions telles que le jaïnisme et le bouddhisme. En revanche, il est une autre recherche, qui concerne le monde extérieur, celui des relations : elle fonde la vérité et la valeur sur la manière dont s'établissent nos rapports avec autrui et avec la transcendance. Cela a produit des religions telles que le judaïsme, le christianisme et l'islam, où la transcendance est désignée sous le nom de Dieu, considérée comme la source première de toute vie et reconnue comme un être indépendant de l'existence d'un quelconque univers.

Ces recherches ont donné lieu à des pratiques caractéristiques des religions, comme le culte, la prière, la méditation, le yoga ou le *zazen*. Celui qui s'y adonne sérieusement peut être conduit à des expériences d'une intensité à faire pâlir, pour lui, toutes les autres choses de la vie. Elles sont liées à des croyances qui, pour leur part, créent une vision de ce qu'est l'existence

Maison de thé japonaise
La cérémonie japonaise du thé reprend des principes fondamentaux du bouddhisme. La « voie du thé » est née de l'idée que l'éveil est un processus graduel, qui naît du parfait accomplissement de chaque geste ; c'est l'acte lui-même qui contient sa propre valeur, plutôt que la finalité de l'acte.

Icône grecque orthodoxe
Les icônes sont une grande tradition de l'Église chrétienne orthodoxe. Elles dépeignent des personnages ou des événements. Plutôt que de représenter photographiquement, elles visent à pénétrer la réalité de ce qu'elles illustrent, telles des fenêtres sur le divin. Celle-ci montre la Résurrection du Christ.

humaine et de ce à quoi ressemble le monde ou l'univers. De tels «mondes» sont pleins de dieux et d'esprits, de puissances et de présences, pour le meilleur comme pour le pire. Leur réalité réside au moins dans leurs effets. Chercher plus loin est, en grande partie, la tâche de la philosophie religieuse.

VISIONS DU MONDE

Les visions religieuses de l'univers s'appellent des cosmologies et elles incluent des cosmogonies, c'est-à-dire des récits du commencement du monde. On les a souvent considérées comme quasi scientifiques et on les a donc opposées aux théories cosmologiques nées des sciences naturelles. En fait, une même religion peut avoir plusieurs cosmogonies, souvent contradictoires entre elles mais dont chacune sert un propos différent. Il y a au moins cinq récits de la création dans les écritures judaïques (et non dans la seule *Genèse*), bien plus dans l'hindouisme. C'est que les religions ont imaginé puis développé des cosmogonies et des cosmologies non pour anticiper sur la science contemporaine mais afin de présenter l'univers comme un cadre au sein duquel on puisse vivre de la manière et suivant les intentions qu'elles ont prévues ou exigées. Le cosmos est porteur de signification et cela

demande une façon particulière d'agir et de vivre. Les visions du monde comprennent aussi des considérations sur le temps, la nature humaine, le destin et la manière dont les vivants peuvent continuer à s'occuper des morts.

QUESTIONS DE VIE ET DE MORT

Il n'y a pas eu dès l'origine une croyance en une vie véritable après la mort. Tout au plus croyait-on en la persistance d'une ombre vague, maintenue en «vie» par la mémoire des survivants et des descendants. C'est dire que les grandes traditions religieuses, tant orientales qu'occidentales, se fondent sur l'expérience de cette vie-ci et les possibilités de ce corps-ci. La croyance en une forme de continuité au-delà de la mort (différemment décrite suivant les religions) s'est développée à la suite des conclusions apportées par nos ancêtres aux questions qu'ils se sont posées au cours du long processus de la recherche religieuse. Ce qui subsiste de nous fait l'objet de conceptions très diverses mais toutes les religions ont en commun de maintenir une doctrine qui permette à chacun de se donner des objectifs valables tant dans cette vie (buts immédiats) qu'après la mort (fins dernières).

Ces doctrines ont à être organisées, conservées et partagées. Une bonne part de l'information religieuse n'est jamais verbalisée : elle est supportée par des signes et des symboles (les hindous peuvent résumer tout l'univers en un diagramme de la dimension d'une carpette, les chrétiens peuvent mettre Dieu dans un morceau de pain pas plus grand qu'une pièce de monnaie), par des œuvres d'art, des décors, des gestes, souvent par le silence. Même le besoin le plus essentiel de l'homme, la respiration, devient dans beaucoup de religions, comme le bouddhisme, une façon d'approcher la vérité.

Ganesha
Ganesha est l'une des divinités hindoues les plus populaires. On dit qu'il a une tête d'éléphant parce que son père, le dieu Shiva, ne le reconnut pas alors que Ganesha regardait sa mère. Shiva lui coupa la tête puis, après avoir compris son erreur, il la remplaça par une tête d'éléphant. Ganesha est révéré comme « Celui qui enlève les obstacles ».

Chandelier judaïque
La menorah, *chandelier à sept branches, est un ancien symbole du judaïsme et l'emblème actuel de l'État d'Israël. Elle se trouvait à l'origine dans le Temple de Jérusalem. Ci-contre, un chandelier à neuf branches, la* hanukiah, *utilisé pour la fête de Hanukkah (voir p. 128). Chaque branche correspond à un jour de fête. Celle du centre, le* sanush, *porte la chandelle destinée à éclairer les huit autres.*

LA RELIGION EN TANT QUE RÉCIT

Un grand nombre d'informations, toutefois, sont verbalisées : le récit est de première importance dans toutes les religions. D'aucuns ont même considéré les religions en tant que telles comme autant d'histoires que chacun apprend et transpose en autobiographie. Outre les récits, il y a beaucoup de choses qui aident à cette transposition : la liturgie, les fêtes religieuses, les pèlerinages constituent des moyens évidents d'intégrer les dogmes à sa propre vie. En plus de récits oraux, les religions produisent des textes. Certains de ces derniers sont considérés comme révélés, c'est-à-dire transmis par ce que des hommes ont appris à reconnaître comme étant Dieu. Dès lors, ils font autorité : « il est écrit dans l'*Évangile* »... mais aussi dans la *Tanakh* (écriture juive), le *Coran* (écriture musulmane), la *Shruti* (écriture hindoue), les *anga* (écritures jaïnes), le *Guru Granth* (écriture sikhe), etc. Le fait qu'ils ne disent pas tous la même chose et qu'ils peuvent même se contredire renforce la division radicale entre religions (voir pp. 188-189).

(voir pp. 188-189).

CROYANCE RELIGIEUSE ET COMPORTEMENT

Les religions unissent donc les individus et donnent à leur vie une vérité et un but. Les religions sont de grandes familles. Elles étendent la famille aux dimensions de la tribu ou du royaume et plusieurs d'entre elles vont plus loin, en ne faisant qu'une seule famille de tous les peuples de la terre, comme pourraient dire les chrétiens, ou en les réunissant en une même communauté, l'*umma*, comme disent les musulmans. En créant des codes de comportement (sous forme de morale ou de loi) et en faisant partager une même description de la réalité, les religions permettent de vivre dans la confiance. La foi est la croyance en la fiabilité des affirmations religieuses ; la confiance renforce la foi par le partage de celle-ci avec autrui. Cela signifie, par exemple, que l'on peut distinguer entre ses amis et ses ennemis et savoir si telle personne a des intentions hostiles ou non. Les codes religieux de reconnaissance et de comportement (au-delà même des objectifs moraux), outre qu'ils mettent de l'ordre dans la société, souvent en instaurant une hiérarchie, fournissent à tous ses membres, jusqu'aux plus pauvres et aux moins favorisés, l'occasion d'une réussite religieuse, de quelque nature qu'elle soit. La religion apporte donc la lumière dans les ténèbres, elle contredit le mal et la mort. Elle est aspiration, vision et espoir envers ce qui transcende le moment présent, elle nous rachète du péché et de l'échec, de ce que Freud appelait nos « obscurités intimes ». Ce faisant, elle voit souvent – pas toujours – ses prétentions confirmées par l'expérience vécue.

MYTHE ET RITUEL

Les instruments intellectuels majeurs de la créativité religieuse sont le mythe et le rituel. Le terme de mythe s'est corrompu, de sorte que, dans l'usage populaire, il est devenu synonyme de chose

Guru Gôvind Singh
La religion sikhe avait dix Gourous, ou chefs religieux, avant que le dernier, Gôvind Singh, ne transmît l'autorité à la communauté et à un livre sacré.

Bouclier de chasseurs de têtes
Au XIXe siècle, à Bornéo, les chasseurs de têtes kayans portaient un bouclier orné de têtes d'esprits féroces et de cheveux humains, afin d'accroître leur force et d'effrayer l'ennemi. Les Kayan tenaient leur rang en collectionnant les têtes coupées. On croyait que cela fécondait la terre et assurait le succès du village. Dans l'autre monde, les victimes devenaient esclaves.

fausse ou inventée. Or le mythe est l'une des plus grandes réalisations humaines. C'est une narration, souvent un ensemble de récits, qui vise à une vérité indicible par d'autres moyens, notamment par les catégories des sciences naturelles. C'est pourquoi le mythe a été remis à l'honneur au XIXe siècle par des personnalités qui, tel Richard Wagner, admettaient que la science ait sa vérité à dire, mais une vérité limitée : elle ne nous enseigne rien sur les fondements de l'amour et de la souffrance. Le mythe situe les biographies individuelles et les événements locaux dans un contexte et dans une histoire plus vastes, en leur donnant sens et signification. Il peut fournir une explication au rituel, bien qu'il y ait des rituels indépendants du mythe. Les rituels sont des actes répétés de façon régulière et prévisible, qui ordonnent l'écoulement du temps, lequel serait sans eux livré au hasard. Ils peuvent être laïques (comme, par exemple, l'ouverture des Jeux olympiques ou le réveillon de Nouvel An) mais ils occupent une grande place dans les religions. Certains sont des rites de passage (qui marquent l'accession d'individus ou de groupes à des moments significatifs de la vie et de la mort), d'autres protègent contre les dangers de mondes hostiles ; certains déterminent l'appartenance à un groupe religieux, d'autres y mettent fin ; certains cherchent à provoquer une mutation, d'autres à exprimer un sens. Le rituel est le langage dramatisé qui désigne et articule les espoirs et les craintes des hommes, qui renouvelle constamment la vie.

LES ACQUIS DE LA RELIGION

Ce qui vient d'être exposé montre que les religions figurent parmi les grandes réalisations de l'humanité et sont d'une nature telle qu'en leur sein, exclusivement, les hommes ont pu les concevoir comme autre chose qu'un fait *humain*. Ils se sont sentis touchés, pour ainsi dire à mi-chemin, par une grâce et par un Dieu qui les ont menés plus

loin que ce à quoi ils auraient pu atteindre par eux-mêmes. D'où l'importance des religions en tant que contexte et conséquence des découvertes les plus éclairantes sur la nature et la destinée de l'homme. Les religions ont inspiré la plupart des manifestations durables de l'art, de l'architecture, de la musique, du théâtre, de la danse et de la poésie. En outre, elles désignent la première de toutes les vérités : celle qui demeure alors que toutes les autres passent.

LES DANGERS DE LA RELIGION

Les religions ont donc beaucoup accompli. C'est pourquoi elles sont si dangereuses. On meurt (et l'on tue) pour sa religion. Les religions sont impliquées dans les conflits les plus sanglants et les plus acharnés : voyez l'Irlande du Nord, la Bosnie, Chypre, le Proche-Orient, le Cachemire, le Pendjab ou le Sri Lanka. Comme nous l'avons vu, les religions sont des systèmes qui fixent des frontières afin de protéger une information. Ces frontières peuvent exister au sens littéral (une terre sainte) ou métaphorique (des croyances et des pratiques conférant et maintenant une identité). Où il y a des frontières, il y a immanquablement des incidents de frontière dès qu'une menace se présente. Menace qui peut se traduire par

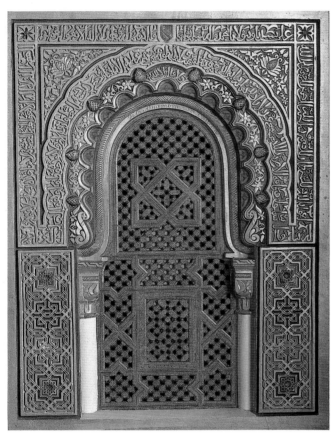

L'arc de l'Alhambra de Grenade
La religion islamique, fondée en Arabie par Mahomet en 570, se répandit en trois siècles dans toute l'Asie et en Europe méridionale. L'architecture islamique se caractérise par un style très ornementé, dû à l'interdiction de l'art figuratif. Cet arc de l'Alhambra de Grenade, en Espagne, en fournit un exemple, avec ses inscriptions à la louange d'Allah.

une attaque réelle contre une communauté religieuse, comme dans le cas des pays communistes, ou par une atteinte à la pérennité de la pratique religieuse, comme dans le cas de la laïcisation de la société. Une réaction peut être le retour à l'intégrisme (l'affirmation que la tradition religieuse repose sur des bases non négociables), une autre peut être la guerre. Toutes les religions justifient la guerre dans certaines circonstances (y compris celles, comme le jaïnisme, qui insistent sur l'*ahimsâ*, la non-violence). Elles ont amassé tant de trésors qu'il vaut mieux mourir que de perdre un tel héritage. C'est là le paradoxe des religions : la bonne nouvelle peut se muer en une mauvaise.

Laozi, Père du taoïsme
Peinture de Qiangu (XVIᵉ siècle) représentant le sage chinois Laozi (Lao-tseu), considéré comme l'inspirateur du taoïsme, l'une des trois grandes religions de Chine. Le taoïsme, fondé sur le Daode-jing (Livre de la Voie et de la Vertu), met l'accent sur la vie simple et l'union avec la nature. Laozi vécut au VIᵉ siècle av. J.-C.

L'AVENIR DES RELIGIONS

Une autre réaction possible, face au défi, est de changer et de se renouveler. Toutes les religions ont changé avec le temps, certaines moins volontiers que d'autres. La religion ne disparaîtra pas. Nous sommes fondamentalement religieux, nous sommes éduqués dès la naissance à la religion, tout comme à d'autres comportements fondamentaux. Nous sommes éduqués à user du langage, à manger et à boire, à nous développer et à nous comporter sexuellement. Nous le sommes aussi aux comportements que nous appelons religieux. Ce qui n'est pas prédéterminé, nous l'accomplissons grâce à notre « éducation » : la biologie ne prévoit pas quelle langue nous parlerons, encore moins ce que nous dirons. De même en matière de religion : la biologie ne détermine pas ce que nous ferons de nos potentialités religieuses. Nous pouvons décider de nous abstenir de religion, tout comme d'activité sexuelle ou (pour de brèves périodes) de nourriture, mais peut-être l'abstention d'une chose aussi fondamentale que la religion empêche-t-elle d'atteindre à toute la plénitude humaine.

La question est plutôt de reconnaître les aspects pernicieux et destructeurs de la religion (qui sont nombreux) et de se tourner vers cette sorte de religion qui délivre de leur désespoir les meurtris et les affligés, en se consacrant au renouvellement du monde.

DU PASSÉ AU PRÉSENT

Dans cette optique, il y a beaucoup à apprendre du passé. Les religions ont toujours été en voie de changement et de transformation. Certaines, comme le zoroastrisme (voir p. 13), ont une histoire immensément longue mais, si elles laissent à des textes antiques le soin d'inspirer et d'encadrer la vie, elles les appliquent de manière nouvelle. D'autres, comme les religions de Rome et de la Grèce (voir pp. 14-15), semblent avoir disparu depuis longtemps mais les religions anciennes sont rarement des religions mortes : beaucoup d'éléments gréco-romains ont survécu dans

le christianisme et, à la Renaissance, ils ont donné forme et contenu aux arts et à la littérature de l'Occident. Les seules religions mortes sont celles qui ne peuvent s'extraire du passé pour reprendre vie dans le présent. Ce qui compte, finalement, c'est la question de la vérité : les religions prétendent dire ce qui importe dans la vie et ce qu'elle peut devenir. Elles proposent des choix face aux circonstances. Laquelle d'entre elle, s'il y en a une, est vraie ? Et en quoi ?

AU LECTEUR

DANS CET OUVRAGE, les dates appartenant à notre ère ne sont suivies d'aucune spécification. Celles d'avant notre ère sont suivies de l'abréviation « av. J.-C. ».

Dans le chapitre concernant le christianisme, toutes les citations bibliques sont empruntées à la *Bible de Jérusalem*. Celles du chapitre concernant le judaïsme le sont à la *Bible du Rabbinat français*.

Les mots chinois non francisés ont été transcrits suivant le système Pinyin. Toutefois, certains mots et noms généralement connus suivant l'orthographe EFEO ou Wade-Giles ont été cités sous cette forme, à titre complémentaire. De même, dans les cartes de la page 192, certains noms de lieux, généralement connus sous une orthographe traditionnelle, y ont été ajoutés entre parenthèses.

Les transcriptions de termes sanskrits, pâlis, tibétains, persans et arabes suivent un système simplifié.

RELIGIONS ANCIENNES

UNE POIGNÉE DE MAIN PAR-DESSUS LES SIÈCLES

Il n'y a pas eu dans le passé de communauté humaine sans religion, et il y en a peu aujourd'hui. Aussi la religion semble-t-elle faire partie intégrante de la vie. Même si beaucoup de gens nient être croyants, il est clair que nous sommes éduqués à la religion tout comme nous sommes éduqués à respirer, à parler une langue, à faire de la musique, à manger à table, etc. Il y a beaucoup de religions différentes, anciennes ou modernes, parce que la manière dont nous avons été préparés à la vie ne nous dit pas exactement que faire de cette « préparation ». Nous avons tous besoin de manger mais il y a bien des variétés d'aliments. Il y a bien des variétés de religion mais toutes les sociétés ont porté une religion dans leur cœur.

L'ÉPOQUE, LA FAMILLE ET LE PAYS dans lequel nous sommes nés sont d'une extrême importance. La culture, la patrie et le moment dans l'histoire déterminent les multiples façons de mettre en pratique la formation du corps et de l'esprit: nous parlons des langues différentes, nous avons des habitudes sexuelles différentes, nous mangeons des aliments différents, nous pratiquons des religions différentes, et ainsi de suite. Même si nous vivons dans le même pays que nos ancêtres – l'Europe ou la Russie par exemple – nous sommes différents d'eux, encore que nous parlions à peu près la même langue et respections à peu près les mêmes coutumes. Par un processus de construction

Divinités grecques
Ce détail d'un vase montre quelques-uns des dieux qui peuplaient le panthéon grec.

Influence chrétienne
Cet objet scandinave du Xᵉ siècle combine la croix chrétienne avec le marteau de Thor.

et de correction, nous puisons dans la sagesse du passé mais reconnaissons et modifions ce que nous y supposons d'erroné. Cela ne signifie pas que le progrès soit continu : l'adaptation que nous faisons peut être entachée d'erreur ou de malveillance. Cela signifie en revanche que le passé n'est pas mort. Nos ancêtres ont bâti leur culture et leur société sur des structures intellectuelles et physiques très proches des nôtres. C'est pourquoi nous pouvons tendre la main par-dessus les siècles à ceux qui ont vécu avant nous, et prendre plaisir à entrer dans leur vie. Dans les religions anciennes, il y a, de notre point de vue, beaucoup d'erreurs. Pourtant elles survivent dans notre poésie, dans notre sagesse et dans une inspiration que nous n'avons qu'à traduire dans le langage de notre propre vie.

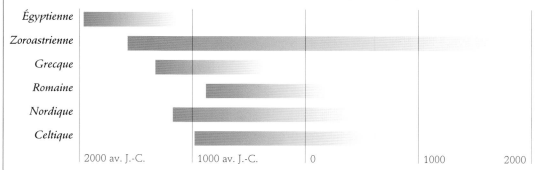

CHRONOLOGIE DES RELIGIONS ANCIENNES

Il y a beaucoup plus de religions anciennes qu'indiqué ci-dessous. Certaines, comme l'égyptienne, semblent lointaines dans le temps. D'autres, comme le zoroastrisme, sont anciennes mais se prolongent dans le présent (avec les parsis). Les religions grecque, romaine et nordique ont cédé devant une foi nouvelle, le christianisme, tandis que d'autres, comme la celtique par exemple, ont revécu sous une forme différente, de sorte qu'on ne peut en fixer la « fin ».

Égyptienne				
Zoroastrienne				
Grecque				
Romaine				
Nordique				
Celtique				
2000 av. J.-C.	1000 av. J.-C.	0	1000	2000

LA RELIGION ÉGYPTIENNE

L'ÉGYPTE ANCIENNE CONSTITUE UN EXEMPLE de la façon dont une religion régionale peut se maintenir durant une longue période, tout en intégrant le changement ainsi que des croyances et coutumes locales. En Égypte, la foi et la pratique se sont modifiées chaque fois que les circonstances l'exigeaient. Le pays est une sorte d'oasis de 1500 kilomètres de long, fertilisée par le Nil. Un ancien hymne dit : « Salut à toi, ô Nil, qui surgis de la terre et donne vie à l'Égypte. » La haute Égypte (le Sud) était isolée par le désert et par les cataractes, tandis que la basse Égypte (principalement le delta) s'ouvrait au monde méditerranéen, donc au commerce et à la conquête. Cette vaste région avait besoin, pour rester unie, d'un pouvoir fort et centralisé ainsi que de croyances communes : les pharaons et la religion y pourvurent.

Oudjat

Scarabée

Le royaume pharaonique d'Égypte, subdivisé en 31 dynasties, a duré d'environ 3100 à 323 av. J.-C. Les pharaons se sont érigés en rois divins, usant de la diversité des croyances et des dieux pour affirmer leur pouvoir. Le dieu solaire d'Héliopolis, Rê (ou Râ), a été associé aux pharaons, qu'on appelait « fils de Rê ». Chaque matin, Rê entame la traversée du ciel, en dominant le chaos et le mal. Même la nuit, il tient le mal en échec, jusqu'à sa renaissance matinale. Dans son culte, les souverains sont associés à ses victoires. Les dieux des autres grands centres religieux, comme Thèbes et Memphis, sont devenus ses alliés. Lorsqu'une dynastie thébaine prit le pouvoir, elle conserva ses dieux, et Rê devint Amon-Rê. La même chose se produisit avec d'autres divinités : les pharaons s'assuraient le respect des différentes tribus en créant un lien entre les dieux locaux et eux-mêmes. Ensuite les prêtres se chargeaient de mettre de l'ordre dans cette accumulation de divinités, en créant des familles divines, par exemple l'Ennéade, avec neuf degrés de divinités majeures. Le plus audacieux des pharaons, Aménophis IV (1379-1362 av. J.-C.) déclara qu'Aton, le disque solaire ouvrant les bras pour vivifier le monde, était le seul Dieu ; les autres étaient ses serviteurs. Cela ne dura pas, et l'Égypte retourna à ses procédés d'assimilation entre dieux, cultes et croyances, suivant les besoins du jour.

Le symbole de vie

L'ankh était un symbole porté par les rois, les reines et les dieux, c'est-à-dire par ceux qui avaient le pouvoir de donner et d'ôter la vie.

LA VIE ET LA MORT

En tant que rois divins, les pharaons ne pouvaient être détruits, même par la mort. Leur prétention à l'immortalité reçut un vif encouragement lorsque les Égyptiens découvrirent la technique de l'embaumement des cadavres. Leur vie éternelle s'abrita dans les immenses pyramides des premières dynasties. Plus tard, le culte des morts et la croyance en l'immortalité se répandirent : sous la XVIIIe dynastie (1567-1320 av. J.-C.), ceux qui pouvaient se payer des funérailles en bonne et due forme avaient l'immortalité assurée. On écrivit des manuels pour les y guider, les *Textes des sarcophages*, ainsi nommés parce qu'ils étaient souvent placés dans les cercueils ; le plus célèbre est le *Livre pour sortir au jour*, souvent appelé le *Livre des morts égyptien*.

ISIS ET OSIRIS

Les Égyptiens confortèrent leur croyance en développant des techniques magiques qui devaient les aider pendant la mort, ainsi que le culte de dieux et de déesses capables de les secourir. Parmi les plus connus de ceux-ci, il y a Isis et Osiris. Osiris fut d'abord un dieu de la fertilité localisé en basse Égypte. Comme il pouvait créer la vie à partir du sol inerte, il fut décrit comme étant mort lui-même, puis comme le souverain du séjour des morts. Lorsque les pharaons voulurent affirmer leur pouvoir sur la mort, ils firent d'Osiris l'égal de Rê et, pour mieux encadrer les comportements individuels, ils l'élevèrent au rang de juge des défunts. On dit alors qu'Osiris avait civilisé l'Égypte, en la faisant renoncer au cannibalisme. Le culte d'Isis, à l'origine indépendant et localisé dans le nord du delta, se combina plus tard avec celui d'Osiris pour constituer un mythe et un culte du soleil mourant et renaissant. Quand Osiris fut tué par son méchant frère Seth, Isis retrouva son corps, en conçut un fils et l'embauma pour lui rendre l'immortalité. D'autres épisodes furent ajoutés, toujours sur le thème de la vie surgissant de la mort.

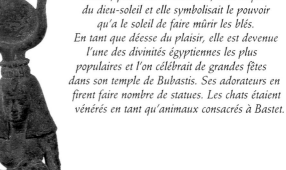

Bastet, la déesse-chatte

Bastet, patronne de Bubastis, était la fille du dieu-soleil et elle symbolisait le pouvoir qu'a le soleil de faire mûrir les blés. En tant que déesse du plaisir, elle est devenue l'une des divinités égyptiennes les plus populaires et l'on célébrait de grandes fêtes dans son temple de Bubastis. Ses adorateurs en firent faire nombre de statues. Les chats étaient vénérés en tant qu'animaux consacrés à Bastet.

Osiris, dieu de l'au-delà

Osiris était à l'origine un dieu de la fertilité qui personnifiait la végétation mais il devint le dieu de l'au-delà après avoir été assassiné par son frère. C'est dans ce rôle qu'il est devenu populaire, en donnant aux Égyptiens l'espoir d'être bien gouvernés après la mort.

Horus était souvent vénéré comme « l'enfant divin »

Isis et Horus

Isis, épouse et sœur d'Osiris, conçut Horus après que son époux eut été tué par Seth. Elle éleva Horus dans l'isolement pour le protéger, et il devint le dieu national de l'Égypte, ancêtre des pharaons, qui s'appelaient « Horus vivant ».

LE ZOROASTRISME

LES ZOROASTRIENS SUIVENT L'ENSEIGNEMENT du prophète Zarathustra, ou Zoroastre. Certains d'entre eux ont émigré en Inde au Xᵉ siècle, à la suite des persécutions musulmanes ; ils y sont connus sous le nom de parsis, c'est-à-dire Perses. Zarathustra vécut dans le nord-est de l'Iran on ne sait trop quand, peut-être vers 1200 av. J.-C. L'essentiel de son enseignement est conservé dans dix-sept hymnes, les *Gâthâ*, qui figurent dans les *Yasna*, une partie des écritures avestiques. Il était prêtre et la langue de ses hymnes est difficile, aussi les interprétations de sa pensée (qui a des liens avec le *Rig Veda* hindou, voir pp. 30-31) diffèrent-elles beaucoup. Il croyait que Dieu, Ahura Mazda, lui avait personnellement confié sa mission par une série de visions.

Il en est résulté un sens de la responsabilité personnelle, qui est resté fondamental chez les zoroastriens. Il y a deux forces opposées : Ahura Mazda, créateur de la vie et du bien (aidé en cela par les *ahura*, bons esprits ou anges), et Angra Mainyu, mauvais et destructeur (aidé par des démons, les *daeva*). Le sort de chacun dépend du choix fait entre eux. Après la mort, l'âme est conduite par sa *daena* (la conscience représentée sous les traits d'une jeune fille) vers le pont Cinvat, celui du Jugement. Ceux chez qui prédominent les actes bienfaisants vont au paradis ; ceux chez qui prédominent les forfaits tombent dans un enfer, la Maison du Mensonge. On considère les cadavres comme les lieux où Angra Mainyu est le plus puissamment présent, de sorte qu'on ne peut ni les enterrer ni les jeter à la mer ; on ne peut non plus les brûler car ce sont des créatures. On les livre donc aux vautours en les exposant dans une tour spécialement conçue, la *daxma*, souvent appelée « tour du silence ».

L'enseignement de Zarathustra est essentiellement optimiste en ce sens qu'il n'est pas difficile de choisir le bien ; et la tradition rapporte que Zarathustra fut le seul bébé qui se mit à rire à sa naissance, au lieu de pleurer.

Au VIIᵉ siècle av. J.-C., son enseignement s'était répandu sur tout le plateau iranien et, lorsque Cyrus le Grand fonda l'empire perse, au VIᵉ siècle, sa religion devint religion d'État

L'esprit gardien
Cette figure est un fravashi, *ou esprit gardien, qui représente l'essence divine présente dans l'homme, tout comme Ahura Mazda, le « moi spirituel ».*

et fut donc pratiquée de la Grèce à l'Égypte et à l'Inde du Nord.

Les zoroastriens sont tolérants à l'égard des autres religions parce que le Jugement porte sur les œuvres, non sur la foi. Au demeurant, l'enseignement zoroastrien influença d'autres religions, dont le judaïsme lors de l'exil à Babylone, au temps où Cyrus prenait le pouvoir, et le christianisme : les anges, la fin du monde, le Jugement dernier, la Résurrection, le Ciel et l'Enfer ont pris forme et substance à partir des croyances zoroastriennes.

Au IIIᵉ siècle de notre ère, les Sassanides du Sud-Ouest renversèrent les Parthes du Nord et fondèrent une dynastie prestigieuse ; ils s'étaient appuyés sur les prêtres pour réussir, si bien qu'on a pu dire que leur empire et la religion étaient « des frères jumeaux, nés d'une même matrice et que rien ne séparerait ». La domination des prêtres donna lieu à une nouvelle interprétation, le

Cérémonie d'initiation
Les jeunes zoroastriens sont initiés à leur foi au cours de la cérémonie Navjote. Ils y prennent symboliquement l'engagement d'en défendre les idéaux. Ils y reçoivent un vêtement rituel et une cordelette dont les soixante-douze brins symbolisent la fraternité universelle.

zurvanisme, qui fut déclarée orthodoxe ; tout désaccord fut donc traité comme une hérésie et, pis, comme une trahison, ce qui contredisait la doctrine traditionnelle du libre arbitre et mettait en question la bonté première du monde.

L'histoire impériale du zoroastrisme prend fin avec la conquête musulmane du VIIᵉ siècle. L'oppression croissante incita beaucoup de zoroastriens à quitter les villes, voire à se réfugier en Inde. La persécution s'aggrava sous la dynastie des Qajars (1796-1925) mais un groupe de fidèles subsista. Lorsque Reza Shah Pahlavi déposa le dernier des Qajars en 1925, il y eut un répit car les zoroastriens furent alors considérés comme la plus vieille noblesse de l'Iran. Après la révolution islamique, beaucoup d'entre eux rejoignirent la diaspora. En Inde, les parsis jouent un grand rôle dans la vie nationale ; certains ont développé de nouvelles interprétations, liées à la théosophie ou à une simplification moderniste de l'ancien rituel.

Les fruits, le vin, le lait et l'eau représentent les plantes, les hommes, le bétail et l'eau

Le bois de santal qui brûle représente Dieu, source de lumière et de vie

Cérémonie d'action de grâces
Le Jashan est une action de grâces qui assure le bon ordre des mondes spirituel et physique. Les objets utilisés y symbolisent les sept saints immortels sous les espèces du ciel, de l'eau, de la terre, des plantes, du bétail, des hommes et du feu.

Bois de santal et encens

Les boutons de fleur représentent les saints immortels

Les objets de métal représentent le ciel

Spatule utilisée par l'auxiliaire du prêtre pour offrir au feu le bois de santal et l'encens

LA RELIGION GRECQUE

SOUS SA FORME LA PLUS SIMPLE, la religion grecque se caractérise par le culte de douze divinités dont le roi, Zeus, résidait sur le mont Olympe. Chacune avait différents attributs. Ainsi, Apollon était le dieu de la lumière et de la musique ; Athéna, la déesse de la sagesse et de la guerre, en outre patronne d'Athènes. Toutefois, la réalité de la religion grecque est plus complexe, puisqu'il existait des milliers de dieux locaux, dont beaucoup furent ensuite identifiés aux Olympiens. C'est ce qu'on appelle le syncrétisme, c'est-à-dire la fusion des cultes. Les Grecs n'avaient ni mot pour « religion » ni prêtrise institutionnalisée. Et pourtant la religion était omniprésente chez eux ; elle jouait un rôle dans quasiment toutes les activités de la *polis*, de la cité-État. On ne distinguait donc pas entre vie religieuse et vie laïque.

Perséphone et Hadès
Perséphone, fille de Zeus et de Déméter, fut enlevée par son époux Hadès, roi des enfers et assimilé à Pluton, dieu de la richesse.

Une des formes principales de culte était le sacrifice, au cours duquel un don, souvent la cuisse d'un animal choisi, était offert au dieu sur l'autel placé à l'extérieur du temple. Par là, on demandait à la divinité d'exaucer un vœu ou plus souvent, parce que les dieux grecs étaient foncièrement jaloux et colériques, de s'abstenir de nuire. Le sacrifice n'avait d'efficacité que si le rituel en était accompli avec une précision rigoureuse. Cela impliquait aussi bien une sélection attentive de la victime que l'usage de tous les noms cultuels du dieu. Le sacrifice était un préliminaire important aux grands oracles, par lesquels un dieu répondait aux questions que lui posaient les fidèles.

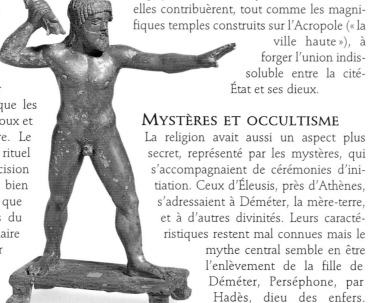

Zeus, roi des dieux
Zeus est le dieu du ciel et le protecteur des mortels. Il est aussi le gardien des lois et de la morale, qui punit les méchants et aide les nécessiteux.

FÊTES RELIGIEUSES

L'aspect cérémoniel de la religion grecque n'était nulle part plus apparent que dans les fêtes dont le calendrier regorgeait. Les plus importantes étaient les quatre fêtes panhelléniques (nationales) qui attiraient une foule venue de tous côtés. La somptuosité des fêtes athéniennes était inimitable. Pas moins de cent vingt jours de l'année y étaient consacrés ; elles contribuèrent, tout comme les magnifiques temples construits sur l'Acropole (« la ville haute »), à forger l'union indissoluble entre la cité-État et ses dieux.

MYSTÈRES ET OCCULTISME

La religion avait aussi un aspect plus secret, représenté par les mystères, qui s'accompagnaient de cérémonies d'initiation. Ceux d'Éleusis, près d'Athènes, s'adressaient à Déméter, la mère-terre, et à d'autres divinités. Leurs caractéristiques restent mal connues mais le mythe central semble en être l'enlèvement de la fille de Déméter, Perséphone, par Hadès, dieu des enfers. Perséphone demeurait quatre mois avec Hadès et le reste de l'année avec Déméter ; son retour sur terre symbolisait le printemps, lorsque Déméter, pleine de joie, faisait repousser les plantes. Les adeptes des mystères s'assuraient une heureuse vie future, chose à remarquer dans la mesure où la majorité des Grecs s'en souciaient peu : lorsque les âmes avaient franchi le fleuve infernal, le Styx, elles entraient dans la pénombre d'un monde souterrain régi par Hadès. Un autre culte à mystères était celui de Dionysos, le dieu du vin ; des pratiques conduisant à l'extase y offraient aux adeptes féminines un exutoire à leurs tensions ; on raconte même que, dans leur frénésie, elles mettaient en pièces des animaux vivants.

L'aspect le plus obscur de la religion grecque est toutefois représenté par la croyance à la magie et aux sorts. On a trouvé beaucoup de tablettes d'envoûtement, les *katadesmoï*, dont chacune porte un nom et le vœu que quelque désastre s'abatte sur la personne nommée. On croyait aussi aux fantômes. Les âmes sans sépulture erraient sur terre, sans repos, et selon Platon les riches ne pouvaient mourir tout à fait, à cause de leur attachement à leurs biens.

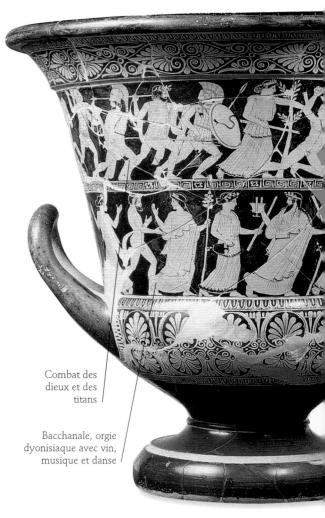

Combat des dieux et des titans

Bacchanale, orgie dyonisiaque avec vin, musique et danse

Combat des dieux et des titans
La frise supérieure de ce vase montre Athéna, déesse de la guerre aussi bien que patronne des arts et des sciences, terrassant le titan Encelade en un combat remporté par les dieux. L'inférieure représente une bacchanale.

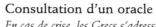

Consultation d'un oracle
En cas de crise, les Grecs s'adressaient à un oracle. Le plus célèbre était celui d'Apollon à Delphes. Il était si réputé qu'on venait de toute la Grèce pour le consulter. Ci-contre, un roi interroge la Pythie, prêtresse qui s'exprimait en tant que médium d'Apollon.

La religion romaine

L ES ROMAINS, pas plus que les Grecs, n'utilisaient de terme pour désigner la religion. L'équivalent le plus proche était *cultus deorum*, le culte des dieux. Le mot *religio* signifiait plutôt scrupule, stricte observance. Le pivot de la religion romaine était l'accomplissement des actes cultuels, le respect des rituels, des fêtes et des sacrifices importants. Le propos en était de s'attirer la faveur des dieux. Pourvu que tout fût dans les formes, nul sentiment personnel n'avait d'importance, le spectacle des cérémonies fût-il impressionnant ou émouvant. On adopta largement le panthéon grec : Jupiter est le Dyaus indo-européen et le Zeus grec ; Vénus, originairement un esprit gardien, fut identifiée à Aphrodite, la déesse grecque de l'amour ; l'esprit sylvestre Faunus, à Pan, le dieu grec des campagnes, tout en conservant un caractère typiquement italique.

Apollon dieu solaire
Cette fresque du XVIe siècle dépeint Apollon conduisant son char dans le ciel. Le culte de ce dieu solaire, grec à l'origine, se répandit à l'époque d'Auguste (27 av. J.-C.-14) car il était associé à la jeunesse, et Auguste voulait montrer qu'il faisait renaître Rome.

La religion romaine était étroitement liée à la vie publique. Les dieux n'étaient pas lointains mais immédiatement concernés par les affaires de Rome et leurs péripéties, de sorte que la religion et la politique se chevauchaient. Les prêtres formaient un sous-groupe de l'élite politique ; ils avaient pour fonction de donner des conseils en matière religieuse ainsi que d'accomplir les rituels et les sacrifices. Ce n'étaient toutefois pas les prêtres qui assuraient le lien entre l'humain et le divin mais bien les sénateurs : ceux-ci déterminaient le comportement des citoyens envers les dieux et décidaient de toute question religieuse. Un rituel religieux précédait la tenue de toute assemblée, aux fins de savoir si les dieux en approuvaient la réunion ; des augures avaient pour tâche d'interpréter les oracles. Ce lien entre religion et vie publique est illustré par le règne de l'empereur Auguste (27 av. J.-C.-14), qui usa de la religion pour renforcer son régime. Il prétendait assurer à Rome un nouveau départ, après une période de profonds troubles politiques. Il eut l'heureuse idée de faire construire sur le mont Palatin un temple d'Apollon, dieu de la paix et de la civilisation, les idées-force de l'ère nouvelle. À partir de ce moment, une bonne part du culte s'adressa aux empereurs eux-mêmes. Traditionnellement, les Romains qui atteignaient à la renommée se croyaient personnellement associés à un dieu, car on ne jugeait nulle grande action possible sans l'aide divine. Sous l'Empire, toutefois, le culte civique s'adressa bientôt à l'empereur considéré lui-même comme un dieu. Les monnaies portèrent son effigie et son nom, avec au revers des symboles illustrant son pouvoir et ses succès. Ces pratiques renforcèrent l'unité religieuse (et politique) de l'Empire tout entier, malgré la persistance d'une foule de religions locales.

La religion domestique

Non moins important était l'aspect familial de la religion, représenté par le culte des Lares et des Pénates. Les Lares semblent avoir été des « esprits agricoles », associés aux ancêtres et souvent honorés par un autel domestique, le *lararium*. Les Pénates étaient des esprits

Les Lares et le serpent
Ce petit autel pompéien illustre l'aspect domestique de la religion romaine. Les Lares, esprits protecteurs de la maison et de ses habitants, étaient invoqués pour les affaires de famille. Le serpent est symbole de mort.

protecteurs du garde-manger, révérés en compagnie de Vesta, la déesse du foyer. Dans le domaine public, le feu sacré de Vesta était veillé par des vierges, les vestales, qui devaient observer une rigoureuse chasteté pendant la durée de leur charge.

Il y avait aussi divers cultes à mystères (ainsi nommés à cause de leurs rites secrets et de leurs initiations). L'un d'eux était celui de Bacchus (l'équivalent du Dionysos grec), qui avait un caractère orgiaque. On trouve également celui d'Isis et d'Osiris, venus d'Égypte (voir pp. 12-13), et celui de Mithra, dieu perse de la lumière, qui fit beaucoup d'adeptes parmi les militaires et les commerçants. On représente généralement Mithra sacrifiant un taureau, ce qui combine ses fonctions de « restaurateur de la lumière » et de « guerrier ». Ces religions à mystères coexistèrent avec celle de l'État jusqu'à ce que le christianisme, qui se répandit comme elles dans tout l'Empire, eût à subir la persécution. Une raison possible en est que les chrétiens défiaient le pouvoir en refusant d'honorer tout autre dieu que le leur. Cela menaçait la *pax deorum*, la faveur des dieux, et ce n'est sans doute pas un hasard si certaines persécutions coïncidèrent avec des désastres, dont on put accuser les chrétiens.

Mithra sacrifiant un taureau
Les religions à mystères eurent de l'importance à Rome. Celle de Mithra, dieu sauveur perse, comportait une initiation dont un rite exigeait que l'adepte fût arrosé du sang d'un taureau sacrifié. Le sang de celui-ci est symbole de vie.

LES RELIGIONS NORDIQUES

L A RELIGION DES VIKINGS est souvent confondue avec l'ensemble des religions nordiques, ou scandinaves. Les Vikings connurent leur plus grande expansion aux IXᵉ et Xᵉ siècles, et ils ont laissé des traces en Europe du Nord comme en Islande et au Groenland. Cependant l'origine de cette religion remonte à l'âge du bronze scandinave (v. 1600-450 av. J.-C.), où l'on discerne les premières figurations reconnaissables de dieux et de déesses. Du IIIᵉ au VIᵉ siècle, les peuples celtiques et germaniques envahirent l'ouest et le nord de l'Europe, en y apportant de nouveaux cultes. Ce fut alors que se développa dans le Nord celui de Wotan, ou Odin, lequel devint le chef du panthéon viking.

Pierre peinte viking

Cette pierre historiée du Gotland reproduit plusieurs récits. En haut, Sleipner, le cheval à huit jambes d'Odin, transporte le dieu dans le ciel. La barque sous le drakkar plein de guerriers est peut-être celle de Thor pêchant avec le géant Hymir. Thor captura le serpent cosmique mais Hymir en fut si terrifié qu'il coupa la ligne.

La religion aidait les Vikings à donner un sens à un monde rude et inhospitalier, où les hivers étaient longs et menaçants. On croit souvent qu'ils étaient eux-mêmes sauvages : leur religion fournit des moyens de justifier la guerre et les actes de brutalité. Cependant elle fournit aussi un code de bonne conduite, tant envers ses amis qu'envers les étrangers, ainsi que l'avertissement qu'en ces matières les décrets d'Odin, le père universel, sont sacrés pour tous.

La mythologie scandinave divise l'univers en neuf mondes. Asgard est le royaume des dieux et des déesses (les Ases) et Midgard la demeure des humains. L'arbre Yggdrasil, généralement représenté comme un immense frêne, traverse ces neuf mondes et relie la terre au ciel. Midgard l'entoure en son milieu et ses racines plongent dans les mondes des esprits, où les hommes pénètrent rarement. À son pied siègent les Nornes, les trois gardiennes du Destin, souvent considérées comme plus puissantes que les dieux parce qu'elles dévident les fils de la vie et arbitrent la destinée de chaque être humain. L'Arbre lui-même est lié au sort des hommes car on voyait en lui la source des âmes à naître.

On accordait une grande importance au combat continuel contre les forces brutes de l'obscurité et du chaos, qui menaçaient constamment Midgard. Jotunheim était le séjour des géants de glace, qui cherchaient à ensevelir le monde sous la neige et le verglas. L'un des Ases, Thor le tonitruant, dieu de la fertilité, s'aventurait souvent en leur royaume pour massacrer ces géants avec son marteau Mjollnir. Une pratique courante était de peindre le marteau de Thor sur la porte des granges pour en écarter les mauvais esprits et, lorsque les Vikings commencèrent leurs expéditions et subirent de nouvelles influences, ils se mirent à porter au cou le marteau de Thor, comme les chrétiens la croix.

L'AU-DELÀ

Les Vikings avaient quantité de croyances concernant l'au-delà. Ceux qui mouraient de maladie ou de vieillesse allaient au royaume de Hel, une sorcière, fille de Loki, le dieu malin. C'était un domaine ténébreux dont les parois étaient un entrelacement de serpents se tortillant ; dans la salle de banquet, le couteau se nommait Faim et l'assiette Famine. En revanche, les honneurs assuraient une sorte d'immortalité car les exploits fameux étaient rappelés tout au long des générations ou exaltés par les chants des bardes. Les guerriers qui mouraient au combat recevaient l'aide des Valkyries, jeunes filles de l'entourage d'Odin, lesquelles les emmenaient au Valhalla pour y banqueter et y passer le temps en tournois.

RAGNAROK

Un trait particulier de la religion des Vikings est Ragnarok, la lutte finale au cours de laquelle les dieux et les forces du mal s'entretueront. De cette destruction naîtra un monde nouveau, à partir d'un nouveau couple, Lif et Lifthrasir. Ils n'adoreront pas les Ases mais le Dieu tout-puissant qui réside à Gimlé, le paradis situé au-dessus de tout. Ce dernier point représente probablement une synthèse de la mythologie scandinave et du christianisme en progrès dans les pays nordiques. On constate cette fusion en architecture : par exemple, la croix viking et chrétienne de Gosforth, dans les Galles, qui manifeste des influences à la fois païennes et chrétiennes.

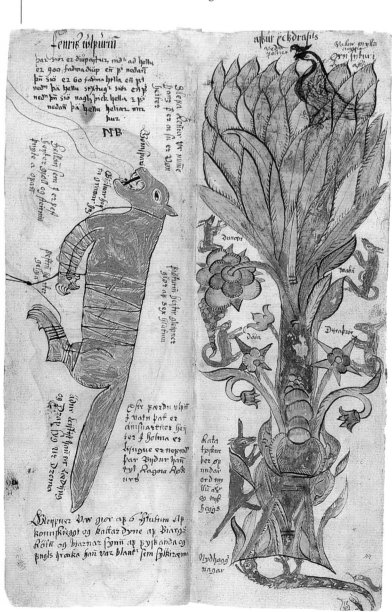

Le frêne Yggdrasil

Yggdrasil est l'axe des neuf mondes. Ci-contre, le dragon Nidhogg en ronge les racines, tandis que l'écureuil Ratasok court informer de ce méfait l'aigle gardien des mondes. Quatre cerfs mangent les feuilles ; ils représentent le processus constant de mort et de renouveau. À gauche, le loup Fenrir, symbole maléfique.

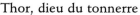

Thor, dieu du tonnerre

Très redouté, Thor était le dieu du tonnerre, de la fertilité et, jusqu'à un certain point, de la guerre. On croyait que l'éclair était une arme qu'il lançait du ciel. Ce petit bronze islandais le montre avec son marteau Mjollnir.

LES RELIGIONS CELTIQUES

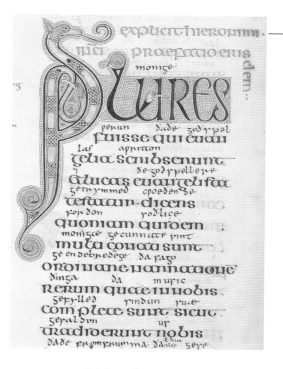

LA RELIGION CELTIQUE nous est peu connue. Peu de vestiges en ont été conservés et même les écrits la concernant sont tardifs (VIIᵉ siècle). Les Celtes ont peuplé presque toute l'Europe à partir de 3000 av. J.-C., pour finir absorbés dans l'Empire romain. Ce ne fut que sur les marges de celui-ci, en Irlande, en Écosse, au pays de Galles et en Cornouailles qu'ils se maintinrent. Ils y constituèrent un christianisme différent de celui de Rome ou de la Grèce. Les religions tribales étaient très spécifiques. Chaque clan avait son panthéon et peu de cultes étaient largement répandus. On s'appropria aussi des divinités étrangères, comme celles de Rome. Les croyances s'articulaient autour des figures centrales du héros guerrier aux pouvoirs surnaturels, et de la déesse mère chtonienne, protectrice, pourvoyeuse de fécondité et de vie.

La religion celtique mêle les événements historiques à la mythologie : les dieux de l'aristocratie irlandaise ont de nombreux rapports avec les premiers envahisseurs de l'Irlande, les Tuatha de Dananu. Ceux-ci avaient défait les démoniaques Fomhoires avant d'être dépossédés par les Fils de Mil, derniers envahisseurs du pays. Les Tuatha se retirèrent alors dans les *sidhs*, à mi-chemin entre ce monde et le séjour des grandes divinités.

DIEUX ET DÉESSES

Parmi les Tuatha, il y avait Daghdha, le « père universel », horrible nain ventru qui, avec sa massue, pouvait tuer neuf hommes d'un coup mais aussi les ressusciter. Nourricier du monde, il possédait un chaudron qui ne pouvait se vider. Lugh était le dieu aux mille talents : guerrier idéal, harpiste, forgeron, poète et sorcier ; c'est la seule divinité présente dans tout le domaine celtique. Gobniu était à la fois maréchal-ferrant et

Or massif

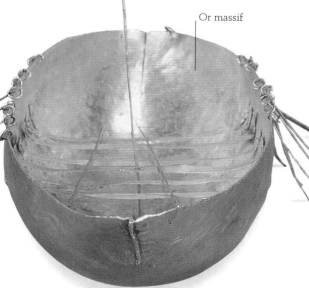

Barque d'or
Ce modèle de bateau du comté de Derry, en Irlande, représente le nombre sacré sept. Les sept rames, de chaque côté, symbolisent les sept ouvertures du corps. L'objet rappelle aussi le mythe du dieu marin Manannán Mac Lir, qui conduisait les héros celtes dans l'autre monde, sous la mer.

brasseur de bière. En Bretagne insulaire, les Enfants de Don jouaient un rôle similaire à celui des Tuatha. Parmi leurs successeurs, les Enfants de Llyr, il y eut Bran. C'était un géant, qui traversa la mer pour combattre le roi d'Irlande. Finalement, il se sacrifia pour son peuple. Le roi Arthur peut avoir été un personnage historique, ayant vécu après la domination romaine, mais on y a aussi vu un dieu, Artor le Laboureur. Les déesses avaient plus d'importance encore que les dieux, en tant que sources de vie et de fécondité ; c'était particulièrement vrai de la triade Dana, Macha et Brighid (protectrice de la connaissance, de la culture et du talent, qui survit dans le christianisme en sainte Brigitte). Les dieux des Celtes vivaient dans l'Autre Monde, qui comprenait les *sidhs*, tertres naturels ou tumuli, la *Tir forthuinn* (la terre sous les vagues), la *Tir na nOc* (la terre de la jeunesse) et *Mag Mel* (le champ de la félicité). On considérait généralement l'Autre Monde comme un pays béni où tous étaient immortels et où toute blessure infligée au combat guérissait le lendemain. À Samhain (le Nouvel An) les dieux pouvaient visiter la terre ; des éléments de ce mythe sont passés dans la fête anglo-saxonne de Halloween. Les héros avaient des pouvoirs surhumains tout en restant humains. L'un des plus fameux fut Cú Chulainn, dont les chrétiens firent un mauvais esprit, négateur du Christ.

LE CULTE

Le culte avait souvent lieu en plein air. On pratiquait des sacrifices humains : des prisonniers étaient décapités au cours de rites centrés sur le symbole de la tête humaine. Les lacs, les collines, les bosquets et les îles étaient des lieux sacrés, souvent demeurés tels bien après la disparition de la religion celtique. Les druides étaient les connaisseurs et les gardiens du rituel et du culte qu'ils accomplissaient ; ils étaient aussi juges et enseignants.

Bible enluminée
Cette page de l'évangéliaire de Lindisfarne porte le début de la préface de saint Jérôme. Il s'agit là de la première traduction connue des quatre évangiles en anglo-saxon mais l'enluminure est de style celtique. Les Celtes n'avaient pas d'histoire écrite : les druides transmettaient leur savoir oralement.

Croix du comté de Meath
La croix était un symbole religieux très répandu avant le christianisme. Typiquement, la croix celtique portait des motifs ornementaux et symboliques. Le christianisme gagna la Grande-Bretagne et l'Irlande aux IVᵉ et Vᵉ siècles, et les anciens styles celtes revécurent dans l'art chrétien.

L'ÉGLISE CELTIQUE

Lorsque Patrick et d'autres apportèrent le christianisme en Irlande, puis lorsque des évangélisateurs comme Colomban, Aidan et Brendan la quittèrent pour le continent, un christianisme différent de celui de Rome s'y établit. L'Église celtique conserva d'anciennes formes artistiques pour en décorer les croix et les manuscrits : les plantes entrelacées et les animaux y sont plus fréquents que les formes humaines. On mit l'accent sur la bonté d'âme (*anamchairdeas*) et sur une austère pénitence. La prière concernait tous les aspects de la vie, de l'allumage des feux, le matin, au couvre-feu nocturne. Des monastères comme Iona et Lindisfarne devinrent les centres de la vie chrétienne. Quand les Romains quittèrent les Îles, le paganisme revint. Grégoire le Grand (m. 604) envoya Augustin (m. 604-605) convertir les Anglo-Saxons et le christianisme méridional se heurta au celtique, dans le Nord. Les pratiques en étaient différentes (notamment en ce qui concerne la date de Pâques) et l'on essaya, au synode de Whitby (663-664), de résoudre les divergences. L'Église anglo-saxonne conserva, dans la décoration de ses manuscrits et sa pratique missionnaire, bien des traits de ses antécédents celtiques. Le christianisme celtique, avec le style de ses prières et son respect de la Création, connaît aujourd'hui un renouveau.

L'HINDOUISME

LA VÉRITÉ ÉTERNELLE

*Hindouisme est le nom donné au XIX*ᵉ *siècle à l'ensemble des religions existant en Inde. Il vient du mot persan* hindu, *en sanskrit* sindhu, *qui signifie « fleuve » et qui se rapporte aux habitants de la vallée de l'Indus. Le terme d'hindou est donc, en fait, synonyme d'Indien. Sur le milliard d'Indiens, 80 % se considèrent comme hindous, et il y en a quelque 30 millions de plus dans le reste du monde. Leurs croyances ont beaucoup de points communs mais le qualificatif d'hindouiste ne convient pas à toutes et il y a bien des façons d'être hindou : les religions paysannes, par exemple, diffèrent grandement de la philosophie religieuse officielle.*

Historiquement, l'hindouisme semble s'être développé par étapes, mais cette vision est fausse parce que certaines de ses formes les plus anciennes ont survécu jusqu'à ce jour, quasiment sans être affectées par les innovations. Ses racines plongent dans les traditions des premiers habitants de l'Inde : dans la civilisation de la vallée de l'Indus, qui dura à peu près de 2500 à 1500 av. J.-C. ; dans la culture dravidienne, plus développée, qui vit toujours chez les Tamouls de l'Inde méridionale ; enfin dans la religion des Aryens, qui envahirent le nord-ouest de l'Inde vers 1500 av. J.-C. Cette religion aryenne a conduit à la religion védique, fondée sur les sacrifices et sur la transmission orale du *Veda*, ensemble de textes sacrés qui, pour les hindous, sont d'une vérité éternelle.

Le *Veda* consiste en quatre recueils auxquels s'ajouteront ensuite les *Samhitâ*, les *Brâhmana*, les *Upanishad* et quelques *sûtra* pour constituer la *Shruti*, « ce qu'on entend ». Ces « vérités éternelles » ont été transmises oralement jusqu'au commencement de ce que les hindous considèrent comme une ère de dégénérescence, l'actuelle, qu'ils appellent *Kâlî Yuga* et qui s'intègre dans leur conception cyclique du temps (voir pp. 40-41), voyant l'univers à une série de créations et de destructions (voir p. 20). D'autres textes, la *Smriti*, « ce dont on se souvient », renforcent la *Shruti* et comprennent les grandes épopées du *Râmâyana*

(voir pp. 30-31) et du *Mahâbhârata*, cette dernière incluant le poème très respecté de la *Bhagavad Gîtâ*. La religion védique se caractérise par des dieux et des déesses représentatifs des éléments, comme Rudra et Indra, qui ont conduit plus tard à la triade Brahmâ-Vishnu-Shiva (voir pp. 20-21). Le *Rig Veda* se compose essentiellement d'hymnes et de prières aux divinités des éléments.

PHILOSOPHIE RELIGIEUSE DE L'INDE

À l'époque védique, la religion passa sous la domination des brahmanes, ou prêtres, l'une des quatre grandes catégories sociales, dont chacune avait à jouer un rôle, ou *varna*. Les brahmanes occupaient le sommet de l'échelle, suivis par les *kshatriya* (guerriers), les *vaishya* (commerçants et paysans) et les *shûdra* (manœuvres et domestiques). On ne sait si le système des castes *(jati)*, plus complexe, s'est développé à partir de cette division. Ce système règne toujours, même si le gouvernement indien a essayé d'améliorer la condition souvent désespérée des intouchables, les hors-caste qui accomplissent les travaux « impurs ». Cette fragmentation a été rendue supportable par la croyance en une âme éternelle, l'*âtman*, qui renaît des millions de fois, sous de nombreuses formes, au gré de la loi morale, le *karma*, régissant tout l'univers. Le *karma* n'est pas à proprement parler un système de récompenses et de punitions ; c'est une loi aussi objective et aussi inévitable que celle de la gravité. Mais le *moksha*, c'est-à-dire l'arrêt des réincarnations, est possible ; aussi l'hindouisme est-il l'ensemble des moyens d'y parvenir. Les approches principales en

OM

OM, ou AUM, est pour un hindou le son le plus sacré, source de tous les mantra, *ou prières. « 3 » désigne la triade des dieux créateur, protecteur et destructeur. « 0 » est silence, par quoi l'on accède à Dieu.*

Temple de Vishnu

Ce détail d'un temple de Vishnu au Tamil Nadu (voir pp. 32-33) montre le sanctuaire central où les fidèles entrent en présence du dieu.

Le temple de Jagannâtha à Orissa
Cette peinture représentant le temple consacré à Krishna Jagannâtha date de la fin du XIXᵉ siècle ou du début du XXᵉ. Elle aurait été acquise par un pèlerin, en souvenir de son pèlerinage. Jagannâtha provient d'une croyance des tribus de la jungle d'Orissa.

sont les *mârga* : *jñâna-mârga*, ou voie de la connaissance introspective ; *karma-mârga*, ou voie de l'action appropriée ; et *bhakti-mârga*, ou voie de la dévotion. Toutes trois embrassent de nombreuses applications, comme le yoga, ou voie de la perfection individuelle, qui mène à l'état de *sâdhu*, saint homme. Des traditions d'enseignement et de pratique se sont organisées progressivement : ce sont les *sampradaya*, écoles dont certaines sont connues en Occident, comme par exemple celle qu'a créée Chaitanya (1485-1534) et dont descend la Société internationale de la Conscience de Krishna.

Toute manière de progresser vers le *moksha* implique le respect de la *mâyâ* et du *dharma*. Mâyâ, c'est le pouvoir que possède le Brahman de donner aux choses une apparence ; lorsque les hommes interprètent mal les apparences, le monde devient illusoire et trompeur : le mal le plus grave, pour l'hindouisme, est donc l'ignorance, ou *avidyâ*. Dharma signifie beaucoup de choses mais concerne tout ce qui est approprié : l'hindouisme est proprement un catalogue de *dharma*, de façons appropriées d'agir et de parvenir ainsi à une bonne réincarnation puis au *moksha*. Le terme hindou usuel pour hindouisme est *Sanâtana Dharma*, loi

éternelle. Pour quasiment tous les hindous, il y a quatre *purushârtha* ou objectifs de vie : *dharma*, *artha* (recherche d'une réussite sociale légitime), *kâma* (recherche d'un plaisir légitime) et *moksha*. Chacun concerne plus particulièrement l'un des quatre âges de la vie : *brahmacharya*, celui des études ; *grihastha*, celui des affaires ; *vânaprastha*, celui de la retraite et de la réflexion ; *sannyâsa*, celui du renoncement au monde. Cette structuration sociale est si fondamentale qu'un autre nom hindou de l'hindouisme est *Varnashramadharma*. Il n'empêche que, pour certaines formes d'hindouisme, le *moksha* ne sera jamais atteint avant que l'on se soit détaché de *tous* les sentiments qui vous relient au monde ; c'est pourquoi certains cultes, comme celui du tantrisme « de la main gauche » (voir pp. 24-25 et 37), exigent qu'on vive sur des aires de crémation ou qu'on se livre aux cinq répugnants *pañcha-makra* : le vin, la viande, le poisson, le grain germé et les rapports sexuels avec une femme réglée. Dans leur quête du *dharma*, les hindous reçoivent de l'aide : celle des gourous et des philosophies mais aussi celle de Dieu, ou Brahman. Les plus philosophes entendent le Brahman comme la source et l'étoffe de toutes les apparences qui constituent chez

l'homme son *âtman*, ou âme. L'école de pensée *advaita*, ou non dualiste, considère que les distinctions qui apparaissent dans le monde sont illusion. Tout ce que nous voyons (terre, soleil, lune, ciel, oiseaux, animaux, hommes) paraît différencié mais, en essence, tout est un. L'école *advaita* entend le *moksha* comme la compréhension de ce que l'individu et le Brahman ont toujours été un. Toutefois la plupart des hindous croient que le Brahman a le caractère d'un Dieu, ou recourt à Dieu pour créer et soutenir l'univers, si bien qu'en ce cas le *moksha* est l'union définitive avec Dieu. Les hindous peuvent consacrer une dévotion particulière à telle ou telle divinité parce qu'ils éprouvent le sentiment que Dieu se manifeste d'une infinité de façons. En particulier, Il peut prendre forme humaine en tant qu'*avatâra*, un terme qui signifie « descente ». Les avatars les plus importants sont ceux de Vishnu, et parmi ceux-ci surtout Krishna. Les dévotions les plus répandues sont celle des *vaishnava*, qui s'adresse à Vishnu, celle des *shaiva* pour Shiva et celle des *shâkta* pour la Shakti (voir pp. 24-25).

IMPORTANCE DU CULTE

Le culte, à la fois *darshana*, contemplation de l'image, et *pûjâ*, rituel, est de première importance tant chez soi qu'au temple. Le temple est construit pour abriter l'image de la divinité et pour y insuffler sa présence (voir pp. 32-33). L'image, *mûrti*, prend vie grâce aux rituels appropriés. La construction du temple est en accord avec la structure de l'univers, le point le plus haut se trouvant à la verticale de l'image, pivot du monde. Cette « appropriation » de la puissance sacrée de l'univers s'obtient aussi grâce à différents diagrammes cosmiques, tels les *yantra* et les *mandala* (voir pp. 40-41), et elle se résume dans les *mantra*, chants sacrés qui transforment les sons en vecteurs d'ordre et de pouvoir.

Les dix avatars de Vishnu
Neuf des dix avatars de Vishnu (voir pp. 26-27) sont venus sur terre en des temps troublés et ont sauvé le monde du mal ou aidé les peuples à mieux comprendre la bonne manière de vivre.
Krishna (au centre) est l'un des plus importants. Ses conseils au guerrier Arjuna, dans la Bhagavad Gîtâ, résument l'idéal hindouiste du devoir, dans ses relations avec Dieu et avec la société.

ORIGINES DE L'HINDOUISME

SUIVANT SA PROPRE TRADITION, l'hindouisme n'a pas d'origine : c'est la voie éternelle qui suit les règles et les exigences fondamentales de l'ordre cosmique au travers de ses cycles sans fin. Aussi les hindous appellent-ils leur foi et leur pratique *Sanâtana Dharma*, ou loi éternelle (voir p. 19). Historiquement, on considère qu'elle est passée par plusieurs étapes (voir p. 18) : prévédique, védique, puranique, upanishadique, médiévale et moderne. Cependant cela induit en erreur car il subsiste des croyances et des pratiques de toutes les époques, ainsi que des éléments de religions différentes qui, comme les croyances des Tamouls du Sud, ont été absorbées. La religion prévédique est connue surtout par la civilisation de l'Indus, qui a laissé des symboles de fertilité et une déesse mère ; des éléments naturels comme l'eau, le lotus ou certains animaux y avaient de l'importance ; arbres et piliers concentraient la force de la terre. Dans la religion védique, le divin se manifeste dans bien des aspects de la vie et s'approche par le culte de dieux et de déesses.

Indra, dieu de l'orage
Indra est le dieu védique de l'orage. Alors roi de tous les dieux, il a perdu de son importance à l'époque postvédique. Une légende dit sa colère lorsque ses adorateurs l'abandonnèrent au profit de Krishna (voir pp. 26-27). Il leur envoya une tempête pour les punir mais ils prièrent Krishna et celui-ci souleva une montagne pour les protéger.

LA RELIGION VÉDIQUE

La religion védique se fonde sur le sacrifice, reproduisant celui de Purusha, l'homme parfait, qui a conféré l'existence au monde. Les sacrifices, qui maintenaient le bon ordre de l'univers, étaient accomplis par des ministres du culte, les brahmanes, qui buvaient le *soma*, « médecine d'immortalité », pendant le rituel. Agni (le feu), encore important aujourd'hui dans les rites domestiques, portait les offrandes au ciel. Les chants sacrés ont jeté les bases des *mantra* (voir p. 32), autre moyen de relier le ciel à la terre.

Agni, dieu du feu
Agni, dieu védique du feu, qui présidait aux choses terrestres, a précédé le panthéon hindou mais n'a pas perdu de son importance. Avec Vâyu et Sûrya, qui régnaient sur l'air et le ciel, il est l'un des grands dieux du Rig Veda. Médiateur entre la terre et le ciel, il intervient dans le sacrifice védique en faisant porter les offrandes là-haut par le feu. Son véhicule est le bélier.

LA TRIMÛRTI
Cette sculpture du XIIe siècle, provenant de Warangal, montre les trois principaux dieux hindous : Brahmâ, qui crée l'univers au début de chaque cycle cosmique, Vishnu qui le préserve et Shiva qui le détruit.

BRAHMÂ LE CRÉATEUR
Brahmâ n'est pas adoré de la même façon que les autres dieux car il a accompli sa tâche. Il ne reviendra au premier plan que lors de la prochaine création du monde. Dans ses huit mains, il tient les quatre *Veda*, un sceptre, une cuiller, une cordelette de perles, une coupe d'eau consacrée (symbole de fertilité) et une fleur de lotus (symbole de création).

Le taureau Nandi
Nandi, le taureau, est le véhicule du dieu Shiva. Les peintures le montrent blanc comme neige. Le taureau personnifie l'énergie sexuelle. En le chevauchant, Shiva maîtrise cette impulsion. Nandi représente aussi un vestige de l'association d'une divinité beaucoup plus ancienne avec les symboles de fécondité que sont le taureau et le buffle.

LE CYGNE
Le véhicule de Brahmâ est un cygne ou une oie, symbole de connaissance. Sa parèdre, Sarasvatî, est la déesse de la connaissance.

LES QUATRE TÊTES DE BRAHMÂ
Brahmâ avait originairement cinq têtes, qu'il acquit lorsqu'il tomba amoureux de Sarasvatî. Celle-ci était timide et cherchait à lui échapper. Aussi créa-t-il cinq têtes qui lui permettaient de la voir où qu'elle fût : à gauche, à droite, derrière, devant et en haut. La cinquième fut détruite par Shiva parce que Brahmâ l'avait offensé.

Shiva, maître du temps

Shiva (voir pp. 22-23) tient un crâne qui, comme le cercle de crânes sur lequel il est assis, représente le samsâra, le cycle de la vie, de la mort et de la renaissance, principal article de foi de l'hindouisme (voir p. 18). Shiva manifeste le cycle complet car il est Mahâkala, maître du temps, détruisant et recréant toute chose. Il porte un collier de perles qui symbolise son enseignement.

— Shiva lève l'une de ses mains en signe de bénédiction

La couronne, symbole de royauté —

Vishnu, dieu aux formes inombrables

Vishnu fournit un bon exemple de la façon dont des dieux anciens ont été absorbés dans l'hindouisme. Dérivé, pense-t-on, d'un ancien dieu solaire, il a dix avatars (voir pp. 26-27), provenant eux-mêmes de divinités primitives. Sa huitième incarnation est Krishna, associé à l'amour altruiste, qui pourrait remonter partiellement au culte d'un jeune héros dont les prouesses érotiques sont progressivement passées au second plan.

● LES PERLES RUDRAKSHA
Shiva porte les perles sacrées Rudraksha. Il s'agit peut-être d'une allusion à son ancien nom, Rudra.

● LES TROIS QUALITÉS DE LA NATURE
Certains spécialistes estiment que le trident de Shiva représente la triple qualité de la nature : créatrice, protectrice et destructrice. Au sens strict toutefois, la protection relève de Vishnu.

● LE FEUILLAGE
Les feuilles sont symboles de croissance, d'abondance et de fertilité, en association avec l'eau.

● LE LOTUS
Le lotus est en rapport avec l'eau, avec la fertilité et avec le mythe de la création : Brahmâ est sorti du lotus qui poussait sur le nombril de Vishnu endormi.

● LE PREMIER SON DE LA CRÉATION
La conque représente *Om*, le premier son de la création, ainsi que le commencement de la matière, car son et matière sont considérés comme synonymes. Les fidèles chantent *Om* pour tenter d'atteindre l'union avec une divinité.

● LE DISQUE
On pense que le disque de Vishnu symbolise le soleil.

● L'AIGLE GARUDA
Garuda, aigle ou faucon géant, est le véhicule de Vishnu. On le représente souvent sous des traits humains, avec un nez crochu. Garuda conduit Vishnu à son séjour céleste, Vaikuntha.

● SHIVA LE DESTRUCTEUR
Shiva, dont le premier nom fut Rudra, était à l'origine une divinité mineure, citée trois fois seulement dans le *Rig Veda* (voir pp. 30-31). Il gagna en importance après avoir repris les caractéristiques d'un ancien dieu de la fertilité et être devenu Shiva, formant triade, ou *trimûrti*, avec Vishnu et Brahmâ.

● LA MASSUE DE VISHNU
La massue, arme de Vishnu, représente la force élémentaire d'où proviennent tous les pouvoirs physiques et mentaux.

● VISHNU LE PROTECTEUR
Comme Shiva, Vishnu était à l'origine un dieu mineur, n'ayant droit qu'à 5 des 1 028 hymnes du *Rig Veda*. Il semble provenir d'une divinité solaire.

Garuda, l'oiseau divin

Comme le disque de Vishnu, Garuda a des connotations solaires. Il remonte à un cheval mythique, Tarksya, également solaire. En outre, une relation peut être établie entre le vol du faucon et le passage du soleil dans le ciel.

> **« Seuls les ignorants me croient distinct de Shiva ; Brahmâ, lui et moi [Vishnu] sommes un, prenant différents noms pour la création, la conservation et la destruction de l'univers. Trois en un, nous emplissons toutes les créatures ; aussi le sage considère-t-il autrui comme soi-même. »**
>
> VISHNU EXPLIQUANT LA NATURE DE LA TRIMÛRTI

SHIVA LE DESTRUCTEUR

SHIVA EST LE TROISIÈME DIEU DE LA TRINITÉ HINDOUE, ou Trimûrti, aux côtés de Vishnu et de Brahmâ. Il est toute chose, et il apparaît donc sous bien des formes différentes. Dans le *Shivapurâna* lui sont donnés plus de mille noms, comme Maheshvara, le maître de la connaissance, et Mahâkala, le maître du temps. Il est créateur, destructeur et protecteur. On le représente souvent avec trois faces : deux de caractère opposé – homme et femme, grand yogi et chef de famille, Bhairava (destructeur) et dispensateur de repos – et la troisième, sereine et pacifique, les réconciliant. Sa ville est Bénarès (voir pp. 34-35) et quiconque y meurt ira droit à Shiva, même s'il est chargé d'un mauvais *karma* (voir p. 19). Shiva est souvent vénéré sous l'aspect du *linga*, énergie mâle, entouré du *yoni*, source femelle de vie. Selon le *Shivapurâna*, « ce n'est pas le *linga* qui est vénéré mais celui qu'il symbolise ».

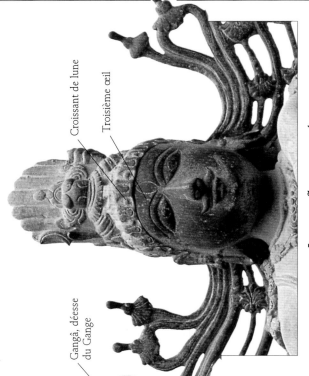

Croissant de lune

Troisième œil

Gangâ, déesse du Gange

Symbole de destruction
Le feu est associé à Shiva, souvent représenté portant une flamme dans une de ses quatre mains, pour marquer sa nature destructrice.

Les sept fleuves sacrés
Parmi les rôles bénéfiques de Shiva, il y a celui de créateur des sept fleuves sacrés de l'Inde. Il se tint sous les eaux du Gange (symbole de vie éternelle) lorsqu'elles tombaient à torrents sur terre ; elles ruisselèrent sur ses cheveux en formant sept mèches d'où naquirent les sept fleuves.

LES NATTES
Les cheveux non coupés, symbole de rejet de la société, montrent que Shiva est un ascète (voir pp. 36-36), lorsqu'il hante les cimetières en tant que Bhuteshvara, seigneur des fantômes et des esprits, mettent l'accent sur ses aspects violents.

LA VIOLENCE
Les attributs personnels de Shiva, tels sa coiffure de serpents et le collier de crânes qu'il porte lorsqu'il hante les cimetières en tant que *grihasta*. Cela contraste avec son rôle de *grihasta*, d'homme d'action ayant une épouse et une famille (voir ci-dessous).

DESTRUCTION ET RENAISSANCE
Shiva tient à la main et règle la flamme de la destruction. Il prépare ainsi la recréation du monde une fois la destruction opérée.

LES ARMES DE SHIVA
Les trois serpents enroulés autour du corps de Shiva sont des armes, pointées sur tous ses ennemis. L'un est dans ses nattes, un autre autour de ses épaules ou de son cou, le troisième forme son cordon sacré, rappelant celui que portent les brahmanes.

LE CROISSANT DE LUNE
Le croissant de lune entourant le troisième œil de Shiva est un attribut du taureau Nandi, qui symbolise la fécondité et accompagne souvent Shiva.

LE TROISIÈME ŒIL
Le troisième œil de Shiva symbolise la conscience supérieure. Shiva s'en sert aussi pour « foudroyer » ses ennemis du regard, ainsi que pour tuer les dieux et d'autres créatures lors de la destruction périodique de l'univers. Ce troisième œil est apparu lorsque Pârvatî, épouse de Shiva, s'est amusée à lui couvrir les deux autres, plongeant ainsi le monde dans les ténèbres, au risque de le faire disparaître.

GANGÂ
Nichée dans les tresses de Shiva, Gangâ est la déesse du Gange. Parce qu'elle fournit de l'eau au pays, elle représente la fertilité. On la considère comme une concubine ou une seconde épouse de Shiva.

LE TAMBOUR DE LA CRÉATION
Le tambour double que Shiva tient à la main contraste avec le feu destructeur tenu d'une autre main. En battant le tambour, le dieu appelle à une nouvelle création.

LE GESTE DE PROTECTION
L'une des mains de Shiva est levée, la paume en avant, à hauteur de l'épaule, ce qui indique protection et faveur. Le dévot n'a donc rien à craindre.

UN REFUGE SÛR
La quatrième main de Shiva est pointée vers le pied, sous lequel le dévot peut prendre refuge.

BHAIRAVA

Sous son aspect de Bhairava, Shiva exalte sa nature violente. On dit qu'alors il prend plaisir à détruire pour détruire.

LE CERCLE DE FEU

Sous son aspect de Natarâja, Shiva est le maître de la danse. Entouré d'un cercle de flammes, il danse pour réconcilier les forces opposées des ténèbres et de la lumière. En lui, tous les contraires s'unissent et se résolvent en une unité fondamentale.

LE CULTE DE SHIVA

L E SHIVAÏSME EST L'UN DES CULTES hindous les plus répandus. Il embrasse de nombreuses théologies et de nombreuses pratiques, qui s'accordent toutes sur trois principes : *pati*, Dieu ; *pasu*, âme individuelle ; *pasa*, liens qui confinent l'âme à une existence terrestre. Le but des shivaïtes est de libérer leur âme de ses liens et de parvenir au *shivata*, à la « nature de Shiva ». Cela demande des pratiques ascétiques et des macérations ainsi que le yoga et le renoncement. Beaucoup de shivaïtes deviennent des *sâdhu*, ou saints hommes, errants (voir pp. 36-37). Les shivaïtes se marquent le front de trois traits horizontaux qui représentent les trois aspects de Shiva.

LA DÉLIVRANCE

Le pied levé de Shiva symbolise la délivrance.

LA DANSE DE MORT

Cette statuette du XIᵉ siècle montre Shiva dansant la danse tandava, qui symbolise à la fois sa gloire et le mouvement éternel de l'univers lorsque le dieu l'anéantit à la fin d'une ère. La danse représente la destruction de la Mâyâ, le monde de l'illusion (voir p. 19). Ceux qui ont la chance de voir Shiva, dont les immortels, s'assemblent pour regarder le spectacle. Même les démons tombent sous le pouvoir spirituel de Shiva quand ils regardent sa danse.

LE DÉMON

On représente souvent Shiva dansant sur le corps du démon Mujalaka, qu'il a tué. Dans ce rôle, il s'appelle Natarâja. Le démon nain symbolise l'ignorance du fait que toutes les oppositions, par exemple entre le bien et le mal, sont fausses.

« *Parce que tu aimes les bûchers, j'ai fait un bûcher de mon cœur – Pour que toi, l'Obscur, chasseur de bûchers, tu puisses danser ta danse éternelle.* »

HYMNE BENGALI

Kâlî

Kâlî (voir pp. 24-25) est l'une des parèdres les plus terribles de Shiva. Bien que représentée sous une forme sauvage, violente et parfois hideuse, elle fait souvent l'objet d'une intense dévotion.

Pârvatî

Pârvatî, fille de l'Himalaya, est la plus modeste et bienveillante des compagnes de Shiva. Réputée pour sa douceur, elle montra une détermination inhabituelle à séduire et à épouser Shiva, qui au début la méprisait pour sa peau foncée. Elle s'engagea dans des pratiques ascétiques pour faire briller son corps. On la représente souvent avec Shiva et ses fils Ganesha et Kârttikeya (voir pp. 28-29).

LES COMPAGNES DE SHIVA : DURGÂ, KÂLÎ, ET PÂRVATÎ

L ES NOMBREUSES COMPAGNES de Shiva expriment les différents éléments de son caractère ainsi que les multiples facettes de la nature et, par association, de la féminité. Les parèdres des dieux proviennent de l'ancien culte de la déesse mère (voir pp. 24-25) qui s'est fondue dans l'hindouisme par mariage avec Shiva, Vishnu et Brahmâ. Des noces symboliques sont parfois célébrées dans des temples où le sanctuaire de la déesse d'origine a été usurpé par une divinité plus tardive.

Durgâ

Durgâ est une déesse puissante, créée par la colère simultanée de plusieurs dieux. Elle tient le sabre d'Agni, le trident de Shiva et le disque de Vishnu (voir pp. 26-27). Elle chevauche un lion ou un tigre et souvent elle terrasse un buffle démoniaque qui menace la stabilité du monde.

LA GRANDE DÉESSE

La Grande Déesse (Mahâdevî) se manifeste soit comme parèdre des grands dieux hindous, soit sous une forme générique qui englobe les milliers de déesses locales, ou *devî*. Celles-ci peuvent être bienveillantes et bénéfiques, comme Lakshmî ou Pârvatî, ou puissantes et destructrices, comme Kâlî ou Durgâ (voir p. 23). Il y a dans toute l'Inde des sanctuaires dédiés à une infinité de déesses dont beaucoup ont une origine tribale, remontent au vieux concept d'une déesse de la terre ou de la maternité associée à l'agriculture et à la fertilité, et doivent parfois être apaisées par des sacrifices sanglants. Le culte de la Déesse en tant qu'énergie femelle, ou *shakti*, est particulièrement important dans les textes anciens connus sous le nom collectif de *Tantra*. Dans certaines traditions tantriques, la *shakti* apparaît comme une puissance créatrice, purement abstraite, du dieu Shiva ; dans d'autres, elle est personnifiée par diverses formes divines, aimables ou féroces.

Troisième œil, symbole de haute conscience et d'illumination, associé à Shiva

Demi-crâne humain rempli de sang, nourriture de Kâlî et offrande obligée de ses dévots

Les suivantes de Kâlî
De chaque côté de Kâlî se trouvent deux jeunes filles, doubles d'elle-même, avec au front le troisième œil et le croissant de lune, attributs de Shiva.

SHAKTI ET LE TANTRISME

Les *Tantra* mettent l'accent sur Shakti (voir p. 37). Dans le tantrisme, l'énergie de Shakti contraste avec celle de Shiva : la conscience masculine, passive, n'a de pouvoir que grâce à l'énergie féminine ; l'union des deux est à la source de toute création. Les pratiquants du tantrisme tentent d'éprouver la pouvoir de la Déesse, ou Shakti, par une combinaison de rites peu orthodoxes et de récitations de textes. Les rites tantriques comprennent des rapports sexuels sans considération de caste, dans le but de dévier l'énergie sexuelle à des fins spirituelles, des offrandes de substance sexuelle à la Déesse et la consommation d'alcool en des lieux spirituellement impurs, comme les aires de crémation.

KÂLÎ TANTRIQUE
Cette peinture du siècle dernier montre Kâlî sous les traits de la déesse Chinnamastâ. Celle-ci, qui chevauche Shiva sur les aires de crémation, est une figure tantrique. Elle est aussi vénérée par Vishnu (à gauche) et par Brahmâ (à droite). Kâlî est l'énergie féminine active (shakti) de ces dieux qui sans elle, suivant les croyances tantriques, sont considérés comme passifs et sans force.

OFFRANDES DE SANG
On dit que Kâlî a pris goût au sang lorsqu'elle tua le démon Raktavijra, qui se multipliait par mille chaque fois qu'une goutte de son sang tombait à terre. Pour éviter cela, elle le perça de son sabre et but son sang avant que celui-ci atteignît le sol.

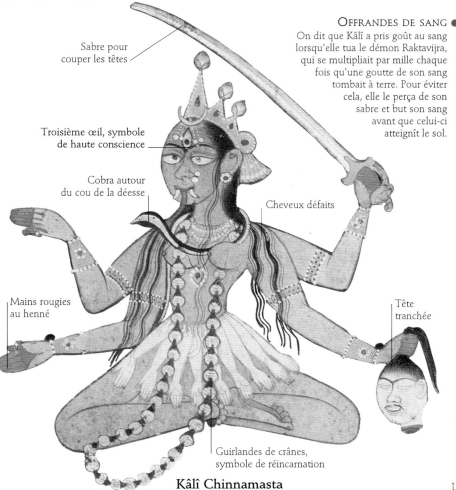

Sabre pour couper les têtes

Troisième œil, symbole de haute conscience

Cobra autour du cou de la déesse

Cheveux défaits

Mains rougies au henné

Tête tranchée

Guirlandes de crânes, symbole de réincarnation

Kâlî Chinnamasta
Les parèdres les plus puissantes de Shiva sont Durgâ, l'intrépide tueuse du buffle démoniaque ; Chamundâ, une sorcière squelettique aux seins pendants ; et Kâlî, peut-être la plus terrible des manifestations de la Grande Déesse. Sous la forme de Chinnamasta, elle brandit un sabre, a la langue pendante et dégouttante du sang de ses victimes, une ceinture de bras coupés et un collier de crânes. Chinnamasta est l'une des dix Mahâvidyâ. Les manifestations de Kâlî sont un des aspects fondamentaux de l'hindouisme tantrique.

LE SANG
Le sang est l'énergie vitale de l'univers. Certaines images de Chinnamasta la montrent la tête coupée : le sang de la blessure nourrit sa propre tête et ses deux suivantes.

LE BÛCHER
La crémation permet à l'esprit du défunt de voler librement vers sa réincarnation (voir p. 18). Le feu est un puissant symbole dans l'hindouisme et surtout dans le tantrisme, qui le considère comme un support de méditation et d'initiation à la sagesse.

PÂRVATÎ ET SHIVA
Pârvatî, autre aspect de la déesse mère, gît avec Shiva, comme deux cadavres, sous Kâlî. Le rôle de Pârvatî et d'attirer Shiva vers le monde domestique, tandis que Kâlî le force à l'action, afin d'anéantir le mal et l'ignorance pour préparer une renaissance.

LA POSSESSION CHAMANIQUE

LA POSSESSION CHAMANIQUE par un esprit fait partie intégrante des rituels du culte de la déesse mère, pratiqué surtout dans l'Inde villageoise et tribale. On pose parfois des questions à la déesse, censée posséder la personne en état de transe. État dans lequel a été photographié le chaman ci-contre, qui a les cheveux tressés et la langue pendante, caractéristique de Kâlî. Cette possession par la déesse est une manifestation de la mobilité et de la nature transitoire des présences de divinités dans leurs images.

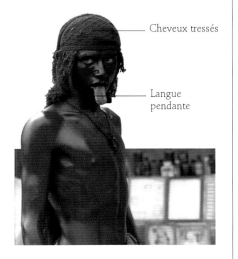

— Cheveux tressés

— Langue pendante

Chaman possédé par Kâlî.

● KÂLÎ, DESTRUCTRICE DU MAL
Kâlî est la forme terrifiante de la Grande Déesse. Elle anéantit le Mal et, en même temps, elle est responsable de la création de la vie.

CEINTURE ET COLLIER
Kâlî porte une ceinture de bras, peut-être ceux des démons qu'elle a tués. Le collier de crânes et le serpent autour de son cou représentent ses aspects régénérateurs : la réincarnation ainsi que les énergies cosmiques et sexuelles.

LA LANGUE DE KÂLÎ
La langue dégouttante de sang représente Rajas, force matérielle de l'univers qui engendre l'effort, la passion et la souffrance. Elle rappelle peut-être aussi que Kâlî est le nom d'une des sept langues d'Agni, dieu du feu (voir p. 20), dites les sept sœurs rouges.

LES CHAROGNARDS
Un chacal ou une hyène se nourrit d'un cadavre sur l'aire de crémation, après avoir happé le corps du défunt sur le bûcher funéraire.

Lakshmî, forme bienveillante de la déesse mère
Lakshmî est l'une des personnifications les plus amènes et aimables de la Grande Déesse. Épouse de Vishnu (voir pp. 26-27), elle reçoit cependant un culte distinct. Sa plus ancienne image probable se trouve sur la balustrade du stûpa bouddhique de Barhut (IIe s. av. J.-C.) : on y voit une figure féminine assise en tailleur sur un lotus et entourée de deux éléphants.

● BRAHMÂ VÉNÈRE LA DÉESSE
Reconnaissable à ses quatre têtes (voir p. 20), Brahmâ rend hommage à la Déesse. Les divinités des deux sexes contrastent par la force active des féminines et la transcendance lointaine des masculines.

Les mains sont dans la position du joueur de *vînâ*, l'instrument à cordes qui symbolise l'aspect musical de Sarasvatî

● L'AIRE DE CRÉMATION
Pour les hindous orthodoxes, l'aire de crémation est un lieu impur. Toutefois, dans les milieux tantriques, elle est entrée dans la légende de Kâlî, qui est à la fois créatrice et destructrice, au-delà du temps, et qui doit être adorée sous ses deux aspects. Pour certains, l'aire de crémation est un lieu de méditation.

Sarasvatî, parèdre de Brahmâ
Sarasvatî, épouse de Brahmâ (voir pp. 20-21), est vénérée par les hindous, les jaïns et les bouddhistes. Citée dans le Veda, elle était alors une rivière, aujourd'hui presque à sec, sur les berges de laquelle se pratiquaient des sacrifices. Le lotus sur lequel elle siège en est un souvenir, qui exalte son rôle de mère féconde, qui donne la vie. Peu à peu, elle a été associée à la parole, et elle est devenue la déesse du discours et de l'étude. Elle patronne aujourd'hui la poésie, la musique et la vie intellectuelle.

VISHNU LE PROTECTEUR

VISHNU, DIT L'OMNIPRÉSENT, ou peut-être «Celui qui prend toutes les formes», ne joue pas un grand rôle dans le *Veda* (voir pp. 18-19) mais est devenu un dieu suprême, membre de la trinité hindoue, ou *Trimûrti* (voir p. 20-21). Il assure la pérennité de l'univers (quand il dort, la création devient une graine qui germera à son réveil). Les vishnouites, l'un des groupes hindouistes les plus nombreux, adorent Vishnu en tant qu'Ishvara, l'Être suprême dont on vénère les manifestations, ou incarnations. Cette omniprésence donne beaucoup de poids aux images, qui fixent la dévotion, à l'architecture des temples et à la sculpture (voir pp. 32-33). Parmi les vishnouites célèbres, l'on compte Chaitanya (fondateur de la tradition *sampradaya* qui inclut le mouvement *Hare Krishna*), Ramanuja, penseur qui plaça Dieu au centre de la philosophie, et des poètes de la *bhakti* (amour dévot) comme Mirabai et Surdas, qui a dit: «Sans dévotion à Dieu, tu feras de toi une miette rassise que mangera le tigre du Temps.» Le *Vishnupurâna* est l'un des dix-huit grands *Purâna* (voir p. 30); il décrit la relation de Vishnu à l'univers et l'activité du dieu en son sein.

LES INCARNATIONS DE VISHNU

LES POUVOIRS de conservation, de restauration et de protection attribués à Vishnu se sont manifestés par des incarnations terrestres, les avatars. Ceux-ci se produisent pour prévenir un grand malheur ou pour répandre le bien sur la terre. Neuf sont advenus: trois sous forme non humaine, un sous forme hybride et cinq sous forme humaine. Les plus importants sont Râma, défenseur intrépide du *dharma* (voir p. 18), et Krishna, jeune héros du *Bhâgavata Purâna* (voir p. 31). On y ajoute parfois le Bouddha, et l'avatar final est attendu pour la fin du présent cycle cosmique, avec pour mission de détruire le monde et de le recréer.

Le poisson Matsya sauva des flots l'humanité et le Veda.

La tortue Kurma aida à la création du monde en le portant sur son dos.

Le sanglier Varaha sortit la terre du monde avec ses défenses.

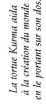

Narasimha, mi-homme mi-lion, anéantit un roi des démons.

Le nain Vâmana vainquit le roi Bali, puissant démon.

Le brahmane Parashurâma vainquit la caste des guerriers (voir p. 18).

Râma sauva son épouse Sîtâ et tua le démon Râvana.

Krishna enseigna la Bhagavad Gîtâ au guerrier Arjuna.

Bouddha, l'Éveillé.

Le cheval Kalki, encore à venir.

L'aigle Garuda, véhicule de Vishnu

Garuda est l'oiseau de proie qui transporte Vishnu et sa parèdre Lakshmî. Il symbolise le ciel et le soleil; le serpent qu'il tient entre les serres symbolise l'eau. En guerre constante les uns contre les autres, les animaux sont les forces opposées qui s'harmonisent en Vishnu.

VISHNU, SYMBOLE DE L'UNIVERS

Cette peinture du XIXᵉ siècle montre en Vishnu un diagramme de l'univers et de toutes les forces qui s'y manifestent. L'œil gauche, foncé, symbolise la nuit, et le droit est clair comme la lumière du jour. Le soleil naît de la bouche, le vêtement est de flammes, un arc-en-ciel se montre à la taille et la chevelure est faite de nuages. Comme son avatar Krishna, Vishnu est bleu, couleur de l'infini.

LE DISQUE
Symbole de l'esprit et du soleil, qui est lui-même symbole de domination universelle.

LAKSHMÎ
Parèdre de Vishnu. Sous une autre forme, elle est Bhu, la terre ou la déesse mère.

SÛRYA, LE DIEU-SOLEIL
Cette divinité planétaire partage le char d'Arjuna, le héros du *Mahâbhârata*.

ISHÂNA ET KUBERA
Ishâna et Kubera font partie des *vasu*, groupe de huit dieux des éléments et des directions de l'espace. Ishâna est le *vasu* du nord-est. Au-dessous de lui est représenté Kubera, *vasu* du nord, vénéré comme symbole d'abondance et de prospérité.

BRAHMÂ LE CRÉATEUR
Créateur de l'univers, Brahmâ trône au sommet du cosmos.

LE SOUFFLE DE VIE
Du nez de Vishnu s'exhale le souffle de vie, dont la maîtrise conduit à l'illumination.

LA CONQUE
La conque symbolise *Om*, la vibration primordiale qui fit s'ébranler la création. On en souffle dans les temples pour signaler la présence de Vishnu.

INDRA
Chef des *vasu* et maître de l'est, Indra domine la pluie et le tonnerre. Il porte le *vajra* (le foudre), arme symbolisant l'éclair.

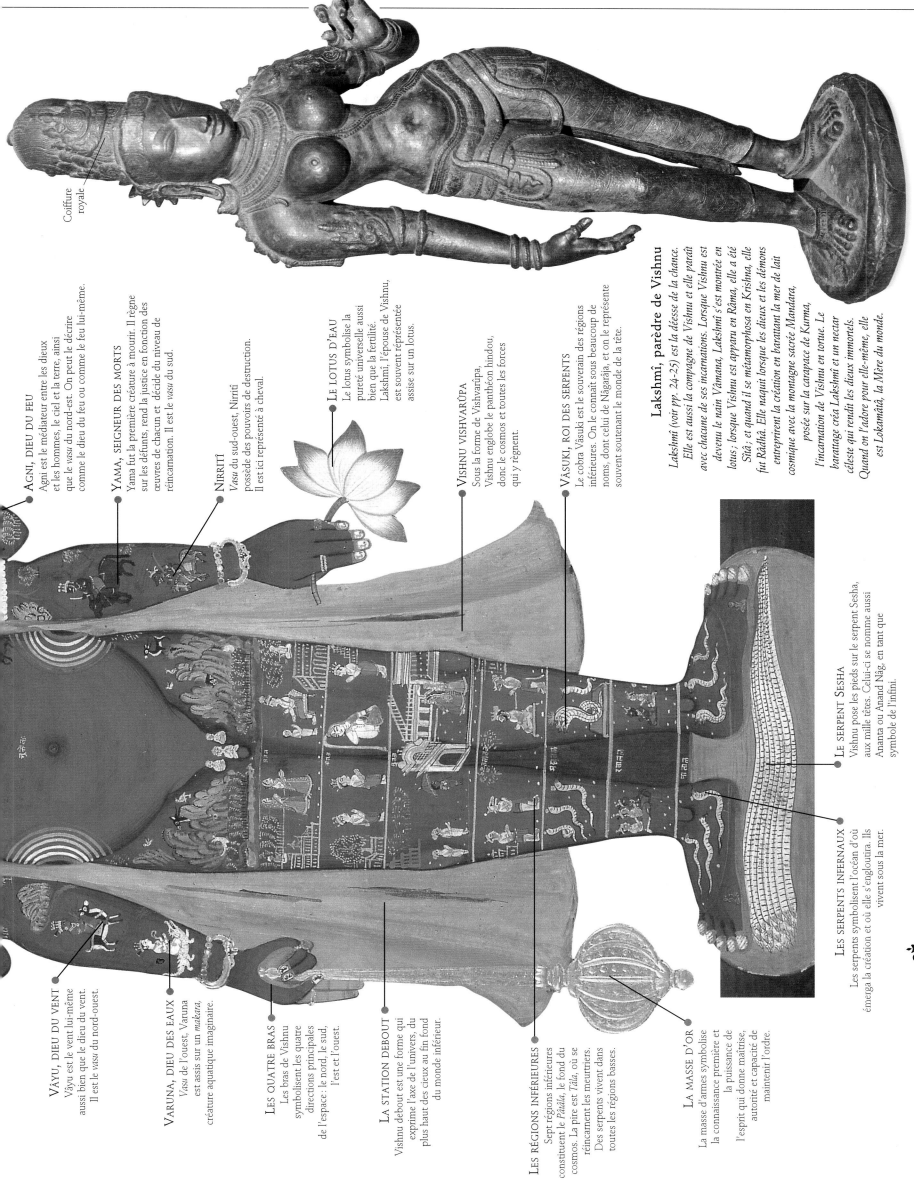

Coiffure royale

AGNI, DIEU DU FEU
Agni est le médiateur entre les dieux et les hommes, le ciel et la terre, ainsi que le *vasu* du nord-est. On peut le décrire comme le dieu du feu ou comme le feu lui-même. Il est le *vasu* du nord-ouest.

YAMA, SEIGNEUR DES MORTS
Yama fut la première créature à mourir. Il règne sur les défunts, rend la justice en fonction des œuvres de chacun et décide du niveau de réincarnation. Il est le *vasu* du sud.

NIRRITI
Vasu du sud-ouest, Nirriti possède des pouvoirs de destruction. Il est ici représenté à cheval.

LE LOTUS D'EAU
Le lotus symbolise la pureté universelle aussi bien que la fertilité. Lakshmî, l'épouse de Vishnu, est souvent représentée assise sur un lotus.

VISHNU VISHVARŪPA
Sous la forme de Vishvarūpa, Vishnu englobe le panthéon hindou, donc le cosmos et toutes les forces qui y règnent.

VĀSUKI, ROI DES SERPENTS
Le cobra Vāsuki est le souverain des régions inférieures. On le connaît sous beaucoup de noms, dont celui de Nāgarāja, et on le représente souvent soutenant le monde de la tête.

Lakshmî, parèdre de Vishnu

Lakshmî (voir pp. 24-25) est la déesse de la chance. Elle est aussi la compagne de Vishnu et elle paraît avec chacune de ses incarnations. Lorsque Vishnu est devenu le nain Vâmana, Lakshmî s'est montrée en lotus ; lorsque Vishnu est apparu en Râma, elle a été Sîtâ ; et quand il se métamorphosa en Krishna, elle fut Râdhâ. Elle naquit lorsque les dieux et les démons entreprirent la création en barattant la mer de lait cosmique avec la montagne sacrée Mandara, l'incarnation de Vishnu en tortue. Le barattage créa Lakshmî et un nectar céleste qui rendit les dieux immortels. Quand on l'adore pour elle-même, elle est Lokamâtâ, la Mère du monde.

VĀYU, DIEU DU VENT
Vâyu est le vent lui-même aussi bien que le dieu du vent. Il est le *vasu* du nord-ouest.

VARUNA, DIEU DES EAUX
Vasu de l'ouest, Varuna est assis sur un *makara*, créature aquatique imaginaire.

LES QUATRE BRAS
Les bras de Vishnu symbolisent les quatre directions principales de l'espace : le nord, le sud, l'est et l'ouest.

LA STATION DEBOUT
Vishnu debout est une forme qui exprime l'axe de l'univers, du plus haut des cieux au fin fond du monde inférieur.

LES RÉGIONS INFÉRIEURES
Sept régions inférieures constituent le *Pâtâla*, le fond du cosmos. La pire est *Tâla*, où se réincarnent les meurtriers. Des serpents vivent dans toutes les régions basses.

LA MASSE D'OR
La masse d'armes symbolise la connaissance première et la puissance de l'esprit qui donne maîtrise, autorité et capacité de maintenir l'ordre.

LE SERPENT SESHA
Vishnu pose les pieds sur le serpent Sesha, aux mille têtes. Celui-ci se nomme aussi Ananta ou Anand Nâg, en tant que symbole de l'infini.

LES SERPENTS INFERNAUX
Les serpents symbolisent l'océan d'où émerga la création et où elle s'engloutira. Ils vivent sous la mer.

AUTRES DIEUX

En plus des divinités principales, tels Shiva, Vishnu, Brahmâ et la Mahâdevî, il y en a quantité d'autres qui occupent une position appréciable dans le panthéon hindou. Elles comprennent les dieux védiques des éléments, comme Sûrya, le dieu-soleil, Agni, le dieu du feu, Indra, le dieu du tonnerre, Vâyu, le dieu du vent, et Varuna, le gardien de l'ordre cosmique. On vénère aussi de nombreuses divinités locales prévédiques, qui ont obtenu un rang dans la hiérarchie divine, comme Nâga, le dieu-serpent, les *yaksha* et les *yakshinî*, esprits de la nature. Deux incarnations de Vishnu, le lion Narasimha et le sanglier Varaha, sont probablement issues d'anciens cultes d'animaux. Trois dieux ont une importance particulière : Hanuman, le dieu-singe, et deux fils de Shiva et de Pârvatî : Ganesha, à tête d'éléphant, et le jeune Kârttikeya.

HANUMAN, BRAVE ET LOYAL ALLIÉ DE RÂMA

Hanuman, le dieu-singe, joue un rôle majeur dans le *Râmâyana* (voir pp. 30-31), où est narrée l'aide décisive qu'il apporta à Râma dans son combat victorieux contre le démon Râvana, roi de l'île de Ceylan. On vénère aussi en lui un symbole de l'héroïsme et du bon droit. Originairement, on lui rendait un culte particulier à Ceylan mais il est aujourd'hui populaire dans toute l'Inde. On trouve souvent des statues d'Hanuman à l'entrée des temples, qu'il défend farouchement contre leurs ennemis.

Kârttikeya, l'enfant-dieu

Kârttikeya a beaucoup de noms, tels Skanda, Kumâra et Subrahmanya, ce qui indique qu'il provient sans doute d'un amalgame entre plusieurs cultes. De nombreux mythes concernent son origine. On considère Shiva ou Agni comme son père, alors que Gangâ, Pârvatî et les six étoiles de la Pléiade peuvent avoir été sa mère. Il a été créé pour défaire les puissances du mal, personnifiées par le démon Takara. On le représente souvent avec un paon, oiseau héraldique de l'Inde, et une lance, symbole de son statut guerrier.

LE SERPENT À CINQ TÊTES
Au sommet de la roue entourant Hanuman se trouve le serpent à cinq têtes. Les serpents divins (*nâgarâja*) reçoivent un culte et jouent un rôle important dans l'hindouisme vishnouite (voir p. 26).

LE COLLIER
Le collier de pierreries que porte Hanuman est de style méridional ; c'est en Inde du Sud qu'Hanuman est le plus vénéré.

LE POIGNARD
Hanuman porte le poignard dont il usa pour aider Râma à vaincre le démon Râvana.

LA ROUE DE FLAMMES
Hanuman est représenté dans une roue flamboyante, symbole généralement associé à Vishnu.

KRISHNA OU BALARÂMA
Le personnage dansant est soit Krishna, soit son frère Balarâma, ce qui montre que le contexte est vishnouite, c'est-à-dire dans la tradition de l'hindouisme qui se concentre sur le dieu Vishnu (voir pp. 26-27).

LA PLANTE MAGIQUE
Hanuman est représenté tenant la plante magique qui guérira Lakshmana, le demi-frère de Râma, blessé en combattant le démon Râvana.

LA CONQUE
L'un des symboles de Vishnu. Hanuman a un lien avec Vishnu par son association à Râma, l'un des avatars de Vishnu.

LES SOCQUES DE BOIS
Hanuman porte les socques de bois des ascètes (voir pp. 36-37) parce qu'il est resté célibataire toute sa vie.

HANUMAN, LE DIEU-SINGE
Ce bronze méridional du XVIIIe siècle montre Hanuman dans un cercle de flammes. Cela se rapporte peut-être à un passage du Râmâyana où Indrajit, fils de Râvana, capture Hanuman et met le feu à sa queue. Mais Agni écarte le feu et le fait brûler plus loin autour de sa queue.

GANESHA, QUI ÉCARTE LES OBSTACLES

Ganesha est l'un des dieux les plus populaires de tout le panthéon hindou bien qu'à l'origine il fût vraisemblablement un totem tribal, assimilé ultérieurement à l'hindouisme. Suivant la légende, Ganesha a une tête d'éléphant parce que Shiva, son père, n'avait pas reconnu en lui son fils et l'avait décapité alors que celui-ci protégeait sa mère Pârvatî. Ayant compris son erreur, Shiva promit de remplacer la tête par la première qu'il trouverait: ce fut celle d'un éléphant. Ganesha est vénéré comme Celui qui écarte les obstacles, comme le Maître des commencements et comme le Maître de l'étude.

> **« Au ciel, Ganesha établira la domination des dieux, sur terre celle des hommes, dans le monde infernal celle des serpents et des anti-dieux. »**
>
> *SHRÎ BHÂGAVAT TATHVA*

L'ARBRE DES YAKSHA
Derrière Ganesha se trouve un arbre, rappelant probablement qu'il était à l'origine un *yaksha*, esprit de la nature associé aux arbres. Shiva, père de Ganesha, assujettit les *yaksha*.

APSARÂ VOLANTE
Les *apsarâ* sont des nymphes qui résident dans le ciel d'Indra. Elles dispensent volontiers leurs charmes aux mortels comme aux dieux, et on les considère parfois comme envoyées pour mettre à l'épreuve la fermeté et la résolution des aspirants à la sainteté.

LA COIFFE ROYALE
Ganesha porte un couvre-chef qui marque la royauté, et il est souvent considéré comme le premier des dieux. Selon la légende, lorsque Pârvatî vit la tête d'éléphant de son fils, elle fondit en larmes. Pour la consoler, Brahmâ lui dit que, dans l'adoration des dieux, Ganesha obtiendrait toujours la préférence.

LE TRIDENT
Ganesha porte un trident parce qu'il est fils de Shiva.

L'AIGUILLON
Un attribut fréquent de Ganesha est l'*ankusha*, un aiguillon dont on use pour conduire les éléphants.

LA MASSUE
Ganesha porte la massue généralement attribuée à Vishnu (voir pp. 26-27). Cela pourrait indiquer une tentative de syncrétisme avec le culte de Vishnu.

LA TÊTE D'ÉLÉPHANT
Diverses légendes expliquent pourquoi Ganesha a une tête d'éléphant. La plus courante raconte que Shiva lui a tranché sa tête humaine. Une autre dit que Shâni (Saturne) regarda l'enfant de Pârvatî et lui réduisit la tête en cendre; Pârvatî trouva ensuite une tête d'éléphant pour la remplacer.

LA CARAFE
Ganesha tient avec sa trompe une carafe d'eau, dont il boit.

UNE FRIANDISE
Ganesha est presque toujours représenté avec à la main des boulettes de viande aigre-douce, appelées *laddu*. Son appétit pour ces friandises est légendaire et on lui en fait souvent offrande.

LA PARÈDRE
Comme la plupart des dieux hindous masculins, Ganesha a une compagne. Elle se nomme Siddhi (Succès) ou bien Riddhi (Prospérité) et elle tient à la main un lotus.

LA DÉFENSE BRISÉE
Ganesha porte à la main la pointe de sa défense brisée. Dieu de l'étude, il aurait lui-même cassé l'une de ses défenses pour écrire l'épopée du *Mahâbhârata*.

GESTE DE PROTECTION
L'une des mains de Ganesha fait le geste d'apaisement appelé *abhayamudrâ*.

LE LYON VYÂLA
Le lion féroce symbolise les instincts déchaînés, que Ganesha réussit à dompter.

LE COBRA
Le ventre proéminent de Ganesha est ceinturé d'un cobra qui joue le rôle du cordon sacré des dévots hindous. Le cobra est habituellement associé à Shiva : il rappelle ici que Ganesha est le fils de Shiva.

LE RAT
Le véhicule de Ganesha, à la taille peu appropriée, est le rat, animal réputé capable de se frayer un chemin partout. C'est pourquoi il symbolise la capacité de Ganesha d'écarter tous les obstacles.

L'ATTITUDE ROYALE
L'attitude de Ganesha, une jambe repliée (*lalitâsana*), indique la royauté.

GANESHA

L'on voit des statues de Ganesha dans la plupart des villes indiennes. On place son image là où l'on veut construire de nouvelles maisons. On le prie avant un voyage ou un rendez-vous d'affaires, et les poètes l'invoquent traditionnellement au début de leurs œuvres. On voit en lui le premier chroniqueur : l'épopée du Mahâbhârata aurait été rédigée sous sa dictée (voir p. 30).

UN GANA
Le nom de Ganesha signifie « seigneur des *gana* ». Shiva, en effet, lui a confié, en compensation de la perte de sa tête humaine, l'autorité sur la troupe de ces nains tapageurs.

LES TEXTES SACRÉS

LES QUATRE PARTIES DU *VEDA*, qui sont les plus anciens textes de la littérature sanskrite brahmanique, se composent d'hymnes sacrificiels repris de la tradition orale. Le *Rig Veda* remonte probablement à environ 1200 av. J.-C. ; le quatrième, l'*Atharva Veda*, à environ 900 av. J.-C. Ils consistent essentiellement en formules et en incantations. Les *Brâhmana*, contemporains du *Veda*, fournissent des prescriptions rituelles. De 700 à 300 av. J.-C., la spéculation religieuse donna lieu à des ouvrages philosophiques, tels les *Âranyaka*, ou « livres de la forêt », réflexions sur le sens du rituel, puis les *Upanishad*. Les *Purâna*, mythes de création et biographies de dieux, et les cultes de dévotion ont échangé des thèmes d'inspiration avec les grands textes épiques. Parmi ceux-ci, le *Mahâbhârata* (v. 500 av. J.-C.) retrace les guerres de la dynastie des Bharata ; il comprend une section, la *Bhagavad Gîtâ*, ou « chant du bienheureux », dialogue entre Krishna, avatar de Vishnu (voir pp. 26-27), et le guerrier Arjuna. Respecté par presque tous les hindous, ce texte est au centre de la foi. Le *Râmâyana*, autre grande épopée, a été écrit entre 200 av. et ap. J.-C.

LE RÂMÂYANA

Le *Râmâyana* consiste en 24 000 strophes et raconte l'histoire du prince Râma, de sa renonciation forcée au trône, de son exil dans la forêt avec sa femme Sîtâ et son frère Lakshmana, de l'enlèvement de Sîtâ par le démon Râvana et de sa libération. On a supposé que Râvana symbolise l'ambition et la concupiscence, mettant en péril l'ordre cosmique, la femme et la famille.

Sîtâ prisonnière de Râvana
Modèle de chasteté, de fidélité et d'amour conjugal, Sîtâ partagea l'exil de Râma dans la forêt avant d'être enlevée par Râvana.

LA DÉFAITE DE RÂVANA

L'illustration ci-contre décrit l'épisode du Râmâyana où le prince Râma combat le démon Râvana. Cette épopée, écrite en sanskrit par le poète Vâlmîki, a inspiré d'autres versions du mythe. L'enlèvement de Sîtâ symbolise peut-être les tensions entre les Indo-Aryens, représentés par Râma et qui pénétrèrent en Inde vers 1 500 av. J.-C., et les Dravidiens, représentés par Râvana et autochtones depuis plus de 8 000 ans (voir p. 18).

LE DÉMON RÂVANA
Râvana, roi des *râkshasa*, ou esprits, et souverain de Lankâ, combat Râma, qui le tuera avec une flèche sacrée. La bataille est le point final d'un conflit entre les dieux et les esprits, au cours duquel Râvana a enlevé Sîtâ, épouse de Râma, pour venger sa sœur Sûrpanakhâ, amoureuse transie de Râma, laquelle s'en prit par jalousie à Sîtâ et fut blessée par Lakshmana, demi-frère de Râma.

Krishna, héros romantique
La vie de Krishna a été écrite pour la première fois dans le Bhâgavata Purâna, récit très prisé par les familles royales de l'Inde. Krishna vécut dans les bois, en compagnie de vachers, pour échapper aux mauvais desseins de son méchant oncle. Là, ses pouvoirs surnaturels se manifestèrent à l'évidence. Les villageoises et les gopi, ou vachères, se mirent à l'adorer. On le représente souvent entouré de gopi dansant et jouant de la flûte. Sa favorite était Râdhâ, que l'on voit ci-dessus à sa droite.

> ❝ *Ainsi finit le Râmâyana, révéré par Brahmâ et composé par Vâlmîki. Celui qui n'a pas d'enfant obtiendra un fils rien qu'en lisant un vers du chant de Râma. Tout péché est lavé chez qui le lit ou l'entend lire. Celui qui récite le Râmâyana recevra de riches dons de vaches et d'argent. Il vivra longtemps, celui qui lira le Râmâyana, et il sera honoré, lui, ses fils et ses petit-fils, en ce monde et au ciel.* ❞
>
> *RÂMÂYANA*

BRAS ET TÊTES
Râvana a dix têtes et vingt bras. Chaque fois qu'une tête est tranchée, une autre la remplace. Ses vingt mains tiennent toute une variété d'armes.

LANKÂ, VILLE DORÉE

Traditionnellement assimilée à l'île de Ceylan, Lankâ était la demeure de Râvana. Il y emmena Sîtâ, la menaçant de torture et de mort si elle ne consentait pas à l'épouser. Elle fut retrouvée par Hanuman, qui mit le feu à la ville et combattit les mauvais esprits avant d'aller chercher Râma à la rescousse.

LA HORDE DÉMONIAQUE

Lankâ est défendue par l'armée des *râkshasa* de Râvana. Ils peuvent voler plus vite que le vent. Hideux, ils sont toutefois capables de changer d'apparence. *Râkshasa* signifie « mauvais » ou « destructeur ».

HANUMAN

Dieu-singe et général de l'armée des singes, Hanuman est dévoué et loyal : l'idéal indien du serviteur parfait. On le vénérait déjà lorsque le *Râmâyana* fut composé. Vestige d'un ancien culte de la nature, il est capable de changer de forme et la tradition en fait le fils de Vâyu, dieu du vent.

RÂMA

Prince d'Ayodhyâ, Râma est le modèle de tout ce qui est noble, charmant et talentueux. Avec ses trois frères, dont il est l'aîné et le plus brave, il incarne Vishnu, comme le montre la couleur bleue de sa peau (voir pp. 26-27). Il est né à la requête des dieux harcelés par le démon Râvana. Des années plus tôt, Brahmâ avait promis à Râvana que ni les dieux ni aucune autre créature, sauf les hommes, ne l'attaqueraient. Il fallut donc attendre Râma pour mettre fin à la tyrannie de Râvana.

LAKSHMANA

Demi-frère de Râma, Lakshmana est le fidèle compagnon qui l'a suivi en exil. Sîtâ était sous sa garde quand elle fut enlevée. Croyant Râma en danger, elle obligea Lakshmana à le quitter, ce qui laissa le champ libre à Râvana.

L'armée des singes

Les singes sont conduits par leur roi Sugriva, « fort, humble, brave, érudit et gracieux, capable de métamorphoses et grand connaisseur des mœurs des râkshasa (esprits) ». Son ministre Hanuman secourut Râma, qui avait aidé Sugriva à recouvrer son trône, usurpé par son frère.

Krishna attendant Râdhâ

Krishna a rendez-vous avec son épouse dans la forêt. Le Gîtagovinda a chanté leur passion. L'origine tribale de Krishna est suggérée par sa peau sombre, sa flûte de bambou et sa grande liberté sexuelle, caractéristiques en Inde de la société autochtone.

L'ARC DE RÂMA

Les dieux donnèrent un arc à Shiva qui, à son tour, le donna à un ancêtre du père de Sîtâ. Jusqu'à ce que Râma s'y essayât, nul n'avait réussi à le bander. Râma le fit avec tant de facilité qu'il obtint Sîtâ en mariage.

Voûte pyramidale en encorbellement

LE CULTE HINDOU

L A *PŪJĀ*, OU CULTE, implique des images (*mūrti*), des prières (*mantra*) et des diagrammes de l'univers (*yantra*, voir pp. 40-41). Le *yantra* le plus simple est un cercle inscrit dans un carré lui-même inscrit dans un rectangle à quatre ouvertures représentant les quatre directions de l'univers. Les temples hindous sont construits sur ce dessin tout en s'ouvrant à une infinité d'additions et de variations. L'image sacrée est de première importance car, tout comme le temple, elle est censée abriter autant que représenter la divinité ; elle fait l'objet d'un culte chez soi comme au temple. La plupart des hindous prient individuellement, non au cours d'offices collectifs. On préfère le lever et le coucher du soleil, moments où les prêtres accomplissent eux-mêmes les rites. Ceux-ci se composent de *mantra*, déclamations incantatoires, et du *prasāda*, offrande symbolisant les anciens sacrifices. Beaucoup de prières et d'offrandes visent l'exaucement d'un vœu mais le but ultime est de s'unir à la divinité. L'essentiel en est le *darshana*, vision et rencontre intime de la représentation divine.

Brahmane

Le prêtre brahmane, qui veille au temple, joue un rôle d'intermédiaire entre le fidèle et le dieu. Lui seul peut entrer dans le sanctuaire et présenter les offrandes. Au début de la cérémonie du culte (pūjā), le brahmane évoque la présence de la divinité en chantant et en modulant des sons sacrés. Si certains petits temples ruraux n'ont pas de prêtre, un sanctuaire n'est orthodoxe que s'il s'y trouve un officiant brahmane.

TEMPLE DE VISHNU

Cette peinture de v. 1820 reproduit le plan du temple de Vishnu Ranganatha à Shrīrangam, dans le Tamil Nadu (Inde du Sud). On vendait de telles peintures aux pèlerins, en souvenir.

LA TOUR CENTRALE
La tour, ou *shikhara*, qui couvre le sanctuaire central, est le lien ou l'axe cosmique entre le ciel et la terre. On compare sa fonction à celle du foramen, ouverture pratiquée dans le crâne, à la mort, pour libérer l'âme, ou à celle du trou à fumée dans la hutte sacrificielle védique. Elle rappelle aussi le mont Meru, séjour mythique des dieux.

LES AVATARS
Les avatars de Vishnu sont près de l'entrée, peut-être pour montrer qu'ils sont de ce monde, puisqu'ils sont venus le sauver.

L'ENTRÉE DU TEMPLE
Avant d'entrer, les fidèles enlèvent leurs chaussures par respect.

LE BOUDDHA
Le Bouddha est considéré comme le neuvième avatar de Vishnu. Il figure à ce titre dans son temple.

LE BASSIN SACRÉ
L'eau sacrée du temple sert à rendre le séjour agréable au dieu. Si le dieu n'aime pas son temple, il n'y résidera pas.

Temples méridionaux

Les temples du Sud se distinguent par leurs vastes entrées et leurs toits pyramidaux en encorbellement, qui surmontent le sanctuaire (gārbhagriha) et la salle du temple (mandapa). Le style du Nord présente des tours légèrement incurvées (shikara).

LES SANCTUAIRES EXTÉRIEURS
De petits temples secondaires, abritant d'autres divinités, entourent souvent le site, dans l'enceinte du temple principal ou hors de celle-ci.

LA COUPOLE AMALAK
La forme architecturale *amalak* s'inspire de la gourde du myrobolan. On la trouve toujours au sommet de la tour du temple.

❝ *Au cœur de ce monde des phénomènes, au sein de toutes ses formes changeantes, réside un Seigneur immuable.* ❞
ISHA UPANISHAD

L'EAU LUSTRALE
Il y a des réservoirs près du temple pour que les dévots puissent se purifier avant d'entrer dans le bâtiment.

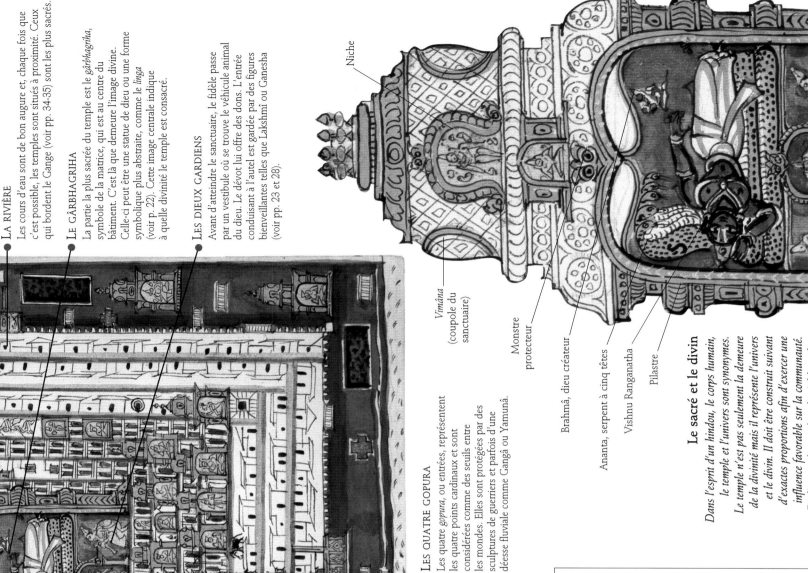

LA RIVIÈRE
Les cours d'eau sont de bon augure et, chaque fois que c'est possible, les temples sont situés à proximité. Ceux qui bordent le Gange (voir pp. 34-35) sont les plus sacrés.

LE GÂRBHAGRIHA
La partie la plus sacrée du temple est le *gârbhagriha*, symbole de la matrice, qui est au centre du bâtiment. C'est là que demeure l'image divine. Celle-ci peut être une statue de dieu ou une forme symbolique plus abstraite, comme le *linga* (voir p. 22). Cette image centrale indique à quelle divinité le temple est consacré.

LES DIEUX GARDIENS
Avant d'atteindre le sanctuaire, le fidèle passe par un vestibule où se trouve le véhicule animal du dieu. Le dévot lui offre des dons. L'entrée conduisant à l'autel est gardée par des figures bienveillantes telles que Lakshmî ou Ganesha (voir pp. 23 et 28).

Niche

Vimâna (coupole du sanctuaire)

Monstre protecteur

Brahmâ, dieu créateur

Ananta, serpent à cinq têtes

Vishnu Ranganatha

Pilastre

Le sacré et le divin
Dans l'esprit d'un hindou, le corps humain, le temple et l'univers sont synonymes. Le temple n'est pas seulement la demeure de la divinité mais il représente l'univers et le divin. Il doit être construit suivant d'exactes proportions afin d'exercer une influence favorable sur la communauté. De l'image divine, dans le gârbhagriha, émane un champ de forces, une énergie ou une puissance sacrée. Cette énergie affecte le fidèle pendant le darshana, vision et incorporation de la présence divine.

LES QUATRE GOPURA
Les quatre *gopura*, ou entrées, représentent les quatre points cardinaux et sont considérées comme des seuils entre les mondes. Elles sont protégées par des sculptures de guerriers et parfois d'une déesse fluviale comme Gangâ ou Yamunâ.

La visite aux temples
Les fidèles apportent souvent leur prasâda aux divinités dont les autels entourent l'image centrale, avant d'approcher le dieu principal.

LE CULTE DOMESTIQUE
La plupart des hindous pratiquent le culte chez eux plutôt qu'au temple. La majorité des maisons ont un petit sanctuaire où, à certains moments, les membres de la famille, à tour de rôle, font des offrandes et récitent des prières. Parfois, tous prient ensemble, le chef de famille présidant la cérémonie. Le sanctuaire domestique, lieu sacré de la maison, peut aller de la pièce séparée, avec autel, peintures et statues, au simple *tulsi*, plant de basilic consacré à Vishnu. On offre à la divinité des pâtisseries, des noix de coco, de la monnaie ou des fruits. On fait habituellement brûler une lampe ou de l'encens. Le culte peut avoir lieu tous les jours mais le mercredi est considéré comme particulièrement favorable.

Un autel domestique.

LES YEUX DU DIEU
Les yeux de l'image sacrée sont très importants car c'est par les yeux que se produit le *darshana*, communion du dieu et du dévot. C'est pourquoi les yeux sont généralement hors de proportion avec le reste du corps.

DE LA LUMIÈRE À L'OBSCURITÉ
Les visiteurs passent de l'extérieur, décoré de formes divines, à l'intérieur obscur et nu, dont la chambre centrale abrite l'image du dieu sans que rien ne détourne de son culte.

LA CIRCUMAMBULATION
Bien que le sanctuaire central soit dans l'axe de l'entrée, les fidèles doivent le gagner en tournant autour du temple dans le sens des aiguilles d'une montre. Tourner dans le sens inverse serait de mauvais augure et irrespectueux envers le dieu.

HIÉRARCHIE DES AUTELS
Les autels consacrés à d'autres dieux sont disposés en fonction de leur rôle et du chemin que le fidèle parcourt autour du temple. Par exemple, Ganesha, le dieu qui écarte les obstacles, est souvent de garde à une entrée.

LES PÈLERINAGES

LES PÈLERINS PARCOURENT L'INDE pour voir la divinité et pour en être vus. On croit que certains dieux vivent en certains endroits. Des lieux de pèlerinage très fréquentés se trouvent à proximité de gués, les *tîrtha* : le gué est interprété, littéralement et métaphoriquement, comme le passage d'un monde à un autre, du *samsâra* au *moksha* (voir p. 36). D'autres lieux, parmi les plus importants, comme Bénarès (Vârânasî), sont sur la berge d'un grand fleuve. Il y a aussi l'Himalaya et certains temples. Pratique ancienne, dont il est déjà question dans le *Mahâbhârata* (voir p. 36), le pèlerinage est toujours à l'honneur. De nombreux sites sacrés sont associés à une légende ; certains passent pour l'endroit où un dieu s'est matérialisé en ce bas monde. Parmi les plus fameux, l'on compte Kurukshetra, où eut lieu la grande bataille du *Mahâbhârata*, Ayodhyâ, capitale de Râma, et Mathurâ où naquit Krishna, dans le nord de l'Inde.

Temple de Durgâ
Durgâ, aussi appelée Kâlî, est la plus féroce des compagnes de Shiva (voir pp. 24-25). Elle est probablement la plus importante déesse hindoue.

PASUPATINÂTH
Il s'agit d'un temple et d'un lieu sacré du Népal. C'est comme un petit Bénarès, consacré à Shiva.

CHANDRA, LA LUNE
Lorsque les dieux créèrent la terre en barattant la mer de lait, la lune fut l'un des objets issus de l'opération. Shiva s'en orna la tête.

PLAN DE BÉNARÈS
Ce plan montre les lieux sacrés de la ville. Les médaillons représentent des divinités, des contes légendaires et d'autres grands sites de pèlerinage consacrés à Shiva. De tels plans sont toujours disponibles pour les pèlerins.

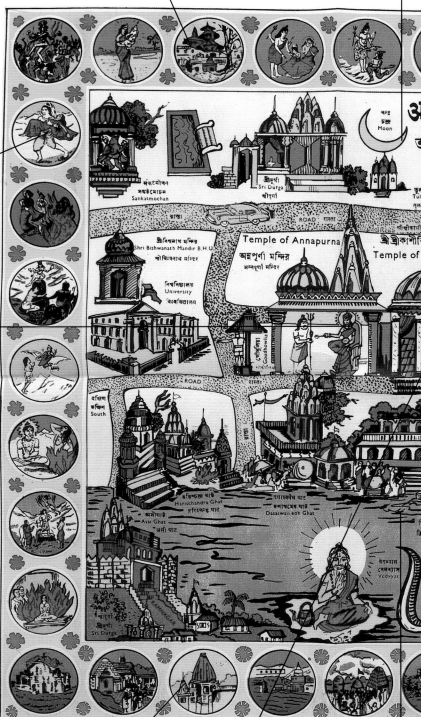

Pèlerin faisant des offrandes
Les pèlerins font des offrandes aux autels longeant la berge du Gange. Chaque matin, ils offrent de l'eau du fleuve, en guise de salutation au soleil levant.

SATÎ
Épouse de Shiva Vîrabhadra, Sâti mourut de honte devant le traitement réservé par son père à son mari. Désolé, Shiva transporta le corps de Satî à travers l'Inde. Pour guérir Shiva de son obsession, Vishnu dépeça le cadavre et en dispersa les morceaux. Le rituel ancien du suicide de la veuve sur le bûcher de son mari, moyen d'acquérir des mérites et de se purifier, porte le nom de *satî*, d'après celui de la déesse considérée comme l'épouse idéale.

LE TEMPLE D'ANNAPÛRNÂ
Annapûrnâ est un aspect de la déesse Pârvatî (voir p. 23), qui symbolise l'abondance. On la reconnaît à ce qu'elle tient une louche. Ses symboles sont un pot de riz en fleur et un vase débordant de lait. Son temple le plus fameux est celui de Bénarès, où a lieu annuellement, en automne, la fête d'Annakuta, la « montagne de nourriture ». Les dévots remplissent le temple d'aliments (*prasâda*) distribués ensuite aux nécessiteux.

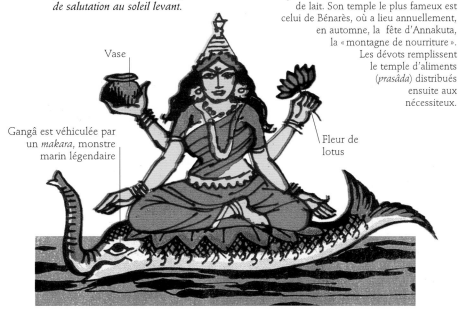

Vase

Gangâ est véhiculée par un *makara*, monstre marin légendaire

Fleur de lotus

Gangâ, la déesse du fleuve
Le Gange est le fleuve le plus saint pour les hindous et il est particulièrement purificateur à Bénarès. Vénéré sous la forme de la déesse Gangâ, il ne coulait à l'origine qu'au ciel. Le sage Bhâgîratha, dont l'excellent karma *lui permettait de demander une faveur aux dieux, les pria de faire couler le Gange sur la terre. Shiva empêcha l'eau d'engloutir la terre en la canalisant le long de ses tresses. Son épouse Pârvatî est réputée jalouse de Gangâ, l'une des maîtresses de Shiva.*

TEMPLE À KEDÂRNÂTH
Kedârnâth, dans l'Himalaya, a été décrit dès le XIIIᵉ siècle comme l'un des plus importants lieux de pèlerinage à Shiva.

TEMPLE DE BISWANÂTH
Ce temple célèbre est consacré au *linga* lumineux de Shiva (voir p. 22).

CENDRES JETÉES À L'EAU
Mourir à Bénarès et y être incinéré, ses cendres jetées dans le Gange, telle est pour un hindou la plus belle mort, qui mène à Shiva.

BÉNARÈS, VILLE DE LUMIÈRE

PENDANT LA COLONISATION britannique, la ville de Vârânasî a pris le nom de Bénarès. Son autre nom est Kâshî, la Lumineuse. Vârânasî est le principal et le plus respecté des lieux de pèlerinage de l'Inde. Considérée comme la demeure de Shiva (voir pp. 22-23), elle fut l'endroit où, selon la légende, le *linga* lumineux du dieu, *axis mundi*, traversa la terre pour atteindre les cieux. On dit que toute la ville, d'un rayon de 25 kilomètres, est un *linga*, concrétisation de Shiva. Vârânasî est à ce point sacrée que bien des gens s'y rendent pour y rester jusqu'à leur mort.

Le Gange à Bénarès.

Temples de Shiva
Ces petits temples sont consacrés à Shiva Nâgnath, le seigneur des serpents.

TEMPLE DE SHIVA VISHVANÂTHA
C'est le temple le plus vénérable de Kâshî, où la colonne de lumière ardente, le *linga* de Shiva, occupe le sanctuaire central. Le taureau Nandi, véhicule de Shiva, monte la garde à l'extérieur.

LA FAMILLE DE SHIVA
Shiva dans son rôle de père de famille, avec son épouse Pârvati et son fils Ganesha.

SADASHIVA
Une manifestation de Shiva.

DURGÂ
Compagne de Shiva, colérique et violente, Durgâ terrasse le buffle démoniaque qui menaçait la stabilité du monde.

« *Le Gange, Shiva et Kâshî : où cette triade veille, rien d'étonnant à ce qu'on trouve la grâce qui mène à la béatitude éternelle.* »
KÂSHÎKANDA

BHAIRAVA
Bhairava sortit du troisième œil de Shiva lorsque celui-ci se fâcha contre Brahmâ (voir pp. 20-21). Il coupa l'une des têtes de Brahmâ mais elle lui resta collée à la main jusqu'à ce qu'il ait atteint Vârânasî, où sont lavés tous les péchés. Représenté en jeune ascète, il est accompagné d'un chien, animal de mauvais augure.

ROUTES DE PÈLERINAGE
Il y a deux routes que parcourent les pèlerins autour de la ville. Celle qui trace un circuit de 80 kilomètres est plus méritoire que l'autre, plus courte.

COLONNE MAURYA, à SÂRNÂTH
Les colonnes de Sârnâth, portant un lion au chapiteau, ont été érigées au IIIe siècle av. J.-C. pour commémorer les édits du roi bouddhiste Ashoka. Les hindous considèrent le Bouddha comme la neuvième incarnation de Vishnu (voir pp. 26-27).

LAKSHMÎ
Épouse de Vishnu, Lakshmî est la déesse de la bonne fortune et la personnification de la grâce et du charme. Elle n'a pas de temple exclusif mais elle est vénérée, en même temps que Ganesha, dans beaucoup de foyers et de bureaux.

FUNÉRAILLES SUR LE GANGE
Sur les gradins qui descendent jusqu'au fleuve, un cadavre attend d'être placé sur le bûcher. Les corps doivent être brûlés avant le coucher du soleil, le jour même de la mort. Après le décès, le crâne est perforé pour que l'âme s'échappe. Le fils aîné allume le bûcher en disant les prières rituelles.

TEMPLE DE GANESHA
Fils de Shiva, Ganesha est invoqué pour qu'il porte chance, particulièrement en affaires.

Le temple de Râmeshvara
Ce temple du sud de l'Inde marque le lieu où Râma (voir pp. 30-31) rendit un culte à Shiva, avant son départ de l'Inde pour Ceylan, à la recherche de son épouse Sîtâ.

LES VOIES DU MOKSHA

L E TERME DE *MOKSHA* SIGNIFIE DÉLIVRANCE OU LIBÉRATION. C'est le quatrième et dernier but de la vie d'un hindou : la délivrance du cycle des renaissances dans les mondes inférieurs (*samsâra*). Parce qu'on parvient au *moksha* en se dégageant de l'ignorance, il y a plus d'une voie pour atteindre le but. Les trois principales forment le *mârga*, la Voie par excellence. Ce sont le *jñâna*, voie de la connaissance et de la compréhension, la *bhakti*, voie de la dévotion, et le *karma*, voie de l'action. Comme l'on peut renaître des millions de fois, il n'y a pas urgence à tenter toutes ces voies dans une même vie. L'important est de consacrer chaque vie à ce qui lui paraît le mieux approprié : tel est le *dharma* (voir p. 18). Dans certaines formes de tantrisme (voir ci-dessous), il peut sembler nécessaire d'accomplir des choses contraires au *dharma* afin d'acquérir le pouvoir de dépasser tous les aspects de la vie terrestre. Cela signifie que le *moksha* n'est pas véritablement un but puisqu'il ne peut être atteint que lorsque tout désir, tout attachement, a été abandonné. Celui qui atteint le *moksha* pendant sa vie est appelé *jîvanmukta*, délivré. Il n'y a pas de sauveur ni de rédempteur unique mais des sectes, des guides, des gourous et des dieux qui aideront ceux qui font appel à eux. Une prière des *Upanishad* résume la quête : « De l'irréel, conduis-moi au réel ; des ténèbres à la lumière ; de la mort à l'immortalité. »

Le rôle de chacun

La cellule familiale est très importante en Inde et, dans l'hindouisme, le rôle de maître de maison (grihastha) marque l'un des stades par où doit idéalement passer tout hindou qui veut échapper à la réincarnation (samsâra). Le rôle d'étudiant (brahmachâri) précède, si les circonstances le permettent, celui de grihastha.

Si l'éducation est considérée comme importante, c'est en effet parce qu'elle joue un rôle sur le chemin de l'éveil spirituel.

La marque de Shiva

Les ascètes shivaïtes se reconnaissent à la marque rouge et aux traits de cendre qu'ils portent au front. Cela fait allusion au troisième œil de Shiva, celui de l'illumination (voir p. 22), ainsi qu'au rejet de la société et du monde, au refus des satisfactions physiques et de la sensualité. Les ascètes se couvrent parfois le corps de cendres, comme Shiva qui est souvent représenté ainsi, sur une aire de crémation où il se concentre sur la nature transitoire de l'existence.

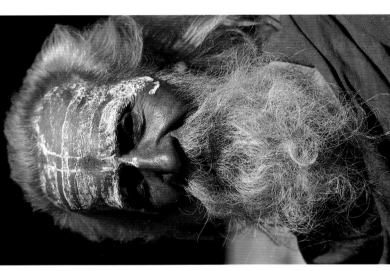

« Celui qui me dédie les œuvres qu'il accomplit, celui dont je suis la fin suprême, mon dévot, libre de tout attachement et de toute hostilité à l'égard de l'ensemble des êtres, c'est celui-là qui vient à moi. »

KRISHNA, DANS LA *BHAGAVAD GÎTÂ*

LA VIE D'UN SÂDHU

U n *sâdhu*, ou saint homme, dépend des laïcs pour sa subsistance. Il porte une écuelle de cuivre pour y recevoir les dons de nourriture ou d'argent ; parfois les laïcs l'abordent pour lui demander des conseils religieux ou profiter de son *darshana* (union avec le divin, voir pp. 32-33). Le *sâdhu* vit dehors, loin de la société. Il s'habille succinctement et s'impose des exercices rituels comme le jeûne ou le yoga. Ces exercices sont supposés engendrer le *tapas*, la chaleur qui transforme l'état intérieur du *sâdhu* pour lui permettre d'atteindre au *moksha*.

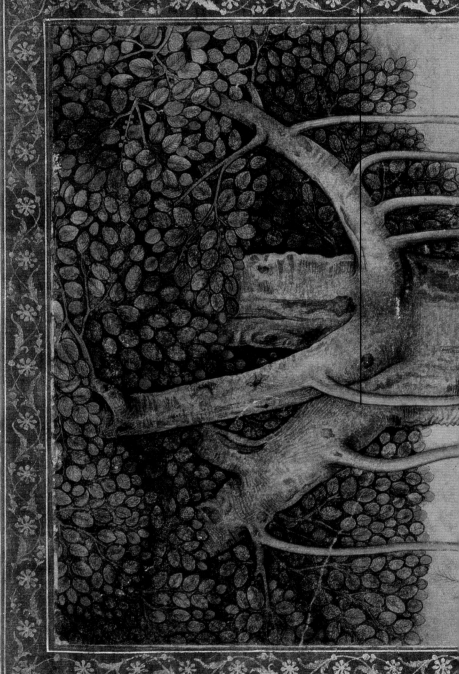

LE BANIAN
La retraite des ascètes dans la forêt est une ancienne tradition en Inde, où le culte des arbres a été longtemps pratiqué. Le figuier banian, arbre sacré, se caractérise par ses racines adventices descendant des branches.

SÂDHU SOUS UN ARBRE

Cette peinture d'Inayat, qui date de 1630, montre des ascètes errants (sâdhu) sous un figuier banian, arbre sacré. Ces ascètes font partie de la vie en Inde. Pour eux-mêmes, être sâdhu représente l'un des passages obligés pour atteindre un jour au moksha. Pour les autres, ils sont une source d'inspiration et d'enseignement.

LE RESPECT

L'agenouillement et la position des mains montrent que ce disciple exprime sa révérence envers son maître.

LE FEU SACRÉ

Le feu symbolise le *tapas*, ou chaleur interne, qui s'acquiert par l'ascèse. Le *Rig Véda* expose que le monde a été créé par le *tapas* primordial, en un acte accompli, avec la chaleur de la passion, par le dieu du feu Agni (voir p. 20). Dans des textes ultérieurs, les *Upanishad*, le *tapas* est un pouvoir intérieur. Le feu est aussi en rapport avec l'ancien rituel du sacrifice, en tant que moyen de communication entre hommes et dieux. Le yogi peut faire offrande au feu.

DÉVOT MUSULMAN

Le turban suggère que ce personnage est un soufi (voir pp. 172-173). En Inde, les échanges de vues entre théologiens de différentes religions sont courants.

Cheveux et barbe non coupés

Corps nu

Cordon de Shiva

Le yogi

Ce yogi est assis dans la position du lotus (padmâsana).
Le yoga, qui signifie « union », joue un grand rôle religieux car il discipline le corps pour que celui-ci seconde l'esprit aux fins d'atteindre un état de conscience supérieure. Au plus haut degré, il concerne l'union de l'âme individuelle avec l'âme universelle. Au cours de ce siècle, l'enseignement du yoga a atteint l'Occident et les yogis ont ouvert de nouvelles voies. Un exemple en est la méditation transcendantale du Mahârishi Mahesh Yogi.

LE SERPENT

Le serpent symbolise l'association de Shiva avec la mort et son pouvoir de retenir et de maîtriser l'énergie sexuelle. Une partie de l'ascétisme consiste à refréner les pulsions physiques afin de se délivrer du monde.

LE TANTRISME HINDOUISTE

L E TANTRISME EST UNE FORME hétérodoxe d'hindouisme, dont les adeptes ne cherchent pas à parcourir les voies reconnues du *dharma* dans leur quête de la délivrance mais recourent, pour obtenir celle-ci, à l'acquisition de *siddhi*, pouvoirs spirituels ou surnaturels, et à la *bhakti*, amour mystique. Ils considèrent aussi le corps comme un microcosme reflétant l'univers et mettent l'accent sur la *shakti*, énergie dynamique femelle représentée par la Grande Déesse (voir pp. 24-25). L'énergie mâle, représentée par Shiva, est considérée comme impuissante sans présence féminine. Le tantrisme hindouiste enseigne aussi que les dieux ne peuvent recevoir un culte que de la part d'autres dieux, de sorte que l'adorateur se déifie en récitant des prières, les *mantra*. Ces idées proviennent de textes rituels tantriques qui datent d'entre le VIIᵉ et le XIᵉ siècle, bien que la tradition puisse en être plus ancienne. Certaines formes de tantrisme prennent souvent la forme de dialogues entre Shiva et sa parèdre. D'autres, plus modérées, ont été assimilées par l'hindouisme orthodoxe en différentes parties de l'Inde. Les formes les plus radicales semblent provenir de pratiques ascétiques accomplies sur les lieux de crémation (considérés comme impurs par les hindous orthodoxes). Aux fins d'acquisition de pouvoirs et d'offrandes à la divinité, certains rituels recommandent d'enfreindre des tabous, par exemple en ayant des rapports sexuels entre personnes de caste différente, ou en consommant à titre de sacrifice du vin, de la viande, du poisson et du grain germé.

LE YOGI

Ce yogi est dans la posture du lotus. On montre souvent le Bouddha et Shiva de même, devant un arbre, entourés de disciples. Cette iconographie est plus ancienne que le bouddhisme lui-même (voir pp. 54-55).

NOUVEAU DISCIPLE

La tête rasée est la marque des disciples qui rencontrent pour la première fois un *sâdhu*, ou ascète errant. Ci-contre, en signe de respect, le disciple offre une boisson au maître.

L'ASCÉTISME

Les ascètes s'imposent souvent des épreuves pendant des années, au point d'en être physiquement atteints. Celui-ci a un bras déformé, reposant sur une béquille : c'est peut-être le résultat de ses mortifications.

CRUCHE D'EAU

Le *sâdhu* ne peut posséder qu'une cruche d'eau ou une sébile appelée *lota*.

DÉVOT SHIVAÏTE

Traditionnellement, les dévots shivaïtes ont les cheveux tressés, en souvenir des nattes du dieu lui-même. Les ascètes adorent souvent Shiva plutôt qu'une autre divinité car Shiva, qui abandonna la vie sédentaire, fut le premier des mendiants et est souvent représenté en ascète.

LES FÊTES RELIGIEUSES

LES FÊTES HINDOUES, qui suivent le calendrier traditionnel et sont souvent liées aux changements de saison, jouent un rôle cathartique en relâchant les tensions dans la communauté et en suspendant temporairement les distinctions de caste et de classe (voir p. 18). Elles mêlent le culte au plaisir et elles servent à détourner les influences malignes, à resserrer le tissu social, à stimuler la vitalité. Les principales sont Holi, Diwali et Dusserah mais il existe nombre de fêtes locales, généralement consacrées à une divinité de la région. Holi, à l'origine une célébration de la fertilité, marque le nouvel an en mars, avec le retour du printemps. On allume la veille un feu qui symbolise la mort de l'hiver et, dès le matin, on s'adonne à la joie, en oubliant les codes de bienséance et en se lançant mutuellement de l'eau rougie ou de la poudre rouge.

Les lumières de Diwali
Les enfants allument des lampes pour souhaiter la bienvenue à Lakshmî. Diwali, qui dure cinq jours, est une fête des lumières : on éclaire la maison et son voisinage afin que Lakshmî ne se perde pas en chemin.

DIWALI ET DUSSERAH

Diwali célèbre le retour d'exil de Râma (voir p. 30). On invite chez soi Lakshmî, déesse de la fortune : Diwali est donc la fête des milieux économiques, qui marque le début de l'année financière. On accomplit une *pûjâ* (voir p. 32) pour obtenir la prospérité. On échange des cadeaux. On allume des lampes pour écarter Alakshmî, la mauvaise fortune. Diwali dure de fin octobre à mi-novembre. Dusserah, une fête de neuf jours entre fin septembre et mi-octobre, célèbre le triomphe du bien sur le mal. Dans le Sud, elle s'inspire du *Râmâyana* (voir pp. 30-31). Dans l'Est et au Bangladesh, elle a lieu en l'honneur de Durgâ tuant le buffle (voir p. 23) : on promène dans les rues une grande image de Durgâ, que l'on immerge dans un cours d'eau le dernier jour.

HOLI
Cette peinture d'Udaïpur montre le Mahârana Amar Singh célébrant Holi dans son jardin, avec des amis et des domestiques. Elle date d'entre 1708 et 1710.

LE DAIS ROYAL
Sous son dais, le prince prend part aux festivités parmi ses sujets.

Célébration de la victoire de Râma
Dans l'Inde du Sud, Dusserah célèbre la défaite du démon Râvana des œuvres de Râma, incarnation de Vishnu. On mime la victoire de Râma à l'aide d'immenses mannequins et, le dixième jour de la fête, un acteur jouant Râma tire une flèche enflammée sur le géant Râvana, bourré de pétards, qui est ainsi réduit en cendres.

Poudre rouge

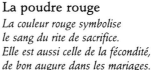

La poudre rouge
La couleur rouge symbolise le sang du rite de sacrifice. Elle est aussi celle de la fécondité, de bon augure dans les mariages.

FLEURS PRINTANIÈRES
Holi est d'abord une célébration du printemps, en rapport avec l'acte de création et de renouveau qui marque l'équinoxe, moment de la récolte du blé.

LE PRINCE EST DE LA FÊTE

Le prince et ses courtisans se jettent de la poudre rouge. L'esprit de Holi est folâtre et joyeux. Couramment, des gens de caste inférieure y jettent de la poudre et de la peinture sur ceux de caste supérieure, qui oublient temporairement leurs différences.

CALENDRIER DES FÊTES

- **Janvier** — LOHRI : célébrée au Pendjab. Marque la fin de l'hiver.

- **Février** — PONGAL-SANKRANTI : fête de l'Inde du Sud célébrant la moisson du riz.

- **Mars** — HOLI : célébration nationale du printemps et du Nouvel An.
  — SHIVARÂTRI : fête nationale en l'honneur de Shiva. Les fidèles jeûnent pendant la journée et veillent toute la nuit dans les temples de Shiva.

- **Avril** — SHRÎ VAISHNAVAS : fête en l'honneur de Vishnu et de sa parèdre Shrî, célébrée à Madras au début de la saison chaude. Des images de Vishnu sont promenées des temples au rivage.

- **Mai** — RATHAYÂTRÂ : anniversaire de Jagannâtha, célébrée avec un char à Puri.

- **Août** — JANMASHTAMI : anniversaire de Krishna, célébré nationalement. Les fidèles jeûnent le jour et rompent le jeune dans la soirée après un *pûjâ* (culte) particulier.

- **Septembre** — DUSSERAH : célébration du triomphe du bien sur le mal, en l'honneur de Durgâ ou de Râma.
  — GANESH CHATURTHÎ : anniversaire de Ganesha, célébré partout en Inde. On y porte en procession des figures géantes du dieu.

- **Octobre** — DIWALI : célébration nationale de Râma et de son épouse.

UN SYMBOLE DE GRANDEUR

Le soleil imaginaire qui auréole ce portrait, par ailleurs réaliste, du Mahârana indique qu'il est du clan Mewar, qui prétendait descendre du soleil.

UN APHRODISIAQUE

La poudre rouge, réputée aphrodisiaque, rappelle que la fête était jadis une célébration de Kâma, dieu du désir sexuel. Il représente un aspect de la tradition hindoue, selon lequel l'amour et le plaisir, tant sensuel qu'esthétique, sont nécessaires à la vie. Telle est l'inspiration du *Kâmasûtra*, classique de l'érotisme.

Le rôle de la musique

Les éléments d'une fête sont rang, ras et rag : couleur, danse et son. On recourt à trois styles principaux de musique : la psalmodie d'un Veda *rituellement lié à la fête ; le* bhajan, *chant de dévotion ; le* shehnai *ou* nâgasvara, *instrument à anche double, joué très fort pour couvrir les sons de mauvais augure.*

UN HOUKA

Cette sorte de pipe sert à fumer l'opium, le tabac et le hachisch. Holi est traditionnellement un moment de détente, au cours duquel on use souvent de stupéfiants.

LE BRUIT

Une tradition qui consiste à faire du bruit durant la fête rappelle le conte de la sorcière Holika. Celle-ci réclamait un enfant par jour, pour le dévorer. Mais voici qu'à la fin les femmes et les enfants se cachèrent en l'attendant. Quand elle arriva, ils se mirent à crier et à l'insulter. Elle en fut si effrayée qu'elle ne les importuna plus jamais.

LA VÉRITÉ ET LE COSMOS

L A COSMOLOGIE INDIENNE CONSIDÈRE L'UNIVERS comme ovale et divisé en zones (voir pp. 26-27), ou comme un diagramme appelé *mandala*, carré divisé en carrés plus petits, disposés concentriquement autour de la divinité suprême (voir p. 65). La divinité est source de toute existence et se compare à une araignée dans sa toile, d'où toute chose procède et en qui toute chose est absorbée. Le *mandala* relie le monde des dieux au temple, établi selon la même formule géométrique (voir pp. 32-33). Les diagrammes appelés *yantra*, basés sur le *mandala*, concernent diverses divinités et ont divers usages ; ils visualisent des champs de forces auxquels correspond un son et ils constituent soit des procédés cultuels mécaniques, soit des supports à la méditation.

SHRÎ-YANTRA

Le *Shrî-Yantra* ci-contre est utilisé par la secte tantrika (voir pp. 24-25 et 37). Il exprime les pouvoirs et les émanations de Shakti, la Grande Déesse, et il se compose de neuf triangles entrecroisés, entourant le *bindu*, point central identifié à la divinité. Cinq triangles sur pointe, représentant Shakti, le principe féminin, sont superposés à quatre triangles représentant le dieu masculin Shiva. Le *Shrî-Yantra* dépeint l'univers en décrivant les différents stades de la manifestation de Shakti. Il montre les niveaux de l'univers terrestre et céleste, ainsi que les degrés de développement de la conscience du tantrika à la recherche de l'illumination.

La déesse Pârvatî
Sur le bord extérieur du yantra se répètent des figures de Pârvatî, en jaune, et de Kâlî, en rouge. Elles sont la plus paisible et la plus terrible des manifestations de Shakti, la force féminine, sujet du yantra.

SHRÎ-YANTRA
Ce Shrî-yantra népalais du XVIIIᵉ siècle est un schéma symbolique de la Grande Déesse. Le dévot en méditation parcourt les chakra, points de force spirituelle, et visualise un voyage du carré extérieur vers le centre.

LES TROIS PREMIERS CHAKRA
L'espace entre le carré et les trois cercles est le premier *chakra*, où l'adepte reste préoccupé de ses désirs. Il est généralement blanc, rouge et jaune. Les seize pétales de lotus des deux cercles extérieurs (deuxième et troisième *chakra*) indiquent la satisfaction des désirs.

GESTES DE COMMUNICATION

T OUT COMME les *yantra*, des gestes des mains appelés *mudrâ* sont utilisés par les tantrikas pour communiquer leurs connaissances à leurs adeptes ou disciples. Le *mudrâ* est un moyen de communication non verbal qui consiste en gestes répétitifs et en positions des doigts. Il peut avoir un rapport avec le rituel tantrique et il vise à provoquer une réaction dans l'esprit de l'observateur. On en utilise dans la danse, en tant qu'éléments du vocabulaire complexe de l'expression des sentiments et du récit ; cependant ils peuvent intervenir sans intention narrative dans la danse pure et signifier différentes choses suivant le contexte.

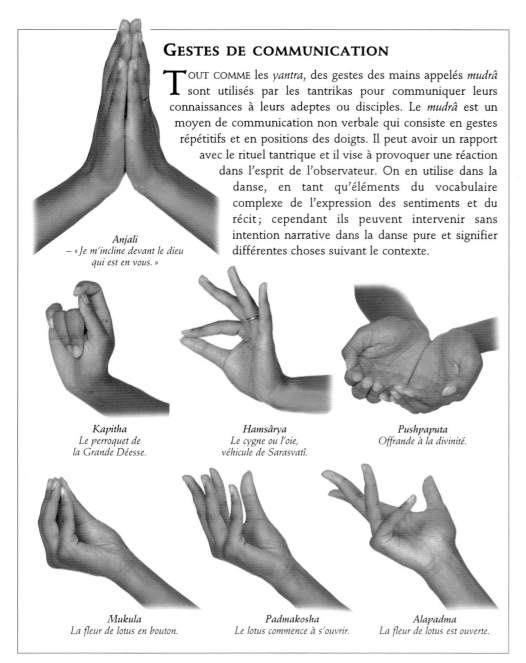

Anjali
– « Je m'incline devant le dieu qui est en vous. »

Kapitha
Le perroquet de la Grande Déesse.

Hamsârya
Le cygne ou l'oie, véhicule de Sarasvatî.

Pushpaputa
Offrande à la divinité.

Mukula
La fleur de lotus en bouton.

Padmakosha
Le lotus commence à s'ouvrir.

Alapadma
La fleur de lotus est ouverte.

LE BORD EXTÉRIEUR
Le bord extérieur du *yantra* est un carré à quatre portes, faisant face aux quatre directions de l'univers, ou points cardinaux.

LES DIVINITÉS GARDIENNES
Huit divinités protectrices gardent les quatre portes et les quatre coins extérieurs du carré (premier *chakra*). Dans le sens horaire, depuis le haut : Indra, Agni, Yama, Nirritî, Varuna, Vâyu, Kubera et Ishâna.

Kâlî la terrible
Kâlî siège sur la figure nue, couchée, de Shiva. Elle porte un collier de crânes et tient un crâne plein de sang.

LINGA ET YONI
Le *linga* traversant le *yoni* est un symbole sexuel des énergies mâle et femelle personnifiées par Shiva et Shakti.

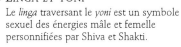

LE NEUVIÈME CHAKRA
Le *bindu* ou point central est le neuvième et dernier *chakra*. En progressant circulairement à travers les neuf triangles emboîtés qui forment le *yantra*, le dévot a accompli son « devenir », de la condition terrestre à la réalisation céleste. Les triangles sur base représentent la force mâle, les triangles sur pointe la force femelle.

LE HUITIÈME CHAKRA
Le triangle sur pointe est le huitième *chakra*, dernier stade avant la réalisation finale dans le neuvième. Tous les triangles du *yantra* sont rouges, en symbole de la puissance, du feu et de l'intensité de l'énergie cosmique.

LE SEPTIÈME CHAKRA
Ce *chakra* se compose de huit triangles. À ce stade, l'adepte est libéré de ses liens terrestres et proche de la réalisation.

Partie du quatrième *chakra*

Partie du cinquième *chakra*

Partie du sixième *chakra*

Partie du septième *chakra*

Les triangles
Ces triangles appartiennent aux quatrième, cinquième, sixième et septième chakra du yantra. Ils sont rouges, en signe d'énergie et d'intensité, et portent une manifestation de Shakti, l'énergie féminine. Chaque chakra se compose de plusieurs triangles disposés en cercle. Les cercles deviennent plus petits à mesure que le dévot approche de la béatitude finale.

SCÈNES CULTUELLES
Des scènes représentant un tantrika nu, un feu sacré et la combinaison *linga-yoni*, représentant les énergies mâle et femelle, se répètent autour du *yantra*.

LE QUATRIÈME CHAKRA
Ce triangle appartient au quatrième *chakra*. Il y en a quatorze, disposés en cercle. Le nombre des triangles formant chaque « cercle » décroît vers le centre.

LE CINQUIÈME CHAKRA
Ce *chakra* est formé de dix triangles, tout comme le sixième.

LE JAÏNISME

LES CONQUÉRANTS PACIFIQUES

*Un jaïn, ou jaina, est un adepte des jina, les conquérants spirituels
dont la vie et l'enseignement ont donné forme, en Inde, à la religion jaïniste.
Ce sont des hommes, des maîtres qui ont atteint le plus haut degré de
connaissance et de compréhension, et qui ont tracé pour leurs disciples la voie
du moksha, de la délivrance des renaissances en un monde d'ignorance et de
douleur. Les jina sont aussi des tîrthankara, « ceux qui préparent le gué » par où
les âmes traverseront le fleuve de la renaissance, du samsâra, pour atteindre à la
liberté spirituelle. Vingt-quatre tîrthankara apparaissent en chaque demi-cycle
de temps (voir p. 46) pour enseigner comment dégager le Soi, jîva,
de l'existence matérielle, ou karma (voir ci-dessous).*

DES VINGT-QUATRE *TÎRTHANKARA* du demi-cycle actuel, on sait historiquement peu de chose si ce n'est des deux derniers, Pârshva et Mahâvîra, et même dans leur cas la légende prévaut. L'un et l'autre, tout comme les premiers *tîrthankara* Rishabha et Neminâtha, sont objets de vénération, voire d'un culte. Pârshva vécut au IXe siècle et Mahâvîra au VIe siècle av. J.-C.

LES CROYANCES

Les jaïns croient que l'âme individuelle est potentiellement divine et que celle-ci peut atteindre son vrai but si l'on suit les pratiques de purification et de discipline enseignées par les *tîrthankara*. L'ascétisme est, pour l'âme, le moyen de se dégager du *karma*, nature matérielle de l'univers. Le sens du terme est donc différent de ce qu'il est chez les hindous et les bouddhistes, pour qui c'est un concept moral, relatif aux causes et aux effets. Les *tîrthankara* incarnent et enseignent la voie de la délivrance. Les âmes délivrées, ou parfaites (*siddha*), résident au sommet du monde, dans la liberté spirituelle. Les jaïns font confiance à l'enseignement mais non à une quelconque aide divine : Dieu ou les dieux appartiennent au cosmos mais ne lui

sont ni supérieurs ni extérieurs. Pas plus que les bouddhistes, les jaïns ne croient en un dieu créateur. Au cœur de la Voie se trouvent les « vœux majeurs » (*mahâvrata*) que prennent les ascètes : non-violence (*ahimsâ*), sincérité (*satya*), chasteté (*brahmacharya*), honnêteté (*asteya*) et renoncement aux personnes, lieux et choses (*aparigraha*). Un sixième a été ajouté plus tard : l'abstention de nourriture après la tombée du jour. Les laïcs font des vœux parallèles, les *anuvrata* ou vœux mineurs, qui appliquent les cinq *mahâvrata* à la vie mondaine. Ainsi, les laïcs doivent être végétariens et ne peuvent accomplir de travaux qui portent délibérément atteinte à la vie (comme la chasse ou la pêche ; l'agriculture est acceptable parce que la destruction de la vie n'y est jamais intentionnelle). Les six métiers qui sont traditionnellement admis sont les affaires publiques, l'écriture, les arts, l'agriculture, l'artisanat et le commerce.

Un signe de paix

*La religion jaïne a adopté
la main ouverte comme symbole en 1975,
pour le 2 500e anniversaire de l'illumination
de son chef spirituel Mahâvîra.
La main porte généralement l'inscription
ahimsâ, non-violence.*

LA VIE LAÏQUE

La vie d'un laïc n'a rien de simple s'il respecte strictement les vœux et les règles. La plupart font de leur mieux, en fonction des circonstances. « Faire de son mieux » n'est pas indifférent, en raison de la croyance aux renaissances : l'âme peut toujours faire quelque progrès sur le chemin de l'épanouissement spirituel. Un texte révéré tout autant par la secte digambara que par la shvetâmbara (voir plus loin), le *Tattvârthâsûtra*, décompose la voie du progrès spirituel en quatorze stades. Faire de son mieux, c'est toujours

Le cosmos jaïn

*Ce détail (voir pp. 48-49) dépeint le cosmos
comme un corps humain. Au sommet, il y a le royaume
des âmes libérées et, en dessous, celui des dieux. Le disque
central est le royaume des humains. En bas s'étagent
les degrés de l'enfer.*

franchir des étapes. La première, *mithyadrishti*, est celle où l'âme est dans un état de sommeil trompeur ; il n'est donc pas difficile de commencer à s'élever, avec l'aide des *tîrthankara*. Cependant peu de jaïns croient possible d'aller au-delà du sixième stade, et le modèle est très théorique. Le quatorzième, *ayoga-kevali*, est celui où l'âme, telle un roc, ne se laisse plus distraire par rien : tout *karma* a été éliminé, l'âme est libre de toute implication dans la vie et le monde ; à la mort, elle atteint sa délivrance. Entre le premier et le quatorzième stade, la plupart des laïcs pratiquent une foi qui se concentre sur certains aspects des vœux, sur des rites quotidiens et sur des cérémonies publiques, plus occasionnelles. Comme les *tîrthankara* ne sont pas présents auprès des fidèles, il n'y a pas de prêtrise, ni personne qui agisse en tant qu'intermédiaire.

Les laïcs peuvent donc, au choix, pratiquer le culte au temple ou à domicile. Parmi les manifestations publiques, la fête annuelle de Samvatsari est d'une grande importance pour les shvetâmbaras. Elle se tient durant une période de huit à dix jours, le Paryusanaparva, où les laïcs s'abstiennent de divers aliments, le jaïnisme mettant fortement l'accent sur le jeûne. En fin de période, on se confesse non seulement à un ascète mais aussi à sa famille et à ses amis. On demande pardon à tous les êtres qu'on aurait pu blesser : « Je demande pardon à toutes les créatures vivantes. Que toutes me pardonnent. Puissé-je avoir des rela-

tions amicales avec tous les êtres, hostiles avec aucun. »

La délivrance est donc le fait d'une pratique bien établie, fondée sur une instruction qui dissipe l'ignorance, avec le renfort d'une forme très ancienne de méditation, le *samayika*, qui vise à assurer la paix de l'esprit. Cela exige un renoncement temporaire à toute possession, tandis que l'on reste assis à méditer pendant 48 minutes (un *mahurta*, trentième de journée : c'est une division du temps courante en Inde, et souvent utilisée à des fins rituelles). On commence par pardonner et demander pardon à l'ensemble des êtres vivants, et l'on dit notamment cette prière : « Amitié pour toutes les formes vivantes, ravissement devant les qualités des vertueux, compassion infinie pour tous les êtres souffrants, équanimité envers qui me veut du mal, que mon âme soit dans ces dispositions maintenant et pour toujours. »

LES SECTES

Un grand schisme a affecté les jaïns vers le IVᵉ siècle. Il en est résulté deux groupes principaux, les digambaras et les shvetâmbaras. Digambara signifie « vêtu de ciel » ; cette secte croit que toute possession, y compris celle de vêtements, est une entrave à la délivrance. Porter des vêtements veut dire qu'on ne s'est pas détaché des pulsions sexuelles ni du sentiment de la pudeur, et qu'on est prêt à tuer des formes de vie en faisant la lessive. Les shvetâmbaras proclament que le détachement est dans l'esprit et que la nudité peut nécessiter d'allumer du feu en hiver, ce qui détruit aussi des vies. Les quatre autres points de

désaccord sont le statut de la femme (les digambaras croient qu'elle doit renaître en homme avant d'atteindre la délivrance), la question de savoir si certains textes font autorité, celle de savoir si une écuelle est autorisée pour mendier et manger ou s'il faut y renoncer comme à tout le reste, enfin celle de savoir si les parfaits omniscients ont toujours besoin d'un soutien continu à la vie, telle la nourriture.

LE JAÏNISME AUJOURD'HUI

À ses débuts, le mouvement jaïn connut l'expansion hors du bassin du Gange, d'où il est originaire, et aujourd'hui, en Inde, on le trouve surtout au Mahârâshtra, au Madhya Pradesh, au Karnâtaka, au Gudjerat et au Râdjasthân. Hors de l'Inde, les communautés jaïnistes les plus nombreuses sont aux États-Unis. Bien qu'ils représentent au total moins de 0,5 % de la population indienne, les jaïns exercent une influence remarquable. Un de leurs chefs, Raychandbhai Mehta, a joué un grand rôle dans la vie politique de l'Inde et auprès du Mahâtmâ Gandhi, en formulant son engagement à respecter la non-violence et la vérité.

Il paraît évident que les jaïns n'augmenteront pas en nombre dans un proche avenir et que le sectarisme continuera à contribuer aux divisions de la communauté. Néanmoins il ne semble pas que l'emprise du jaïnisme sur l'imagination de ses fidèles doive diminuer. La religion évolue et s'adapte aux changements de circonstances, tout particulièrement à l'Ouest, sans compromettre pour autant son message fondamental. Elle restera sans nul doute une foi aux institutions et aux pratiques originales.

LES CINQ ÊTRES SUPÉRIEURS

LES CINQ ÊTRES SUPÉRIEURS OU, en sanskrit, *pañcha parameshin*, sont les modèles de
L'idéal ascétique jaïn. Ils représentent à la fois la pratique et l'objectif du cheminement
religieux. Le plus élevé des cinq est l'*arhat*, le saint, aussi appelé grand maître (*jina*) ou
constructeur de gué (*tîrthankara*). Il montre le chemin de la délivrance, qu'il obtient
lui-même après avoir fondé une communauté religieuse. Vient ensuite le *siddha*, l'âme
parfaite qui vit au sommet du monde en état de béatitude (voir pp. 48-49).
Le troisième est le maître spirituel qui dirige les moines et les nonnes. Le quatrième,
celui qui instruit les moines et les nonnes dans les écritures jaïnes. Le cinquième,
toute autre sorte de moine. Ils sont tous représentés ci-dessous au centre d'un
siddhachakra, diagramme ésotérique qui sert à guider la dévotion et le rituel.
Chacun des groupes d'êtres supérieurs est révéré par un *mantra* du *Pañcha
Namaskâra*, « les Cinq Hommages ». Ces *mantra*, connus
de tous les jaïns, sont récités le matin et au cours de
circonstances religieuses importantes. Beaucoup leur
attribuent une valeur de talisman, croyant qu'ils ont
le pouvoir de guérir la maladie et d'écarter le mal.

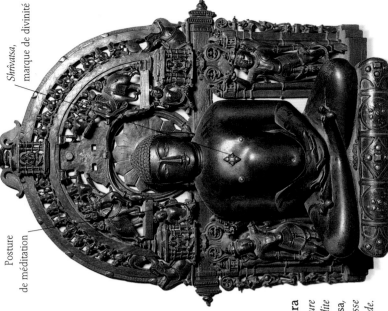

Shrivatsa,
marque de divinité

Posture
de méditation

Shântinâtha, seizième tîrthankara
Shântinâtha est associé à la paix sociale et intérieure
(shânti), ainsi qu'à la prescience du danger. Il médite
entouré de divinités protectrices. Il porte le shrîvatsa,
marque de son propre caractère divin. On lui adresse
souvent des prières pour la paix du monde.

SIDDHACHAKRA
Ce tissu brodé porte un siddhachakra, cercle
décoré des cinq êtres supérieurs et des quatre
joyaux du jaïnisme. Ce diagramme très révéré
fait l'objet d'un culte pendant la fête du
Siddhachakrapûjâ, en mars ou avril. Le mantra
des cinq êtres supérieurs représente l'essence
même des écritures. En théorie, il existe
depuis toujours et n'a pas d'auteur, mais
il a sans doute évolué depuis le 1ᵉʳ siècle av. J.-C.

L'ÂME PARFAITE
Au-dessus du *tîrthankara* (voir ci-dessous),
il y a le *siddha*, l'âme parfaite, délivrée,
le deuxième des cinq êtres supérieurs.
La délivrance s'atteint, pour le jaïnisme,
après un long parcours de renaissances,
où le mérite spirituel se gagne par
la qualité des actes religieux.

LES QUATRE JOYAUX
Les quatre joyaux, ou vérités essentielles,
du jaïnisme sont écrits en forme de mantra
sur les pétales de lotus, entre les cinq êtres
supérieurs. Ce sont, dans le sens des aiguilles
d'une montre à partir du coin supérieur
gauche : la connaissance juste, la juste
vision du monde, la conduite juste
et l'austérité juste.

Pârshvanâtha
Pârshvanâtha est le vingt-troisième
tîrthankara. Il aurait vécu en Inde,
à Bénarès, vers 800 av. J.-C.,
et il fait l'objet de la plus grande
dévotion populaire chez les jaïns.
On en fait un modèle de compassion,
même si, délivré qu'il est du monde
des renaissances, il ne peut aider
personnellement ses dévots.

LES NEUF POSITIONS ÉMINENTES
Les cinq êtres supérieurs et les quatre joyaux forment les neuf positions éminentes du jaïnisme.

LE CONQUÉRANT SPIRITUEL
Au centre du *siddhachakra* se trouve le premier être supérieur : l'*arhat* ou *tîrthankara*, le grand maître jaïn qui pave pour les autres la voie de la délivrance. Il se distingue du *siddha* en ce qu'il n'a pas besoin de maître pour comprendre la doctrine.

LE DIRIGEANT D'UN ORDRE
Placé à l'est du *siddhachakra*, l'*âchârya* est le chef spirituel d'un ordre de moines et le troisième des êtres supérieurs.

LE PRÉCEPTEUR
L'*upâdhyâya*, quatrième des êtres supérieurs, est le moine qui enseigne aux autres les écritures.

LES PRÉDICTIONS
Sur les bords du *siddhachakra* se trouvent les symboles évoquant les quatorze rêves des deux mères de Mahâvîra, qui ont prédit sa noble nature. De gauche à droite et de haut en bas : un éléphant, un taureau, un lion, la déesse Shrî, une guirlande, la lune, le soleil, une bannière, un vase, un bassin de lotus, un océan de lait, un chariot céleste, un bijou et un feu sans fumée.

Silhouette rapportée, représentant une âme parfaite.

Une âme libérée
Selon la croyance jaïne, l'âme prend l'apparence extérieure du corps où elle réside. Puisque la dernière existence avant la délivrance spirituelle doit être humaine, le siddha, ou âme parfaite, qui réside au sommet de l'univers, a une silhouette humaine tout en étant délivré du corps et dépourvu de forme matérielle. L'image en métal du siddha désincarné sert à concentrer la méditation sur le but de la religion : se détacher de l'existence en ce monde et libérer l'âme de la possession des biens terrestres.

Les quatorze rêves
Le soleil est le symbole de l'un des quatorze rêves des deux mères de Mahâvîra (voir p. 46), lesquels annoncèrent la noble nature qui caractériserait le vingt-quatrième tîrthankara.

LE MOINE
La figure du moine, cinquième être supérieur, est placée à l'ouest du *siddhachakra*. Pour la secte digambara (voir pp. 50-51), les femmes n'atteignent pas la délivrance mais doivent renaître en homme.

LES SYLLABES MYSTIQUES
Au-dessus des quatre joyaux du jaïnisme, il y a les syllabes mystiques *om hrîm*, dont le son est supposé exercer un pouvoir surnaturel.

DES HOMMES TRANSFIGURÉS
Ni les *arhat* ni les *siddha* ne sont des dieux. Ils ne peuvent influer directement sur les affaires humaines, ni sur la destinée. Ce sont des êtres humains transfigurés, qui ont atteint la délivrance.

UN OBJET DE DÉVOTION
Le *siddhachakra*, brodé et peint sur tissu, est utilisé en tant qu'objet de dévotion, pendu au mur d'un temple, ou au cours des rituels ésotériques des moines shvetâmbaras.

LES DIVINITÉS COURONNÉES
Hors du lotus central, il y a quatre divinités couronnées, chacune dans un chariot céleste. Les dieux jouent un rôle dans le jaïnisme mais ils sont sujets aux renaissances, comme les humains.

PASSÉ, PRÉSENT, AVENIR
Les cinq êtres supérieurs sont l'idéal du passé, du présent et de l'avenir. Une infinité d'entre eux ont existé et il en existera toujours.

« Le parfait n'est ni long, ni petit, ni rond... il est sans corps, sans contact avec la matière, ni masculin, ni féminin, ni neutre ; il perçoit, il sait, mais il n'y a pas d'analogie qui permette de comprendre la nature de l'âme délivrée ; son essence est sans forme ; il n'y a pas de condition à l'inconditionné. »

MAHÂVÎRA

LE JAÏNISME

45 • LES CINQ ÊTRES SUPÉRIEURS

LA VIE DE MAHÂVÎRA

DANS LA PENSÉE JAÏNE, LE TEMPS est infini et accomplit une série de mouvements ascendants et descendants qui durent des millions d'années. Durant chaque mouvement apparaît une succession de vingt-quatre maîtres. Ce sont les *tîrthankara*, « ceux qui préparent le gué sur le fleuve des renaissances », qui réactivent la religion jaïne lorsque l'humanité a décliné spirituellement. Mahâvîra est le vingt-quatrième *tîrthankara* de la période actuelle. Pour les jaïns, tous les prédécesseurs de Mahâvîra sont des personnages historiques. La vie de Mahâvîra lui-même est traditionnellement située entre 599 et 527 av. J.-C., donc à l'époque du Bouddha. Né en Inde, dans le bassin du Gange, membre de la caste guerrière des *kshatriya* (voir p. 18), de rang princier, Mahâvîra renonça au monde à l'âge de trente ans et devint un ascète errant. Après douze ans de mortifications, il reçut l'illumination. Il convertit alors douze disciples, qui fixèrent son enseignement en écritures et fondèrent une communauté d'adeptes. Mahâvîra mourut en méditation et devint une âme parfaite.

Le samavasârana de Mahâvîra
Chaque tîrthankara *prononce son premier sermon dans un* samavasârana, *enceinte circulaire construite par les dieux et qui consiste en gradins entourés de balustrades, où l'auditoire écoute le* tîrthankara *assis au centre, sur une estrade.*

LE KALPASÛTRA
« Livre du rituel », le Kalpasûtra *est l'un des deux textes principaux du jaïnisme shvetâmbara (voir pp. 50-51). C'est la plus ancienne biographie connue de Mahâvîra, le vingt-quatrième* tîrthankara, *qu'elle relie à ses vingt-trois prédécesseurs. Ce feuillet le montre nouveau-né avec sa seconde mère.*

LA REINE TRISHALÂ
Trishalâ est la seconde mère de Mahâvîrâ. La secte shvetâmbara croit qu'un des serviteurs célestes du dieu Indra plaça par erreur l'embryon de Mahâvîrâ dans la matrice de Devânanda, une femme de la caste sacerdotale des brahmanes. Comme tous les *tîrthankara* doivent naître dans la caste des guerriers, l'embryon fut transféré dans le sein de Trishalâ par le messager Harinegameshin.

MAHÂVÎRA NOUVEAU-NÉ
Avant la naissance de Mahâvîra, ses deux mères eurent des rêves prophétiques, dans lesquels quatorze symboles faisaient augurer qu'il deviendrait un grand chef religieux (voir pp. 44-45). D'après la tradition, si grand était son respect pour l'obligation de ne pas causer de mal à autrui qu'il se garda de donner des coups de pied dans le ventre de sa mère. Adulte, il recula la date de son renoncement au monde jusqu'après la mort de ses parents, pour ne pas leur causer de chagrin.

L'AMI DES DIEUX
Avant sa naissance, Mahâvîra résidait au ciel Pushpottara. D'après le *Kalpasûtra*, Indra, le roi céleste, descendit de son trône à sa conception et loua le *tîrthankara* qui atteindrait la délivrance et apporterait aux hommes la religion capable de vaincre la souffrance et la mort.

L'ÉCRITURE SHVETÂMBARA
On pense que le *Kalpasûtra* a été écrit au Ier siècle av. J.-C. Ce livre est particulièrement important pour la secte des shvetâmbaras. Ils en lisent le texte et en exposent les illustrations au cours de leur cérémonie annuelle du Paryushan.

LA LANGUE
La langue du *Kalpasûtra* et d'autres textes jaïns est l'ardhamaghadi. Elle provient probablement d'un dialecte populaire, peut-être par opposition au sanskrit utilisé par les brahmanes (voir p. 18).

Mahâvîra et Indra

*Mahâvîra est né avec l'aide du dieu Indra. Cette enluminure du Kalpasûtra
montre Mahâvîra enfant, assis sur les genoux d'Indra, au sommet
du mont mythique Meru, et entouré d'une cour divine.
Ceci, avant sa naissance humaine.*

● LE CIEL D'INDRA
Dans sa vie précédente, Mahâvîra était
un dieu dans l'un des ciels d'Indra. On dit
qu'au moment de sa conception, Indra
récita un hymne à la louange du *Jina*.

● INDRA, LE DIEU GUERRIER
Indra est le roi des dieux védiques. Dans
le jaïnisme, il n'est guère plus qu'une
figure symbolique, qui valorise
la naissance de Mahâvîra.

> ❝ *La nuit où est né Mahâvîra, une infinité de dieux et de déesses planaient, dans toute leur splendeur,
en accomplissant des mouvements ascendants et descendants. Le monde en resta stupéfait et il s'en éleva une clameur d'étonnement.* ❞
>
> *KALPASÛTRA*

LA COSMOLOGIE

SUIVANT LES ÉCRITURES JAÏNES, Mahâvîra et les autres *tîrthankara* (voir pp. 44-45) sont, par leur accession à la délivrance, découvert la nature de l'univers, en sanskrit le *loka*. Les moines jaïns ont déployé beaucoup d'efforts pour comprendre le *loka*, et la cosmographie est devenue une branche élaborée de leur scholastique. Le *loka*, extrêmement vaste, comprend trois grandes sections. Tout en bas, il y a les huit enfers, de plus en plus insupportables. Au sommet, il y a une série de ciels de plus en plus clairs. Au-dessus du plus haut se trouve la demeure des âmes parfaites (voir pp. 44-45). Au milieu, c'est le *mâdhya loka*, le monde médian, une bande étroite où les continents et les océans prennent place concentriquement. Parmi eux, seuls le continent de Jambûdvîpa et un continent et demi dans son voisinage rendent l'existence humaine possible. Vers la fin de l'époque médiévale, il devint courant de représenter le *loka* sous une forme humaine. De telles images sont objet de révérence et rappellent aux jaïns qu'il importe de bien user d'une chose aussi rare que la naissance humaine.

Jambûdvîpa
Jambûdvîpa, « l'île du pommier rose », est un monde traversé par six chaînes de montagnes qui le divisent en sept régions. Le mont Meru est au centre. Les zones les plus importantes sont Bharata (l'Inde) au sud, Airavata au nord et Mahâvideha au milieu. Ce sont les régions où l'action religieuse peut porter ses fruits et où peut s'obtenir la délivrance spirituelle.

LE SÉJOUR DES SIDDHA
Au sommet du *loka* se trouve Ishatpragbhara, le séjour des *siddha*, les âmes libérées. Elles se sont délivrées du monde terrestre, elles sont séparées et isolées ; elles ne sont en rien unies au monde qu'elles habitent, ni entre elles.

LIEUX DE RENAISSANCE
Les dieux ne jouent pas un grand rôle dans l'univers jaïn et, comme toutes les créatures, ils renaîtront dans le monde des hommes si leurs mérites le justifient. L'on peut, dans les cieux, progresser en religion et, par conséquent, revivre dans une pieuse famille jaïne avant de connaître la délivrance.

LE CONTINENT CENTRAL
Jambûdvîpa est le continent central du monde des mortels. On le croit entouré de deux soleils et de deux lunes, de deux océans et de deux autres continents.

Bâhubali
Selon la secte digambara (voir pp. 50-51), Bâhubali est la première personne de l'ère actuelle qui ait atteint la délivrance spirituelle. Ayant vaincu en combat singulier son demi-frère, il se retint de le tuer, renonça au monde et s'adonna à l'ascétisme. Tous les douze ans, au cours d'une cérémonie spectaculaire, sa statue de 16,50 m de haut est vénérée par des milliers de pèlerins à Sravana Belgola, en Inde du Sud.

LE LOKA
Le cosmos jaïn, ou *loka*, est représenté ici sous forme humaine. Il n'a pas été créé ; il est éternel : il a toujours existé et il existera toujours.

LA HIÉRARCHIE DES DIEUX
Les diverses catégories de dieux reproduisent les hiérarchies humaines, chaque royaume céleste ayant successivement plus de lustre et de puissance. Les dieux suprêmes sont au-dessus du désir alors que les autres, avec leurs palais, leur cour et leurs armées, ressemblent aux rois terrestres.

LE NON-UNIVERS
Au-delà des confins du *loka*, il y a trois couches de vent. Ensuite, c'est l'*aloka*, le non-univers, où rien n'existe.

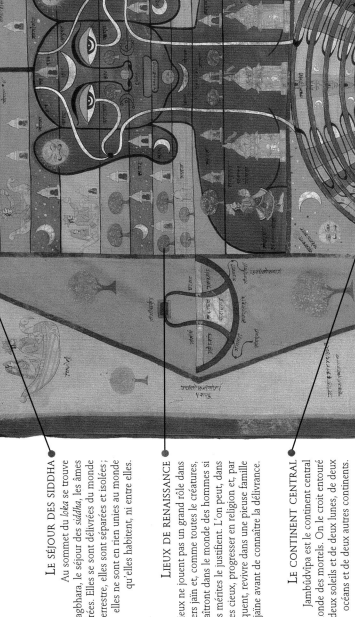

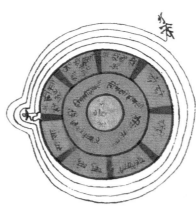

LES DOMAINES NON RELIGIEUX
Toutes les parties de Jambûdvîpa ne conviennent pas à l'activité religieuse. Quatre et demie de ses régions extérieures sont des domaines de plaisirs physiques dont les habitants sont, par nature, incapables de mérites religieux.

LE MONT MERU
Au centre de Jambûdvîpa se trouve Meru, la montagne cosmique. Jambûdvîpa, dont le nom vient de celui du pommier rose, *jambu*, est au nord-ouest du mont Meru.

MAHÂVIDEHA
Les jaïns souhaitent souvent renaître dans la région de Mahâvideha parce qu'ils croient que les *tirthankara* y enseignent actuellement.

LA BONNE GÉOGRAPHIE
Deux modèles à grande échelle du *loka* (cosmos) ont été construits en Inde, à Hastanapur et à Palitana. Beaucoup de moines et de nonnes jaïns traditionnalistes prétendent que la cosmographie de leur religion est plus vraie que la géographie occidentale.

Jambûdvîpa et l'océan
Jambûdvîpa est représenté ici de façon simplifiée. Il est entouré d'un océan salé, Lavanasamudrâ (les cercles extérieurs), qui est rempli d'animaux aquatiques et d'êtres humains.

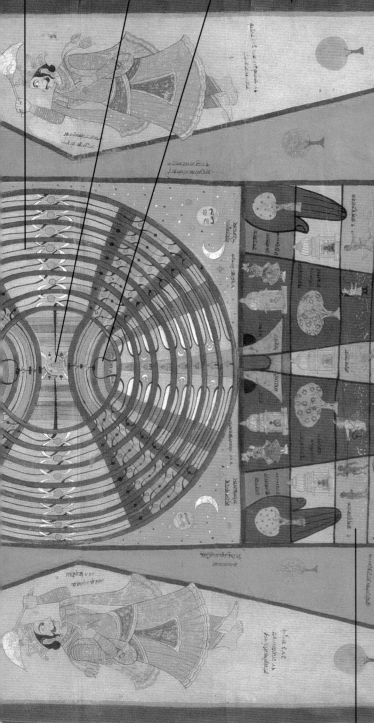

Hommage d'un dieu
Le huitième continent de Jambûdvîpa s'appelle Nandishâvara. Suivant la mythologie jaïne, il abrite cinquante-deux temples que les dieux visitent annuellement pour vénérer les tirthankara (chefs spirituels) dont l'image y figure.

Dieu jaïn

Image d'un *tirthankara*

LES ÉTAGES DE L'ENFER
L'enfer compte huit degrés, chacun pire que le précédent à mesure que l'on descend. L'existence infernale n'est pas éternelle car, chaque fois qu'un individu et les démons qui le tourmentent ont été assez punis, une renaissance a lieu.

LES DIMENSIONS DE L'UNIVERS
Les dimensions du *loka* se mesurent en « cordes », la corde étant la distance parcourue par un dieu en volant six mois à la vitesse de 16 millions de kilomètres par seconde. On dit que le *loka* a 14 cordes de haut et que, dans sa partie médiane, Jambûdvîpa a une corde de large et beaucoup moins en hauteur.

Un étage de l'enfer
Cette bande de couleur grisâtre est le deuxième degré de l'enfer. Après le troisième, la température devient progressivement plus froide. L'espèce dans une vie précédente et le karma (voir pp. 42-43) déterminent dans quel enfer une créature renaîtra.

Les reptiles ayant des pattes, comme les crocodiles, renaissent dans cet enfer

Ce niveau de l'enfer n'a pas d'habitants humains. L'artiste a pris des libertés en en décrivant les tourments

L'ASCÉTISME

MÊME SI LA GRANDE MAJORITÉ DES FIDÈLES du jaïnisme sont aujourd'hui des laïcs, l'identité de cette religion a largement été façonnée par les hommes et les femmes qui ont choisi de suivre la voie du renoncement ascétique. Leur entreprise est sous-tendue par l'objectif d'atteindre à la délivrance complète par rapport aux effets du *karma* (voir p. 42). Plus générale-ment, la condition de moine ou de nonne implique de se conformer aux cinq « vœux majeurs » qui commandent de pratiquer la non-violence, de ne pas mentir, de ne pas prendre ce qui n'a pas été donné, de ne pas avoir de relations sexuelles et de ne rien posséder. Un ensemble de vœux subsidiaires concernent la répression d'autres activités physiques et mentales potentiellement nuisibles. Le mode de vie est celui de mendiant errant, ponctué de prédications, de jeûnes et d'études. La discipline des ascètes est assurée par un supérieur, l'*âchârya*, également habilité à interpréter les écritures. Les laïcs ne prennent pas les vœux majeurs mais sont strictement végétariens, en accord avec le principe de non-violence.

DIGAMBARAS ET SHVETÂMBARAS

Le vœu ascétique de non-possession a reçu diverses interprétations. L'une des deux sectes principales, celle des digambaras (mot qui signifie « vêtu de ciel »), soutient que le renoncement total, préconisé par les écritures jaïnes, comporte l'abandon des vêtements par les ascètes de sexe masculin, mais non par les femmes. Les shvetâmbaras (« vêtus de blanc ») estiment que moines et nonnes peuvent porter une robe. Les deux opinions ont reçu l'aval d'anciennes écritures mais il est certain que Mahâvîra, le fondateur (voir pp. 46-47), passa l'essentiel de sa carrière ascétique dans la nudité. Selon la légende, il se serait, au début de ses pérégrinations, plongé dans une si profonde contemplation qu'il n'aurait pas remarqué qu'un buisson épineux lui avait arraché son vêtement.

Moine digambara s'approchant d'une statue.

ASCÈTE NU

UN MOINE digambara, « vêtu de ciel », marche devant une statue jaïne, en Inde du Sud. Il tient à la main une balayette de plumes de paon, qui lui sert à épousseter les surfaces sur lesquelles il s'assied, pour en ôter les petits insectes afin de ne pas les écraser. Cet usage pratique a un sens religieux puisqu'il dénote l'adhésion totale au principe de l'*ahimsâ*, ou non-violence. Les moines digambaras n'ont pas d'écuelle et se servent de leurs mains, tenues en coupe, pour recevoir leur nourriture. Outre le plumet, le seul bien autorisé est une cruche d'eau pour les ablutions. D'après les digambaras, toute possession est une entrave à la délivrance, et c'est pourquoi les ascètes ne portent aucun vêtement. Il n'y a plus aujourd'hui que quelques centaines de moines digambaras, contre près de deux mille shvetâmbaras.

Installation d'un tîrthankara

Les tîrthankara, ou guides de la religion jaïne (voir pp. 44-45), étaient des ascètes avant d'atteindre à la délivrance. L'installation de la statue de l'un d'eux dans un temple comprend la mise en scène symbolique des principaux événements de sa carrière : prédestination au ciel, naissance, renoncement, illumination et délivrance finale. Ici, des laïcs en costume d'Indra, roi des dieux, portent une statue dans un temple de Mahâvirji, au Râdjasthân, pour symboliser les pérégrinations du tîrthankara.

Nonnes en pèlerinage

Ces nonnes de la secte shvetâmbara des shthânakavâsis se rendent en pèlerinage. La secte, apparue au XVIIᵉ siècle, recommande aux ascètes de porter un voile devant la bouche pour éviter qu'ils aspirent des insectes et des microbes. Il y a aujourd'hui trois fois plus de nonnes shvetâmbaras que de moines. Chez les digambaras, les moines, contrairement aux moines, doivent porter des habits car, pour eux, les femmes n'obtiennent pas immédiatement la délivrance mais doivent d'abord renaître en homme.

LE PORTRAIT

Ce portrait de moine shvetâmbara a été commandé par l'empereur moghol Akbar. On rapporte que celui-ci a entretenu des relations suivies avec des moines jaïns. Il en résulta, dans son empire, une interdiction temporaire de la chasse et de la consommation de viande.

PORTRAIT D'ASCÈTE

Ce portrait, du XVIᵉ siècle, d'un ascète shvetâmbara a été peint par un hindou, Basawan, pour un musulman, l'empereur Akbar, très impressionné par les saints hommes jaïns. C'est le seul exemplaire connu d'un portrait impérial d'ascète jaïn.

ses pieds, son discours et
ses sens, qui tourne son esprit
vers l'intérieur, qui a l'esprit
calme, qui sait les textes sacrés
et leur signification, celui-là
est un vrai moine. 》

DASHAVAIKALIKASŪTRA

LA SAISON DE L'ERRANCE

La vie errante de l'ascète jaïn est suspendue pendant les quatre mois de la mousson. Durant ce temps, il vit parmi les laïcs dans un logis monastique appelé *upáshraya*, en prêchant et en étudiant les écritures. Les ascètes ne sont pas encouragés à rester en un même lieu, car cela développe l'attachement, mais la permission peut en être donnée en certaines circonstances.

CE QUE POSSÈDE LE MOINE

Les moines shvetámbaras peuvent emporter en chemin une époussette, un bâton, une écuelle et des textes sacrés. Certains portent aussi, par dévotion, une image minuscule des *tîrthankara* (voir pp. 44-45).

Le vase aux aumônes

Les ascètes shvetámbaras sont organisés en sous-sectes, les gaccha. La plus ancienne est née au XIᵉ siècle. L'affiliation à une sous-secte peut se reconnaître aux matraqes de couleur sur le vase.

LE BLANC

Cet ascète est identifiable comme un jaïn shvetámbara à ses vêtements blancs non cousus et au *rajoharana* (balayette) qu'il porte sous le bras.

66 Il devrait quitter pour toujours l'enveloppe du corps, cette demeure malpropre et transitoire, pour que son esprit reste fermement établi dans l'éternel bien. Un moine qui a tranché les liens de la naissance et de la mort va vers la délivrance, ce lieu d'où il n'y a pas de retour. 》

DASHAVAIKALIKASŪTRA

LE CHEVEU RARE

On incite les ascètes jaïns à s'arracher les cheveux à intervalles réguliers. Les écritures rapportent qu'en renonçant au monde, Mahâvîra s'arracha cinq poignées de cheveux. Au cours des initiations actuelles, on rase généralement les cheveux, sauf cinq petites touffes enlevées à la main.

UN MOINE SOLITAIRE

Au XIXᵉ siècle, le nombre des moines jaïns était extrêmement bas. Chez les shvetámbaras, le maître Átmaranji joua un grand rôle, à la fin du siècle, dans le renouveau de la tradition. Le monachisme digámbara, quant à lui, fut réactivé par Shántisagar (1873-1955).

66 Sans lieu fixe, errer de maison en maison comme un mendiant, glaner ce qu'ont laissé les autres mendiants, user d'un nombre réduit d'ustensiles, éviter les querelles et l'arrogance parmi la foule : telle est la vie monastique prônée par les sages. 》

DASHAVAIKALIKASŪTRA

LES PIEDS NUS

Les ascètes passent beaucoup de temps à voyager. Leur vœu de renoncement implique que même la secte «vétue de blanc» ne porte pas de chaussures. De même, on ne peut se laver avec de l'eau courante : cela rendrait le moine impur et digne seulement d'un «culte mineur», comme de chanter des hymnes, de pratiquer le *darshan* (voir p. 52) ou de rendre hommage. Le contact direct avec une image lui est interdit à cause de son impureté. Les moines d'aujourd'hui sont réputés se laver avec des chiffons humides mais, dans le passé, ils devaient être très sales.

LA NOURRITURE

Il est interdit aux moines jaïns de cuire et de cultiver. Les ascètes shvetámbaras, qui mendient leur nourriture, appellent cela *gochari*, «brouter comme une vache ». On le fait en silence, sans demander ni importuner. Les aliments sont recueillis dans un récipient et emportés au logis monastique, où l'on mange à l'abri des regards profanes. Donner à manger à un ascète est, pour les jaïns, un bon moyen d'acquérir des mérites spirituels.

LE TEMPLE ET L'IMAGE

LES PLUS ANCIENS TEXTES NE DISENT RIEN des temples ni des images cultuelles. Il est clair toutefois qu'un culte de dévotion à l'égard des *tîrthankara* s'est développé au moins à partir du IIᵉ siècle av. J.-C. à Mathurâ, dans le nord-ouest de l'Inde, où des fouilles ont permis d'exhumer nombre de figures anciennes de grands maîtres jaïns. Généralement, les temples jaïns ne diffèrent pas des temples hindous (voir pp. 32-33), avec leur grande tour, le *shikhara*, et leur salle annexe, le *rang mandap*. Les temples jaïns ont toujours un sanctuaire central abritant l'image du *tîrthankara* auquel le temple est dédié. Chaque temple est considéré comme l'équivalent d'une assemblée de prédication, ou *samavasârana*, du *tîrthankara* : y entrer met le dévot en contact direct avec l'enseignement. Le culte peut se limiter à la récitation calme d'un *mantra* accompagnant la simple relation visuelle avec l'image, appelée *darshan*, ou bien comporter des rituels plus élaborés, comprenant l'onction et la décoration de l'image : la *pûjâ*. Puisque les *tîrthankara* ont accompli leur délivrance spirituelle et leur retrait des affaires de ce monde, il ne peuvent assister directement leurs dévots. Le culte des images est considéré comme une manière d'effectuer sa transformation intérieure en appelant à l'esprit les qualités des *tîrthankara* et en incitant à les imiter.

Ambika, la déesse mère

Pour leurs affaires mondaines et matérielles, les jaïns demandent l'aide d'une déesse, dont la statue se trouve dans la salle extérieure du temple d'un tîrthankara *avec lequel elle a des liens. Ambika, la déesse mère, est l'une des plus populaires. Suivant la légende, c'était une pieuse laïque jaïne qui sauta dans un puits avec ses deux fils pour échapper à son mari brahmane, furieux parce qu'elle avait donné l'aumône à un moine. Devenue déessée, elle préside à la naissance et à la prospérité. On la représente généralement avec des enfants. Elle est associée à Nemi, le vingt-deuxième* tîrthankara.

LE TEMPLE JAÏN DE SITAMBAR, À CALCUTTA

Le temple de Badridas à Sitambar (Calcutta) est consacré au dixième tîrthankara, *Shitala, dont une image occupe le centre. La construction a été entreprise par Raibahadur Badridas, après qu'un rêve lui eut montré où était enfouie la statue du* tîrthankara *Shitala.*

DÉPENDANCES

Les grands temples jaïns ont des dépendances qui incluent parfois une bibliothèque et des logements où les moines et les nonnes peuvent demeurer pendant la mousson.

> ❝ Tout ce qu'on appelle un sanctuaire dans les royaumes célestes, infernaux ou humains, quel que soit le nombre d'images des *tîrthankara* qu'on y trouve, je les honore tous. ❞
>
> *OVANDANASÛTRA*

L'ATTITUDE ENVERS L'EAU

Si l'on s'attend à ce que les laïcs se lavent et mettent des vêtements propres avant de se rendre au temple, le jaïnisme met surtout l'accent sur la « propreté intérieure » et rejette l'opinion des hindous sur la nature purificatrice des fleuves sacrés et des bassins de temples (voir pp. 32-33).

L'usage des fleurs

Le rituel du temple utilise souvent des fleurs. Bien qu'elles soient vivantes, on ne considère pas comme un péché de les couper dans ce but. Toutefois certains disent que seules les fleurs déjà tombées peuvent servir au culte.

L'INTÉRIEUR DU TEMPLE

Quand le fidèle entre dans le temple, il reçoit le *darshana*, en contemplant l'image du *tîrthankara* et en se croyant en sa présence. Le *darshana* est également fondamental dans le culte hindouiste (voir pp. 32-33)

LA PROPRETÉ DU TEMPLE

Les grands temples jaïns sont nettoyés par des desservants appelés *pujari*, qui accomplissent des tâches quotidiennes telles que l'allumage des lampes et la fourniture des objets de culte. On les paie souvent en offrandes, lesquelles incluent parfois de l'argent.

Aux pieds de Bâhubali

*Pour la secte des digambaras, Bâhubali est aussi important que les tîrthankara.
Fils de roi, il quitta la cour et se retira dans la forêt, où il médita des années, tandis que des
lianes lui poussaient sur le corps et que des oiseaux construisaient leur nid dans ses cheveux.
Toutefois il ne parvint à l'éveil complet qu'après avoir pardonné à son frère, qui avait essayé
de le tuer. Ci-dessus, un dévot décore les pieds de la statue colossale de Bâhubali, au lieu
saint de Shravana Belgola. La tradition rappelle qu'en 981 le général Chamundraya,
qui fit ériger cette statue, fut le premier à l'oindre mais qu'il ne put terminer l'opération
qu'avec l'aide de la déesse Kushmandinî, déguisée en vieille femme.*

LE SANCTUAIRE CENTRAL

L'image de Shitala, dixième *tîrthankara*, occupe
le sanctuaire central du temple de Badridas.

Parmi les devoirs du jaïn, il y a le culte des images et la construction des temples, qui aident à satisfaire le besoin de conforter
son attitude mentale par un soutien spirituel. Dans le jaïnisme, la
dévotion aux images ne nécessite pas l'assistance d'un prêtre et
beaucoup de fidèles ont un sanctuaire domestique pour leur usage
personnel. C'était particulièrement courant, aux siècles précédents,
pendant les périodes de persécution musulmane en Inde occidentale.
Les sanctuaires privés sont généralement en bois mais construits sur
le modèle de ceux, en pierre, qui occupent le centre des temples.
L'iconographie en est souvent riche, avec des sculptures de divinités
et de musiciens célestes. Comme au temple, les hommes doivent
idéalement porter des vêtements propres et sans coutures.

Jeune garçon devant un autel domestique.

SALLE CENTRALE

En entrant dans la salle centrale
du temple, le fidèle fait offrande
de huit « substances » : eau, bois
de santal, fleurs, encens, lampe,
riz, pâtisseries et fruits. Ces
offrandes sont les symboles
du renoncement au monde
et du cheminement spirituel.

LA DÉCORATION

Les temples jaïns tendent à être
très chargés. C'est parce qu'on
les considère comme des
répliques des salles d'assemblée
célestes (*samasâvarana*) des
tîrthankara. Le jaïnisme diffère
en cela de l'hindouisme,
qui fait du temple la résidence
effective d'une divinité.

LES FIDÈLES

S'ils sont purs, les fidèles jaïns
peuvent toucher l'image du
tîrthankara pour l'oindre
ou pour lui faire des offrandes.
Les moines et les nonnes
peuvent en être dispensés,
en raison de leur renoncement
total aux comportements
séculiers, comme par exemple
de se laver à l'eau courante,
ce qui les rendrait impurs
et indignes de toucher
les images saintes.

LE CULTE DES IMAGES

Tous les jaïns ne vénèrent pas les images.
Deux grandes sous-sectes shvetâmbaras,
les sthânakvâsis et les terâpanthîs, rejettent
les temples et les idoles, pour se concentrer
sur la dévotion aux moines remarquables.

L'ENTRÉE

L'entrée de la plupart des temples est décorée d'images
de divinités, dont celle de Lakshmî, déesse hindoue
de la fortune, que le jaïnisme s'est appropriée, probablement
parce que beaucoup de jaïns sont hommes d'affaires
ou commerçants.

LE BOUDDHISME

LA VOIE DE L'ÉVEIL

*Historiquement parlant, le bouddhisme est né en Inde du Nord
au VIe ou Ve siècle av. J.-C., lorsqu'un certain Gautama atteignit l'« éveil »
qui délivre du cycle des renaissances (voir ci-dessous). Il devint ainsi le Bouddha,
c'est-à-dire l'Éveillé, et enseigna le moyen d'échapper à la renaissance
et à la douleur. D'après les bouddhistes toutefois, la discipline – Buddhashâsana
(en pâli Buddhasâsana), qui met en œuvre la méditation
et les exercices spirituels –, ainsi que l'enseignement – Buddhadharma
(Buddhadhamma) –, ont toujours existé.*

La vie de Siddhârta Gautama, ou Siddatta Gotama (les termes bouddhiques ont une forme sanskrite et une forme pâlie), n'est pas connue en détail, du moins de façon vérifiable. Cela n'importe guère aux bouddhistes car le Bouddha se considérait comme un médecin diagnostiquant un mal et proposant un remède, dont l'application relève de chacun. Il prenait appui sur son expérience pour indiquer le bon chemin. Il fut élevé dans un palais, à l'abri des souffrances de la vie, mais au cours de promenades en chariot il vit un vieillard, un malade et un cadavre. Troublé par le spectacle de ce qui l'attendait, il cherchait une échappatoire lorsqu'au cours d'une quatrième promenade il vit un ascète émacié (voir pp. 36-37). Quittant sa femme et son fils, il s'adonna à l'ascétisme indien. Il atteignit ainsi les buts que permet d'atteindre la discipline la plus sévère mais cela ne suffisait pas : il n'échappait toujours pas au monde de la douleur et de la mort. Assis, désespéré, sous l'arbre de la Bodhi, à Bodh Gayâ, il passa par les quatre stades du *dhyâna* (*jhâna*), ou concentration méditative, avant de parvenir enfin à l'éveil. Bien qu'il eût décidé de rester là, « voyant toutes choses comme elles sont réellement », le dieu hindou Brahmâ (voir p. 18) le persuada

Yama et la roue de la vie
*Yama, maître de la mort (voir pp. 64-65),
tient la roue de la vie, symbole du cosmos.
En son centre, trois animaux symbolisent les trois fautes
majeures : l'avidité (le porc), la haine (le serpent)
et l'illusion (le paon).*

d'enseigner aux autres les vérités que les dieux eux-mêmes ne connaissaient pas. Ce que découvrit le Bouddha se résume dans les « quatre nobles vérités ».

LES QUATRE NOBLES VÉRITÉS

D'abord, toute existence est *duhkha* (*dukkha*), douleur et insatisfaction ; ensuite, le *duhkha* se manifeste du fait du *trishnâ* (*tanha*), désir ou aspiration qui se traduit par une recherche constante de quelque chose de permanent et de stable en un monde en constante mutation ; troisièmement, le *duhkha* peut cesser : c'est le *nirvâna* (*nibbâna*) ; enfin cette cessation peut s'obtenir en suivant le « noble sentier octuple ». Les huit catégories ne s'en abordent pas dans un ordre donné. Chacune se caractérise par l'adjectif « parfait » ou « juste », *samyag* (*sammâ*) : compréhension juste, pensée juste, parole juste, action juste, moyens d'existence justes, effort juste, attention juste, concentration juste. La compréhension juste comprend celle de la « production conditionnée » ou « production dans la dépendance », thème fondamental du bouddhisme. Il s'agit d'une chaîne à douze maillons, qui explique comment toutes les choses sont connectées, comment naissent l'erreur et l'attachement à l'erreur et comment, si la chaîne n'est pas rompue, s'atteint le *nirvâna*. Selon cette théorie, tout ce qui existe est interdépendant ; seul le *nirvâna* est indépendant.

Né en Inde, le Bouddha acceptait le contexte général des idées indiennes mais il en altéra plusieurs radicalement. Il admettait qu'il y ait une suite de renaissances (*samsâra*),

La roue de la Loi
*Le Bouddha a « mis en mouvement la roue
du Dharma » en expliquant la loi universelle
à cinq ascètes lors de son premier sermon,
à Sârnâth. Son enseignement est symbolisé
par une roue.*

à chaque fois dépendantes du *karma* (*kamma*), loi de causalité morale. Mais il n'y avait pas, pour lui, d'âme (*âtman/attâ*) réincarnée, parce que rien n'a de permanence. Il n'y a qu'une succession de moments qui s'engendrent l'un l'autre, de sorte que la mort représente simplement le passage à une nouvelle apparence, qu'elle soit humaine ou animale, infernale ou céleste. Même les dieux (il y en a beaucoup) sont des apparences temporaires. Le Bouddha contestait donc vigoureusement le système hindou des sacrifices et exhortait ses disciples à travailler eux-mêmes à leur salut, avec effort. L'ancien rituel prenait de nouvelles formes : le sacrifice d'animaux devenait le don de soi au service des autres. Traditionnellement, les derniers mots du Bouddha auraient été : « La décomposition est le sort de tout ce qui est composé, aussi restez toujours vigilants. » Le but n'est ni l'absorption dans le Brahman, dans l'Absolu, ni l'union avec Dieu : c'est le *nirvâna*, l'extinction des feux du désir et de l'attachement. On peut atteindre le *nirvâna* en cette vie, même si un résidu de *karma* laisse subsister une apparence quelque temps encore. L'*arhat* (*arahat*), le « saint », est celui qui réunit les conditions du *nirvâna*.

Après son éveil, le Bouddha se consacra

Le Bouddha caché
Ce bronze du IXe siècle provient d'un stûpa, tertre funéraire destiné originairement aux restes des empereurs et des rois. Après la mort du Bouddha, ses reliques furent placées dans des stûpa, qui devinrent ainsi les symboles du nirvâna. C'est pourquoi on y rendit un culte. Ils abritèrent ultérieurement les reliques de moines révérés.

à la prédication itinérante, accompagné de disciples. On s'arrêtait durant la saison des pluies. Ce fut ainsi que s'établit dans le bouddhisme la distinction entre les moines (*bhikshu/bhikkhu*) vivant en communauté (*sangha*) et les laïcs. Ces derniers fournissent aux moines une aide matérielle, les moines leur apportent un enseignement spirituel et des mérites. Les Trois Joyaux résument l'adhésion au bouddhisme : « Je prends refuge dans le Bouddha, dans le *Dharma* (*Dhamma*, l'Enseignement) et dans le *sangha*. »

FORMES DE BOUDDHISME

Le bouddhisme disparut quasiment de l'Inde, peut-être à cause des invasions musulmanes du XIe siècle, mais se répandit à Ceylan puis dans le Sud-Est asiatique sous une forme proche du canon pâli (textes rassemblés en une Triple Corbeille, le *Tripitaka/Tipitaka*) et généralement appelée le Theravâda, bien que ce terme désigne en fait une des nombreuses écoles du bouddhisme primitif. Une autre forme se développa, prenant le nom de Mahâyâna, « Grand Véhicule », et donnant par dérision au Theravâda celui de Hînayâna, « Petit Véhicule ». Le Mahâyâna gagna la Chine, la Mongolie, la Corée, le Japon et enfin le Tibet, où il prit l'aspect du Vajrayâna, « Véhicule adamantin » (voir p. 74).

Le Mahâyâna appelle le Bouddha Shâkyamuni, « le sage de la lignée des Shâkya » et met l'accent sur les *sûtra* (*sutta*), textes qui recueillent son enseignement. On les commente progressivement, suivant la pratique du Bouddha de s'adapter aux capacités de l'auditoire, en commençant par des exposés simples. Le Mahâyâna met aussi l'accent sur les *bodhisattva*,

Le bodhisattva et l'âme
Les bodhisattva sont des éveillés qui ont décidé de rester en ce monde pour aider ceux qui souffrent encore. Cette peinture chinoise du Xe siècle montre le bodhisattva Avalokiteshvara conduisant une âme (sous les traits d'une élégante) au paradis. Avalokiteshvara, l'un des bodhisattva les plus populaires du Mahâyâna, personnifie la compassion.

les êtres qui ont atteint le *nirvâna* mais qui font vœu de rester actifs pour aider tous ceux qui souffrent. C'est pourquoi on appelle parfois le Mahâyâna la Grande Compassion et le Hînayâna la Petite Compassion. Le Mahâyâna reconnaît la nature de bouddha en toute chose ; il n'y a qu'à réaliser sa nature de bouddha pour atteindre le *nirvâna*. Notre vie, correctement vécue, peut donc être *nirvâna*. Cela implique la dévotion à tous les bouddhas et aux *bodhisattva*. Beaucoup de fidèles croient à la possibilité d'un éveil soudain, sans avoir à passer par de multiples renaissances.

Le bouddhisme mahayaniste a multiplié les écoles et les traditions philosophiques : Mâdhyamaka et Yogâchâra en Inde ; Terre pure, Chan, T'ien-t'ai et Hua-yen en Chine ; au Japon, Sôtô, Rinzai, Jôdo (Terre pure), Zen et Nichiren ; au Tibet, Nyingmapa et Sarmapa (comprenant le Kagyupa, le Sakyapa et le Gelungpa auquel appartient le Dalaï-lama) ; en Corée, Popsong et Son (unifié en 1935 avec le Chogye).

LA VIE DU BOUDDHA

SIDDHÂRTA GAUTAMA, LE BOUDDHA SHÂKYAMUNI, vécut dans le nord-est de l'Inde entre le VIᵉ et le IVᵉ siècle av. J.-C. Selon la tradition, il naquit dans la famille royale du clan Shâkya. Dans la crainte qu'il se laissât troubler par des expériences désagréables, son père le confina au palais. Ce ne fut qu'à vingt-neuf ans qu'il eut le spectacle de la souffrance humaine sous les formes de la vieillesse, de la maladie et de la mort. La rencontre d'un ascète errant le détermina à suivre la même voie, et il quitta de nuit sa famille. Après six ans de grande austérité, n'ayant toujours pas réussi à échapper au cycle de la douleur, il s'assit sous un arbre et il passa par tous les stades de la méditation (dhyâna/jhâna) avant d'atteindre enfin la bodhi, l'éveil, c'est-à-dire la compréhension de la vraie nature de la douleur. Dès lors, il était devenu le Bouddha, l'éveillé, et pendant une quarantaine d'années, jusqu'à sa mort, il enseigna sa doctrine. Son premier sermon, dit de Bénarès, eut lieu à Sârnâth, dans le parc aux Gazelles. Gautama est considéré comme le vingt-quatrième bouddha du cycle cosmique actuel. Lorsque son enseignement aura subi le déclin, comme il est inévitable en cet âge de désordres, viendra Maitreya, le futur bouddha. Ce thème a été largement développé par le Mahâyâna.

La naissance du Bouddha

La tradition fait du Bouddha le fils du roi Suddhodana et de la reine Mâyâdevi, qui lui donna naissance dans le bois de Lumbinî, au Népal. Elle mourut sept jours plus tard, comme toute mère de bouddha, parce qu'aucun autre enfant ne peut naître du même sein qu'un bouddha. Elle devint ensuite un être masculin dans le ciel des Tushita. Ce manuscrit thaï la montre avant la naissance, entourée de personnages humain et divins.

L'ÉCOLE SAKYA
Ce lama, probablement de l'école tibétaine sakya, donne à penser que ce *thang-kha* (tenture cultuelle) pendait dans un monastère de cette école.

Un maître du bouddhisme

Il est coutumier que l'image centrale d'une tenture de lamaserie (thang-kha) soit entourée de sujets subsidiaires. Au-dessus de la tête du Bouddha figurent des maîtres tibétains et indiens. À en juger par la roue du Dharma dans sa main gauche et par les attributs qu'il tient de la droite, celui-ci est un commentateur avisé des écritures.

Aura

Roue
du Dharma

SIGNES DE SUPÉRIORITÉ
Le chignon appelé *ushnisha* est un des trente-deux signes physiques qui signalent une « grande âme » (*mahâpurusha*). Ci-contre, il est surmonté d'une pierre précieuse. L'*urnâ*, touffe de poils entre les sourcils, les oreilles allongées et les cheveux (difficiles à voir ici) poussant droit puis se courbant vers la droite, sont aussi des marques significatives.

ARBRE DE L'ÉVEIL
Historiquement, le Bouddha connut l'éveil sous l'arbre de la Bodhi, dans le parc aux Gazelles de Sârnâth (voir p. 63). Pour la légende, il l'atteignit dans une forêt, entouré d'esprits, les *deva*.

LE BOUDDHA VAINQUEUR DE MÂRA
Cette tenture de lamaserie montre le Bouddha lorsqu'il était encore un bodhisattva, ou « futur bouddha » (voir pp. 68-69). Cependant bien des détails concernent son éveil à venir. Il appelle la Terre à témoigner de sa victoire sur Mâra, le Mal (littéralement, en sanskrit, le Tueur), qui, selon la légende, était déterminé à empêcher Shâkyamuni d'atteindre l'éveil.

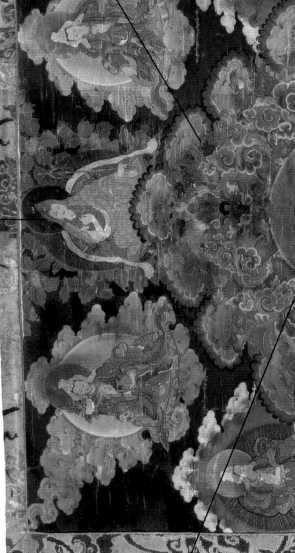

Halo, marque
de perfection
spirituelle

Peau pâle

Le Bouddha émacié

Le Bouddha est ici représenté avant son éveil.
Lorsque Shâkyamuni eut quitté son palais et sa famille,
il passa six mois en compagnie de cinq autres errants, en se
consacrant à un strict ascétisme, fait de jeûne et de retenue
du souffle. Il y renonça après s'être aperçu que la perfection
vient en observant la voie du milieu entre les extrêmes
de la mortification et de l'hédonisme. La couleur terne
de la laque est conforme à la croyance selon
laquelle les macérations avaient terni
l'éclat naturel de sa peau dorée.

SYMBOLE DE L'ENSEIGNEMENT

La roue à huit rayons que le Bouddha tient
dans la paume de la main symbolise le *Dharma*,
l'enseignement qu'il formula après avoir atteint
l'éveil. Les rayons représentent les stades du
Noble Sentier qui conduit à l'éveil :
compréhension juste, opinion juste, parole juste,
action juste, moyens d'existence justes, effort
juste, attention juste et concentration juste.

PAUMES ET PLANTES DES PIEDS

Les paumes des mains et les plantes des
pieds du Bouddha sont rougies au henné,
marque traditionnelle de beauté dans le
monde indo-tibétain.

« Il y a une sphère qui n'est ni
terre, ni eau, ni feu, ni air, c'est
la sphère de la vacuité. Elle est
seulement la fin de la douleur. »

LE BOUDDHA, *UDÂNA 80*

L'AURA

Shâkyamuni médita toute la nuit après
avoir vaincu Mâra. À l'aube, il connut
l'éveil et devint un bouddha. Alors une
aura (*rasmi*) de 6 m de diamètre et de six
couleurs émana de son corps rayonnant.
Chaque bouddha possède son aura dis-
tinctive. Après quoi le Bouddha médita
encore sept semaines. Le roi-serpent
Muchalinda se balance au-dessus de l'aura.

LA VICTOIRE SUR MÂRA

Le Bouddha touche le sol de sa main droite.
Par ce geste, il appelle la Terre à témoigner de sa
victoire sur Mâra. Pour empêcher Shâkyamuni de
devenir un éveillé et d'enseigner la manière
d'atteindre le *nirvâna*, donc d'échapper au cycle
des renaissances, Mâra lui envoya des messagers
pour l'inviter en son royaume, puis de belles filles
pour le tenter ; il déchaîna sur lui une armée
de démons et enfin il lui lança son disque
magique, capable de fendre une montagne
en deux. Mais rien n'y fit.

LE TRÔNE DE LOTUS

Le Bouddha siège sur un trône de méditation.
Le lotus prend racine dans la boue mais fleurit
dans la pureté de l'air : il symbolise l'éveil.
Selon la légende, lorsque le Bouddha
naquit, il fit sept pas, et à chaque pas
une fleur de lotus s'ouvrit.

LE TRÉSOR DES DÉSIRS

Un vase, symbolisant le trésor de tous les désirs,
se trouve sur la table basse aux offrandes, sous
le trône de méditation. Toute espèce de désir
doit disparaître avant que l'éveil soit atteint.

Protecteur du monde

Cette figure est celle d'un des quatre protecteurs bouddhiques
du monde (lokapala), probablement Sûrya, le dieu hindou
du soleil. Le bouddhisme populaire en vint à considérer les dieux
indiens comme les protecteurs des enseignements du Bouddha.
On dit que Brahmâ et Indra auraient aidé à le faire naître.

L'IMAGE DU BOUDDHA

D<small>ANS LES DÉBUTS DE L'ART BOUDDHIQUE</small>, il n'y a nulle figure du Bouddha. Il dissuada ses disciples de spéculer sur son existence après la mort et peut-être cela empêcha-t-il de le représenter. En revanche, il est signalé par divers symboles, dont les plus courants sont la roue (représentant le *Dharma*, voir p. 54), les empreintes de pieds, le *stûpa* et l'arbre de la Bodhi. Les premières représentations anthropomorphes apparaissent au IIe siècle en Inde du Nord. L'usage s'en répandra rapidement dans toute l'Asie bouddhiste. L'image du Bouddha présente aujourd'hui une variété de styles qui reproduit celle des cultures où le bouddhisme a fleuri. Les artistes ont traditionnellement dépeint douze épisodes de la vie du Bouddha (voir pp. 56-57) : son existence antérieure dans le ciel des Tushita ; sa conception, sa naissance, son éducation, son mariage et ses plaisirs ; son renoncement, son ascétisme ; l'arbre de la Bodhi ; la défaite de Mâra ; l'éveil, le sermon de Bénarès et la mort.

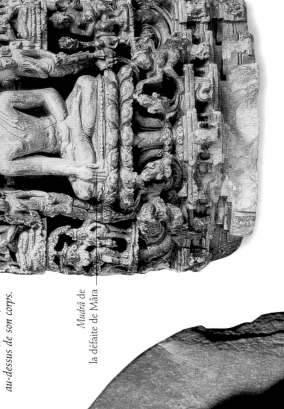

Mort du Bouddha

Le trône de lotus
Cette sculpture birmane, complexe et raffinée, montre le Bouddha assis sur un trône de lotus et entouré de scènes de sa vie. En haut, à son trépas, il gît sur le flanc droit, veillé par des dieux et des moines. Un stûpa destiné à ses reliques est placé au-dessus de son corps.

Mudrâ de la défaite de Mâra

Le chignon de la sagesse

Les lobes allongés

LA COIFFURE ASCÉTIQUE
Le Bouddha est coiffé avec le chignon caractéristique des anciens ascètes errants de l'Inde.

LES MARQUES
L'urnâ est un grain de beauté entre les sourcils. C'est l'une des trente-deux marques physiques qui distinguent les « grandes âmes ». Il y a aussi les jambes d'antilope, la peau lisse, les yeux noirs, les cils de vache, quarante dents et le sexe enfermé dans un fourreau.

Le geste bienveillant

LE NIMBE
L'auréole, ou nimbe, est en forme de disque uni, caractéristique des représentations gandhariennes du Bouddha.

BOUDDHA DU GANDHÂRA
Cette statue du IIe ou IIIe siècle est typique de l'art gréco-bouddhique du Gandhâra, une région du nord-ouest de l'Inde. L'art gandharien a été influencé par le style hellénistique sans doute introduit par Alexandre le Grand, qui conquit la région. Celle-ci était considérée comme terre sainte parce qu'on croyait que des vies antérieures du Bouddha s'y étaient déroulées.

L'HABIT MONASTIQUE
Dans le style gandharien, la lourde robe de moine couvre les deux épaules.

Le cobra Muchalinda déploie son capuchon pour protéger le Bouddha de la pluie

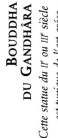

Le Bouddha et Muchalinda
Cette statue cambodgienne rappelle l'épisode où, trois semaines après l'éveil, le Bouddha fut protégé d'une averse par le roi-serpent Muchalinda, qui s'enroula sept fois autour de son corps et lui couvrit la tête de son capuchon.

La robe de
moine

Les pieds nus

Le Bouddha debout

*Les images du Bouddha debout sont rares,
peut-être à cause des difficultés artistiques liées
à la représentation de la contemplation dans
cette attitude. Cette statue indienne du VIe siècle
montre le Bouddha en robe de moine couvrant
l'épaule gauche. Les lobes allongés rappellent
l'époque où, jeune prince, il portait de lourdes
boucles d'oreilles. L'unishnâ, sorte de chignon,
est l'un des trente-deux signes traditionnels
de supériorité. La main droite fait
signe de ne pas craindre.*

L'INFLUENCE GRECQUE
Le style de ce bouddha est influencé par
l'art grec et diffère considérablement des styles
plus orientaux. Les souverains hellénistiques
n'ont pas combattu le bouddhisme et lui ont
même, semble-t-il, manifesté de l'intérêt.
Un texte pâli, les *Questions de Milinda*,
présente la doctrine sous la forme d'un
dialogue entre le moine Nâgasena et
le roi indo-grec Milinda (Ménandre).

Bouddha à venir

Personnages de cour
*Un jeune prince est entouré de serviteurs et de courtisans.
La coiffure et l'habillement du personnage central
indiquent qu'il est un bodhisattva, un bouddha
à venir. C'est sans doute Maitreya, le futur
Bouddha, bien que la scène puisse se rapporter
à Gautama avant son éveil. Maitreya apparaît
souvent dans la sculpture gandharienne. Il est le
protecteur du bouddhisme, surtout des moines
missionnaires, qui doivent l'avoir invoqué
en Asie centrale où, étrangers, ils étaient
en butte à des religions et
des peuples hostiles.*

LA MISE EN MOUVEMENT DE LA ROUE
Les images du Bouddha montrent habituellement les
mains dans des attitudes stylisées, les *mudrâ*. Celle-ci
ressemble assez au *Dharmachakra-mudrâ*, celui de la
« mise en mouvement de la roue de la Loi » mais,
comme il s'agit d'une figuration des plus anciennes,
elle n'obéit pas littéralement aux conventions.

L'ATTITUDE MÉDITATIVE
Les jambes étant couvertes, il est impossible de
dire précisément dans quelle posture (*âsana*)
l'artiste a représenté le Bouddha. Il s'agit très
probablement du *dhyânâsana*, posture de
méditation, où les jambes sont croisées
et les plantes des pieds tournées vers
le haut en reposant sur les mollets.

> *« Détaché, il est sans désir.
> Sans désir, il est libéré. Étant libéré,
> lui vient la connaissance de ce
> qu'il est libéré. Et il sait : la naissance
> est anéantie, la conduite pure a été
> vécue, ce qui était à accomplir
> est achevé, il ne reste plus rien
> à accomplir. »*
>
> SERMON DE L'INCENDIE,
> *SAMYUTTA-NIKÂYA* (CANON PÂLI)

LE TRÔNE DE MÉDITATION
De tels trônes ont été
représentés vides, dans les
débuts de l'art bouddhique,
pour symboliser la présence
du Bouddha.

LES TOURS DU BAYON

L E BAYON, UN ENSEMBLE DE RUINES spectaculaires, au Cambodge, comprend des tours sculptées de visages colossaux.
L'identité de ceux-ci a été discutée. L'explication la plus plau-
sible est qu'ils constituent des portraits de Jayavarman IV
considéré simultanément comme le Bouddha, Shiva (voir
pp. 22-23) et le *bodhisattva* Avalokiteshvara (voir pp. 68-69) ;
cela reflète la façon dont le panthéon cambodgien mêlait divinités et personnalités déifiées, tant hindoues que bouddhiques.
Le temple lui-même représente une version terrestre du palais
céleste d'Indra. En son centre se trouvait une statue du
Bouddha avec Muchalinda, le roi-serpent.

Les visages colossaux du Bayon, au Cambodge.

STÛPA, PAGODE ET RELIQUES

LE *STÛPA* EST À L'ORIGINE un tumulus funéraire indien contenant les restes d'un roi ou d'un héros. Dans le contexte bouddhique, il est devenu un reliquaire du Bouddha lui-même : après sa mort, ses reliques ont été réparties entre plusieurs *stûpa* construits pour les accueillir. Plus tard, des *stûpa* ont servi de tombeau à des personnages illustres de la haute époque bouddhique. Aucun *stûpa* ancien n'est resté intact bien que beaucoup aient été construits durant la grande expansion du bouddhisme, sous son royal protecteur Ashoka (268-239 av. J.-C.). Avec le temps, certains sont devenus des lieux de pèlerinage très fréquentés et leur prestige les a fait décorer d'ouvrages en pierre, souvent sculptés de scènes biographiques. Au Tibet, le *stûpa* est devenu le *chörten*, orné d'un dôme reposant sur un socle à cinq degrés, qui symbolisent les cinq éléments, et, au sommet de la flèche, d'un soleil posé sur un croissant de lune, en symbole de sagesse et de compassion. Dans le Sud-Est asiatique, en Chine et au Japon, le *stûpa* est devenu la pagode, sorte de temple représentant le cosmos bouddhique.

UN RELIQUAIRE D'OR

CE RELIQUAIRE d'or date du IIe siècle av. J.-C. Il a été trouvé dans un *stûpa* à Bimaran, en Afghanistan. La niche centrale montre le Bouddha dans l'attitude traditionnelle d'enseignement. Il est flanqué des dieux hindous Brahmâ et Indra, en attitude de salutation. Le reliquaire est serti de grenats. Il contenait probablement les cendres d'un saint bouddhique ; cependant tout objet qui avait servi à un saint homme était considéré comme une relique. La richesse des matériaux montre le succès de la prédication bouddhique dans l'ensemble du sous-continent indien.

Reliquaire ayant contenu les restes incinérés d'un saint bouddhique.

Flèche représentant la hiérarchie cosmique

BALUSTRADE
Cette balustrade basse, entourant un espace carré, est appelée *harmikā* et rappelle les enclos que l'on trouve souvent autour des arbres sacrés.

ESPRITS CÉLESTES
Des entités célestes portent des guirlandes en guise d'offrandes au Bouddha. On en voit de pareilles sur le dôme du *stûpa*.

LA ROUE DE LA LOI
La roue représente le cosmos et les concepts bouddhiques de *karma* (voir pp. 58-59) et de renaissance.

LES PORTES
Des piliers *ayaka* décorent les portes du *stûpa*.

LE PARASOL
Ce parasol stylisé est un ancien symbole de royauté, signifiant ici la souveraineté spirituelle du Bouddha, manifesté par le *stûpa*. Celui-ci rappellerait aussi l'arbre de la Bodhi, à Bodh Gayâ, sous lequel le Bouddha atteignit l'éveil.

LE STÛPA
Objets de dévotion, les *stûpa* étaient souvent situés dans une enceinte cultuelle complexe. C'étaient généralement de grands dômes posés sur une plate-forme cylindrique, entourée de balustrades. Dans celles-ci s'ouvrent plusieurs portes, par lesquelles les pèlerins s'engageaient dans une allée. Le *stûpa* lui-même était vénéré comme un symbole du Bouddha.

LA VIE DU BOUDDHA
La décoration du *stûpa* présente une scène de la vie du Bouddha avant l'éveil. Pour le Theravâda, il n'est encore à ce moment-là qu'un *bodhisattva*, un bouddha à venir.

Modèle réduit de pagode

Du Laos ou du nord-est de la Thaïlande, ce modèle réduit est typique du Theravâda. La main droite du Bouddha touche le sol pour rappeler qu'il s'adressa à la Terre afin qu'elle témoigne de son éveil après les tentations de Mâra, la personnification du Mal (voir pp. 56-57). La flèche représente la hiérarchie de la cosmologie traditionnelle (voir pp. 64-65).

LE BOUDDHA

Symboliquement, le Bouddha est au centre du *stûpa* et entouré de fidèles. Il fait le *mudrâ* de l'absence de crainte, la main droite levée et la paume ouverte. Suivant d'anciens textes bouddhistes (voir pp. 66-67), le Bouddha aurait recommandé aux laïcs d'acquérir des mérites en vénérant les *stûpa*.

LIONS DE PIERRE

Sur la balustrade du *stûpa*, deux lions gardent l'entrée de l'allée menant aux portes. Des lions décorent beaucoup de *stûpa* et d'autres monuments construits sous le règne d'Ashoka. Ce sont des symboles de royauté.

SUPPORT DE MÉDITATION

À partir du IIᵉ siècle av. J.-C., les *stûpa* ont été utilisés comme supports de méditation. Ainsi, le sol symbolise la générosité ; la base du *stûpa*, la retenue morale ; enfin le sommet, la compassion du Bouddha.

Le Bouddha touchant le sol

PLAQUE DÉCORATIVE

Cette plaque, datant environ du IIIᵉ siècle av. J.-C., provient du tympan du stûpa de Nâgârjunakonda, en Inde du Sud. Elle représente un stûpa, peut-être Nâgârjunakonda même, au temps de sa splendeur.

Lion gardant l'entrée du *stûpa*

PERSONNAGE JUVÉNILE

Cette figure juvénile, vêtue princièrement, est entourée d'une suite d'hommes et de femmes en attitude révérencieuse. La présence du motif de la roue, au coin supérieur droit de l'encadrement, donne à penser qu'il s'agirait d'un roi bouddhique de l'univers. De sa main droite levée, il lance de l'or.

> « *J'ai parcouru de nombreuses renaissances, en recherchant l'architecte de cette demeure et en ne le trouvant point ; douloureuse est la naissance, toujours et toujours. Lorsque les chevrons sont brisés, la poutre faîtière abattue, alors l'esprit a atteint l'extinction des désirs.* »
>
> GAUTAMA, SUR LA VOIE DE L'ÉVEIL

Le palais royal de Thaïlande

Le Theravâda (voir pp. 54-55) est religion d'État en Thaïlande, et celle de la grande majorité du peuple. Le palais royal d'Ayutthya a été édifié progressivement par une succession de rois thaïs. Ses stûpa sont de style cinghalais, en cloche. Après la destruction d'Ayutthya en 1767, la capitale fut déplacée à Bangkok où les rois de la dynastie Chakri, notamment Râma IV (1851-1868), firent beaucoup pour revigorer la communauté monastique.

Pèlerin offrant des fleurs

Devant le stûpa

Devant la porte se presse une foule de pèlerins, de marchands et de nains ventrus portant sur la tête des bols ou des corbeilles à aumônes. Les stûpa ont été construits par des laïcs, pour qui ils étaient des objets de dévotion leur rappelant le nirvâna du Bouddha.

Bol à aumônes

LA DÉVOTION BOUDDHIQUE

E N OCCIDENT, ON CONSIDÈRE SOUVENT que le bouddhisme est une religion centrée sur la contemplation monastique. Cette opinion néglige l'importance historique de la dévotion populaire. On sait, par exemple, que peu après la mort du Bouddha la visite des *stūpa* contenant ses reliques passait pour un moyen d'acquérir des mérites. De même, les pèlerinages aux lieux sanctifiés par la présence du Bouddha durant sa vie, comme Bodh Gayâ (voir pp. 56-57), devinrent pratique courante. Plus tard, des cultes de dévotion se constituèrent autour de bouddhas célestes et de *bodhisattva* comme Amitābha et Avalokiteshvara. En Chine, on donna de l'importance aux Luohan (corruption du mot sanskrit *arhat*, « saint »), nom donné aux dix-huit disciples éveillés du vivant même du Bouddha.

Disciple du Bouddha

LES ACTIONS MÉRITOIRES

On écrivit des textes à psalmodier par dévotion. Des lieux de culte commencèrent à se multiplier, où l'on accomplissait des rites compliqués. C'est d'autant plus vrai que l'on jugeait plus méritoire de construire un nouveau monument que d'en rénover un ancien. Pour les laïcs, les actes de dévotion prennent une signification particulière. Grâce à ses actes méritoires, comme d'apporter à la communauté des moines (*sangha*) des dons de nourriture, d'habillement, de logement et de médicaments, le fidèle laïc s'assure une renaissance favorable. Ainsi a-t-il le meilleur moyen de se conformer à l'enseignement du Bouddha.

La pagode du Bouddha de jade à Shanghaï

Dans cette pagode, le Bouddha est vénéré par les dix-huit Luohan. Célébrés par les textes et l'iconographie du bouddhisme chinois, les Luohan donnent l'exemple de vertus et qualités telles que la capacité de méditation, les pouvoirs surnaturels, la mémorisation des textes, l'habileté à enseigner le Dharma ou l'apprivoisement des animaux sauvages. Le Bouddha tient un lotus, symbole ancien de pureté et d'éveil. Le lotus se dresse immaculé par-dessus la boue et représente donc les êtres éclairés : buddhas, arhat et bodhisattva.

Le Bouddha et les quatre disciples

Au cours de son premier sermon de Sārnāth, près de Bénarès, dans le nord-est de l'Inde, le Bouddha enseigna les Quatre Nobles Vérités (voir pp. 54-55) et la voie du milieu entre les extrêmes du plaisir facile et de la mortification. Quatre des cinq ascètes qui, selon la tradition, auraient écouté ce bas-relief de l'Afghanistan, pays autrefois bouddhiste. Ils sont en vénération devant le Bouddha, assis sur la roue qui symbolise l'enseignement de la loi universelle (Dharma) et qui fut mise en mouvement ce jour-là. Les deux cervidés rappellent la localisation du sermon dans le parc aux Gazelles.

LES EMPREINTES DU BOUDDHA

Cette plaque sculptée faisait partie de la décoration du stūpa d'Amaravati, autrefois monastère et lieu de pèlerinage, dans l'Andra Pradesh, en Inde. Elle représente le Buddhapada, les empreintes du Bouddha. Avant les premières figurations anthropomorphiques, c'était une manière de symboliser sa présence, en donnant une idée de sa nature transcendantale et de ses pouvoirs. Ses pieds sont supposés s'être imprimés dans le sol avec cent huit symboles. Cet exemple en montre beaucoup moins. Des cultes complexes se sont constitués autour du Buddhapada, surtout dans le Theravāda.

MONSTRE MYTHOLOGIQUE
Le *makara*, monstre marin à la trompe d'éléphant et à la queue de poisson, fait fonction de protecteur du sujet central. La frise de fleurs et de boutons de lotus sort de la gueule du monstre.

MARQUES DE SUPÉRIORITÉ
L'une des trente-deux marques des « grandes âmes » de la tradition bouddhique est la forme longue et droite des orteils. La présence d'ongles montre qu'on a voulu représenter le dessus des orteils.

La svastika

La svastika est un symbole de bonne fortune, traditionnel en Inde. On la trouve souvent sur les paumes et la plante des pieds du Bouddha. Son adoption par les nazis en a perverti le sens.

LA ROUE DE LA LOI
Ce motif central symbolise les enseignements du Bouddha, qui a mis en mouvement la roue du *Dharma*.

LES TROIS JOYAUX
Ce symbole à trois pointes représente le *Triratna*, les Trois Joyaux : le Bouddha, le *Dharma* (son enseignement) et le *sangha* (la communauté des moines) qui conserve et transmet les paroles du Bouddha. L'on peut définir un bouddhiste comme quelqu'un « qui prend refuge dans les Trois Joyaux ».

LA FLEUR DE LOTUS
Une fleur de lotus se combine avec le symbole du *Triratna*. Le lotus prend racine dans la boue mais fleurit à l'air pur et, de ce fait, symbolise l'éveil ainsi que la doctrine du Bouddha.

Le lotus

Le lotus est devenu le symbole de la doctrine bouddhique. Pour indiquer que la communauté des moines, le sangha, naît de la doctrine, une image courante est celle d'un moine sortant d'un lotus.

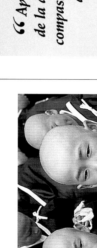

> « *Après avoir traversé la mer tourmentée de la douleur sur le vaisseau de la grande compassion d'Amida, nous sommes capables de sauver tout être sensible.* »
>
> YUI-EN, DISCIPLE DE SHINRAN

Une œuvre de dévotion

Le monastère et la pagode de Wat Phrathat Doi Suthep, près de Chiang Mai, dans le nord de la Thaïlande, appartiennent au Theravāda, tradition bouddhique qui est la religion officielle du pays. Le stûpa principal, que l'on voit ici, a, aux quatre coins, un parasol, symbole ancien de royauté. Construit en 1371 pour abriter une relique du Bouddha, il a été rebâti en sa forme actuelle en 1545. Sa magnifique témoigne de la dévotion qui a rendu possible la création de tels sites.

Jeunes moines au crâne rasé.

NOVICES DE L'ÉCOLE DE LA TERRE PURE

LES JEUNES MOINES de l'école de la Terre pure, l'une des principales sectes bouddhistes du Japon contemporain, doivent participer à une cérémonie où on leur rase le crâne. Aucun d'entre eux, toutefois, ne reçoit de formation religieuse spécifique. L'essentiel de la doctrine, qu'on dit avoir été formulée par le moine chinois Hui Yuan (334-417), fait état du pouvoir salvateur d'Amitâbha, le bouddha de l'Ouest. Telle est la racine d'une pratique fortement dévotionnelle : le fidèle doit s'arracher à tout désir, y compris à celui de l'éveil lui-même, pour s'abandonner entièrement à Amitâbha, qui sauve tous ceux qui ont foi et confiance en lui. L'un des rites de l'école consiste à chanter le *nembutsu*, un simple *mantra* (déclamation sacrée) disant « *Namu Amida Butsu* », « Adoration au bouddha Amitâbha ».

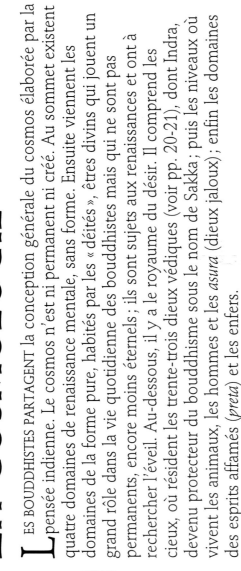

LA COSMOLOGIE

LES BOUDDHISTES PARTAGENT la conception générale du cosmos élaborée par la pensée indienne. Le cosmos n'est ni permanent ni créé. Au sommet existent quatre domaines de renaissance mentale, sans forme. Ensuite viennent les domaines de la forme pure, habités par les « déités », êtres divins qui jouent un grand rôle dans la vie quotidienne des bouddhistes mais qui ne sont pas permanents, encore moins éternels ; ils sont sujets aux renaissances et ont à rechercher l'éveil. Au-dessous, il y a le royaume du désir. Il comprend les cieux, où résident les trente-trois dieux védiques (voir pp. 20-21), dont Indra, devenu protecteur du bouddhisme sous le nom de Sakka ; puis les niveaux où vivent les animaux, les hommes et les *asura* (dieux jaloux) ; enfin les domaines des esprits affamés (*preta*) et les enfers.

Les trois fautes majeures

Au centre de la roue de la Vie figurent les trois symboles des pires fautes de l'humanité : l'avidité (le porc), la haine (le serpent) et l'illusion (le paon). Le Bouddha a dit : « Consumé par l'envie, dévoré par la haine, aveuglé par l'illusion, accablé et désespéré, l'homme contemple sa propre chute, celle des autres, et les deux ensemble. »

LA ROUE DE LA VIE

Yama, maître de la mort, fait tourner la roue de la Vie : tel est le sujet de ce thang-kha, tenture tibétaine datant du XIX*e ou du* XX*e siècle. Les thang-kha servent à la méditation et comme moyen de visualisation.*

Les six sphères d'existence

Pour les bouddhistes, le samsâra, ou cycle des renaissances, se poursuit pendant de nombreuses vies. Dans la roue de la Vie, il y a les six sphères d'existence où les êtres peuvent renaître. Dans le sens des aiguilles d'une montre en partant du haut : le royaume des dieux ; celui des asura, ou dieux rebelles ; celui des preta (esprits affamés) ; les enfers ; le domaine animal ; enfin le monde des hommes, caractérisé par la naissance, la vieillesse, la douleur, la maladie et la mort.

LES FORMATIONS KARMIQUES

Dans le cercle extérieur sont illustrées les douze formations du *karma*, ou liens d'interdépendance. Le Bouddha a enseigné que tout se produit et existe sous l'effet d'autre chose, et comment se délivrer des douze formations karmiques pour atteindre le *nirvâna*.

L'ATTACHEMENT

L'homme qui cueille des fruits représente l'esclavage du désir et de la possession.

LE DOMAINE DES DIEUX

Au royaume des dieux, le bonheur transcende la douleur. Toutefois leur existence est transitoire et un bouddha blanc, jouant du luth, leur rappelle qu'à épuisement de leur bon *karma*, ils quitteront leur domaine.

LA SENSUALITÉ

L'homme et la femme sont prisonniers des stimulations sensorielles.

LE DOMAINE DES ASURA

Ici règne une guerre perpétuelle, causée par l'envie sans frein de ces créatures, souvent représentées en train de se disputer les fruits de l'arbre des souhaits. Un buddha vert en armure brandit une épée flamboyante. Il proclame la vertu de la retenue morale et ordonne aux *asura* de cesser leurs combats meurtriers.

LES RENAISSANCES

La conséquence naturelle du contact sensuel et du mariage est la naissance.

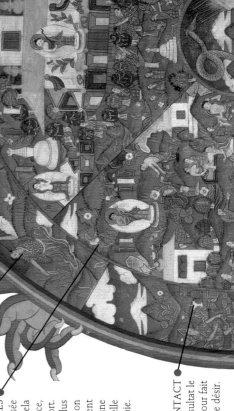

LE MAÎTRE DE LA MORT

Pour symboliser la finitude de toute existence sur la roue de la Vie, Yama, maître de la mort, tient celle-ci entre ses crocs et ses griffes.

LE DÉSIR

Les deux jeunes gens qui tombent amoureux représentent le désir.

LES ÉMOTIONS

La flèche qui perce l'œil du personnage montre la façon dont les émotions nous frappent.

LE DOMAINE DES HOMMES

La douleur, au sein de l'humanité, est causée par l'égoïsme, l'ignorance et le désir. Cela entraîne le cycle perpétuel de la naissance, de la maladie, de la vieillesse et de la mort. Le domaine des hommes est cependant le plus important de tous car c'est le seul où l'on a le pouvoir de maîtriser son comportement et de choisir la voie de la volonté grâce à laquelle chacun peut prendre cette voie. Un buddha jaune prêche la force de la volonté de l'éveil.

LE CONTACT

L'activité des six sens a pour résultat le contact avec les choses, qui à son tour fait naître le sentiment et le désir.

LE DOMAINE DES ESPRITS AFFAMÉS

L'avidité insatiable conduit à la faim et à la soif dont on souffre ici et que représentent des figures grotesques à la gorge serrée et au ventre enflé. Un bouddha rouge tient un vase de nourriture céleste, don aux esprits affamés (*preta*), et prêche les vertus de générosité et de sacrifice.

LA VIEILLESSE ET LA MORT

Les conséquences inévitables de la naissance sont la maladie, l'anxiété, la vieillesse et la mort.

L'IGNORANCE

Représentée ici par un aveugle, l'ignorance est le premier des douze facteurs existentiels.

L'ENFER

La haine froide et la colère brûlante transportent les créatures dans les domaines infernaux, le plus sombre de tous les mondes, où elles subissent les tortures de la chaleur et du froid. Un bouddha indigo porte de l'eau (patience) et du feu (espoir). Il révèle la voie de la lumière.

LES ACTES DE VOLITION

Les potiers modèlent leur propre *karma* dans les vases qu'ils façonnent, dont chacun représente un acte tel que faire, penser ou parler.

LES SIX SENS

Les sens décrits par le bouddhisme sont la vue, l'odorat, le goût, l'ouïe, le toucher et l'esprit.

LE DOMAINE DES ANIMAUX

Les animaux sont régis par l'ignorance, l'apathie, la léthargie, l'instinct et l'incapacité spirituelle. Cet état les soumet à la douleur : les hommes usent d'eux comme bêtes de somme ; ils se chassent et se dévorent entre eux. Un bouddha bleu tient le livre de la Compréhension, pour enseigner aux animaux les bienfaits de la parfaite sagesse et de la connaissance des lois universelles.

LE NOM ET LA FORME

L'activité de la conscience conditionne l'apparition du nom et de la forme, symbolisés par les deux personnages.

LA CONSCIENCE

Le singe se balançant de branche en branche représente l'absence de maîtrise de la conscience (l'un des buts du bouddhisme).

> « Quelle est donc, ô moines, la noble vérité de la cause de la douleur ? C'est le désir, qui produit la renaissance, ce désir lié à l'avidité et qui s'épanche tantôt ici, tantôt là : désir sensuel, désir d'exister, désir de se détruire. »
>
> LE BOUDDHA, SERMON DE BÉNARÈS

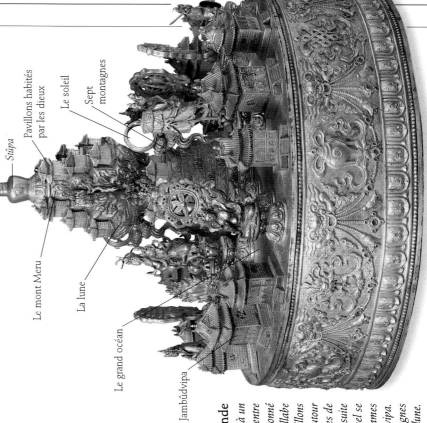

— OM, la syllabe sacrée

Stûpa
Pavillons habités par les dieux
Le soleil
Sept montagnes
Le mont Meru
La lune
Le grand océan
Jambûdvipa

Mandala d'offrande

Ce modèle cosmologique est destiné à un rite tibétain d'offrande. Au centre se dresse le mont Meru, couronné d'un chöiten que surmonte la syllabe OM (voir pp. 18-19). Les pavillons qu'habitent les dieux se groupent autour du mont, entourés de sept chaînes de montagnes. Il y a ensuite le grand océan au sein duquel se trouvent quatre continents. Les hommes vivent sur l'un d'eux, celui de Jambûdvipa. Entre les continents et les montagnes gravitent le soleil et la lune.

LE MANDALA, REPRÉSENTATION DU COSMOS

Le *MANDALA* EST UNE REPRÉSENTATION schématique de l'un des mondes idéaux que l'on associe habituellement à l'un ou l'autre bouddha. Comme tel, il constitue un élément essentiel de la méditation tantrique (voir pp. 74-75), où l'on apprend à visualiser divers royaumes bouddhiques célestes. Ces « cosmogrammes » peuvent être peints, construits en pierre ou laborieusement réalisés avec des sables colorés. On croit que ce sont de puissantes concentrations d'énergie psychique et on les sépare du monde profane par l'accomplissement de rites, dont la récitation de *mantra* (voir pp. 62-63). Outre le macrocosme universel, le *mandala* représente aussi le microcosme de l'énergie psychique du pratiquant.

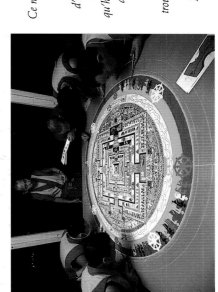

Le grand monument de Bârâbudur

Construit au milieu du IXe siècle, Bârâbudur, à Java, est le plus grand monument bouddhique du monde. Il consiste en un stûpa central entouré de trois cercles de plus petits, le tout posant sur trois grands enclos carrés. Les pèlerins vont de la base, représentant les enfers et le bas monde, aux royaumes célestes du sommet, en passant par le domaine terrestre.

Moines composant un mandala de sable

Ces moines tibétains préparent un kâlachakra-mandala, en vue d'un rite d'initiation tantrique. Ce travail prend des mois, et le rite lui-même dure plusieurs jours. À la fin des cérémonies, on détruira le mandala, pour souligner l'enseignement du Bouddha sur « l'impermanence de toutes choses composées ».

TEXTES ET MONASTÈRES

LE BOUDDHA SE CONSIDÉRAIT COMME un médecin et un enseignant, qui montrait le chemin de l'éveil. Aussi ses enseignements (et ceux qui en procèdent) sont-ils hautement révérés. Les Trois Joyaux, ou Refuges, spécifient : « Je prends refuge dans le Bouddha, [...] dans le *Dharma* (ou *Dhamma*, enseignement), [...] dans le *sangha* (communauté monastique) ». Ainsi, les textes et les monastères sont en étroite relation. Le bouddhisme ne possède pas une collection de textes constituant une « bible » mais, très tôt, des recueils ont été établis pour le *sangha*. Le canon pâli du *Tripitaka*, ou Triple Corbeille, est l'un des plus anciens. Différentes régions ont produit leur propre canon. Ceux du Tibet et de la Chine sont très importants. D'après la tradition, le canon remonte au concile de Râdjagriha, après l'incinération du Bouddha, lorsque Ânanda et Upâli récitèrent ses discours et les règles monastiques, qui devinrent le *Suttapitaka* et le *Vinayapitaka*. L'origine de la troisième « corbeille », l'*Abhidhammapitaka* (enseignements complémentaires et commentaires) est discutée. Dans le Mahâyâna (voir p. 55), des *sûtra* conservent ce qui est considéré comme l'enseignement le plus développé du Bouddha.

Le monastère de Samye
Samye est le plus ancien monastère du Tibet. La croyance veut qu'il n'ait été possible de le construire qu'après que le yogi tantrique Padmasambhava eut exorcisé le terrain. Cet exorcisme consista entre autres dans le dessin d'un immense mandala *(modèle cosmique), qui devint le plan du monastère. Au centre, il y a un temple qui contint jadis des statues dorées du Bouddha. Il est entouré, aux angles, de quatre* chörten *(monuments commémoratifs). Samye a été gravement endommagé par l'occupation chinoise.*

PURIFICATION •
La préface de ce texte demande au récitant du *sûtra* de se purifier la bouche avec un *mantra*, sonorité sacrée. Le *sûtra* proprement dit commence par les termes traditionnels : « Entendu tel quel... »

LE SÛTRA DE DIAMANT, L'UN DES SÛTRA DE LA SAGESSE TRANSCENDANTALE
Cette version chinoise du Sûtra de diamant, datée de 868, est le plus ancien imprimé existant. Retrouvé au début de ce siècle dans un des temples rupestres de Dunhuang, ce rouleau, d'environ 5 m de long, imprimé au moyen de blocs de bois, est une partie du Prajñapâramitâsûtra *(Sûtra de la sagesse transcendantale). Le texte mahayaniste est présenté comme un sermon du Bouddha et on l'y voit prêchant.*

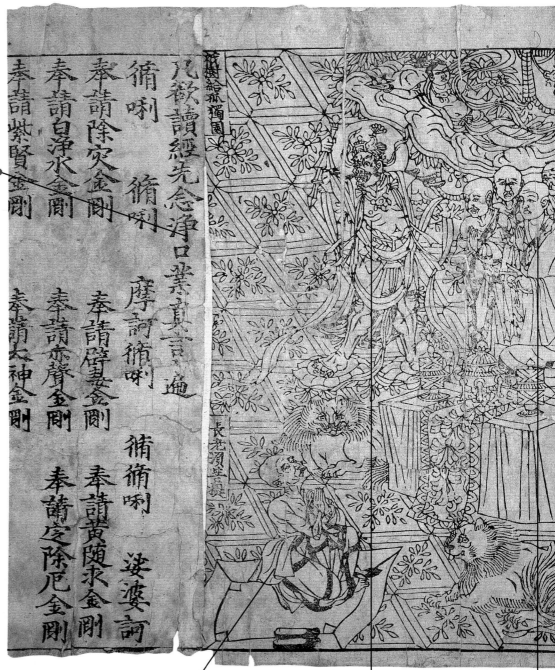

Jeunes moines de Mandalay
Ces novices birmans se tiennent devant un ensemble de bâtiments comprenant deux stûpa, *dont l'un a les dimensions d'une pagode. Dans le Theravâda, forme de bouddhisme pratiquée en Birmanie, l'ordination monastique a lieu en deux fois : à huit ans, un garçon peut être accepté comme novice mais il n'appartiendra pleinement au* sangha *que vers l'âge de vingt ans.*

SUBHÛTI •
Subhûti est l'un des disciples les plus doués du Bouddha. C'est sa question sur les moyens d'atteindre à la parfaite sagesse qui incite le Bouddha à prêcher le *Sûtra de diamant.* Son attitude indique son respect pour le Bouddha.

DIEU MINEUR •
Une « déité » protectrice se tient près du Bouddha. C'est très probablement un *asura*, esprit guerrier et querelleur qui se situe très bas dans le cycle des renaissances.

LES MOINES
D'après le texte du *Sûtra de diamant,* 1 250 moines étaient présents lorsque le Bouddha prononça ce sermon.

Êtres célestes

Les êtres qui volent au-dessus du Bouddha sont très probablement des gandharva, demi-dieux de rang inférieur et musiciens célestes.

LE MANUSCRIT DU *SÛTRA DE DIAMANT*

C ES QUATRE FEUILLES de palme du XIe siècle appartiennent au *Vajrachchedikâ-Prajñâpâramitâ-Sûtra*, « le *Sûtra* du tailleur de diamant de la Sagesse suprême », qui compte 8 000 vers. Le texte sanskrit, protégé par deux planchettes de bois et attaché par des ficelles, a été copié par un laïc habitant l'est de l'Inde. Les ouvrages de ce genre ont pris beaucoup d'importance dans les débuts du Mahâyâna (voir pp. 54-55). Il semble que le fait de les copier ait été communément considéré, à cette époque, comme un moyen d'acquérir des mérites. Les feuilles sont richement illustrées de scènes de la vie du Bouddha, de *bodhisattva* célestes et de « déités », dont Prajñâpâramitâ, personnification de la parfaite sagesse et mère de tous les bouddhas.

Le Bouddha naît du flanc droit de sa mère Mâyâdevî, qui se tient à une branche d'arbre, dans le bois de Lumbinî (sud du Népal). Fils du guerrier Shuddhodâna, il serait né, selon la tradition, vers 566 av. J.-C.

Le Bouddha prêche son premier sermon (voir pp. 54-55) à deux des cinq ascètes présents dans la parc aux Gazelles, à Sârnâth, près de l'actuelle Bénarès (Inde du Nord). Ses mains forment le mudrâ de la mise en mouvement de la roue de la Doctrine.

LE BOUDDHA

Le Bouddha, assis sur un trône de lotus, expose le *Sûtra de diamant*. De la main droite, il fait le *mudrâ* de l'enseignement, et de la gauche, celui du calme méditatif. Son troisième œil, signe de haute conscience, est formé d'un soleil et d'une lune, un symbole tantrique.

DEUX BODHISATTVA

Leur auréole et leur couronne mettent en évidence la majesté de ces *bodhisattva*, êtres parvenus au terme du chemin qui mène à l'éveil.

Chandraprabha est le « bodhisattva du clair de lune ». Les bodhisattva peuvent être considérés comme des manifestations de la sagesse et de la compassion du Bouddha.

Bodhisattva céleste, probablement Maitreya, formant le même mudrâ que le Bouddha ci-dessus. Maitreya est un beau jeune homme vivant actuellement dans le ciel des Tushita. Le temps venu, il descendra sur terre et sera le prochain Bouddha.

SIGNE DE CHANCE

Une *svastika*, signe de chance traditionnel en Inde, marque la poitrine du Bouddha. On la trouve souvent aussi sur les paumes et la plante des pieds.

FIDÈLES LAÏCS

Des hommes et des femmes écoutent le sermon, accompagnée de serviteurs et habillés à la mode des dignitaires chinois.

ÊTRES CÉLESTES

L E BOUDDHISME DU GRAND VÉHICULE (Mahâyâna, voir pp. 54-55) développe des enseignements que l'on ne trouve pas ou qui ne sont qu'esquissés dans les textes fondateurs. On prétend qu'ils sont restés cachés jusqu'à ce que les fidèles aient atteint un niveau de compréhension suffisant pour les recevoir. Le Bouddha usait de l'*upâya*, de l'« habileté dans la méthode », en ajustant son discours aux capacités de ses auditeurs ; aussi les mahayanistes ne voient-ils rien d'étrange dans ce développement de sa doctrine. L'un d'entre eux consiste à penser que l'accès à l'éveil ne doit pas être gardé pour soi en tant qu'*arhat* (libéré) mais se partager avec tous ceux qui souffrent et cherchent le salut. Il est donc des êtres qui nous aident : les *bodhisattva* célestes, eux-mêmes en relation avec les bouddhas, manifestations de la nature de bouddha. Les bouddhas règnent sur les « pays de bouddha » ou « terres pures » que le fidèle habitera au dernier stade précédant le *nirvâna*. Un mode fondamental de dévotion est de visualiser les bouddhas ou les *bodhisattva* pour atteindre à l'union avec eux. Tel est le sens premier du *nembutsu* japonais, « hommage au bouddddha » par lesquel l'école de la Terre pure rend grâce à Amitâbha, le « bouddha de l'Ouest » : la foi en ses pouvoirs fait renaître le dévot dans le Sukhâvatî, où la douleur est absente.

LES BODHISATTVA

U N *BODHISATTVA*, littéralement une « existence éveillée », est un être spirituellement parfait qui a choisi de ne pas entrer dans le *nirvâna*, l'état de détachement absolu, mais de rester dans le cycle des renaissances pour aider les autres. Une fois entré dans le *nirvâna*, il ne serait plus en mesure d'aider quiconque puisqu'il n'aurait plus de lien avec le monde. La carrière d'un *bodhisattva* durera trois, sept ou trente-trois éons, pendant lesquels il acquerra une infinité de mérites par sa perfection dans la générosité, la moralité, la patience, la vigueur, la méditation et la sagesse. Au-delà de ces six perfections, le *bodhisattva* progresse vers quatre stades ultimes, qui lui permettent de manifester divers pouvoirs surnaturels. Lorsque la dixième « terre » (ou étape) est atteinte, il connaît l'éveil suprême et devient un bouddha.

> *« Pense, oh pense, l'esprit tranquille, à Avalokiteshvara, l'être pur ; il est le protecteur, le refuge, le recours en cas de mort, de désastre et de calamité. »*
>
> *SÛTRA DU LOTUS*

Œil sur le front, représentant la clairvoyance absolue de la Târâ

Maîtres du tantrisme, parfois considérés comme des incarnations de Mañjushrî

Aura de flammes entourant la forme tantrique « insensée » de Mañjushrî, le *bodhisattva* de sagesse

Garuda, oiseau mythique emprunté au panthéon hindou, ennemi des serpents, symboles traditionnels du Mal dans le bouddhisme

Paume ouverte en signe de protection

Œil sur la paume représentant la capacité de voir toute douleur dans le monde

Le Mañjushrî noir, bodhisattva de sagesse

Mañjushrî, bodhisattva de sagesse, aide chacun à échapper au cycle des renaissances. On le dépeint habituellement comme un beau jeune homme mais on le voit ici sous une forme tantrique (voir pp. 74-75) terrible. Il brandit le glaive de la connaissance qui pourfend l'ignorance et, de la main gauche, il tient en équilibre sur une fleur de lotus le Sûtra de la sagesse transcendantale.

La Târâ blanche, « déesse de la Compassion »

La Târâ, que l'on voit ici sous sa forme blanche, est considérée comme la mère de tous les bouddhas. Parèdre d'Avalokiteshvara (voir page de droite), le bodhisattva de compassion, elle serait née d'une des larmes qu'il versa sur la souffrance du monde. Selon un mythe tibétain, tant la Târâ blanche que la Târâ verte se seraient incarnées dans les deux femmes du premier roi bouddhiste du Tibet. La Târâ blanche « trompe la mort » : ses dévots croient qu'elle assure longue vie en écartant tous les dangers. Sur la statue ci-contre, les yeux au front et aux paumes signalent sa nature d'absolue clairvoyance.

MAÎTRES TIBÉTAINS
Autour d'Avalokiteshvara se tiennent des lamas tibétains, maîtres spirituels de l'école Kagyudpa (bonnets rouges).

L'ÉVEIL
Avalokiteshvara tient une fleur de lotus, symbole bouddhique de l'éveil.

LE BOUDDHA
Le Bouddha historique est le plus récent d'une lignée de vingt-cinq bouddhas. Dans un avenir lointain, Avalokiteshvara atteindra l'état de bouddha.

Onze têtes
Avalokiteshvara est représenté avec onze têtes. La rouge, au sommet, est Amitâbha, le bouddha qui lui est associé. Les gens en détresse implorent Avalokiteshvara de les sauver et de les conduire vers Amitâbha, maître de l'Ouest, l'un des nombreux mondes de la cosmologie mahayaniste. Amitâbha veille sur leur cheminement vers le nirvâna.

ORNEMENTS PRINCIERS
Avalokiteshvara porte les ornements princiers des *bodhisattva* célestes. Les boucles d'oreilles lourdement enrichies de pierreries sont typiques de l'iconographie tibétaine.

L'ARC ET LA FLÈCHE
Symbole tantrique courant, l'arc armé d'une flèche suggère l'habileté du *bodhisattva* à toucher le cœur de tous les êtres.

SALUTATION
Les deux mains centrales adoptent l'attitude de la salutation respectueuse.

L'AURA
L'aura qui entoure Avalokiteshvara se compose de ses mille bras, qui symbolisent son infinie compassion.

AVALOKITESHVARA
Avalokiteshvara reporte constamment son entrée dans le *nirvâna* pour aider les autres à atteindre l'éveil. Le Dalaï Lama, chef spirituel du Tibet, est considéré comme une réincarnation d'Avalokiteshvara.

LA TÂRÂ BLANCHE
L'une des émanations de l'aspect féminin d'Avalokiteshvara, la Târâ blanche, « Celle qui sauve », est particulièrement populaire au Tibet, dont elle est la patronne.

LE BODHISATTVA AVALOKITESHVARA
Cette tenture cultuelle, ou thang-kha, représente Avalokiteshvara, « le seigneur qui regarde en bas ». L'école des bonnets rouges l'utilise en tant que support de visualisation. Avalokiteshvara est le bodhisattva *de compassion et probablement le plus populaire des êtres célestes du bouddhisme. Il joue un rôle prépondérant dans le Sûtra du Lotus (voir pp. 110-111). Entre ses renaissances, non toujours sous forme humaine, il se retire dans le Sukhâvatî, le pays d'Amitâbha (voir ci-dessus).*

LA TÂRÂ VERTE
Comme la Târâ blanche, la Târâ verte est une expression d'Avalokiteshvara. Bien que leur symbolisme diffère, elles ne se distinguent ici que par la couleur.

LA ROUE À HUIT RAYONS
Avalokiteshvara a cent huit formes. Ici, l'on voit huit de ses mille bras. D'une de ses mains droites, il tient la roue à huit rayons qui symbolise l'enseignement du Bouddha (voir pp. 62-63).

L'ŒIL DE COMPASSION
L'œil, au milieu de la main ouverte d'Avalokiteshvara, symbolise à la fois sa compassion et sa nature d'être totalement clairvoyant.

LE BOUDDHISME CHINOIS

L E BOUDDHISME A FLEURI EN CHINE sous la dynastie tang (618-907) et continue d'exercer une grande influence religieuse et culturelle. Son succès est venu de ce que sa conception de l'éveil, de la renaissance et du *karma* (loi de causalité morale) permettait aux individus d'être responsables de leur destinée tout en empruntant une voie de salut. Par la méditation, le rituel, la psalmodie, le prêche et l'étude des textes bouddhiques, les moines et les nonnes acquéraient des mérites en vue de leurs vies futures mais aussi en faveur de leur famille et de leurs mécènes laïcs. La philosophie raffinée des commentateurs bouddhistes intéressait les lettrés chinois tandis que l'art et l'architecteure impressionnaient les gens ordinaires qui, par ailleurs, espéraient en une renaissance favorable dans le paradis occidental du bouddha Amitābha. Les rites funéraires contribuaient à calmer l'anxiété concernant le sort des proches disparus. Enfin, certains empereurs soutinrent le bouddhisme parce qu'à leurs yeux il formait des sujets moraux et pacifiques.

Posture de méditation

Lobes allongés, l'une des marques d'un éveillé

Un saint
Cette statue chinoise en céramique, datant du Xᵉ ou XIᵉ siècle, représente un luohan, un «saint», un éveillé. Les dix-huit Luohan étaient les disciples du Bouddha qui atteignirent l'éveil durant sa vie. Célébrés par les textes et les peintures bouddhiques de Chine, ils personnifient souvent une vertu particulière, telle la force de la méditation, les pouvoirs surnaturels, la capacité de mémoriser les textes, l'habileté à enseigner le Dharma (voir pp. 54-55) et le talent de dompter les animaux sauvages. Ci-dessus, ce pourrait être le quatorzième, Vānavāsa.

Enfant céleste
La représentation d'enfants rendant hommage à Guanyin confirme son lien avec l'enfance. La position de ses mains forme le mudrā bouddhique du respect, qui signifie aussi l'union du physique et du spirituel.

Bodhidharma, premier patriarche du Chan
Cette lithographie ming (1368-1644) représente Bodhidharma, le premier patriarche du bouddhisme chan. En Chine, on associe son nom à la méditation, à la discipline ascétique et aux pouvoirs psychiques. Prince de l'Inde du Sud, il se fit moine et gagna la Chine à la fin du Vᵉ siècle. Ayant condamné l'acquisition de mérites comme matérialiste, il médita neuf ans dans une grotte. Son ascèse se rattache au yoga et aux arts martiaux.

LE BOUDDHA DU PARADIS OCCIDENTAL. La couronne de Guanyin porte Amitābha, le bouddha de la Terre pure, ou paradis occidental. Ceux qui montrent la dévotion y renaîtront, sous l'égide spirituelle d'Amitābha.

SUPPORT DE MÉDITATION. Guanyin porte des habits somptueux, dans le style royal d'un *bodhisattva*. Son grand rosaire est chargé de pierreries. Ce rosaire est, dans le bouddhisme, un support essentiel à la prière et à la méditation. La main droite forme un *mudrā*, signe qui symbolise l'enseignement du Bouddha.

JOYAU FLAMBOYANT. Guanyin tient un joyau flamboyant qui symbolise son caractère « attentif aux supplications ». Le joyau est un emblème clé du bouddhisme. Il représente l'éclat et la pureté du *Dharma* (voir pp. 54-55), les enseignements des bouddhas et la vérité qui les sous-tend. Le Bouddha, le *Dharma* et le *sangha* (la communauté spirituelle) constituent les Trois Joyaux.

Brûle-parfum

SUIVANTES CÉLESTES

Deux suivantes de Guanyin tiennent des rouleaux qui sont presque certainement le chapitre concernant Guanyin dans le *Sûtra du Lotus* (voir pp. 110-111), l'une des écritures les plus importantes du bouddhisme chinois. Elles portent des vêtements de dames de la cour.

GUANYIN

Cette peinture du Xe siècle représente Guanyin ou Guanshiyin, variante d'Avalokiteshvara, le bodhisattva de compassion (voir pp. 68-69). C'est la déesse de la pitié et celle qui donne des enfants. On croit qu'elle apparaît en jeune femme pour aider les gens en détresse. Ceux qui courent un danger l'appellent par son nom et quiconque entreprend un voyage périlleux lui fait des offrandes.

LE LOTUS DE PERFECTION

Le lotus est l'un des plus anciens symboles bouddhiques. Parce que sa tige donne une belle fleur et que ses racines plongent dans la boue, il représente la pureté et la perfection s'élevant de la fange des mondanités et des impuretés. Il sert de trône aux bouddhas et aux *bodhisattva*.

« S'il y a d'innombrables myriades de millions d'êtres souffrant peine et tourment qui entendent le nom du bodhisattva Guanshiyin et qui, avec simplicité, récitent ce nom, Guanshiyin entendra leur voix et les délivrera. »

SÛTRA DU LOTUS, RÉCITÉ AU COURS DES CÉRÉMONIES BOUDDHISTES CHINOISES

OFFRANDE À GUANYIN

La peinture prend la forme d'une offrande à Guanyin. Un fonctionnaire, Mihuangde, l'a commandée pour commémorer le pèlerinage de sa famille à Dunhuang, un lieu saint d'Asie centrale chinoise. Il a fait ce voyage parce qu'il devait entreprendre une tournée d'inspection dans la province occidentale. Par dévotion, il a imploré la protection de Guanyin.

Parentes du donateur

Les enfants du donateur

Au registre inférieur de la peinture, il y a les enfants et les petits-enfants du donateur Mihuangde, en posture de dévotion respectueuse vis-à-vis de Guanyin. Au-dessus d'eux, la femme du donateur et sa belle-sœur. La compassion et la bonté de Guanyin sont considérées comme des vertus féminines.

LES BOUDDHAS CHINOIS

L E BOUDDHISME a pénétré en Chine vers le Ier siècle et, au IVe, beaucoup d'ouvrages bouddhiques ont été traduits du sanskrit en chinois. Cela signifie que les bouddhas et *bodhisattva* de l'Inde ont pris nouvelle forme : Avalokiteshvara (voir pp. 68-69) est devenu Guanyin ou Guanshiyin ; Maitreya, le Bouddha à venir, généralement dépeint sous les traits d'un beau jeune homme, s'est mué en bouddha rieur et obèse ; quant à Amitâbha, le bouddha de la Terre pure, on l'a fait descendre des monts Kunlun, en Chine.

Le donateur

Ce fonctionnaire tient un brûle-parfum : il rend hommage à Guanyin. C'est le donateur de l'œuvre. L'inscription dit : « Le donateur Mihuangde rend hommage éternellement et de tout cœur. » Ses jeunes frères l'ont accompagné.

LE BOUDDHISME JAPONAIS

LE BOUDDHISME ARRIVA AU JAPON, par le biais de la Corée, à peu près un millénaire après l'époque du Bouddha. À partir du VIIe siècle, des vagues bouddhistes, principalement mahayanistes (voir p. 55), gagnèrent le Japon depuis la Chine. Elles étaient surtout le fait de moines japonais qui avaient séjourné dans des monastères chinois. Les formes les plus connues qui se développèrent de cette manière sont le Tendai, le Shingon (école ésotérique d'influence tantrique), la Terre pure (voir p. 110) et les trois grandes sectes du Zen (version japonaise du Chan chinois) : Rinzai, Sôtô et Obaku. Au XIIIe siècle, le moine Nichiren fonda une école purement japonaise, sur la base du *Sûtra du Lotus*, texte fondamental du Tendai.

La calligraphie zen
La calligraphie (shôdô) est l'un des arts du Zen Rinzai importés de Chine pendant l'ère Kamakura (1185-1333). Ci-dessus, un exemple du travail d'un maître zen du XVIIe siècle. Poser le pinceau sur le papier constitue en soi une façon d'entrer dans la nature de bouddha (voir pp. 68-69) de tous les êtres.

LES NOUVELLES ÉCOLES

Au siècle dernier, de nouvelles formes de bouddhisme sont apparues, en particulier la Sôka-gakkai, un mouvement laïc qui émane de la pensée de Nichiren (voir pp. 110-111). Comme beaucoup de «nouvelles religions» japonaises, la Sôka-gakkai est ambitieuse et vise à une réforme des individus et de la société. Environ les trois quarts de la population japonaise sont bouddhistes, bien que beaucoup vénèrent aussi, en privé, les *kami* (esprits divins) du shintoïsme.

PEINTURE ZEN

Ce fragment d'un rouleau beaucoup plus vaste a été peint par Yintuolo entre le XIIIe et le XIVe siècle. Bien que non japonaise mais probablement indienne ou chinoise, cette peinture a été très admirée par les Japonais car elle s'articule sur un des enseignements fondamentaux du Zen.

❝ *Près d'un vieux temple, dans le frimas, il a passé la nuit. Il ne put résister au froid perçant du vent tourbillonnant. Si les cendres n'en étaient pas sacrées, qu'y avait-il là de si particulier ? Il prit donc dans la salle le bouddha de bois et le brûla.* ❞

POÉSIE DE LA PEINTURE CI-DESSOUS, PAR CHUSHI FANCHI, MAÎTRE DU CHAN

L'IMPORTANCE DU THÉ

LA TRADITION VEUT QUE LE MOINE japonais Eisai (1141-1215) ait apporté de Chine, en 1168, des graines de théier qu'il sema dans le jardin de son temple. Depuis lors, le *chado*, la «voie du thé», a gardé un lien avec l'école d'Eisai, le Zen Rinzai, qui a transformé cet élément de la culture chinoise. En Chine, on usait déjà du thé pour harmoniser les différents organes du corps. Bien que non strictement religieux, le *chado* est étroitement imbriqué dans l'esprit du Zen : «Le Zen et le thé ont le même goût.» Eisai a introduit au Japon le Rinzai, qui recherche une forme spontanée de *satori*, expression japonaise pour l'accession à l'éveil, par le moyen d'une immersion méditative en toute chose.

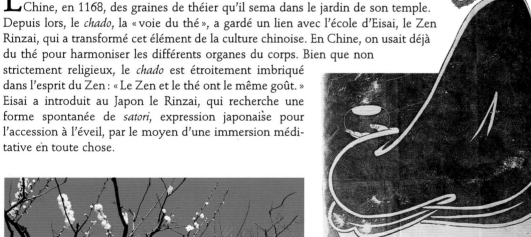

Bodhidharma
Bodhidharma était un moine indien qui fonda le bouddhisme chan, ou zen. Sa spiritualité se fondait sur une méditation influencée par les arts japonais tels que la calligraphie, le jardinage et la cérémonie du thé.

La maison de thé
La salle de thé et son jardin suivent un modèle tracé par Senno Rikyu (1521-1591), maître généralement considéré comme le créateur de la cérémonie du thé dans sa forme actuelle. Boire le thé est «une adoration du beau parmi les faits sordides de l'existence quotidienne».

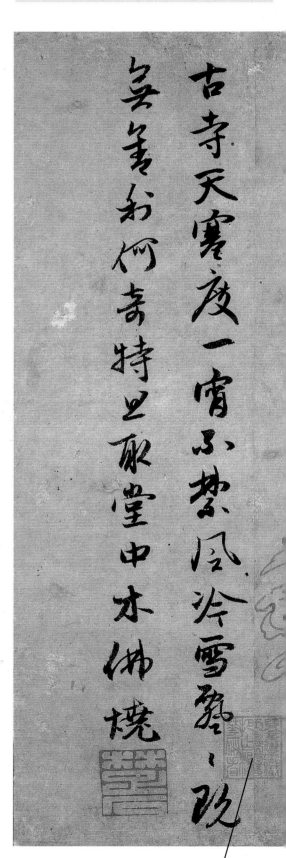

LE SCEAU DE L'ARTISTE
Le sceau de Yintuolo indique : «Les enfants ne savent pas que les flocons de neige dans le ciel ne sont que des fleurs de saule.» À sa gauche se trouve le sceau du poète Chushi.

> « *Une tradition particulière, en dehors des écritures. Indépendance vis-à-vis des mots et des lettres. Viser immédiatement à l'esprit. Voir dans sa nature propre et dans l'accès à la nature de bouddha.* »
>
> ATTRIBUÉ À BODHIDHARMA, FONDATEUR DU CHAN

LE MOINE

Le moine de Tan-hsia se réchauffe un jour de froid. C'est là un récit zen traditionnel. Critiqué par le supérieur du monastère pour avoir brûlé un bouddha, il répond que ce n'était qu'un morceau de bois. Cette réponse souligne l'indifférence, voire l'hostilité, du Zen au culte des images.

Le bouddhisme dans le Japon moderne

Le bouddhisme japonais a connu dernièrement des changements significatifs. Il a connu de grands malheurs entre 1868 et 1875, lorsque le mouvement «Exterminez les bouddhas et détruisez Shâkyamuni», d'inspiration shintoïste et protégé par les autorités, a détruit beaucoup de temples bouddhiques et d'objets du culte. Rétrospectivement, ce qui aurait pu conduire à une régression apparaît comme l'occasion d'une résurgence et d'une modernisation, même si beaucoup de monastères ont perdu leurs propriétés terriennes en raison de la réforme agraire qui a suivi la Seconde Guerre mondiale.

UNE SOURCE DE MÉDITATION

Ce genre de peinture tente de capter l'essence de l'enseignement des anciens maîtres zen. De telles scènes étaient très populaires et fournissaient des thèmes à la méditation monastique.

L'ART DU PAYSAGE

Typiquement chinois, ce paysage à l'encre a été copié par l'art bouddhique japonais et, bien que peu d'œuvres de son auteur aient survécu, celui-ci est très admiré au Japon.

LE BOUDDHISME ZEN

S'IL EST MOINS POPULAIRE que les pratiques dérivées des écoles de la Terre pure et du Nichiren, le Zen représente probablement l'aspect du bouddhisme japonais le plus connu en Occident. Durant ses huit siècles d'histoire au Japon, il a connu de larges développements et des divisions sectaires. Aujourd'hui, ses deux écoles principales sont le Rinzai et le Sôtô. L'une et l'autre ont leur origine en Chine. On se moque parfois du Rinzai en l'appelant « l'école des cris et des coups », en raison de la manière dont son fondateur, Linji, connut l'éveil ; beaucoup d'anecdotes circulent au sujet du comportement exubérant de ses maîtres, qui agissaient souvent d'une manière généralement réprouvée. La pratique méditative du Rinzai se concentre sur le *koan*, affirmation ou question énigmatique. L'école sôtô, elle, insiste sur le *zazen*, « l'être assis en méditation ». Selon Dôgen (1200-1253), le plus grand maître de cette école, il faut comprendre *zazen* non comme un moyen d'atteindre l'éveil mais comme une expression de l'état d'éveil.

LA STATUE DU BOUDDHA

Une statue de bois du Bouddha part en fumée. Un bouddhiste pieux verrait là un sacrilège, alors que ce moine ne se sent pas vraiment concerné.

LE SUPÉRIEUR

Le supérieur du monastère fait remarquer au moine que, pour se réchauffer, il brûle une effigie du Bouddha.

LE BOUDDHISME TANTRIQUE

LA VOIE DU TANTRISME naquit au VIe siècle. Elle se fonde sur des textes appelés les *Tantra*. Elle recourt à la méditation, au rituel, au symbolisme et à la magie. La magie était exclue de l'enseignement du Bouddha mais les pratiquants du tantrisme estiment que les *Tantra* constituent un moyen plus rapide d'atteindre à la nature de bouddha que la voie du *bodhisattva* (voir pp. 68-69). Les formes de tantrisme usant de *mantra* (sons sacrés, chargés de pouvoirs) s'appellent le *Mantrayâna*. Le tantrisme cherche à établir un lien continu entre tous les états et actes de l'humanité, y compris ceux que l'on juge habituellement impurs ou dangereux. Tous relèvent de la nature de bouddha si on les perçoit et expérimente correctement. Dès lors, les oppositions entre amour et désir, haine et renoncement, se dissolvent dans la compréhension de leur nature de bouddha indifférenciée, dépouillée de ce qui paraît être leurs caractéristiques propres.

LE VÉHICULE DE DIAMANT

Le nom du bouddhisme d'influence tantrique est Vajrayâna, ou Véhicule adamantin. Le *vajra* est un ustensile rituel à double tête sphérique, utilisé en même temps qu'une cloche. Tenu de la main droite, il représente l'élément masculin, la doctrine et la compassion. La cloche, tenue de la main gauche, est l'élément féminin, la sagesse, la vacuité et le *nirvâna*. Cette association est propre au Tibet. Dans le Vajrayâna, cinq *dhyâni-buddha*, ou bouddhas transcendantaux, figurent parmi les principaux supports de méditation : ce sont Akshobhya, Amitâbha, Amogasiddhi, Ratnasambhava et Vairochana.

Un état de l'être
La figure centrale, le Bouddha Kâlachakra, n'est pas un dieu. Il représente un état de l'être que l'initié cherche à atteindre.

HUIT DÉITÉS FÉMININES
Autour du couple central, chacune sur un pétale de lotus, il y a huit « déités » féminines à quatre visages et huit bras.

LE DEUXIÈME PALAIS
Le deuxième palais contient huit lotus à huit pétales portant les soixante-quatre déesses du langage, mères de tous les *mantra*. Au centre de chaque lotus, il y a un couple divin dont l'élément féminin est dominant.

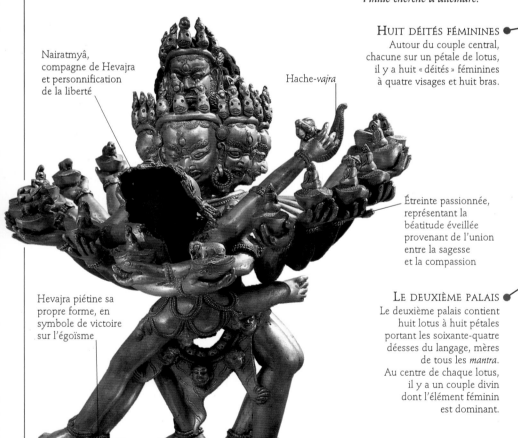

Nairatmyâ, compagne de Hevajra et personnification de la liberté

Hache-*vajra*

Étreinte passionnée, représentant la béatitude éveillée provenant de l'union entre la sagesse et la compassion

Hevajra piétine sa propre forme, en symbole de victoire sur l'égoïsme

Hevajra et sa compagne
Dans le système tantrique, Hevajra, aux multiples têtes, est l'une des manifestations terribles d'Akshobhya, le bouddha inébranlable (voir page de droite). Ces manifestations symbolisent la transformation des venins (en ce cas la colère) qui nous attachent au monde des renaissances (samsâra). On voit ici Hevajra uni à sa compagne Nairatmyâ.

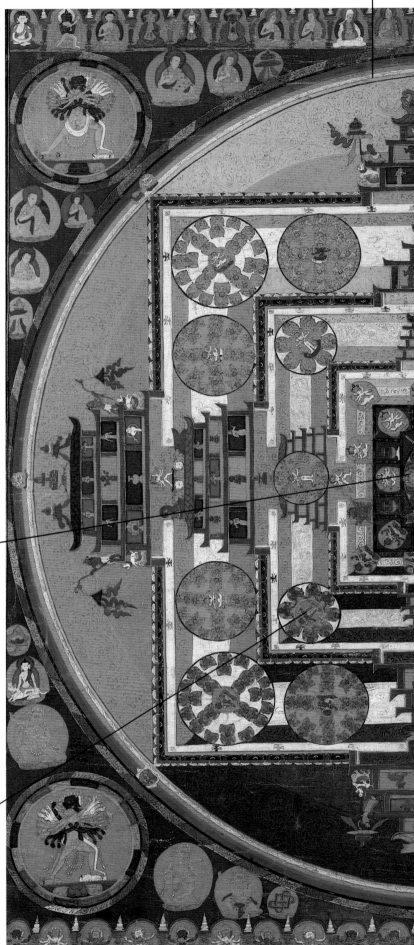

L'ENCEINTE DU SOL BRÛLANT
L'enceinte du sol brûlant se trouve au-delà des domaines des trois palais. Les quatre zones différemment colorées représentent les quatre éléments dont toutes choses sont faites.

MANDALA DU KÂLACHAKRA-TANTRA
Ce mandala *exprime* la doctrine du Kâlachakra-Tantra (*Tantra de la roue du Temps*), *texte majeur parmi les grands* Tantra *yogiques. Il montre l'univers purifié du Bouddha Kâlachakra qui embrasse tout, entouré de « déités » qui émanent toutes du couple central. C'est à la fois un schéma du monde idéal et un support de méditation. Le méditant visualise le monde du Kâlachakra dans tous ses détails, jusqu'à entrer en harmonie avec la structure du* mandala.

DÉITÉS PROTECTRICES

Des images de « déités » protectrices, menaçantes ou bienveillantes, figurent dans la partie extérieure du *mandala*. Les expressions de rage ou de passion que montrent certaines d'entre elles manifestent un immense degré d'énergie.

Sceptre tantrique, surmonté d'un double *vajra*, de trois crânes et d'un trident

Couvre-chef complexe avec une plume d'aigle, caractéristique de Padmasambhava

Vase contenant l'élixir d'immortalité

Vajra symbolisant la compassion

Padmasambhava, né du lotus

Padmasambhava contribua à l'implantation du bouddhisme au Tibet, au milieu du VIIIe siècle, en usant de ses pouvoirs tantriques pour dompter les démons. Supposé être une émanation du bouddha Amitâbha (voir ci-dessous), il serait né d'une fleur de lotus. Ayant accompli son temps sur terre, il se retira dans le paradis de la Montagne de cuivre, domaine de nains cannibales, où il règne en tant que second bouddha. Le double vajra de son trident signifie l'union de la sagesse et de la compassion ; le trident lui-même et les trois crânes sont les symboles de la maîtrise des trois canaux subtils de la physiologie tantrique.

LE PALAIS CENTRAL

Au milieu du palais central, il y a le Bouddha Kâlachakra dans une étreinte éternelle avec sa parèdre féminine Vishvamâta (« Mère universelle »). Ils sont en posture tantrique *yab-yum* (« mère-père »). On est ici au cœur de la nature de bouddha, révélée graduellement par la pratique de la visualisation et du yoga.

LE TROISIÈME PALAIS

Le palais extérieur abrite douze lotus à vingt-huit pétales, porteurs de trois cent soixante « déités », représentant les jours de l'année. Les douze lotus représentent les mois. Chacun porte en son centre un couple divin dont l'élément masculin est dominant.

MILLE BOUDDHAS

L E BOUDDHISME a toujours soutenu que le Bouddha historique appartenait à une série d'éveillés qui ont tous prêché le même message de délivrance. Avec le temps, cette idée est devenue celle que les bouddhas sont « aussi nombreux que les grains de sable sur les rives du Gange ». Certains de ces bouddhas transcendantaux, comme Amitâbha, Vairochana, Akshobhya et Amogasiddhi, sont devenus objets de dévotion populaire, et l'on trouve dans maints textes mahayanistes des descriptions détaillées de leurs « pays de bouddha ». Les bouddhistes tantriques considèrent chacun d'eux comme une manifestation spécifique de l'essence de bouddha. Sous la direction d'un gourou, les pratiquants apprennent à visualiser ces aspects de la nature de bouddha et à s'y identifier. Leurs techniques comprennent la récitation de *mantra* et la méditation sur le *mandala* de la « déité ». Cela peut s'accompagner d'un yoga visant à modifier l'équilibre des forces subtiles du corps.

LES TROIS PALAIS

Le chemin de la salle centrale passe par trois palais concentriques, chacun percé au milieu de ses quatre côtés par une porte triomphale, que protègent des « déités » féroces ou aimables. Ce chemin représente le voyage initiatique vers la nature de bouddha qui se cache dans le cœur de tous les êtres. Le passage des portes est rendu possible par l'usage correct de *mantra* et par d'autres techniques tantriques.

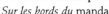

Maîtres tantriques

Sur les bords du mandala figurent les maîtres indiens et tibétains du Kâlachakra-Tantra. Il est courant chez les méditants tantriques de se concentrer sur le mandala d'un bouddha déterminé ; par ailleurs, leur carrière spirituelle exige qu'ils puissent apprendre et assimiler certains mandala en vue de circonstances particulières.

LE SIKHISME

LA DÉVOTION AU GOUROU

Le mot pendjabi sikh *signifie « qui apprend ». Au sens religieux, le sikh est celui qui croit en un Dieu – Sat Guru, le « véritable enseignant » – et honore les Gourous qui ont révélé ses enseignements. Dans l'hindouisme, un gourou (guru) est un maître ou un guide religieux mais, pour les sikhs, le sens du terme est plus spécifique. En plus de Sat Guru, il y a les dix Gourous, maîtres de la foi – du fondateur Nânak (1469-1539) à Gôvind Singh (1666-1708) – et l'Âdi Granth, le « livre premier », l'Écriture sikhe qui est aujourd'hui révérée, sous le nom de* Guru Granth Sahib, *comme étant l'ultime Gourou depuis la mort de Gôvind Singh.*

D'APRÈS RAHIT MARYADA, grand connaisseur de la vie sikhe, « un sikh est toute femme ou tout homme dont la foi consiste en la croyance en Dieu, aux dix Gourous, en l'enseignement de *Guru Granth Sahib* et des dix Gourous, qui met sa confiance en l'*amrit* du dixième Gourou et qui n'adhère à aucune autre religion ».

Amrit, littéralement « le nectar d'immortalité », est l'eau bénite et sucrée dont on use dans les cérémonies d'initiation à la Fraternité religieuse des sikhs, la Khalsa (voir pp. 86-87), instituée en 1699 par Guru Gôvind Singh. Les membres en respectent les règles de discipline et se signalent à l'attention par leur aspect physique conforme aux cinq K : *kesh*, les cheveux non coupés, qui marquent l'acceptation de la loi de Dieu ; *kangha*, le peigne, qui manifeste la maîtrise de la spiritualité ; *kirpan*, le poignard d'acier, qui montre la détermination à défendre ce que l'on croit vrai ; *kara*, le bracelet d'acier porté au poignet, qui indique l'union avec Dieu et le lien avec le Gourou ; *kachh*, un sous-vêtement, qui garantit la force morale.

Le sikhisme est né dans le nord de l'Inde au XVᵉ siècle, avec la vie et la prédication de Guru Nânak. Il y avait alors tension entre les hindous et les musulmans (on était au début de l'empire moghol). De bons esprits, notamment le poète Kabîr, et différents mouvements religieux, en particulier les vishnouites (voir pp. 26-27), prônèrent l'amour de Dieu au-delà du conflit confessionnel. Guru Nânak fut influencé par cette tendance, et déclara : « Il n'y a ni hindou ni musulman, aussi quel chemin vais-je suivre ? Je vais suivre le chemin de Dieu. » Cependant il était mû avant tout par sa profonde expérience de Dieu. C'est pourquoi il s'assura, en nommant un Gourou comme successeur, qu'une communauté continuerait son œuvre.

Guru Nânak insista sur l'absolu de l'unicité et de la souveraineté de Dieu. Il croyait que Dieu a créé toutes choses et que toutes choses dépendent de sa volonté (*hukam*). Dieu ne se manifeste pas dans le monde (à l'inverse des *avatars* hindous, voir p. 27) mais sa volonté se fait connaître par les Gourous. C'est pourquoi la méditation (*Nâm simaran*, rappel du Nom) est de la plus haute importance pour les sikhs, surtout en conjonction avec le *Mul Mantra*, qui forme une partie de la prière sikhe du matin. Ce poème théologique a été composé par Guru Nânak et, bien qu'il ne puisse être correctement traduit, il signifie quelque chose comme « Dieu est un, son nom est vérité, il est le créateur immanent, sans crainte, sans hostilité, immortel en sa forme, non né, autosuffisant, connu par la grâce du Gourou ».

Le Khanda
Le Khanda est le symbole de la Khalsa. Le glaive central symbolise la croyance au Dieu unique et la protection de la communauté contre l'oppression. Les deux cimeterres, les pouvoirs spirituel et temporel.

Guru Nânak
Guru Nânak (1469-1539) est le fondateur du sikhisme. Hindou de naissance, il voyagea beaucoup, à la recherche de la vérité spirituelle. Il insista sur l'unicité de Dieu, créateur et maître de toutes choses.

Fresque de la tour Atal Rai

Cette fresque du XIXᵉ siècle provient de la tour Baba Atal Rai, proche du Harimandir, ou Temple d'or, à Amritsar, centre de la foi sikhe. Les fresques montrent généralement des scènes des Janam sakhi, récits de la vie de Guru Nânak. La tour elle-même commémore la mort prématurée du fils cadet de Guru Hargôvind, Atal Rai, dont on dit qu'à neuf ans il avait ressuscité un ami. Guru Hargôvind lui reprocha d'avoir usé de magie et Atal Rai s'ôta la vie par repentir.

Les hommes sont les esclaves du *karma*, ou *karam*, la loi de causalité morale, qui s'exprime par les renaissances. Dieu apporte aux hommes une aide par la grâce (*prasad*) afin qu'ils puissent s'élever dans l'échelle des cinq conditions, de celle du méchant homme (*manmukh*) à celle du dévot qui se fond avec le Gourou (*gurmukh*). Le *manmukh* s'adonne aux cinq maux mortels, qui ressemblent aux péchés mortels chrétiens (voir pp. 158-159), et se perd dans la *mâyâ* qui, pour les sikhs, consiste en l'erreur de donner plus de poids dans la vie aux valeurs matérielles qu'aux spirituelles (cela diffère de l'acception hindoue d'apparence et de pouvoir qu'a la divinité de rendre l'univers apparent). Le stade terminal est la parfaite béatitude (*sachkand*), au-delà des mots et au-delà des renaissances.

LA VIE COMMUNAUTAIRE

On ne demande pas aux sikhs de renoncer au monde. Ils doivent trouver la voie et la volonté de Dieu dans leur vie quotidienne. Donc, contrairement à l'idéal hindou des quatres âges de la vie (*âshrama*) – étude, vie de famille, retraite dans la forêt, renoncement –, les sikhs considèrent la vie active comme l'idéal de tout adulte. Ils mettent fortement l'accent sur la collectivité: le service de la communauté (*seva*) est très estimé et le *gurdwara*, temple sikh, est au centre de l'existence. Le *gurdwara* abrite le *Guru Granth Sahib*, l'Écriture, objet de toute révérence (voir pp. 82-83). La communauté s'y assemble pour pratiquer le culte, et notamment pour chanter des hymnes (*kirtan*), mais aussi pour des activités sociales telles que le *guruka-langar*, généralement abrégé en *langar*: on cuit et on sert gratuitement des mets végétariens, sans distinction de caste, de race ni de religion, encore que les hommes et les femmes soient généralement séparés. Le travail bénévole et les dons nécessaires au *langar* résument les exigences et les privilèges du service à la communauté.

Guru Nânak ne considérait pas les autres religions comme sans valeur mais il croyait que l'attention qu'elles portent aux détails du rituel et aux manifestations

Chapelet de prière

Guru Nânak, le premier des dix Gourous de la religion sikhe, est toujours représenté avec un chapelet de prière (mâlâ). C'est un symbole de son statut de saint homme, contrairement aux Gourous suivants, considérés comme des chefs de la communauté. Beaucoup de sikhs usent d'un rosaire, souvent de bois blanc ou d'acier, pour méditer en répétant le mot satnam ou vahiguru à chaque perle.

extérieures de l'observance constituent un obstacle majeur à la relation avec Dieu, que l'on trouve plus aisément en soi. Sous les quatre premiers Gourous, il n'y eut pas de réel conflit avec les religions majoritaires et les marques de l'identité sikhe se développèrent. Guru Ram Das construisit Amritsar, la «source de nectar» où se trouve le Temple d'or (Harimandir), le haut lieu de la dévotion sikhe (voir pp. 84-85). L'hostilité croissante des Moghols conduisit à de nouvelles définitions de l'identité sikhe, et notamment à la constitution de la Khalsa (voir plus haut), mais aussi à une coopération accrue avec les hindous, en vue d'une défense commune contre l'expansion musulmane. Certains sikhs se mirent à observer des pratiques hindoues que les premiers Gourous auraient désapprouvées et il en résulta le mouvement réformiste Singh Sabha qui, dans les années vingt de notre siècle, donna le mouvement radical Akali, luttant pour la récupération des *gurdwara* historiques. Le parti politique sikh, l'Akali Dal, fit campagne pour un État de langue pendjabi, effectivement créé en 1966. Dans les années quatre-vingt, certains sikhs réclamèrent plus d'autonomie par rapport au gouvernement indien, voire la création d'un État sikh indépendant, le Khalistan (pays de la Khalsa).

LA VIE DE GURU NÂNAK

GURU NÂNAK EST NÉ en 1469, dans le petit village de Talwandi. Il se maria à l'âge de douze ans et travailla consciencieusement comme comptable mais il montra toujours de l'intérêt pour la spiritualité. En 1499, alors qu'il se baignait dans une rivière, il reçut l'appel de Dieu. Celui-ci lui donna une coupe pleine d'*amrit* (voir pp. 86-87) et lui dit : « Nânak, ceci est la coupe de dévotion au Nom : bois-la... Je suis avec toi, je te bénis et t'exalte. Quiconque se souviendra de toi recevra ma bénédiction. Va, réjouis-toi en mon Nom et enseigne aux autres à faire de même... Je t'accorde le don de mon Nom. Qu'il soit ta vocation. » Trois jours après être sorti de la rivière, il donna ses biens et prêcha : « Il n'y a ni hindou ni musulman. » Cela signifiait sans doute que la majorité ne sont pas de vrais croyants mais on interprète souvent cette sentence autrement, à savoir que Dieu est au-dessus des divisions religieuses. Nânak voyagea, visitant surtout les lieux de pèlerinage, où il chanta des hymnes et institua des centres de dévotion appelés *dharamsala*. Il s'installa à Kartarpur avec ses disciples. Il mourut probablement en septembre 1539, après avoir désigné l'un de ceux-ci, Lahina, pour successeur. Le mouvement sikh se continua dès lors sous la conduite d'une succession de Gourous (voir pp. 80-81).

LE PREMIER GOUROU
Guru Nânak est le plus vénéré des dix Gourous. Cette illustration magnifie son autorité en représentant un arbre déployant ses branches au-dessus de lui, comme un dais royal

GURU NÂNAK
Les estampes populaires telles que celle-ci décorent toute maison sikhe et tout gurdwara (lieu de culte). Cette image moderne de Guru Nânak le montre tel qu'il est apparu en vision au dévot Baba Nand Singh. L'art sikh est né avec les janamsakhi, les récits hagiographiques de la vie de Guru Nânak. Les plus anciens exemples conservés en remontent au XVIIᵉ siècle.

LA ROBE SAFRAN
Guru Nânak porte la *jama*, robe safran, et le *chaddar*, un châle. C'est le vêtement traditionnel de celui qui a choisi la voie de la spiritualité et il rappelle que Guru Nânak a joué surtout un rôle de maître spirituel qui rabaisse les vaniteux et qui éclaire les dévots. Sa posture est, elle aussi, celle d'un saint homme.

Guru Nânak et le riche
Guru Nânak rencontra à Lahore (Pakistan actuel) le riche Duni Chand qui donnait une fête, un saradh, *pour les brahmanes. Cet homme croyait que tout ce qu'il offrait aux brahmanes serait transmis à son père, au ciel. Guru Nânak donna une aiguille à Duni Chand et lui dit de la lui rendre au ciel. Ce dernier lui demanda comment il pourrait, à sa mort, emporter une aiguille au ciel. Guru Nânak lui répondit qu'on n'emportait rien avec soi, et qu'il importait plus d'être charitable envers les vivants.*

Guru Nânak visite La Mecque
Guru Nânak et ses compagnons arrivèrent à La Mecque (voir pp. 168-169). Ils se couchèrent pour dormir dans l'enceinte de la grande mosquée. Un fonctionnaire musulman fut choqué de ce qu'ils dormaient les pieds vers la Kaaba, la pierre sacrée. À son commandement, un serviteur prit un de ces impies par les jambes et le tira dehors. La Kaaba s'ébranla pour les suivre. Guru Nânak dit au fonctionnaire : « Dieu ne vit pas en un seul endroit. Il vit partout. »

L'AURÉOLE ET LE MUKAT

Guru Nânak porte le *mukat*, une coiffure en couronne. Avec l'auréole qui l'entoure, le *mukat* symbolise la sainteté du Gourou.

LES YEUX MI-CLOS

Les yeux mi-clos représentent l'extase spirituelle, l'ivresse divine de la méditation mystique. Guru Nânak est donc représenté non seulement comme un maître de sagesse mais aussi comme un mystique.

Paysage pastoral

Les portraits de Guru Nânak le montrent parfois devant un paysage d'arbres, de plantes, de fleurs et de cascades. Cela, pour insister sur son rôle d'ascète errant, qui passa sa vie à rechercher la vérité de l'esprit et à prêcher sa doctrine en diverses parties de l'Asie. Après des années de voyage, il rentra dans sa famille, à Kartarpur.

> **❝ Si les cieux portaient une centaine de lunes, si un millier de soleils brillaient, sans le Gourou leur lumière serait pâle, dans une ténèbre lugubre et froide. ❞**
>
> *GURU GRANTH SAHIB*

LA BARBE BLANCHE

Guru Nânak est presque toujours représenté avec une grande barbe blanche. Cette blancheur donne l'impression d'un vieux sage, et la longueur de la barbe répond à la règle sikhe de ne pas se couper le poil (voir pp. 86-87).

LE COLLIER

Guru Nânak porte au cou un *seli*, collier des ascètes et des fakirs. On le voit quasiment dans toutes les représentations de Nânak, tout comme le rosaire (*mâlâ*) qu'il tient à la main. Dans beaucoup de tableaux, le *mâlâ* entoure aussi sa coiffure.

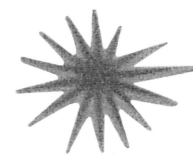

Un symbole de grandeur

La marque, sur la plante du pied, est d'origine hindoue et marque le statut particulier de Guru Nânak.

ACTE DE DÉVOTION

L'inscription en pendjabi signifie : « Béni sois-tu, Guru Nânak, toi l'Unique, le Sans Forme. »

ਧੰਨ ਗੁਰੂ ਨਾਨਕ ਤੂੰ ਹੀ ਨਿਰੰਕਾਰ

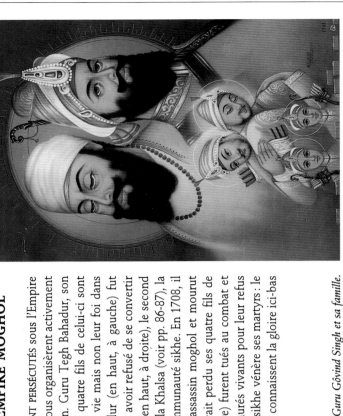

LES DIX GOUROUS

D ANS LES RELIGIONS INDIENNES, les gourous sont des guides spirituels.

Le terme signifie « qui a du poids » : les gourous portent le poids de la sagesse et de la connaissance. À l'origine, il s'agissait de maîtres d'école et de parents mais, peu à peu, le mot s'est appliqué à ceux qui délivraient un message de spiritualité. Chez les sikhs, il prend une signification supplémentaire, du fait que les Gourous ne se contentent pas d'enseigner et de guider des individus ; ils sont aussi les chefs de la communauté. Depuis Ram Das (voir ci-dessous), on les appelle Sachapadshah, un terme créé pour les souverains moghols et qui signifie « empereur véritable ». Cependant Guru Nânak se méfiait des gourous en général car il en avait rencontré quelques-uns pendant sa vie. Il avait compris que d'aucuns fraudaient leur titre : « Certains chantent des chants religieux sans connaître Dieu ; d'autres se percent les oreilles pour faire le yogi ; d'autres encore deviennent mendiants pour dissimuler leur caste. » Au contraire, selon lui, le vrai guide est quelqu'un qui « mange ce qu'il a gagné par un travail honnête et donne une partie de ce qu'il a aux nécessiteux : lui seul connaît la vraie façon de vivre » (*Âdi Granth* 1245).

LA LUTTE SOUS L'EMPIRE MOGHOL

L ES SIKHS ONT ÉTÉ SÉVÈREMENT PERSÉCUTÉS sous l'Empire moghol. Les derniers Gourous organisèrent activement la résistance à cette oppression. Guru Tegh Bahadur, son fils Guru Gôvind Singh et les quatre fils de celui-ci sont honorés pour avoir laissé leur vie mais non leur foi dans cette lutte. Guru Tegh Bahadur (en haut, à gauche) fut décapité à Delhi en 1675 après avoir refusé de se convertir à l'islam. Guru Gôvind Singh (en haut, à droite), le second Gourou en importance, fonda la Khalsa (voir pp. 86-87), la principale institution de la communauté sikhe. En 1708, il fut blessé par la flèche d'un assassin moghol et mourut quelques jours plus tard. Il avait perdu ses quatre fils de son vivant : les aînés (au centre) furent tués au combat et les cadets (en bas) furent emmurés vivants pour leur refus de renier leur foi. La tradition sikhe vénère ses martyrs : le *Guru Granth Sahib* écrit qu'« ils connaissent la gloire ici-bas et dans l'au-delà ».

Guru Gôvind Singh et sa famille.

GURU NÂNAK
Nânak (1469-1539), le premier Gourou, appartenait à la caste hindoue des *kshatriya* (voir pp. 18-19). Ayant vécu une expérience mystique en se baignant, il devint un prédicateur errant. Il enseignait que tout est créé par Dieu, et que les manières de s'approcher de lui sont la dévotion et la méditation, non les rites. Il finit par rentrer dans sa famille à Kartarpur, au Pendjab, où il composa 974 hymnes qui exprimaient son souci de constamment rappeler et se rappeler le nom de Dieu. Son enseignement fut ultérieurement consigné dans la sainte écriture des sikhs, aujourd'hui appelée *Guru Granth Sahib* (voir pp. 82-83).

GURU GÔVIND SINGH
Le dixième Gourou, Gôvind Singh (1666-1708), ne le cède qu'à Nânak en stature et en importance. Fils de Guru Tegh Bahadur, il devint Gourou après l'exécution de son père. Il résista à l'oppression des autorités mogholes et des rois hindous, en créant le modèle du saint soldat, chez qui la spiritualité et l'héroïsme se combinent. C'est ainsi qu'il fonda la Khalsa (voir pp. 86-87). Son œuvre de poète fut rassemblée dans le *Dasam Granth*.

Guru Har Krishan
Guru Har Krishan est le seul Gourou représenté imberbe. Mandé à Delhi par l'empereur Aurangzeb, il refusa de le voir, par obéissance aux ordres de son père.
Il manifesta au contraire son appartenance à sa communauté en rendant visite aux sikhs de Delhi, où il mourut de la variole à l'âge de huit ans.

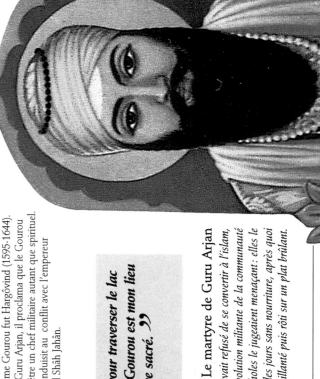

GURU TEGH BAHADUR

Tegh Bahadur (1621-1675) devint le neuvième Gourou à l'initiative de son petit-neveu, Guru Har Krishan. Empêché d'entrer à Amritsar par des rivaux, Guru Tegh Bahadur fonda le centre sikh d'Ânandpur. Il fut décapité à Delhi par les musulmans après avoir encouragé des brahmanes du Cachemire à résister à la conversion forcée à l'islam, ordonnée par l'empereur Aurangzeb.

GURU HAR KRISHAN

Le huitième Gourou, Har Krishan (1656-1664), était le fils de Har Rai. À cinq ans, il devint Gourou en succédant à son frère aîné (voir ci-dessous). Les dernières paroles du jeune Gourou furent « *Baba Bakala* ». Cela signifiait que son successeur viendrait du village de Bakala.

GURU HAR RAI

Guru Har Rai (1630-1661), le septième Gourou, était le petit-fils de Guru Hargövind. Lorsqu'il fut mandé à Delhi par l'empereur moghol Aurangzeb, il y envoya son fils, Ram Rai, qui accepta de modifier un passage des écritures sikhes qui déplaisait à Aurangzeb. Aux yeux de son père, cela lui ôta toute qualité pour devenir le Gourou suivant.

GURU ANGAD

Guru Angad (1504-1552) fut choisi comme successeur par Guru Nânak. En désignant un disciple plutôt qu'un fils, Nânak créa un système fondé sur la dévotion plutôt que sur l'hérédité. Angad créa le *gurmukhi*, alphabet de la langue pendjabi, et composa soixante-deux hymnes ultérieurement inclus dans le *Guru Granth Sahib*.

LE GURU GRANTH SAHIB

Gövind Singh, le dixième Gourou, transmit l'autorité des Gourous au *Guru Granth Sahib*, le livre sacré des sikhs. Celui-ci rend manifeste l'esprit des Gourous.

GURU AMAR DAS

Guru Amar Das (1479-1574) devint le troisième Gourou à soixante-treize ans. Il organisa trois rassemblements annuels des sikhs lors de fêtes hindoues, établit le premier lieu de pèlerinage à Goindval Sahib, au Pendjab, et introduisit des rituels distincts des hindous pour la naissance et la mort. Son hymne le plus célèbre, *Anand Sahib*, fait partie du rite quotidien.

LES DIX GOUROUS

Cette estampe moderne montre les dix Gourous et le Guru Granth Sahib, l'écriture sainte qui guide le sikhisme. De telles estampes sont très populaires et se trouvent aisément dans les boutiques et sur les marchés des régions où vivent des sikhs.

GURU HARGÖVIND

Le sixième Gourou fut Hargövind (1595-1644). Fils de Guru Arjan, il proclama que le Gourou devait être un chef militaire autant que spirituel. Cela conduisit au conflit avec l'empereur moghol Shâh Jahân.

GURU ARJAN

Fils de Ram Das, Arjan (1563-1606) devint le cinquième Gourou. Il rassembla les hymnes des Gourous précédents et y ajouta 2 216 de ses propres textes, préparant ainsi le *Guru Granth Sahib*. Il construisit le Temple d'or pour y abriter le Livre.

GURU RAM DAS

Quatrième Gourou, Ram Das (1534-1581), fonda Amritsar, la ville la plus sainte des sikhs (voir pp. 84-85). Ses fidèles creusèrent le bassin qui deviendrait Harimandir Sahib, le lac sacré entourant le Temple d'or, symbole même du sikhisme. Son hymne *Lavan* joue un grand rôle dans les mariages.

> « *Le Gourou est mon vaisseau pour traverser le lac des péchés et l'océan du monde. Le Gourou est mon lieu de pèlerinage et mon fleuve sacré.* »
>
> GURU NÂNAK

Le martyre de Guru Arjan

L'exécution de Guru Arjan, qui avait refusé de se convertir à l'islam, fut un événement capital pour l'évolution militante de la communauté sikhe. Les autorités mogholes le jugeaient menaçant : elles le capturèrent et le laissèrent des jours sans nourriture, après quoi il fut ébouillanté puis rôti sur un plat brûlant.

LA FLAMME UNIQUE DES GOUROUS

La NOTION DE GOUROU (*guru*) est au centre de la foi sikhe ; elle s'applique à Dieu, aux maîtres, aux écritures et à la communauté. Par conséquent, beaucoup de noms propres et de termes religieux commencent par *gur-*, comme par exemple *gurmukh* (tendu vers le Gourou), *gurmukhi* (alphabet utilisé pour le *Guru Granth Sahib*) et *gurdwara* (demeure du Gourou, lieu de culte). Guru Nânak décrivait le Gourou comme le vaisseau sur l'océan de l'existence, conduisant le pèlerin vers Dieu. Il le voyait comme le guide spirituel, et Dieu est souvent appelé Âdiguru (premier maître). Selon la croyance, les Gourous sont Un en esprit ; leurs âmes sont confondues, telle une flamme qui en allume une autre sans qu'on puisse l'en isoler. Pour insister sur cette unicité, les auteurs des hymnes ne sont pas indiqués par leur nom mais par leur numéro dans la succession des Gourous (voir p. 82).

GURU GRANTH SAHIB

EN 1603, GURU ARJAN, LE CINQUIÈME GOUROU, rassembla des poèmes écrits par les Gourous précédents et par lui-même. Un *Granth* (mot sanskrit signifiant « livre ») devenait nécessaire parce que la religion sikhe se répandait largement et parce qu'on attribuait aux premiers Gourous des hymnes d'une authenticité douteuse. Guru Arjan et le dévot Bhai Gurdas se rendirent dans un endroit tranquille près d'Amritsar (aujourd'hui le lieu de pèlerinage appelé Ramsar) et compilèrent l'*Âdi Granth* (le « premier livre »). Presque tous les hymnes en sont structurés en 31 sections correspondant à des échelles musicales (*raga*). Dans chaque section, les poèmes suivent l'ordre des Gourous, désignés non par leur nom mais par les termes Mahalla 1 (Guru Nânak), Mahalla 2 (Guru Angad), etc. *Mahalla* désigne usuellement une demeure : c'est ici un mot-code. Chaque poème est référencié par ses numéros de *raga* et de *mahalla*, et parfois par un titre. Par exemple, *Sodar Rag Asa Mahalla 1* signifie « La Porte », dans l'*Asa Rag* écrit par Guru Nânak. Sont inclus des poèmes hindous et un musulman. En 1708, le dixième Gourou, Gôvind Singh, nomma l'*Âdi Granth* son successeur, de sorte qu'après lui il n'y eut plus de Gourou humain. C'est pourquoi les sikhs appellent aujourd'hui le livre *Guru Granth Sahib*. Ils récitent quotidiennement la formule : « Reconnais *Guru Granth* comme le corps visible des Gourous ».

GURU GÔVIND SINGH ET LE LIVRE SAINT

GURU GÔVIND SINGH FUT LE DIXIÈME et dernier des Gourous de la lignée humaine. Avant sa mort, il déclara que cette lignée devait se terminer et que l'autorité des Gourous, en tant que chefs religieux et politiques du sikhisme, passerait à l'écriture sacrée – *Guru Granth Sahib* – et à la communauté – *Guru Panth*. Bien que ses œuvres n'apparaissent pas dans le livre saint, Gôvind Singh fut un poète prolifique. La plupart de ses œuvres sont rassemblées dans le *Dasam Granth*, la seconde des écritures sikhes, dont une partie est utilisée pour le culte. La tradition veut que des rivaux pour le titre de Gourou lui refusèrent l'accès au manuscrit original, compilé par Guru Arjan, le cinquième Gourou, et qu'il en dicta le contenu de mémoire à son serviteur Bhai Mani Singh. Ce manuscrit fut perdu au combat mais des copies en ont survécu. Gôvind Singh y ajouta des hymnes de son père Guru Tegh Bahadur, neuvième Gourou.

Guru Gôvind Singh, dixième Gourou.

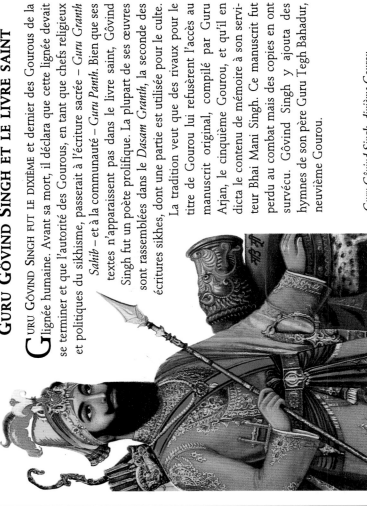

Qui a le droit de lire le Livre?

À la différence d'autres religions, hommes et femmes peuvent officier aux cérémonies sikhes et lire le Guru Granth Sahib. Il n'y a pas de prêtrise ordonnée ni héréditaire. Seule compte la connaissance du gurmukhi.

Le livre saint

> « De l'Éternel est venue l'offre par laquelle le Panth s'est établi. Il est commandé à tous les sikhs : reconnaissez le Granth comme Gourou ; reconnaissez comme Gourou le Granth, corps manifeste des Gourous. Vous dont le cœur est pur, cherchez-le de par le monde. »
>
> ARDAS (PRIÈRE QUOTIDIENNE DES SIKHS)

LE GRANTHI
Bien que toute personne compétente soit habilitée à lire le *Guru Granth Sahib*, la plupart des cérémonies collectives requièrent un officiant, le *granthi*, qui lit le Livre et qui veille au bon état du *gurdwara*.

LA LECTURE DU LIVRE
Guru Granth Sahib est honoré à la manière d'un Gourou humain. Sa lecture implique donc des manifestations de respect. Il est conservé sous un dais et déposé sur un trône. On le range pour la nuit dans une salle de repos, couvert de housses décoratives (rumala). On agite un chasse-mouches (chauri) au-dessus du livre lorsqu'on le lit. Lorsqu'on se présente devant lui, on se prosterne, pieds nus et la tête couverte. Lorsqu'on le déplace, le livre est enveloppé dans un linge et porté sur la tête, en signe de majesté.

LA LECTURE
Il y a plusieurs façons de lire le *Guru Granth Sahib*. Les pratiques vont de l'*akhand path*, une lecture continue de quarante-huit heures, au *vak*, où l'on ouvre au hasard et où on lit l'hymne de la page de gauche.

Le chasse-mouches sacré
Le chauri est un chasse-mouches que l'on agite, en signe de respect, au-dessus du livre sacré lorsqu'on le lit ou qu'on le porte en procession. Cette pratique date d'un temps où les serviteurs éventaient leur maître de cette manière ; aussi le chauri est-il devenu symbole de souveraineté. Il est fait de poil de queue de yak ou de fibre artificielle et d'un manche de bois ou de métal.

Poil de queue de yak

Manche de bois ou de métal

LE TRONC
Les offrandes sont déposées
devant le *manji*, le trône
où est installé le *Guru Granth
Sahib*. Typiques sont les
offrandes de lait et de fruits,
ou bien de monnaie
pour le tronc.

LE DISPOSITIF
Le *Guru Granth Sahib*
requiert une installation
spécifique dans le *gurdwara*
et une grande dévotion.
Après avoir déposé leur
offrande, les fidèles reculent,
mais sans se détourner
du livre.

LA PAROLE DE DIEU
Les rites qui entourent le
Guru Granth Sahib, comme
de le couvrir de tissus et de
guirlandes ou d'agiter sur lui
un *chauri*, sont des preuves
de respect envers Dieu et
en ses enseignements,
contenus dans le livre.
On ne vénère pas le livre
lui-même.

« *Telle est la nature
du vrai croyant que,
comme le santal,
il communique à tous
son parfum.* »
ÂDI GRANTH

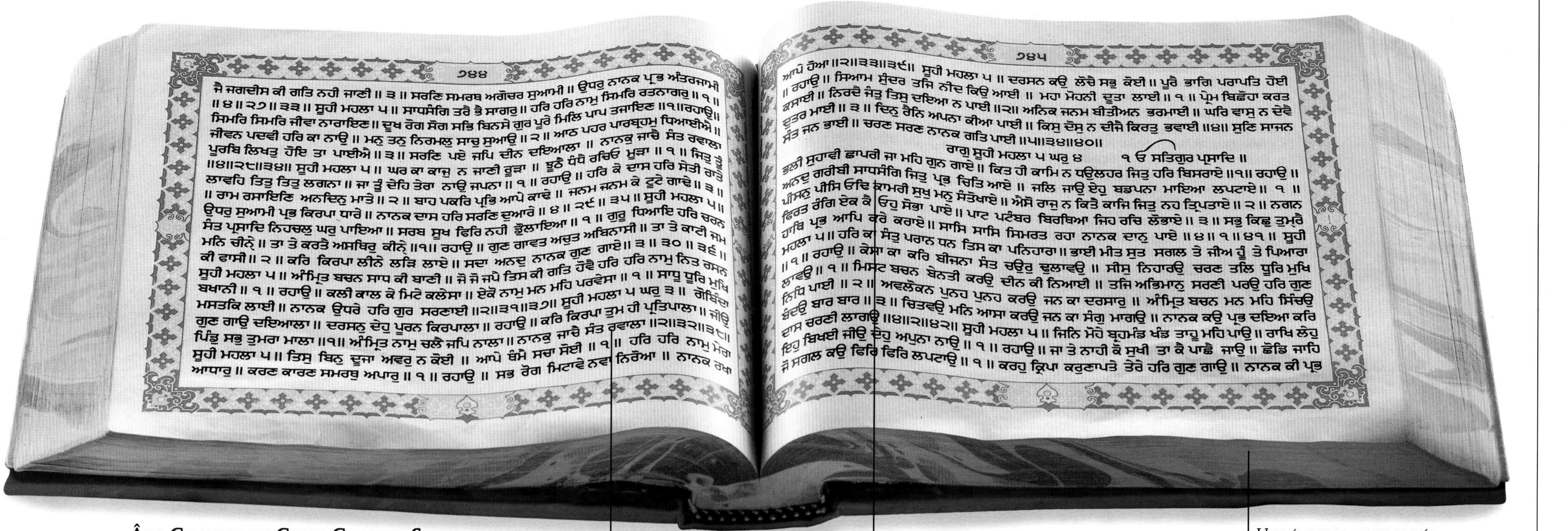

UNE ÉDITION ORNEMENTÉE
Malgré l'ornementation de la plupart
des éditions du *Guru Granth Sahib*,
on insiste toujours sur le principe que
seul le contenu en est important. Hors le vrai
sur Dieu, toute lecture rituelle du livre
est insignifiante. Guru Nânak a dit : « Le seul
temple qui compte est en nous. »

CHANTS DE LOUANGE
Le *Guru Granth Sahib* est composé d'hymnes de
diverse longueur, tous versifiés. Les divisions
principales de l'ouvrage se fondent sur les *raga*
(mélodies) : il y en a 31. Les sikhs sont fiers
des contributions fournies par des non-sikhs :
4 anciens *bhâgat*, poètes mystiques, et 14 autres
poètes hindous et musulmans. Le volume
normal du livre est de 1 430 pages.

LE TEXTE
L'écriture utilisée s'appelle *gumukhi*.
La langue est une forme d'hindi
qu'employaient les saints poètes du
Moyen Âge. Elle inclut des mots
persans, pendjabis et sanskrits.

ÂDI GRANTH ET GURU GRANTH SAHIB

Il y a deux noms pour la sainte écriture sikhe. Âdi Granth désigne le texte premier, fondateur.
Guru Granth Sahib, le Gourou personnifié de la tradition. C'est le plus important de tous
les livres sikhs et il est « premier » en ce sens qu'il est censé dévoiler la vérité
sur Dieu, l'Être premier, vrai de toute éternité. Il contient des hymnes de différente longueur,
dont le message est le plus souvent que la délivrance spirituelle s'obtient par la croyance au nom
divin, au Nâm, et point par un rituel extérieur. Comme le volume requiert une installation spéciale
et est traité avec grande dévotion, l'on garde chez soi un petit manuel, le Gutka, qui contient
les passages utilisés pour les prières quotidiennes.

LE TEMPLE D'OR

Le langar
La pratique du langar, repas en commun, est de toute première importance chez les sikhs, dont elle reflète l'idéal de charité et de service, selon lequel chacun donne selon ses moyens et reçoit selon ses besoins. Il s'agit d'un repas végétarien pendjabi traditionnel, offert gracieusement à tous ceux qui se présentent, sans distinction de caste ni de rang. Chacun s'assied à même le sol, en signe d'égalité. Cette pratique fut instituée par Guru Nânak (voir pp. 80-81) pour lutter contre le système des castes qui restreignait les repas conviviaux. Langar signifie « ancre » et se rapporte aux aliments, à l'espace où l'on mange et à la cuisine.

POUR LES HINDOUS, Dieu se manifeste et se laisse approcher de diverses façons mais principalement grâce aux temples et aux lieux de pèlerinage (voir pp. 32-35). Guru Nânak, quant à lui, se rendit compte à quel point le culte et les pèlerinages peuvent devenir des rituels vides, et il encouragea ses fidèles à chercher Dieu où l'on peut toujours le trouver : non dehors et dans des bâtiments, mais en soi. Le Nom, *Nâm*, réside en chacun de nous et prononce la silencieuse Parole de vérité, *anahad Shahad*. Pourquoi chercher au dehors ce qu'on trouve au dedans ? Toutefois, cette priorité admise, les sikhs ne manquent pas de construire des sanctuaires pour marquer les lieux et les événements importants de leur histoire. *Harimandi* signifie « temple du Seigneur » et beaucoup de sanctuaires sikhs se nomment ainsi, y compris le *gurdwara* (temple) occupant le lieu de naissance de Guru Gôvind Singh, à Patna, mais par-dessus tout le principal lieu saint de tous les sikhs à Amritsar, dans le Pendjab.

LA DEMEURE DU LIVRE
L'Akal Takht abrite de nuit le *Guru Granth Sahib*, qui ne se consulte que de jour dans le grand temple. Bâti par Guru Hargôvind, le sixième Gourou (voir pp. 80-81), et reconstruit en 1984, il conservait autrefois les armes et les reliques des cinq derniers Gourous et servait de lieu de réunion pour les débats politiques et religieux.

LA CHAUSSÉE
Une chaussée de marbre de 60 mètres relie le *parikrama* (pavement qui entoure le lac) au temple lui-même, toujours plein de pèlerins se rendant au sanctuaire central. Les *kirtan* (hymnes) qui s'en élèvent s'entendent de l'extérieur. Le culte commence à quatre heures du matin et se poursuit jusqu'à minuit.

> « *De tous les lieux que j'ai vus, aucun ne se compare à toi.* »
> GURU ARJAN (*ÂDI GRANTH*)

Le lieu le plus noble
Le Harimandir, ou Temple d'or proprement dit, est le symbole de la religion sikhe et le premier de ses lieux de pèlerinage. Guru Arjan l'a déclaré le plus noble de tous les lieux. Son nom français vient de ce que le mahârâdjah Ranjit Singh, au début du XIXᵉ siècle, en fit couvrir la partie supérieure des murs de feuilles de cuivre doré. Le style architectural en suit la tradition sikhe ; les arcades sont décorées en intaille de motifs floraux et d'hymnes religieux.

Le vœu de Guru Arjan

GURU ARJAN, le cinquième Gourou, voulut que le Temple d'or fût ouvert à tous les croyants, sans considération de caste, de couleur, de patrie ni de sexe. Il déclara que tous les métiers étaient sacrés et toutes les classes égales :

« Si je vais au temple, je vois des gens qui se vantent ; si je m'enquiers de brahmanes, je les trouve orgueilleux. O mes amis, montrez-moi cet endroit où l'on ne chante jamais que la seule louange de Dieu. »

Guru Ram Das et le Temple d'or

Le quatrième Gourou, Guru Ram Das, creusa le bassin d'Amritsar qui entoure le Temple d'or. Il fonda ensuite la ville du même nom, après avoir reçu le terrain de l'empereur Akbar. Guru Ram Das commença les travaux par deux bassins sacrés ; le premier fut appelé Santokhsar et le second Amritsar, ou « lac d'immortalité ». Après quoi il invita des hommes de cinquante-deux métiers à ouvrir boutique sur le « marché du Gourou », le Guru ka Bazaar. Ainsi naquit un centre de civilisation sikhe. Tous les sikhs qui pénètrent dans l'enceinte du Temple d'or disent : « Grande est la cité de Guru Ram Das ».

LE HARIMANDIR

Le temple lui-même, le Harimandir, abrite de jour le *Guru Granth Sahib*, le livre sacré, que l'on y installe tous les matins à cinq heures. L'édifice a quatre entrées, s'ouvrant aux gens de toute condition. On dit que le temple a été construit à l'endroit où Guru Nânak (voir pp. 78-79) méditait.

LE LAC D'IMMORTALITÉ

Un conte populaire dit comment les vertus curatives du lac d'immortalité ont été révélées. Traîné par sa femme d'un lieu de pèlerinage à un autre, un lépreux estropié arriva au lac d'Amritsar. Ayant remarqué que des corbeaux qui y plongeaient en ressortaient blancs comme colombes, il s'immergea et s'en trouva guéri. Au bord du lac se trouve toujours l'arbre Ber, d'où les malades se lançaient à l'eau.

LE TEMPLE D'OR

Bâti en 1601 par le cinquième Gourou, Guru Arjan, le Temple d'or se dresse au milieu du lac sacré d'Amritsar. Il abrite le livre sacré des sikhs, Guru Granth Sahib (voir pp. 82-83). En pendjabi, le temple s'appelle Harimandir Sahib (maison de Dieu) ou Darbar Sahib (palais royal). Sahib est un terme de respect qui s'applique aux lieux comme aux personnes.

UNE ENTRÉE

Cette porte s'appelle Darshani Deorhi. À côté, il y a un trésor qui contient quatre portes dorées, des dais ornés de pierreries et les bêches d'or utilisées pour creuser le bassin. Derrière les deux tours de guet se trouve l'espace où se prend le *langar* (voir p. 84).

L'histoire du Temple d'or

Cette enluminure du XIXᵉ siècle illustre le Temple d'or après sa reconstruction. Dans son premier état, il fut bâti en 1601 sous Guru Arjan et l'on y installa le Guru Granth Sahib en 1604. Centre politique autant que religieux, il fut le théâtre de nombreux conflits. Les envahisseurs afghans prirent Amritsar en 1756 et désaffectèrent le temple. En réplique, Baba Dip Singh réunit cinq cents cavaliers et marcha sur Amritsar, son armée grossissant lentement jusqu'à compter cinq mille hommes. Il livra bataille à huit mille Afghans et il eut la tête tranchée. D'après la légende, il aurait continué à se battre en se tenant la tête de la main. En 1762, un autre Afghan, Ahmad Shah, détruisit le temple et pollua le lac sacré avec des carcasses de vaches. Le temple fut reconstruit en 1764. Un conflit entre les sikhs et le gouvernement indien, qui eut lieu en 1984, causa de sérieux dommages à l'Akal Takht (voir page de gauche).

LES COMMÉMORATIONS

L A RELIGION SIKHE A UNE HISTOIRE, fondée sur la vie et l'enseignement de Guru Nânak et de ses successeurs (voir pp. 78-81). Les fêtes religieuses sont donc en relation étroite avec certains événements. Les *gurpurb* (voir ci-dessous) commémorent des moments de la vie des Gourous. Certains se célèbrent principalement sur les lieux où les choses se sont passées : ainsi en est-il de l'anniversaire de la naissance de Guru Har Krishan, à Delhi en juillet, ou de celui de l'instauration du *Guru Granth Sahib* (voir pp. 82-83), à Amritsar en septembre. Toutefois la plupart des fêtes se célèbrent dans toutes les communautés. Comme les sikhs utilisent un calendrier lunaire, les dates n'en sont pas fixes par rapport au calendrier solaire ; aussi, hors de l'Inde, tendent-ils à déplacer la célébration au jour férié le plus proche. Le *Guru Granth Sahib* considère le cours même de l'année comme une sorte de commémoration ; le *Barah Mahâ* (*Guru Granth Sahib* 1107-1110) fait de l'année un voyage spirituel : « Les douze mois, les saisons, les dates et les jours sont bénis. Chaque heure, chaque minute, chaque seconde conduit naturellement à Celui qui est vrai. Lors de la rencontre avec le Bien-Aimé, les actes de chacun atteignent leur propos et leur accomplissement. »

Deux jeunes mariés.

UN MARIAGE SIKH

P OUR LES SIKHS, le mariage n'est pas seulement l'union entre deux personnes mais aussi entre deux familles. Des coutumes telles que la robe rouge de la mariée et les cadeaux en monnaie proviennent de la culture pendjabi. Les fiancés s'assoient devant le *Guru Granth Sahib*, l'écriture sainte, et l'officiant (*granthi*) leur expose les devoirs du mariage. On lit le *Lavan*, un texte de Guru Ram Das sur l'union de l'âme avec Dieu, cependant que le couple circumambule autour du *Guru Granth Sahib* après chaque verset. La cérémonie ayant lieu en présence du Livre, aucun contrat n'est nécessaire. Le *Guru Granth Sahib* décrit ainsi le mariage idéal : « un mari et une femme qui ne font qu'un esprit en deux corps ».

Une procession

Les fêtes religieuses sikhes comportent souvent des processions. Ci-dessus, le Guru Granth Sahib est porté en un cortège conduit par cinq hommes vêtus de jaune comme les Panj Pyare.

L'UNIFORME DE LA KHALSA

Lorsque les hommes qui avaient offert leur vie au Gourou sortirent de la tente, ils portaient tous l'épée et le même vêtement safran que lui. Le Gourou leur dit : « Mes frères, je vous ai rendus comme je suis. » Ils portaient des turbans, qui couvrent les cheveux non coupés (*kesh*), l'un des symboles des sikhs.

LA FONDATION DE LA KHALSA

La fondation de la Khalsa, ou Fraternité des sikhs, fut un événement crucial de l'histoire sikhe. Elle fut instituée en 1699, lors de la fête des moissons, par Guru Gôvind Singh, le dixième et dernier Gourou. Son but était de réagir contre la persécution constante des autorités moghales en créant une collectivité courageuse et loyale, à l'identité forte.

UNE AUTORITÉ SOUVERAINE

Le statut souverain de Guru Gôvind Singh est confirmé par l'ombrelle royale (*cham*) sous laquelle il siège. Son autorité est également symbolisée par la plume (*kaigi*) de son turban, un emblème qui lui est particulier et qui marque sa grandeur.

LES CINQ BIEN-AIMÉS

En 1699, Guru Gôvind Singh invita tous les sikhs à une foire, à Anandpur, où il demanda si quelqu'un était prêt à mourir pour lui prouver sa foi. Un à un, cinq sikhs entrèrent sous sa tente. Chaque fois, le Gourou en sortit, l'épée rouge de sang. Alors que la foule les croyait tous morts, il fit voir les *Panj Pyare*, les cinq bien-aimés, vivants.

L'INITIATION DE GURU GÔVIND SINGH

Ayant initié les cinq bien-aimés à la nouvelle Fraternité, Gôvind Singh leur demanda de l'initier, puis déclara : « La Khalsa est le Gourou et le Gourou est la Khalsa. » Il insistait par là sur l'égalité de tous les sikhs.

LE TRÔNE DU GOUROU

Sur un trône de coussins, Guru Gôvind Singh dirigea la cérémonie qui est devenue l'initiation de tous ceux qui entrent dans la Khalsa et professent le *rahit*, code de conduite auquel tous les sikhs doivent adhérer.

L'EAU BÉNITE

Après que les cinq sikhs furent sortis de la tente, Guru Gôvind Singh les initia à la nouvelle Fraternité (Khalsa) avec de l'*amrit* (eau bénite sucrée). Ils s'appelleraient désormais *Singh* (lion), au lieu de leur nom de caste. Ils acceptèrent de suivre le code de conduite du Gourou : cheveux et barbe non coupés, ni alcool ni tabac, refus des relations sexuelles avec des musulmanes et de la consommation de viande provenant d'un animal tué suivant la loi islamique (viande *halal*).

LE KHANDA

En vue de l'initiation des sikhs, Guru Gôvind Singh mêla le sucre à l'eau bénite avec le *khanda*, le glaive à double tranchant qui est devenu le symbole de la communauté. Le *khanda* représente la croyance des sikhs en un Dieu unique.

LA MEILLEURE MOITIÉ DU GOUROU

La femme de Guru Gôvind Singh l'aida à initier les premiers sikhs qui entrèrent dans la Khalsa. Le Gourou voulait qu'hommes et femmes fussent traités en égaux, et les femmes sikhes sont appelées *ardhangi* (la meilleure moitié).

L'HOMMAGE

Lorsque Guru Gôvind Singh réclama la tête de cinq fidèles, beaucoup le crurent devenu fou et le quittèrent. Quelqu'un alla même chercher sa mère. Mais, entendant l'ovation de la foule après que les cinq furent sortis de la tente, ils revinrent par centaines rendre hommage au Gourou.

Kirpan, le poignard, symbole de résistance au mal.

Les symboles de la Khalsa

Lorsque Guru Gôvind Singh fonda la Khalsa en 1699, il demanda à tous les sikhs de porter cinq symboles, les cinq K, pour montrer leur appartenance à la nouvelle communauté. Ces symboles incitent celui qui les porte à prendre les actes des Gourous comme modèles des siens. Ils mettent aussi l'accent sur l'égalité entre les sikhs. Manque ici le kesh, c'est-à-dire les cheveux et les poils non coupés, ce qui symbolise l'acceptation de la volonté divine.

Kangha, le peigne, symbole de propreté et de correction

Kara, l'anneau d'acier, symbole de responsabilité et de soumission à Dieu

Kachh, le caleçon, utile au combat et symbole de chasteté

CALENDRIER DES FÊTES SIKHES

LES FÊTES IMPORTANTES sont les *gurpurb*, qui marquent la naissance ou le martyre d'un Gourou. Les autres sont les *mela* (foires). La plupart des grandes fêtes comportent un *akhand path*, un rituel de quarante-huit heures où se déroulent une lecture du *Guru Granth Sahib*, des prêches, des prières, des adorations collectives et des chants.

Décembre-janvier
■ NAISSANCE DE GURU GÔVIND SINGH. Fondateur de la Khalsa et dixième Gourou sikh, Gôvind Singh est né en 1666.

Février
■ HOLI MAHOLLA. *Mela* à Ânandpur, en mémoire de Guru Gôvind Singh, pendant la fête hindoue de Holi.

Avril
■ VAISAKHI. Autrefois fête d'actions de grâce, aujourd'hui célébration de la Khalsa, fondée selon la tradition en 1699.

Mai
■ MARTYRE DE GURU ARJAN. Cinquième Guru (voir pp. 82-83), Arjan, fut torturé et noyé par l'empereur Jâhangîr en 1606.

Août
■ CÉLÉBRATION DU *GURU GRANTH SAHIB*. Commémoration de la rédaction du texte sacré en 1606.

Octobre
■ DIWALI. Fête hindoue (voir pp. 38-39) reprise par les sikhs pour marquer la libération de prison du sixième Gourou, Hargôvind, en 1619.
■ NAISSANCE DE GURU NÂNAK. Premier Gourou et fondateur de la religion sikhe, Nânak est né en 1469 dans l'actuel Pakistan.

Novembre
■ MARTYRE DE GURU TEGH BAHADUR. Neuvième Gourou, Tegh Bahadur fut exécuté en 1675 par l'empereur Aurangzeb.

LES RELIGIONS CHINOISES

LE PAYS DES TROIS VOIES

En Chine, la religion ne se résume pas à une religion unique, comme le judaïsme ou l'islam. Elle est faite de différentes religions et philosophies, dont quatre sont particulièrement importantes. Trois d'entre elles constituent le Sanjiao, les trois voies, tout en se composant elles-mêmes de nombreux éléments. En outre, la religion populaire est si pratiquée que, dans sa propre diversité, elle forme une quatrième voie. En général, les Chinois ne pensent pas qu'ils doivent choisir une religion ou une philosophie en rejetant les autres. Ils prennent ce qui leur paraît convenir le mieux au culte domestique, à la vie publique ou à leurs rites de passage.

DES TROIS VOIES (*Sanjiao*), la première est celle de Confucius (Kongzi, Kongfuzi ou Maître Kung) qui ne repose pas seulement sur les *Analectes* contenant son enseignement mais aussi sur les Cinq Classiques : les *Livres des Mutations, de l'Histoire et des Odes*, le *Mémorial des Rites* et les *Annales du Printemps et de l'Automne*. Le confucianisme règle l'éthique et les rites de passage (naissance, mariage, mort) et cherche à créer puis à pratiquer l'ordre et l'harmonie (en équilibrant le *yin* et le *yang*) dans la famille et dans la société. Le respect pour les maîtres et la tradition y est fondamental. Il ne parle ni de Dieu ni de révélation mais enseigne un humanisme tourné vers un agent ou principe d'ordre moral. Il insiste sur l'observance de relations correctes entre le dirigeant et le sujet, le mari et la femme, le père et ses fils (dans une perspective de piété filiale, voir pp. 90-91), et il encourage les sacrifices rituels aux ancêtres. Les bonnes relations entre supérieur et inférieur s'obtiennent par le culte du Ciel (*Tian*), source et garant de l'ordre. Cela permet aux souverains de se considérer comme dépositaires d'un mandat du Ciel (voir pp. 92-93).

LE TAOÏSME

La seconde voie est celle du Tao. Ce mot (*Dao*) signifie d'ailleurs « la Voie ». Le Tao est la source et la garantie de tout ce qui existe dans cet univers ou dans tout autre : il est le « producteur non produit de tout ce qui est », l'origine de toute chose. Le taoïsme montre comment vivre en accord avec le Tao, en suivant le courant sans lutter contre lui. Le Tao est en rapport avec le Te (*De*), la force qui réalise le Tao en toute chose. Comme l'a dit le taoïste Liu Ling (Zhulin Qixian), « Je tiens tout l'univers pour ma maison et ma chambre pour mon vêtement ». La vertu est le non-agir actif, ou *wuwei* : « Invariablement le Tao ne fait rien, et il n'y a rien qui ne soit fait ». Traditionnellement, le taoïsme remonte à Lao-tseu (Laozi), bien qu'on ne sache rien de certain sur lui, et au *Tao-te king* (*Daode jing*). Cet ouvrage se lit aujourd'hui dans une optique de mysticisme individuel mais, à l'origine, il répondait aux besoins de la société. Alors que le confucianiste se demande « Que vais-je faire ? », le taoïste se demande « Quelle sorte d'homme dois-je être ? ». Un autre ouvrage majeur est le *Tchouang-tseu*

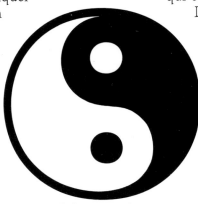

Unité du *yin* et du *yang*
Les forces opposées du yin et du yang sont interdépendantes et contiennent chacune la potentialité de l'autre. Le yin est ténèbre, passivité, eau, féminité ; le yang, lumière, activité, air, masculinité.

Un paradis taoïste
Cette tapisserie de soie dépeint un paradis taoïste. On y voit la reine des Cieux occidentaux et, à la balustrade, les dieux de la longévité, de la prospérité et du bonheur. Les Huit Immortels du taoïsme descendent l'escalier.

(*Zhuangzi*), qui influença le développement du taoïsme philosophique (*Daojia*). Le taoïsme évolua aussi sous forme de religion, avec ses rites (surtout de guérison et d'exorcisme) et ses fêtes. Dans le taoïsme religieux (*Daojiao*), la quête d'immortalité joue un grand rôle. Puisque toute la nature est unie dans le Tao, on ne saurait atteindre à l'immortalité en délivrant une quelconque part de soi-même, comme l'âme : il s'agit de bien diriger les forces naturelles dans le corps, grâce aux exercices de respiration (*chi*), à la maîtrise et à l'orientation de l'énergie sexuelle, à l'alchimie, à la bonne conduite, enfin à la quête de la voie des Immortels et des îles des Bienheureux (voir pp. 96-97). Le *Daojiao* se compose de beaucoup de mouvements et de sectes et il possède un vaste canon de textes. Dans la tradition chinoise, le taoïsme régit un grand nombre de fêtes collectives ainsi que la pratique de la guérison et de l'exorcisme par des officiants experts en rituel, qu'on appelle communément des prêtres. Dans l'exorcisme, ils affrontent des fantômes ou esprits malfaisants et ils cherchent à réduire

L'étude du *yin-yang*
Cette peinture du XVIIe siècle montre trois divinités taoïstes et populaires étudiant le taiji (l'« ultime suprême »), qui symbolise l'interaction du yin et du yang. Shouxing, dieu de la longévité, est à droite ; Fuxing, dieu du bonheur, est au centre ; Luxing, dieu du rang élevé, est à gauche. La positivité de la situation est suggérée par la présence d'enfants et d'un daim, symbole populaire chinois de longévité et de chance. Le sérieux et la dignité des dieux signifient l'étude et la réflexion, alors que le daim et les enfants font penser à des préoccupations plus générales.

les excès des forces *yin* en invoquant de plus puissantes forces *yang*, de manière à assurer l'harmonie cosmique, sociale et personnelle. Seuls de rares adeptes ou maîtres atteignent l'harmonie, par la maîtrise absolue des énergies et l'acquisition de l'immortalité. Celle-ci peut s'interpréter littéralement (obtention d'un corps subtil durable) ou symboliquement (obtention de la liberté spirituelle et de la spontanéité sans effort).

LE BOUDDHISME

La troisième voie est celle du bouddhisme. Il est entré en Chine vers le début de notre ère, pour atteindre son apogée sous la dynastie Tang (618-907). Il offrait aux Chinois une analyse de la nature transitoire et douloureuse de la vie ainsi qu'une échappatoire, mais en introduisant la possibilité que les ancêtres fussent tourmentés en enfer. Prirent donc de l'importance les rituels visant à acquérir des mérites et à les transmettre aux morts, par l'accomplissement correct des funérailles ou par d'autres moyens. On commença à accorder une attention particulière aux esprits malheureux ou malchanceux : morts errants ou déplacés, esprits affamés ne recevant pas les soins dus aux ancêtres. Une vaste tâche fut entreprise à ce sujet par les moines et les nonnes. Pour introduire le bouddhisme en Chine, un immense programme de traduction fut réalisé, concernant non seulement les textes mais aussi les idées indiennes, les « déités » et autres représentations. C'est ainsi que le Bouddha à venir, Maitreya, devint le bouddha rieur de la

Grues et pins
Les sujets peints dans cette aquarelle par Chu Chi-i (XVIIIe s.) symbolisent la longévité, un thème majeur de la religiosité chinoise. Les croyances taoïstes s'expriment par la représentation de la nature, ce qui explique la prédominance du paysage dans l'art. Au travers des êtres animés et inanimés, les peintres cherchent à cerner la « vie » des choses et l'harmonieuse unité entre l'homme et le monde.

Chine, envahi d'enfants ; qu'Avalokiteshvara (voir pp. 68-69), le *bodhisattva* de compassion, devint la déesse Guanyin, dispensatrice de postérité (voir pp. 72-73). Des écoles dévotionnelles et méditatives apparurent, en particulier celles de la Terre pure et du Chan. Celle de la Terre pure dit que tout être, pour dépravé ou méchant qu'il soit, peut atteindre le salut du paradis occidental par la simple foi, mais totale, en l'aide d'Amitâbha/Amida, le bouddha qui règne sur ce paradis (voir pp. 68-69). Selon certains, il suffit de murmurer la formule de dévotion, le *nienfo*, mieux connu sous sa forme japonaise, le *nembutsu*, qui signifie « ferveur du bouddha » et qui dit : « Hommage au bouddha Amida ». Le bouddhisme chan ou « de méditation » fait fi des rituels, de la dévotion et de l'étude des *sûtra*, pour enseigner que rester assis en méditation est la seule chose nécessaire à l'éveil. Au Japon, le Chan est devenu le Zen.

LA RELIGION POPULAIRE

Il y a une quatrième « voie » : la religion de la vie quotidienne, avec ses fêtes pittoresques, ses mondes peuplés d'esprits, ses techniques de magie (concernant tout, de la maladie à l'achat d'une maison) et son culte des morts et des ancêtres. On tient beaucoup à la géomancie (*fengshui*) pour installer les demeures des morts comme des vivants en des lieux qui captent les courants de la respiration vitale (*chi*). Les villes sont parfois bâties suivant ces principes, qui cherchent à harmoniser les énergies *yin* et *yang* dont l'interaction constitue l'univers sous ses diverses formes.

LE CONFUCIANISME

LE CONFUCIANISME DOMINE les aspects éthiques de la tradition religieuse et sociale, en Chine et au Japon. Il provient de l'enseignement du sage Kongzi ou Kongfuzi (551-479 av. J.-C.), dont le nom a été latinisé en Confucius. Réformateur social et moral en un temps de désordres croissants, il était sceptique ou indifférent envers la plupart des idées religieuses de l'époque mais fervent partisan de la piété filiale et du culte des ancêtres (voir p. 93), en tant que fondements d'une société forte. Ce ne fut pas avant la dynastie Han (206-221) qu'on structura ses préceptes en un système politico-religieux visant à maintenir l'équilibre et l'harmonie entre le ciel, la terre et l'humanité ; ses écrits devinrent alors des textes officiels, les Cinq Classiques (voir à gauche) et les Quatre Livres : les *Analectes*, la *Grande Doctrine* et la *Doctrine du Milieu*, auxquels s'ajoute le *Mencius*.

Confucius
Confucius porte les Cinq Classiques du canon confucéen. Ce sont les Livres de l'Histoire, des Odes, des Rites et des Mutations (Yijing) ainsi que les Annales du Printemps et de l'Automne. Ces textes ont fondé l'éducation chinoise et la formation des fonctionnaires, de la dynastie Han jusqu'à la fin de l'Empire, en 1911.

LA DOCTRINE DE CONFUCIUS
La première règle morale de Confucius est : « Ne fais pas aux autres ce que tu ne voudrais pas qu'on te fît. » Il insistait aussi sur l'étude et sur le rituel en tant que moyens d'éducation morale. Il croyait que le Ciel est la source des penchants humains pour la bonté et la bonne conduite mais qu'il communique rarement avec les hommes sans médiation. C'est pourquoi l'on doit se tourner vers le passé pour approfondir la compréhension des comportements corrects.

La Journée du professeur
Le confucianisme tient en grande estime les enseignants, dont l'autorité est presque aussi absolue que celle du père. La Journée du professeur est toujours célébrée à Taiwan le 28 septembre.

L'HARMONIE DOMESTIQUE
Les valeurs traditionnelles d'harmonie et d'ordre apparaissent parfaitement dans cette peinture du XIIe siècle. L'harmonie familiale est le grand idéal confucéen. Elle a sa valeur propre mais elle est un indicateur de l'harmonie dans l'État et le cosmos.

LA CONSULTATION DU YIJING

LE *YIJING* (YI-KING), OU *LIVRE DES MUTATIONS*, est un ouvrage de divination fondé sur des rituels qui datent probablement de 3000 av. J.-C. La divination est omniprésente dans la vie chinoise traditionnelle : elle établit l'approbation du Ciel ou prévoit un désordre dans les affaires humaines et la nature (voir pp. 92-93). Le *Yijing* propose 64 hexagrammes formés de lignes brisées (*yin*) ou pleines (*yang*) représentant les relations changeantes entre les forces *yin* et *yang* de l'univers (voir pp. 88-89). Pour interpréter les événements à travers le *Yijing* et ses hexagrammes on utilise 6 tiges prises dans un étui.

Confucius consultant le Yijing.

PIÉTÉ FILIALE
Un couple âgé est servi par son fils et sa belle-fille. Dans les *Analectes*, Confucius indique qu'en toute circonstance les fils doivent soutenir leur père et les pères leurs fils.

FILS OBÉISSANT
Le fils sert ses parents. Dans la Chine impériale, avant 1911, les enfants devaient avant tout servir leurs parents et leur obéir. C'est pourquoi les enfants ne pouvaient témoigner en justice contre leurs parents et avaient à subir une sentence parentale même si elle entraînait la mort.

Les enfants
L'importance des enfants et des petits-enfants est extrême dans la vie familiale traditionnelle. La mère et son enfant représentent l'harmonie et la fécondité. Le caractère chinois hao (bon) dessine, pense-t-on, une mère avec son enfant.

> **" Si tu guides un État de mille chariots, considère
> tes devoirs avec révérence et inspire la confiance
> en ce que tu dis ; évite l'excès de dépense et aime
> tes sujets ; n'emploie le travail du petit peuple
> qu'à la saison convenable. "**
>
> ANALECTES

La morale du travail

*Le paysan et le lettré étaient les pierres angulaires de la société
chinoise traditionnelle. On attendait des uns et des autres qu'ils
travaillent sans relâche au service de la famille et de l'État.
Ensemble, ils personnifient la morale confucéenne du travail.
Le paysan nourrit la population. Son étroite relation avec la terre
s'exprime et se célèbre au cours des fêtes saisonnières,
encouragées et réglées par l'État confucéen.*

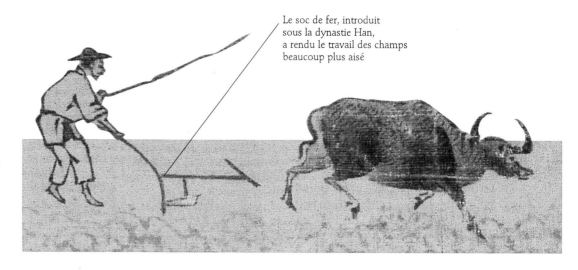

Le soc de fer, introduit
sous la dynastie Han,
a rendu le travail des champs
beaucoup plus aisé

CULTURE EN RIZIÈRE
La technique agricole que l'on
voit ici est la culture en champ
inondé. Celle-ci a été introduite
par des fonctionnaires lettrés qui
ont écrit des traités d'organisation
rurale et de méthodologie
culturale. Ces traités citaient
largement les classiques
confucéens et les livres de morale
populaire, tout en louant les
agriculteurs de leurs efforts.

TRAVAIL EN FAMILLE
Chaque famille rurale devait
subvenir à ses besoins, tous ses
membres travaillant ensemble
suivant l'idéal confucéen.
La coopération avec les amis et
les voisins était essentielle, elle
aussi, pour l'irrigation des
champs et des terrasses.

L'EAU
L'eau qui entoure l'enclos familial
est de bon *fengshui*. Ce mot, qui
signifie littéralement « vent et
eau », désigne la pratique chinoise
de détermination des sites
favorables à l'habitation et à
l'inhumation, en accord avec les
forces naturelles (*chi*) du territoire
(voir p. 89). Si une maison ou
une tombe a un mauvais *fengshui*,
elle n'est pas bien alignée dans
le paysage et les courants du *chi*
en sont troublés. Dès lors, des
malheurs peuvent survenir à
toute chose ou toute personne
qui s'y trouve.

LA PROSPÉRITÉ
La manne pleine de riz est un
symbole de cette prospérité à
laquelle aspire toute famille
chinoise. Prospérité et abondance
indiquent que l'univers est
en harmonie et que les forces
mauvaises ou négatives
sont maîtrisées.

LA PORTE OUVERTE
La porte de l'enclos familial
donne sur le reste du monde,
où chaque membre de la famille
accomplira ses tâches, en
respectant la moralité et l'idéal
que ses parents lui ont appris.

FONDEMENT DE LA RÉFLEXION MORALE
Dans le confucianisme, le respect des parents et
les démonstrations de piété filiale sont le point
de départ de la réflexion morale, ainsi que la base
pratique du développement d'une société ordonnée et
harmonieuse. Pour Confucius, le bon gouvernement
et l'ordre social commencent par la piété filiale.

LE TERRITOIRE FAMILIAL
L'enclos familial est un élément premier de l'idéal
confucéen. En grandissant dans un milieu vertueux,
en respectant ses parents, sa famille et ses ancêtres,
l'individu est éduqué à devenir un sujet honorable,
qui conforte l'harmonie de l'État et,
par association, du cosmos.

L'HARMONIE DU YIN ET DU YANG
Le coq et la poule représentent le *yang* et le *yin*,
les forces positive et négative qui doivent
s'équilibrer pour réaliser l'harmonie chez soi
et dans le reste de l'univers (voir pp. 88-89).
Ils sont aussi les symboles d'un ménage
prospère, donc équilibré.

LE CULTE DE L'EMPEREUR

LA NOTION CHINOISE DE SOUVERAINETÉ s'enracine dans la croyance que les ancêtres royaux sont devenus des divinités et méritent un culte. Si le souverain reçoit l'approbation du Ciel et des ancêtres, il assure la régularité des saisons, une bonne moisson, l'équilibre correct du *yin* et du *yang* dans la collectivité (voir pp. 88-89) et le maintien de la hiérarchie royale. Cela s'appelait le mandat du Ciel. Les textes archaïques réunis dans le *Shujing* (*Livre de l'Histoire*) révèlent une conception de « droit divin ». Lorsque les Tcheou renversèrent le régime des Chang en 1027 av. J.-C., ils eurent soin de montrer que le Ciel approuvait leur accession au pouvoir, et le philosophe confucéen Mencius (371-289 av. J.-C.) justifia leur pouvoir en exposant que, si le souverain était juste, s'il accomplissait les sacrifices au Ciel et s'il honorait les ancêtres, l'ordre cosmique, naturel et humain serait maintenu et le mandat du Ciel accordé.

L'empereur
Entouré de courtisans, l'empereur prend un repas. Le protocole typiquement chinois a été adopté par la dynastie mandchoue, qui descendait de tribus nomades vivant au nord de la Chine.

LE PRINCE NÉGLIGENT

Si le souverain néglige ses devoirs rituels et sa responsabilité morale envers le peuple, il provoquera un désordre social et naturel, et le mandat du Ciel lui sera retiré. On aura donc une révolte : un nouveau souverain apparaîtra, qui rétablira l'ordre. On ne peut donc savoir que rétrospectivement si un prince bénéficiait du mandat, ou non.

L'EMPEREUR ET SA SUITE

Ci-contre : la cour impériale de la dynastie mandchoue au XIXᵉ siècle. Le protocole respecté par l'empereur et par sa suite reflète la tradition confucianiste. Les Mandchous prirent le pouvoir en 1644 et gouvernèrent la Chine jusqu'à la chute de l'Empire en 1911.

LE PHÉNIX

Le phénix montre que le pays est gouverné avec justice et que le souverain a mandat du Ciel. Il y a un phénix mâle et un phénix femelle parce que le *yin* et le *yang* sont en harmonie dans l'Empire. Dans l'art plus tardif, la femelle représentera une impératrice, et la jeune mariée, impératrice d'un jour, portera un phénix sur sa robe.

LES EUNUQUES

Les eunuques jouaient deux rôles importants à la cour mandchoue. Ils avaient la charge des concubines impériales et ils goûtaient la nourriture. Les empereurs craignaient d'être empoisonnés et il y avait toujours un eunuque pour essayer les plats. Ces deux fonctions ont permis aux eunuques d'exercer une influence considérable à la cour.

Le mandarinat

Les ministres étaient des bureaucrates lettrés qui avaient passé des années à étudier les classiques confucéens (voir p. 90) pour préparer des examens écrits. Ces examens étaient de cinq degrés successifs et la réussite de l'épreuve terminale, qui avait lieu au palais impérial, dans la Cité interdite, faisait du lettré un mandarin, un jinshi. Cela donnait aux ministres la possibilité d'exercer une influence à la cour mais la tradition de déférence envers l'empereur obligeait tout haut fonctionnaire à donner son avis très diplomatiquement.

L'INFLUENCE POLITIQUE

Les ministres conseillaient l'empereur en usant de la divination par le *Yijing* (*Livre des Mutations*) pour accroître leur influence. Cela faisait normalement partie de la pratique étatique.

GARDIEN SYMBOLIQUE

Les lions faisaient figure de gardiens symboliques et on les trouve dans l'architecture chinoise dès le IIIᵉ siècle. On offrait des lions vivants en cadeau aux empereurs.

La cour impériale mandchoue

Des centaines de fonctionnaires se prosternent devant l'empereur mandchou. Cela illustre la conception fondamentale du confucianisme selon laquelle la société doit être hautement hiérarchisée, différentes normes statutaires étant requises de la part des différents groupes; on s'attendait à ce que les attitudes de courtoisie fussent appropriées à la situation et au rang de la personne concernée. Les grands parasols tenus par des courtisans symbolisent le Ciel et imitent ceux qui équipaient les chars de guerre des souverains et de la noblesse. On croyait que le cosmos était un immense char royal dont le parasol était le ciel et le caisson la terre. Les parasols étaient donc signes de haut rang et de prestige.

ÉVENTAIL DE PLUMES
La plume était de bon augure parce qu'en chinois le mot se prononce de la même façon que « bon ». Divinités et esprits sont souvent représentés avec un éventail, dont elles usent pour guérir et exorciser. L'empereur a toujours le plus beau, fait de soie ou de papier fin et de plumes.

LE SAINT DES SAINTS
Les seules personnes autorisées à s'approcher de l'empereur étaient l'impératrice, les concubines ou épouses secondaires, les principaux ministres, les eunuques et les suivantes.

❝ *Les trois dynasties ont gagné l'empire par la bienveillance et l'ont perdu par la cruauté. L'empereur ne peut garder l'empire sans bienveillance; le noble et l'homme du commun ne peuvent garder leurs quatre membres sans bienveillance.* ❞

MENCIUS

HONNEUR AUX ANCÊTRES

Selon le confucianisme, le respect des ancêtres, expression de la piété filiale (voir pp. 90-91), était nécessaire à l'ordre. Ci-dessus, deux fils font pieusement des offrandes sur la tombe de leur père. Cette tombe est en croissant, forme favorable parce qu'équilibrant le *yin* et le *yang*. Fils et filles faisaient aussi des offrandes devant une tablette consacrée aux ancêtres sur l'autel domestique. Incliner la tête est signe de révérence envers le père tout comme envers l'empereur. Le confucianisme insiste sur l'importance de relations correctes entre père et fils comme entre souverain et fonctionnaire, ainsi que l'expose la *Doctrine du Milieu*. Cette attitude était jugée nécessaire au maintien de la cohésion sociale.

LA GARDE IMPÉRIALE MANDCHOUE
La garde impériale protégeait l'empereur et combattait les rébellions, comme celle des Taiping (1851-1860), ainsi que les invasions étrangères.

GRANDS PERSONNAGES
De hauts fonctionnaires saluent l'empereur. Les cérémonies étatiques étaient une expression du *li*, correction du rituel et du mode de vie : un aspect fondamental du mandat céleste et de la morale confucéenne.

LA RELIGION POPULAIRE

TELLE QU'ELLE EST PRATIQUÉE EN CHINE, à Taiwan, en Malaisie et dans les communautés chinoises du monde entier, la religion populaire est fondée sur la sociabilité, les fêtes et la participation plutôt que sur la doctrine et la théologie. L'identification au lignage familial se confirme par l'accomplissement de rites domestiques et par les offrandes aux ancêtres (voir p. 93). L'identification à la société, par les fêtes annuelles, les rites de renouveau et les anniversaires des dieux principaux. Le confucianisme, le taoïsme et le bouddhisme sont acceptés comme complémentaires des croyances populaires et compatibles entre eux. L'essentiel de l'activité religieuse du peuple peut se définir en termes de régulation et d'harmonisation des forces profondes de la nature, de la société et de l'individu. Ces forces sont *yin* ou *yang* (voir pp. 88-89). Comme tous les autres phénomènes, dans la pensée chinoise traditionnelle le peuple et l'individu consistent en diverses combinaisons de *yin* et de *yang*. Le *yin* désigne la pesanteur, l'eau et la passivité, le *yang* la légèreté, le feu et l'activité.

Bonheur, richesse et longévité
Les dieux du bonheur (Fuxing), de la richesse (Zaishen) et de la longévité (Shouxing) sont entourés d'enfants qui parachèvent cette image de la prospérité et de la chance. Des trois, Shouxing, à droite, est le plus populaire. Cette divinité sidérale est associée au sud, le point cardinal le plus favorable de la cosmologie.

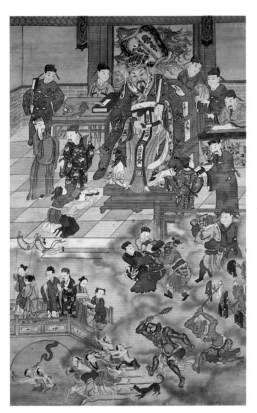

L'enfer
Des rouleaux représentant l'enfer étaient utilisés aux funérailles, pendant le mois des Esprits, et lors des offrandes aux défunts. Ils rappellent les dangers d'une vie déréglée et encouragent à adoucir le passage des morts récents par les enfers, grâce à des rites corrects et à des offrandes. L'on voit ci-dessus le septième enfer, gouverné par le roi Taishan. Il y a en principe neuf enfers et un ultime empire des morts. Ceux-ci passent par les dix domaines, où leurs actions sont jugées et punies comme il convient.

LA FORCE DU TALISMAN
Ces caractères signalent le pouvoir magique de cette image, qui protège la famille des mauvaises influences. Elle est un commandement auquel les esprits et les forces du mal doivent obéir.

LES SCEAUX
Ce sceau dit : « Talisman au pouvoir d'origine divine, maîtrisant le vent. » Il indique le statut de ce document, qui commande aux forces mauvaises. L'autre se lit : « Écarte le mal, accueille les bénédictions. »

TAIJI, L'ULTIME SUPRÊME
Le *taiji* symbolise la complémentarité fondamentale entre le *yin* et le *yang*. Le *pakua* qui l'entoure se compose de 8 trigrammes combinant les lignes *yang* (pleines) et *yin* (brisées). Ici, *taiji* et *pakua* sont employés pour leur pouvoir d'exorcisme : ils écartent les forces mauvaises.

LE PIÈGE À DÉMONS
Jhongkui tient à la main un piège qui aspire cinq créatures nuisibles : araignée, mille-pattes, serpent, crapaud et gecko. Ces animaux incarnent le principe *yin*, perçu comme négatif. En Chine du Nord, les gens essaient de les éliminer le cinquième jour du cinquième mois chinois. On est alors près du solstice d'été, temps de transition pendant lequel on est, paraît-il, particulièrement exposé au danger.

L'ÉPÉE DE JHONGKUI
Jhongkui use de son épée contre les forces du mal. Beaucoup de contes expliquent comment il est devenu un tueur de démons. Dans l'un d'eux, il meurt sur les marches du palais, rendant celui-ci vulnérable aux esprits ; un démon rouge y entre et l'empereur tombe malade. Le fantôme de Jhongkui apparaît et tue le démon à l'épée, ce qui guérit l'empereur. Le corps de Jhongkui reçoit des funérailles solennelles et son esprit est nommé tueur impérial de démons.

LE TUEUR DE DÉMONS
Jhongkui et les mythes qui le concernent démontrent la nature dramatique et parfois violente de l'exorcisme dans la religion populaire chinoise. Un récit très connu fait de lui un lettré pauvre qui se suicide parce qu'ayant réussi les examens d'État, il est refusé à cause de son extrême laideur. Aux enfers, on lui donne le commandement d'une grande armée d'esprits pour l'aider à tuer les démons.

UNE PEINTURE-TALISMAN
Des peintures comme celle-ci, qui représente Jhongkui, le tueur de démons, sont placées traditionnellement dans les maisons chinoises pour les protéger contre les esprits. C'est particulièrement le cas au Nouvel An, une grande fête qui vise à éliminer les forces yin et à accueillir celles du yang pour l'année à venir.

LE TIGRE
Jhongkui chevauche un tigre, considéré comme un puissant animal *yang*. C'est donc un allié utile pour exorciser les forces *yin*.

LES DIEUX DOMESTIQUES

Peinture sur papier, du XIXe siècle, représentant le dieu du foyer et son épouse. On en suspend de semblables dans la cuisine. Au Nouvel An, cette divinité rapporte au Ciel les actes de chacun. Peu avant, on lui répand du miel sur la bouche, pour lui adoucir la langue ou pour la rendre pâteuse et l'empêcher de parler. On envoie le dieu au Ciel en brûlant son image et, à chaque Nouvel An, on en place une nouvelle.

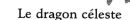

Le dragon céleste
Ce dragon représente le pouvoir du Ciel et la force maximale du yang.

CALENDRIER SOLAIRE ET LUNAIRE
Ce calendrier réunit les computs solaire et lunaire, chose vitale pour un peuple attentif aux dates des fêtes et des travaux agricoles.

ZAOJUN, DIEU DU FOYER
Le dieu du foyer contrôle la destinée et la durée de vie de chacun. Avec son épouse, il observe tout le monde durant l'année et, au Nouvel An, il fait rapport de leurs actes à l'Empereur de jade, dieu suprême et incarnation populaire du Ciel.

EXHORTATIONS À ZAOJUN
Ce panneau vertical et son symétrique se lisent : « Rapporte de bonnes choses au Ciel » et « Reviens du séjour céleste avec des bénédictions ».

LE RAPPORT
Zaojun et son épouse tiennent des tablettes où sont consignés les actes de chacun durant l'année. Ils monteront au ciel pour en faire rapport verbal à l'Empereur de jade.

LE BIEN ET LE MAL
Deux servantes tiennent un vase où sont conservés les mérites accumulés au prorata des bonnes et des mauvaises actions.

Costume de fonctionnaire

LA MAISON IDÉALE
Tirelire pleine, animaux domestiques, serviteurs, protection des fonctionnaires : tel est l'idéal du ménage chinois. L'invoquer aide à le faire entrer chez soi.

ANIMAUX YIN ET YANG
Le coq et le chien se faisant face incarnent le *yang* et le *yin*. Le chant matinal du coq, puissance *yang*, chasse les forces *yin* de la nuit, que symbolise le chien aboyant à la lune.

Un fonctionnaire divin
Ce fonctionnaire et le militaire qui lui fait face servent Zaojun et l'Empereur de jade. Le peuple attribue plus ou moins aux hiérarchies célestes les structures de l'Empire terrestre.

LE TAOÏSME RELIGIEUX

LE TAOÏSME RELIGIEUX (*Daojiao*) comprend les sectes, écoles et mouvements religieux qui cherchent la Voie, ou Tao (*Dao*), de la réalité suprême et, par conséquent, l'immortalité ; cela, en usant de moyens méditatifs, rituels, alchimiques et philosophiques. Il se réfère à deux textes clés, le *Tao-te King* (*Daode jing*) et le *Tchouang-tseu* (*Zhuangzi*). Certaines sectes s'intéressent à la maîtrise des esprits et des courants cosmiques du *yin* et du *yang*. D'autres se spécialisent dans les disciplines intérieures de la méditation, du contrôle de la respiration et des interactions entre le corps et l'esprit. Les manuels taoïstes ont été rassemblés en un canon, immense collection d'écrits qui, en version réduite, totalisent 1 120 volumes. Tous les taoïstes religieux partagent la préoccupation d'harmoniser les énergies fondamentales de l'univers. Les uns dirigent leurs capacités vers la guérison et l'exorcisme ; les autres cherchent à réaliser en eux-mêmes l'harmonie du *yin* et du *yang* pour atteindre l'immortalité. Celle-ci peut s'interpréter littéralement par la recherche d'un corps subtil impérissable, ou métaphoriquement, comme un état de spontanéité et de liberté spirituelle.

UN RENOUVEAU SPIRITUEL

CETTE NONNE TAOÏSTE sonne la cloche pour ponctuer la psalmodie d'un texte. Comme dans le bouddhisme, la récitation modulée de textes constitue une importante activité rituelle. Elle sert la communauté et la société en assurant un renouveau moral et spirituel. Elle est aussi, pour les participants, une procédure de méditation et, souvent, elle inclut des exercices de visualisation. Elle fixe les esprits sur les enseignements fondamentaux de la tradition taoïste : rôle de l'équilibre entre les forces *yin* et *yang* et de l'harmonie avec la nature. Bouddhisme et taoïsme considèrent comme un acte bénéfique apportant de grands mérites à ceux qui la proposent ou qui l'accomplissent.

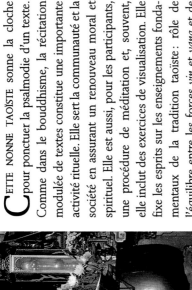

Nonne taoïste accomplissant un rite quotidien.

L'impératrice céleste

L'impératrice de l'Occident céleste tient la pêche de l'immortalité et invite les dieux et les immortels à sa fête des Pêches. Lorsqu'au bout de mille ans ces fruits ont mûri, dans les jardins de son palais, sur les monts Kunlun, elle donne une grande fête.

UN PARADIS TAOÏSTE

Cette tapisserie de soie du XVIIIe siècle montre les Huit Immortels du taoïsme, les trois divinités sidérales et l'impératrice céleste d'Occident.

LA PÊCHE D'IMMORTALITÉ

Dans le roman du XVIe siècle *Le Voyage à l'ouest*, le roi des singes est chargé de garder le verger céleste mais il y dérobe, pour les manger, toutes les pêches qui donnent l'immortalité. On le capture mais, son statut d'immortel le protégeant de l'exécution, il est conduit devant le Bouddha pour se faire infliger une punition. Guanyin, déesse de la compassion (voir pp. 72-73), persuade le Bouddha de relâcher le singe, qui se repent et devient le serviteur du moine Xuangzang lors de son périlleux voyage de quatorze ans en Inde, d'où il ramènera en Chine les écrits bouddhiques.

LES TROIS DIVINITÉS SIDÉRALES

Les divinités sidérales sont, de gauche à droite : Shouxing, dieu de la longévité, Zaishen, dieu de la richesse, et Fushing, dieu du bonheur. Shouxing, qui tient une pêche, est très populaire. Zaishen, divinité de haut rang, est habillé en fonctionnaire supérieur. Fushing était un juge qui demanda à l'empereur Wudi (502-550) de ne plus prendre de nains à son service parce que cela perturbait les familles. L'empereur mit fin à cette pratique.

L'IMMORTEL ZHONG LIJUAN

Zhong Lijuan (206 av. J.-C.-220) était alchimiste sous la dynastie Han. Il usa de ses talents pour sauver des milliers de gens de la famine.

L'IMMORTEL LÜ DONGBIN

Fonctionnaire puis sage, Lü Dongbin se rendit à Changan, où Zhong Lijuan lui enseigna l'immortalité. Ensuite il voyagea quatre siècles durant, en exorcisant les mauvais esprits et en secourant le peuple.

L'IMMORTEL LAN CAIHEN

Lan Caihen fut d'abord poète et chanteur travesti. Il chantait la fugacité de la vie et, lorsqu'on lui donnait de l'argent, il le partageait avec les pauvres. Un jour, ivre devant une auberge, il monta au ciel sur un nuage, en laissant derrière lui ses quelques biens.

L'IMMORTEL ZHANG GUOLAO

Cet immortel voyage sur un âne qui peut se métamorphoser en mouchoir de papier. Il voyageait pour rencontrer l'impératrice Wu (684-705) lorsqu'il mourut. Son corps se corrompit mais, plus tard, on l'aperçut vivant dans les montagnes.

L'IMMORTEL CAO GUOJIU

Le frère de Cao Guojiu fut exécuté pour meurtre. De honte, Cao Guojiu quitta la maison pour se perfectionner dans le Tao. Deux immortels le découvrirent et lui demandèrent où était la Voie. Il montra le ciel. Ils lui demandèrent alors où était le ciel, et il désigna son cœur. Il devint immortel quelques jours plus tard.

LES HUIT IMMORTELS

Les Huit Immortels du taoïsme montrent que tout le monde peut atteindre l'immortalité. Les textes rapportent beaucoup de leurs exploits et, en tant que modèles spirituels, ils ressemblent aux Luohan (voir pp. 72-73), les saints bouddhiques. Ces deux groupes sont souvent représentés ensemble sur les autels et les fresques des temples.

He Xiangu, ascète taoïste de la dynastie Tang, à la fin du VIIᵉ siècle

L'immortelle He Xiangu

He Xiangu est la seule immortelle féminine. Contemporaine de l'impératrice Wu (684-705), elle fit vœu de célibat et vécut en ascète dans les montagnes. Les secrets de l'immortalité lui furent révélés en rêve par un esprit. Elle pouvait marcher sur les nuages et volait en cueillant des fruits pour sa mère, n'ayant plus elle-même besoin de nourriture. Sa renommée gagna la cour Tang, et l'impératrice Wu l'y invita, mais elle disparut pendant le voyage, Lü Dongbin l'ayant mise au rang des Huit Immortels.

L'IMMORTEL JOUEUR DE FLÛTE

Han Xiangzi est un immortel renommé pour ses dons de flûtiste. Neveu du lettré Han Yu (768-824), il renonça au monde pour étudier le Tao avec Lü Dongbin, un autre des Huit Immortels. Il peut faire éclore les fleurs à volonté.

> « *Les êtres très vigoureux vieillissent vite. Cela s'appelle aller contre le Tao. Aller contre le Tao, c'est se détruire.* »
>
> *DAODE JING*

Le mendiant immortel

L'immortel Li Tieguai a l'aspect d'un mendiant estropié s'aidant d'une béquille de fer. Un jour, il laissa son esprit vagabonder pendant son sommeil. Ses disciples le crurent mort et l'incinérèrent. Lorsque son esprit revint, et vit qu'il n'avait plus de corps, il entra dans celui d'un mendiant invalide qui venait de mourir de faim. Li Tieguai a de grands pouvoirs de guérisseur. On dit qu'il les a reçus, ainsi que l'immortalité, de Xi Wangmu, reine des Cieux occidentaux et détentrice de la pêche d'immortalité.

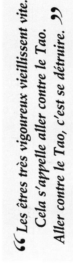

Le daim : longévité et chance

La domination sur les esprits

Au début du mois des Esprits (généralement en août), les prêtres taoïstes placent devant les temples l'image de Dashi Ye, aspect terrible de Guanyin, déesse de la compassion, pour dominer ces esprits pendant les rites les concernant.

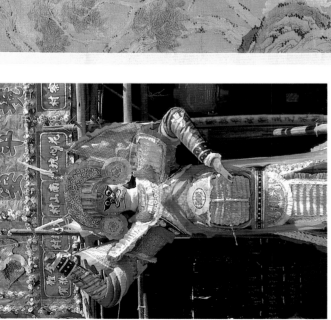

TAO : LE CORPS ET L'ESPRIT

LE TEXTE MAJEUR DU TAOÏSME est le *Daode jing* (*Tao-te king*), *le Livre de la Voie et de la Vertu*, traditionnellement attribué au sage Laozi (Lao-tseu), qui aurait vécu au VIe siècle av. J.-C. L'idée de base en est que le Tao est le principe permanent de l'univers et que le secret de la vie est de vivre en accord avec lui « qui n'agit pas, alors qu'il n'y a rien qui ne se fasse ». Le Tao combine une mystique du naturel et de l'action spontanée, sans contrainte, avec une philosophie de l'inaction créatrice (*wuwei*), où le souverain ne cherche pas à régenter d'autorité les affaires de l'État. Le *Daode jing* propose une version spiritualisée de l'immortalité, laquelle naît d'une vie naturelle et harmonieuse, dégagée de l'appât du gain. Mystiques, philosophes et poètes, largement attirés par cette doctrine, y ont vu le modèle du sage détaché des valeurs matérielles, dont on peut s'inspirer de quelque condition que l'on soit.

Le caractère « longévité »
La longévité est l'un des anciens idéals chinois, marque de qui suit la « voie du ciel et de la terre », l'ordre naturel des choses, en acceptant avec équanimité le succès ou la malchance.

LETTRÉ TAOÏSTE RÊVANT D'IMMORTALITÉ
Ce rouleau de Zhouchen (XVe siècle) traite de thèmes fondamentaux du taoïsme : la réflexion solitaire, l'immortalité et le rôle de la nature. Il dépeint l'artiste dans sa retraite montagnarde, rêvant qu'il est immortel. Le caractère chinois « immortalité » représente un homme et une montagne.

Laozi portant un rouleau de l'un de ses textes

La légende de Laozi
Le sage Laozi se retira du service d'État après avoir constaté le déclin de l'empire Chou au VIe siècle. Voyageant sur un bœuf, il écrivit le Daode jing et s'éloigna de la civilisation pour réaliser le Tao.

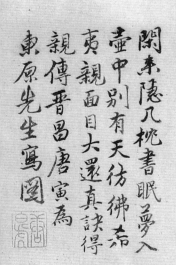

❝ *Paresseusement penché sur les livres de ma table, je me suis endormi. Comme j'avais un peu bu, je rêvai que je me trouvais dans un monde merveilleux. Je vis la face du Sage. En m'éveillant, je compris que pour devenir immortel et voir la réalité, il faut le rencontrer face à face.* ❞
TANGYIN (1470-1524), *RÉFLEXIONS SUR L'IMMORTALITÉ*

● LES MONTAGNES
Sans âge, les montagnes étaient associées à l'immortalité et à la spiritualité. Conçue comme une vie sans fin ou comme un état de détachement par rapport à la peur de la mort, l'immortalité est un des grands sujets du taoïsme.

● RÊVE ET VOL EXTATIQUE
L'immortalité peut se rencontrer en rêve, où tout est possible, y compris de voler. Cependant les immortels eux-mêmes ne rêvent pas. Zhang Sanfeng, créateur du *tai-chi-chuan* martial (« boxe de l'ultime suprême »), l'aurait découvert en rêve.

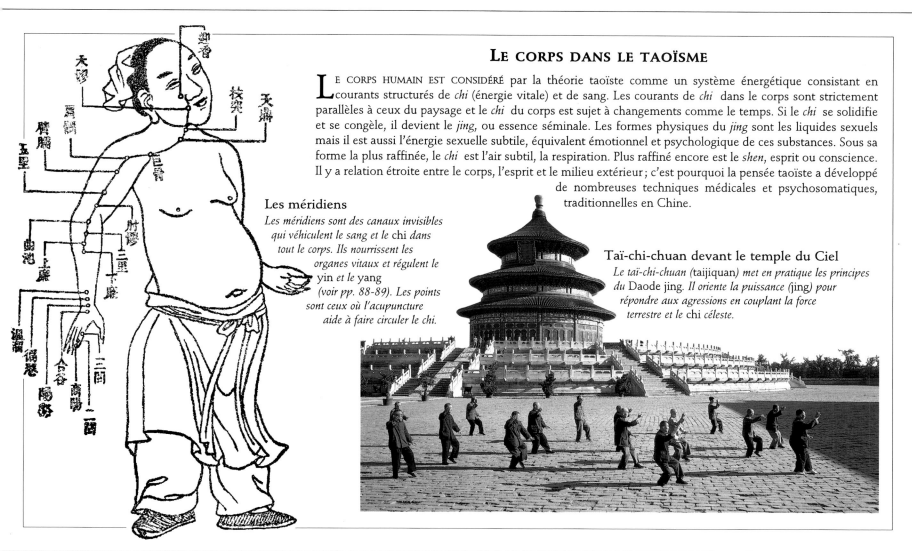

LE CORPS DANS LE TAOÏSME

LE CORPS HUMAIN EST CONSIDÉRÉ par la théorie taoïste comme un système énergétique consistant en courants structurés de *chi* (énergie vitale) et de sang. Les courants de *chi* dans le corps sont strictement parallèles à ceux du paysage et le *chi* du corps est sujet à changements comme le temps. Si le *chi* se solidifie et se congèle, il devient le *jing*, ou essence séminale. Les formes physiques du *jing* sont les liquides sexuels mais il est aussi l'énergie sexuelle subtile, équivalent émotionnel et psychologique de ces substances. Sous sa forme la plus raffinée, le *chi* est l'air subtil, la respiration. Plus raffiné encore est le *shen*, esprit ou conscience. Il y a relation étroite entre le corps, l'esprit et le milieu extérieur ; c'est pourquoi la pensée taoïste a développé de nombreuses techniques médicales et psychosomatiques, traditionnelles en Chine.

Les méridiens
Les méridiens sont des canaux invisibles qui véhiculent le sang et le chi dans tout le corps. Ils nourrissent les organes vitaux et régulent le yin et le yang (voir pp. 88-89). Les points sont ceux où l'acupuncture aide à faire circuler le chi.

Taï-chi-chuan devant le temple du Ciel
Le taï-chi-chuan (taijiquan) met en pratique les principes du Daode jing. Il oriente la puissance (jing) pour répondre aux agressions en couplant la force terrestre et le chi céleste.

RÊVE DE LETTRÉ
Le lettré, poète ou mystique, dans sa retraite montagneuse, est un thème courant de l'art chinois. La réflexion solitaire constituait peut-être un répit par rapport au travail bureaucratique qui était le lot de tant de lettrés.

LE PIN
Dans l'art chinois, le pin est un symbole de longévité et d'endurance. Le *Daode jing* et le *Zhuangzi*, classiques du taoïsme, attribuent la longévité à ceux qui ne poursuivent pas égoïstement leurs intérêts.

LE CHI DU PAYSAGE
Le *Zhuangzi* compare le *chi* du vent sur les contours des montagnes et des arbres, avec les sons qu'il produit, au *chi* de la respiration dans la gorge, qui produit diverses opinions et affirmations.

UN PAYSAGE IRRÉGULIER
La nature changeante du paysage exprime une notion importante pour le taoïsme : l'expérience du *chi* produit différentes opinions, d'où le conflit. La sagesse est de considérer nos points de vue comme relatifs et non absolus.

LES RELIGIONS JAPONAISES

LA VOIE DES *KAMI*

Au Japon, la religion tisse une riche tapisserie de traditions et de croyances, qui n'a fait que s'étendre depuis plus de deux mille ans, en entrecroisant des fils d'origine autochtone avec d'autres, introduits au cours de l'histoire. En général, les Japonais ne choisissent pas entre leurs religions mais, comme les Chinois, en observent plusieurs suivant les occasions et les buts poursuivis (voir pp. 88-89). Tous partagent toutefois le sens du sacré insufflé par la nature, le respect des ancêtres associé à un lien familial fort, le goût des fêtes et des cultes locaux, enfin la conscience d'un rapport étroit entre la religion et l'unité nationale.

LES SOURCES PRINCIPALES de la religion japonaise sont les croyances et les pratiques populaires indigènes, le shintoïsme organisé, le confucianisme, les doctrines bouddhiques et taoïstes, ainsi qu'une certaine influence chrétienne.

La tradition populaire autochtone a fini par s'appeler *shintô*. Ce nom, qui remonte au VIe siècle, vient du chinois *shen*, « être divin », et *dao*, « voie », mais il se traduit en japonais par *kami no michi* (parfois *kannagara no michi*), « la voie des kami » ou « la voie en accord avec les kami ». Les kami sont des puissances sacrées, présentes dans tout l'univers (il s'agit parfois de la simple sacralité que dégage un objet). On leur rend un culte dans des sanctuaires, les *jinja*. En une définition restée célèbre, Motoori Noringa (1730-1801), qui s'est consacré à faire revivre le shintoïsme, écrivait : « Je ne comprends toujours pas la signification du mot *kami*. Au sens le plus général, il se rapporte à tous les êtres divins de la terre ou du ciel qui sont cités dans les textes classiques. Plus spécifiquement, les kami sont les esprits qui rési-

dent et que l'on vénère dans des sanctuaires. En principe, êtres humains, oiseaux, autres animaux, arbres, plantes, montagnes, océans peuvent tous être *kami*. Dans l'usage ancien, tout ce qui était hors de l'ordinaire, tout ce qui inspirait de la crainte, paraissait excellent ou impressionnait était appelé *kami*... Les choses mauvaises et mystérieuses, si elles sont extraordinaires, s'appellent *kami*. » Il y a donc d'innombrables *kami* : on dit en japonais *yaoyorozu no kami*, des myriades de kami, les uns célestes et les autres terrestres. Les principaux sont les créateurs Izanami et Izanagi, ainsi que le kami solaire Amaterasu. Les kami sont les médiateurs indispensables du *musubi*, le pouvoir créateur de l'univers. La communication avec les kami requiert des spécialistes, chamans et devins, mais aussi un rituel correct, plus important qu'une doctrine « correcte ». Dans les débuts, chaque clan (*uji*) avait son kami gardien (*ujikami*). Lorsque le clan impérial devint dominant, une dynastie sacrée se forma, avec à sa tête l'empereur divinisé.

La Chine et la Corée contribuèrent à renforcer le prestige et le culte de l'empereur. Il n'y eut pas de vrai mouvement missionnaire en provenance de Chine mais, en tout cas à partir du VIe siècle, les Japonais envoyèrent des délégations étudier l'organisation politique et sociale chinoise. Ils en

Le torii
L'entrée du sanctuaire shintoïste est marquée par un torii. Ce portail, qui consiste en deux piliers traversés de deux linteaux, sépare l'espace sacré du monde profane.

Amaterasu, la déesse du soleil
La déesse solaire Amaterasu est le principal des kami, ou puissances sacrées, du panthéon shintoïste. On la dit fille d'Izanami et d'Izanagi, les créateurs du monde japonais. La lignée impériale est censée descendre d'elle.

retirèrent deux idées majeures : d'abord, qu'un homme bon (qui montre du *jen*) vit en accord avec la norme sociale formalisée par les rites publics ; ensuite, que l'empereur a reçu mandat du Ciel (voir pp. 92-93) pour apporter à la nation l'ordre désirable et nécessaire. Le prince Shotoku (573-621), qui exerça la régence pour sa tante, l'impératrice Suiko, rédigea un code de dix-sept articles (604) pour appliquer au Japon ses propres conceptions bouddhistes et confucianistes. Ce processus fut poussé plus loin par les réformes Taïka, qui commencèrent en 645. Avec elles, l'empereur devint fils du Ciel, descendant de la déesse-soleil Amaterasu et donc souverain divin, ou *tenno*.

L'INFLUENCE CHINOISE

L'influence de la Chine ne s'est pas limitée au culte impérial. À certaines époques, le bouddhisme chinois (voir pp. 72-73) a dominé la vie religieuse japonaise. Il y a implanté des écoles comme celles du

Un ema
L'un des espaces les plus remarquables des sanctuaires shintoïstes est le mur rempli d'ema, placards de bois porteurs de requêtes aux dieux. On y use souvent de symboles pictographiques pour exprimer la demande. Ci-contre, une cible est traversée en son centre par une flèche où est écrit : « Prière pour réussir l'examen ». Il y a là en outre un jeu de mots : le terme « pentagone » (gokaku), forme de l'ema, signifie aussi « passer un examen ».

Shingon, de la Terre pure, du Nichiren, du Tendai et du Zen. À d'autres, c'était le confucianisme (voir pp. 90-91) ou le néoconfucianisme qui dominait, surtout dans la vie publique. Comme en Chine, les gens s'adressaient à différentes religions en différentes circonstances : au shintoïsme pour la naissance et le mariage, au bouddhisme pour les funérailles. Cependant il y eut des tentatives répétées d'y mettre bon ordre en insistant sur la religion autochtone, le shintoïsme, au moins en tant que religion d'État.

À mesure que l'empereur gagnait en pouvoir et en autorité, les mythes de légitimation s'universalisèrent et furent réunis en deux recueils, le *Kojiki* et le *Nihongi*. Ceux-ci confortèrent le shintoïsme récent, dont ils établissaient les thèmes majeurs : la triple stratification du cosmos ; la création par Izanagi et Izanami ; les forces de vie et de fécondité ; l'impureté et la purification ; la suprématie d'Amaterasu, de qui descend la lignée impériale ; enfin les rituels et la psalmodie du *norito*, invocation et action de grâces aux *kami*. Tout en recevant beaucoup du bouddhisme et du confucianisme (dont, au Moyen Âge, il se distinguait à peine), le shintoïsme perpétua les formes les plus archaïques de la religion japonaise, non seulement en ce qui concerne la nature et la divination mais aussi par de nombreux aspects cultuels : le *harai* et le *misogi*, par exemple, sont deux rituels purificateurs, incluant l'exorcisme dans le cas du *harai*, qui remonte aux origines. Ces influences diverses absorbées, le shintoïsme prit différentes formes en se transformant par étapes. Il y eut ainsi, au XVIIIᵉ et au

Dieux du tonnerre
Les huit dieux du tonnerre de la mythologie japonaise personnifient moins les orages du ciel que le grondement terrestre des tremblements de terre. Ils ont une relation avec les créateurs du Japon, Izanagi et sa sœur et amante Izanami. Lorsque Izanami meurt et qu'Izanagi va la chercher aux enfers, le corps en décomposition de la déesse est protégé par les huit dieux du tonnerre. Offensée par l'intrusion d'Izanagi, elle ordonne à ceux-ci de le poursuivre, mais il parvient à s'échapper.

XIXᵉ siècles, le mouvement de retour à la culture nationale et au *shintô* ancien ; le *koshitsu shintô* ou shintoïsme impérial, limité aux rites concernant l'empereur ; le *jinja shintô* ou shintoïsme des temples, culte national ; le *kokka shintô* ou shintoïsme d'État, créé par le régime Meiji pour soumettre les temples aux objectifs gouvernementaux, et qui dura jusqu'à la fin de la Seconde Guerre mondiale ; le *kyôha shintô* ou shintoïsme des sectes, ensemble de nouvelles religions reconnues par le gouvernement ; le *shin kyôha shintô* ou nouvelles sectes, apparues depuis la fin de la guerre ; le *minkan shintô* ou shintoïsme populaire, qui coexiste avec les autres.

Bien que le *shintô* d'État ait perdu son statut officiel en 1945 et que le culte soit devenu plutôt privé, la tradition au sens large garde tout son poids sur la vie japonaise. Il n'y a pas là de religion au sens d'une théologie et d'une pratique systématiques. Il s'agit d'une participation à des rites, au temple ou chez soi, et d'une tendance à la formation de nouveaux mouvements religieux (ceci dès avant la Seconde Guerre mondiale). En dehors des grandes fêtes populaires, le shintoïste dévot considère la vie quotidienne comme *matsuri*, service aux *kami*. Le shintoïsme insiste sur la gratitude envers les *kami* et les ancêtres, de qui viennent toute vie et toute bénédiction ; il vise à réaliser et à prolonger la volonté des *kami* et des ancêtres dans la famille, la communauté et la nation. Comme tout dans la nature, les hommes sont fils des *kami* ; ils sont donc naturellement bons et n'ont besoin que de se purifier de leurs souillures pour faire éclater leur bonté.

ORIGINES DU SHINTOÏSME

LES ORIGINES DU SHINTOÏSME se perdent dans la nuit des temps préhistoriques et des traditions populaires du Japon. Les premiers textes qui en portent la trace, le *Kojiki* et le *Nihongi* (voir p. 101) n'ont pas été rédigés avant notre VIIIe siècle et sont déjà très influencés par les conceptions chinoises. Ils décrivent la création de l'univers à partir du chaos, en recourant à l'image d'un œuf qui se sépare. Religion des *kami* (voir p. 100), le shintoïsme n'a pas de fondateur, pas de canon, pas d'écriture, pas de système doctrinal agréé ni fixé. On le considère souvent comme la façon dont la société se rassemble autour de valeurs et d'attitudes communes, où les mythes et les pratiques sont comme la corde qui fait tenir toutes choses ensemble. Le shintoïsme est une religion de participation à des rites et à des fêtes de tradition, dans des sanctuaires et, par extension, chez soi. Les anciennes prières sont simples et directes. Lors d'une fête de la moisson, l'on s'adressait ainsi à la grande déesse lumineuse du ciel, qui réside à Ise : « Comme tu as béni le règne du souverain, en le rendant long et durable, ainsi je courbe la nuque comme le cormoran à la recherche de poisson, pour t'adorer et te louer en son nom, au moyen de ces offrandes abondantes. »

La création du Japon

Izanagi et Izanami, la dernière des sept générations de dieux, reçoivent des divinités célestes l'ordre de « rassembler et fixer la terre flottante ». Izanagi trempe dans l'océan la lance céleste puis l'en retire : les gouttes qui en tombent se coagulent et forment la première île, Ono-goro-jima. Le frère et la sœur s'y accouplent et donnent naissance à toutes les îles du Japon ainsi qu'à divers dieux, tels ceux du vent, des arbres, des montagnes et du feu.

L'APPARITION D'AMATERASU

L'on voit ci-contre l'un des épisodes les plus fameux de la mythologie shintoïste : l'histoire d'Amaterasu, la déesse-soleil, fille d'Izanagi (voir ci-dessus). Elle s'est retirée dans une grotte après que son frère, le dieu de la mer Susanoo, a commis à son égard une quantité d'actes de malveillance. Sa disparition a plongé le monde dans l'obscurité, ce qui aide les dieux mauvais à commettre leurs forfaits et à faire régner le chaos. Décidés à restaurer l'ordre et la lumière, les dieux mettent en œuvre un plan conçu par Ômohikane, la divinité de l'intelligence, qui suggère d'exciter la curiosité d'Amaterasu au sujet de ce qui se passe à l'extérieur de la grotte.

Offrandes célestes

Les dieux ont noué des banderoles blanches aux tiges et aux rameaux de l'arbre sakaki aux cinq cents branches, qu'ils ont déterré du mont céleste Kagu. Ils y ont aussi suspendu un grand miroir, qu'on appelle en japonais yata kagami. C'est un objet de dévotion au sanctuaire d'Ise. C'est aussi l'un des trois emblèmes impériaux.

APPARITION D'AMATERASU

Amaterasu se montre parce qu'elle entend rire à l'extérieur de sa grotte : elle sait en effet que le monde est plongé dans l'obscurité et qu'il n'y a pas de quoi rire. Les dieux rient parce qu'Ame no Uzume, la « terrible chamane du Ciel » (peut-être la figure de gauche) danse en ôtant tous ses vêtements. L'artiste a sans doute jugé trop choquant de montrer les détails exacts de la scène, telle que la décrit le texte du *Kojiki*.

INSIGNES ROYAUX

Amaterasu porte le collier que lui a donné son père Izanagi lorsqu'il lui a confié la souveraineté sur les cieux (*takama no hara*). Elle porte aussi le sabre qui passera plus tard à l'empereur, petit-fils de son petit-fils. Ce sabre fait maintenant partie des insignes impériaux et est conservé au sanctuaire d'Atsuta, près de Nagoya.

LES DIVINITÉS DES MONTAGNES

Sengen-sama, déesse du mont Fuji.

AU JAPON, PRESQUE CHAQUE MONTAGNE a sa divinité, vénérée par la population locale. L'un des plus anciens dieux montagnards est Ô-yama-tsumi, né lorsque Izanagi coupa le dieu du feu en cinq morceaux, pour avoir fait mourir Izanami. Il y en a quatre autres parmi les dieux majeurs : ceux des hautes pentes, des basses pentes, des abrupts et du piémont. Parmi les divinités propres à une montagne particulière, l'une des plus importantes est Sengen-sama, déesse du mont Fuji, le plus magnifique du Japon. Beaucoup de Japonais lui rendent un culte et vont chaque année en pèlerinage au sommet du Fuji, à l'aube, pour y vénérer le lever du soleil. Ci-contre, Sengen-sama, vêtue à l'ancienne, tient de la main droite un joyau magique et de la gauche une branche de l'arbre sacré, *sakaki*.

● ET LA LUMIÈRE FUT...
En sortant de la grotte, Amaterasu éblouit les dieux par sa lumière. L'une des versions du mythe dit qu'elle a été intriguée par le bruit, une autre que les dieux l'ont trompée avec un miroir, en lui faisant croire qu'il y avait dehors un dieu plus brillant qu'elle-même.

● LE NON-RETOUR
Les dieux ont tendu des cordes pour empêcher Amaterasu de rentrer dans la grotte. De telles cordes, appelées *shimenawa*, servent aujourd'hui à montrer qu'une chose est sacrée.

L'ancêtre des empereurs
Amaterasu, la déesse solaire, est la divinité fondamentale de la mythologie shintoïste. Son arrière-arrière-petit-fils fut Jimmu, le premier empereur. Son sanctuaire, à l'origine au palais royal, fut transporté à Ise au Ier siècle pour empêcher ses prêtresses d'affaiblir le pouvoir de l'empereur par leurs oracles.

● LA MUSIQUE DES DIEUX
Cette inscription se lit *iwato kagura*, musique des dieux. Le *kagura* est un rituel shintoïste dont l'origine remonterait au mythe d'Amaterasu et à la danse d'Ame no Uzume. Il consiste en une invocation aux dieux suivie de chants ou de danses, ou des deux. Il s'est largement pratiqué, dès les temps anciens, à la cour impériale et dans les principaux sanctuaires shintoïstes. On a toujours cru que le *kagura* apaisait les esprits et divertissait les dieux.

● LE VACARME
Les dieux font à dessein un grand vacarme, en frappant des gongs, en criant et en incitant des coqs (ces « oiseaux au long chant » qui saluent l'aurore) à s'interpeller, le tout pour attirer Amaterasu hors de sa grotte afin qu'elle ramène la lumière et l'ordre. Le gong (*dadaiko*) est toujours joué par le *gagaku*, orchestre de la cour impériale.

● AMATERASU, DÉESSE DU SOLEIL
Amaterasu est née lorsque son père Izanagi s'est lavé l'œil gauche, après être revenu des enfers où il était allé rechercher sa sœur-épouse Izanami, morte en donnant naissance au dieu du feu. Le dieu de la lune naquit lorsqu'il se lava l'œil droit.

● LE DIEU DE LA FORCE
Ta-jikawa-wo, « dieu de la force mâle du poignet », écarte le rocher fermant la grotte, pressé qu'il est de saluer le retour d'Amaterasu. Il la prendra par la main et la conduira dehors.

● LE COSTUME DES DIEUX
Tous les dieux portent des costumes aristocratiques, tissés par Amaterasu et ses suivantes. C'était là une de ses fonctions traditionnelles, encore exercée par ses prêtresses, qui tissent les ornements liturgiques des grandes cérémonies shintoïstes.

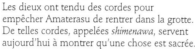

PRÉSENCE DES DIEUX

L A PRATIQUE RELIGIEUSE JAPONAISE est riche de différentes traditions où les kami, esprits ancestraux, les bouddhas et les *bodhisattva* (voir pp. 68-69) sont très proches de la vie quotidienne. Les Japonais leur parlent tout naturellement et les font entrer dans leur existence. Lorsqu'ils vont au temple shintoïste pour y choisir un nombre et recevoir un bout de papier leur donnant un conseil, un avertissement ou une bénédiction, cela n'a rien d'un jeu de hasard : les *kami* connaissent les besoins des gens et guident leurs décisions. Beaucoup de divinités exercent des fonctions spécialisées, comme Jizô (page de droite), Fudo, qui protège du danger, et Yakushi (Bhaisajya-guru) qui guérit l'esprit et le corps. Les Japonais n'ont pas à choisir entre les religions pour s'adresser aux dieux : tous sont disponibles et, à diverses époques, on s'est attaché à montrer que les figures représentatives d'une religion appartiennent en fait à toutes. Ce qu'on appelle *honjisuijaku* (« traces manifestes de la substance originelle ») rend compte de l'idée que la vérité des origines a laissé dans le monde différentes traces. C'est ainsi, par exemple, que Yoshida Kanemoto (1435-1511) a soutenu que le *shintô* est la trace originelle et que les bouddhas en sont les fruits.

EX-VOTO PICTURAUX
Les ema *illustrés ici sont des ex-voto peints, tels qu'on peut en trouver dans les grands centres religieux. Le mot* ema *signifie « peinture-cheval », parce que la tradition fait du cheval le messager des dieux, ou kami (voir pp. 102-103). On écrit au dos un vœu et souvent son nom et son adresse. Ensuite on suspend ce message ou cette requête à la divinité, jusqu'à ce que l'ema soit rituellement brûlé pour symboliser l'exaucement du vœu.*

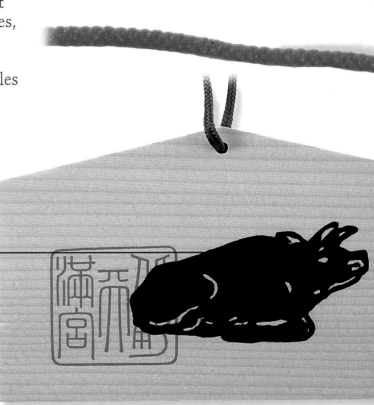

LE BŒUF DE MICHIZANE
Souvent, les figures peintes sur l'*ema* se rapportent à des divinités particulières à tel ou tel sanctuaire. Ci-contre, le bœuf montre que cet *ema* provient du temple de Tenmangu, où l'on honore Sugawara no Michizane (voir ci-dessous). La légende raconte que, lorsqu'il mourut en exil, le bœuf qui tirait la charrette portant ses restes refusa d'avancer plus loin que le faubourg nord-est de la ville. On l'enterra donc là. Le site du sanctuaire de Daizaifu Tenmangu serait l'endroit même où le bœuf s'arrêta.

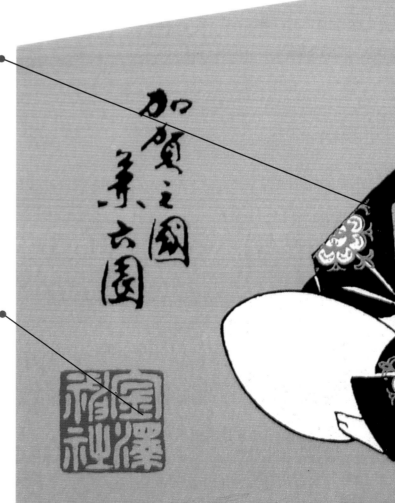

La rédaction d'un ema
Tout genre de requête peut s'écrire sur un ema, *du vœu d'arrêter de fumer à la recherche d'un bon parti, en passant par la chance au jeu. Pour les jeunes gens, la réussite aux examens scolaires et universitaires est un thème courant.*

LE PATRON DES LETTRÉS
Sugawara no Michizane, représenté ci-contre, était un lettré, un poète et un personnage politique du IXe siècle. Après sa mort en exil, les troubles survenant dans la capitale furent attribués à son âme vengeresse. Pour honorer Michizane et apaiser son esprit, on lui consacra des sanctuaires à Kyôto et à Daizaifu. Aujourd'hui, nombreux sont, dans tout le Japon, les sanctuaires où on le vénère en tant que Tenjin, patron des lettrés. Ces sanctuaires, appelés *tenmangu*, sont visités par d'innombrables étudiants, qui viennent y prier pour la réussite de leurs examens.

Hishaku

Oke

Vêtement blanc, symbole de pureté

LE SCEAU
Le nom du site religieux est souvent estampé sur l'*ema*, comme ici, en caractères chinois archaïques.

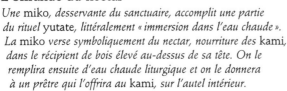

L'offrande du nectar
Une miko, *desservante du sanctuaire, accomplit une partie du rituel* yutate, *littéralement « immersion dans l'eau chaude ». La miko verse symboliquement du nectar, nourriture des kami, dans le récipient de bois élevé au-dessus de sa tête. On le remplira ensuite d'eau chaude liturgique et on le donnera à un prêtre qui l'offrira au kami, sur l'autel intérieur.*

LES ATTRIBUTS DE JIZO
De la main droite, Jizo tient le *shakujo*, un bâton pourvu d'anneaux métalliques libres, propre aux moines errants. Lorsqu'on le secoue, il tintinnabule, ce qui est supposé écarter du chemin les serpents venimeux et les insectes nuisibles. De la main gauche, il tient le *hoju*, joyau magique qui a le pouvoir de combattre la malchance.

EMA BOUDDHIQUE
On peut trouver des *ema* dans les temples bouddhiques aussi bien que dans les sanctuaires shintoïstes. Celui-ci vient du fameux temple zen Kencho-ji, à Kamakura. Il représente le *bodhisattva* Jizo qui, dans la religion populaire japonaise, est considéré comme le protecteur des enfants et des voyageurs.

Un fuda
Les *fuda* sont des amulettes qu'on reçoit dans la plupart des centres religieux. Elles protègent des maux et de la malchance ou portent la bonne fortune. On les place généralement sur un autel bouddhique (*butsudan*) ou domestique (*kamidana*). On en voit à l'occasion sur des trains, pour les protéger des accidents. On a coutume d'écrire sur le *fuda* le nom du centre religieux et/ou celui de la divinité.

> **« Lorsque souffle le vent d'est,
> Répandez votre parfum, ô fleurs de prunier.
> Bien que votre maître soit parti,
> N'oubliez pas le printemps. »**
>
> MICHIZANE

LE PRUNIER
Le sanctuaire de Daizaifu est célèbre pour ses pruniers. La prune (*ume*) constitue un thème de la poésie japonaise depuis le VIIIe siècle. Avec le bambou et le pin, elle intervient dans les rites propitiatoires.

SANCTUAIRES ET FÊTES

A U JAPON, LE CULTE SE DÉFINIT par le terme *matsuri*, qui vient d'un verbe signifiant « recevoir » ou « s'occuper de » puis, par extension, « servir les *kami* » (voir pp. 100-101) ou bien une personne investie d'autorité, ou encore les esprits des défunts. *Matsuri* implique donc une attitude de respect et de soumission, une volonté d'écouter et d'obéir. Dans la religion japonaise, le *matsuri* peut être public ou privé. En public, il s'exprime par de nombreuses fêtes qui ont lieu dans les sanctuaires (pour quelques exemples, voir page de droite), où les *kami* sont reçus comme des hôtes d'honneur et font l'objet de rites d'actions de grâces. Les sanctuaires diffèrent entre eux par leur histoire, par les *kami* qu'ils honorent et abritent, ainsi que par la nature des rituels accomplis, mais beaucoup d'entre eux vivent de la croyance que les *kami* y sont régénérés, principalement au Nouvel An.

Le temple de Heian
Ce sanctuaire de Kyôto a été construit en 1895 pour le onze centième anniversaire de la fondation de la la capitale Heian. Il est consacré à l'esprit de l'empereur Kammu (781-806). En octobre, le temple organise la fête de Jidai, où ont lieu des processions en costumes historiques.

LA VOLONTÉ DES KAMI

Le *matsuri* implique notamment l'interprétation de la volonté du *kami* et, de ce point de de vue, il donne lieu à une pratique religieuse privée, visant à inscrire les pouvoirs du *kami* dans la vie quotidienne. Cependant le *matsuri* joue aussi un rôle dans la vie politique et sociale ; l'ancien mot pour « gouvernement » était *matsurigoto*, « les affaires *matsuri* ». Ainsi, les sanctuaires et les fêtes déterminent profondément la mentalité japonaise, et leur influence se poursuit encore aujourd'hui.

SANCTUAIRE SHINTOÏSTE

*Les sanctuaires servent de demeure à un ou plusieurs kami (divinités). On les visite toute l'année et ils attirent beaucoup de monde les jours de fête. Dans les grands temples comme, ici, le Yoshida-jinja de Kyôto, il y a souvent plus d'un bâtiment. La grande salle (*honden*), où réside la divinité principale, ne peut être approchée directement, et ne peut l'être que par des prêtres. Dans le Japon urbain contemporain, les sanctuaires ne sont pas que des lieux de culte mais aussi des endroits calmes où l'on échappe à la rumeur de la ville.*

Dévot priant devant le haiden

La salle de prière

Au sanctuaire, les gens font la queue devant le haiden, *la salle de prière. Cette prière consiste en un rituel en quatre parties : on dépose de l'argent dans un tronc ; on se prosterne profondément deux fois devant l'édifice ; on bat deux fois des mains ; enfin l'on fait une profonde révérence. Au* haiden, *on peut présenter des offrandes ou des requêtes aux* kami *et, à certaines occasions, les dévots y entrent pour être purifiés rituellement par un prêtre.*

COMMENT SUPPLIER LES DIEUX
Les dévots viennent au sanctuaire pour adresser des suppliques aux kami. *Le sanctuaire reste le fondement du culte shintoïste, qu'il soit domestique (*kamidana*) ou national, comme celui qui est consacré à la déesse Amaterasu à Ise.*

LE DAIGENGU
*Le Daigengu est consacré au panthéon des divinités shintoïstes mentionnées par l'*Engishiki *(Xe siècle). Unique en son genre, il fait partie du Yoshida Jinja de Kyôyo, construit en 1484 par Yoshida Kanemoto.*

Sanctuaire portatif

Lors de fêtes, les kami (divinités) d'un sanctuaire sont provisoirement transférés dans un mikoshi, sanctuaire portatif porté en procession. Cela signifie que la divinité rend visite à la communauté protégée par les kami résidents, et cela leur permet de bénir cette communauté tout entière. On ne manque pas de secouer le mikoshi de haut en bas : cela donne de la vitalité aux kami comme aux participants.

La fête de l'Étoile d'Agonshu

Hoshi Matsuri, la fête de l'Étoile, organisée par le nouveau mouvement religieux Agonshu, attire chaque mois de février plus d'un demi-million de visiteurs. Deux grands feux y représentent deux mandala du bouddhisme ésotérique (voir pp. 74-75). Ils sont alimentés par des millions de baguettes (gomagi) où sont écrites des prières ou des requêtes.

CALENDRIER DES FÊTES

NARA YAMAYAKI. En janvier, au crépuscule, le gazon de la colline de Nara est couvert de gens qui portent des costumes de moines guerriers pour célébrer la fin d'un conflit entre deux temples locaux.

KASUGA MATSURI. En mars, fête de la divinité du sanctuaire de Kasuga, où ont lieu des danses rituelles.

KANDA MATSURI. En mai, des chars véhiculant des sanctuaires portatifs et des danseurs paradent dans Tôkyô en l'honneur des divinités du sanctuaire de Kanda.

GION MATSURI. À Kyôto, en juillet, parade de grands chars portant des musiciens et de plus petits proposant des tableaux vivants à caractère historique et mythologique.

NEBUTA MATSURI. Associé à la fête Bon, en août, le Nebuta fait défiler des effigies en papier de personnages connus, accompagnés de chants et de danses.

CHICHIBU YO MATSURI. En décembre, cette fête honore les divinités de Chichibu par des feux d'artifice et un défilé de chars.

● LE PORTIQUE EXTÉRIEUR
L'enceinte couverte sert de galerie (*kairo*) reliant les bâtiments entre eux. Parmi ces derniers, il y a des magasins où l'on entrepose des accessoires tels que les sanctuaires portatifs (*mikoshi*) et, souvent, des salles de danse.

Le pont sacré

Devant la porte du sanctuaire, il y a parfois une mare ou une autre pièce d'eau, par-dessus laquelle est jeté un shin-kyô, un pont sacré. Celui-ci, comme le torii (voir p. 100), sépare du monde extérieur profane le monde divin qui emplit le sanctuaire. Beaucoup de temples shintoïstes étaient à l'origine des enceintes entourant un objet sacré tel qu'un arbre, un étang ou un rocher, et ils sont souvent bâtis aujourd'hui dans un bosquet, en pleine campagne.

● LE TOIT DU SANCTUAIRE
Les toits des sanctuaires sont généralement en chaume. Les chevrons saillants (*chigi*) et les tasseaux de faîte (*katsuogi*), d'un modèle ancien, servent à protéger le toit.

● PURIFICATION
Près de l'entrée, avant de pratiquer le culte dans la grande salle, les dévots ont coutume de se purifier en se lavant les mains et en se gargarisant.

LES ACTES RELIGIEUX

L ES RELIGIONS JAPONAISES SONT UNIFIÉES par la manière dont elles inculquent au peuple des valeurs communes. Elles mettent l'accent sur les actes religieux et moraux plutôt que sur certaines croyances. Toutefois les actes jugés désirables diffèrent selon les circonstances et la nature de la religion considérée. Le *shintô* étatique s'intéressait aux actes qui renforçaient le prestige de l'empereur et l'autorité du gouvernement. Au XIXᵉ siècle, la réforme Meiji a accordé aux Japonais la liberté de religion mais « dans les limites de ce qui n'est pas incompatible avec leur qualité de sujets ». Le *shintô* des temples insiste, non sur la foi, mais sur les « œuvres » : remerciement aux *kami* pour leurs bienfaits, en des rites accomplis avec joie ; aide aux autres, en des gestes de solidarité ; vie en harmonie avec la volonté de l'empereur, pour la paix et la prospérité du pays. Les pèlerinages, importants dans toutes les religions japonaises, renforcent cette communauté de valeurs.

Poupées représentant Jizo

Des statues de pierre semblables à ces poupées ornent souvent les temples bouddhiques. Jizo (Ksitigarbha en sanskrit) est un bodhisattva que l'on croit protéger les enfants et aider les âmes des mort-nés. Souvent, des femmes qui ont avorté ou des parents qui ont perdu un enfant achètent de ces poupées et en prennent soin. De la sorte, les mères s'occupent de leurs enfants même s'ils sont morts.

LE RÔLE DES PÈLERINAGES

On entreprend un pèlerinage pour recevoir de l'aide d'une divinité, en vue d'obtenir des avantages profanes tels que la santé ou une bonne récolte. Toutefois le pèlerinage offre à beaucoup de gens l'occasion d'échapper quelque temps à la vie étouffante du village ou du bourg. Pour de nombreux paysans, partir en pèlerinage représentait l'unique moyen d'être autorisés à voyager loin. Le désir d'accomplir un pèlerinage était si vif qu'au début des temps modernes le *nuke mairi*, le départ de chez soi sans permission, était devenu un motif de souci considérable pour les autorités.

SUR UNE ROUTE DE PÈLERINAGE

Cette estampe d'Hiroshige (XIXᵉ siècle) dépeint la ville d'étape de Fujisawa et la fameuse route de Tokaido. Le développement des villes d'étape et l'amélioration des routes ont entraîné une augmentation notable du nombre des pèlerins pendant l'ère Edo (1600-1868). Les pèlerinages à Ise, au mont Fuji, à Saikoku et à Shikoku étaient particulièrement en vogue.

L'AUMÔNE
Les habitants des villes traversées par les pèlerins leur donnaient souvent de la nourriture, parce qu'on croyait que cette aumône permettait de s'attirer la faveur de la divinité du lieu de pèlerinage.

Pèlerins portant leurs effets personnels dans une couverture

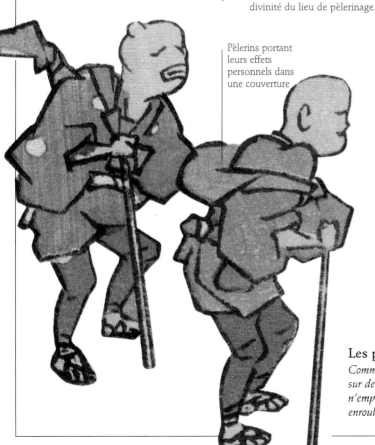

Les pèlerins
Comme le voyage était rude et exigeait souvent de marcher sur de grandes distances, les paysans pèlerins de l'ère Edo n'emportaient qu'un bâton (tsue) et le strict nécessaire enroulé dans une couverture (furoshki).

LE TORII
Le chemin du sanctuaire shintoïste est marqué d'un *torii*. Symboliquement, celui-ci sépare l'enceinte sacrée du monde profane. Souvent, le *torii* est situé à grande distance du sanctuaire proprement dit.

Cortège funèbre

Le quarante-neuvième jour après la mort, les cendres du défunt sont conduites au tombeau familial. Derrière le prêtre, qui porte un vêtement blanc, marchent les proches parents. En tête du cortège, on promène un portrait du défunt. Suivent ses cendres, enfermées dans une boîte, et une plaque in memoriam, qui porte le nom de la personne décédée. Ce mémorial sera placé ultérieurement sur l'autel bouddhique domestique ; on lui fera des offrandes de nourriture et d'eau. On visite la tombe surtout deux fois par an, aux équinoxes de printemps et d'automne. Le rituel varie selon la secte mais la crémation et le mémorial de pierre sont généralisés.

Pèlerinage bouddhiste

Les pèlerins bouddhistes visitent généralement 33 ou 88 temples. Ci-dessus, ils font le tour des 88 temples, qui couvre 1 500 km de route plus l'île de Shikoku. Ce pèlerinage est lié au culte de Kukai, le fondateur du Shingon. Les bâtons des pèlerins le représentent, et les vêtements blancs symbolisent la séparation d'avec le monde profane.

LA VISITE DU TEMPLE
Le temple de Yugoi était souvent visité par des nobles (*daimyô*) en route pour Edo. Cette visite pouvait être un moyen d'éviter la rencontre d'un *daimyô* de rang plus élevé, auquel on aurait dû rendre hommage d'une manière ou d'une autre.

> ❝ *Mes activités quotidiennes ne changent pas, si ce n'est que je suis naturellement en harmonie avec elles. Ne rien prendre, ne renoncer à rien. Quelles que soient les circonstances, ni entrave, ni conflit.* ❞
>
> *LE ZEN DANS LA VIE COURANTE*

LA ROUTE DE TOUS LES EXCÈS
La route de Tokaido voyait défiler des milliers de pèlerins, au point que ceux-ci passaient pour une nuisance. Ils étaient très souvent bruyants, ivres, et dans bien des cas ils achetaient ou proposaient des services sexuels.

Le grand temple de la secte Ji

Le temple Yugoi, de 1325, a été l'un des principaux de la secte Ji. Celle-ci fut fondée par Ippen (1239-1289), célèbre pour ses distributions de talismans aux laïcs et pour ses danses pendant qu'il récitait le nom du bouddha Amida.

RELIGIONS NOUVELLES

AU JAPON, LA VIE RELIGIEUSE NE CONNAÎT PAS d'autorité centrale forte ni d'unité de foi : on admet et on applique une forme de religiosité dans tous les aspects de la vie, que personnifient par exemple les bouddhas ou les *kami*. Beaucoup de mouvements sont apparus pour l'encadrer. On a plusieurs fois tenté de classifier ces « nouvelles religions » (*shinkô-shûkyô*). Nombre d'entre elles ont une longue histoire. Les plus anciennes sont notamment la Tenri-kyô et la Konkô-kyô, qui s'enracinent dans l'ère Tokugawa (1603-1868) et se sont développées sous l'ère Meiji (1868-1912). Puis viennent celles qui, comme l'Ômoto, la Hito no-Michi et la Sôka-gakkai, sont apparues entre 1868 et 1945. Il y a enfin les sectes d'après 1945, comme l'inquiétante Aum Shinri-kyô ou l'Ananai-kyô. Parmi les plus importantes, la Sôka-gakkai, fondée en 1930 par Makiguchi Tsunesaburô et Toda Jôsei, relevait jusqu'à récemment de la Nichiren-shô-shû, secte bouddhiste suivant la doctrine du moine Nichiren (XIIIe siècle), fondée sur le *Sûtra du Lotus*, et dont le grand temple, le Taiseki-ji, remonte à 1290.

Jeunes Occidentaux de la Sôka-gakkai
Le chant joue un grand rôle dans beaucoup de nouvelles religions. La Sôka-gakkai (Société pour la création de valeurs) a de nombreux adeptes occidentaux. Elle enseigne que la nature de bouddha inhérente à chacun se manifeste en chantant Namu Myôhôrengekyô *(dévotion au Sûtra du Lotus).*

La main de Kannon
Ci-dessus, la main de Kannon sauve un homme qui tombe de la montagne. Le Sûtra du Lotus dit : « Si, du sommet du Sumeru, on le jette bas, qu'il pense au pouvoir de la Compatissante aux larmes et, comme le soleil, il restera fixe dans le ciel. »

LA PROSPÉRITÉ DE LA NATION
La couverture porte une supplique pour la prospérité de la nation et pour le *Dharma*. On récitait le *Sûtra du Lotus* pour la sauvegarde de la patrie. Au Japon, ce texte comptait parmi les « trois *sûtra* protecteurs du pays » (*Chingo Kokka no Sambukyô*).

LE SÛTRA DU LOTUS (HOKEKYÔ)
Le Sûtra du Lotus, un ancien texte mahayaniste, a exercé une influence majeure au Japon à partir du VIIe siècle, et il demeure fondamental pour plusieurs mouvements religieux de laïcs, comme la Sôka-gakkai, la Risshô-kosei-kai et la Reiyû-kai. Son message est que tout être sensé peut atteindre la bouddhéité et que la simple dévotion mène à l'éveil. Le texte illustre aussi les divers moyens utilisés par le Bouddha pour sauver les êtres.

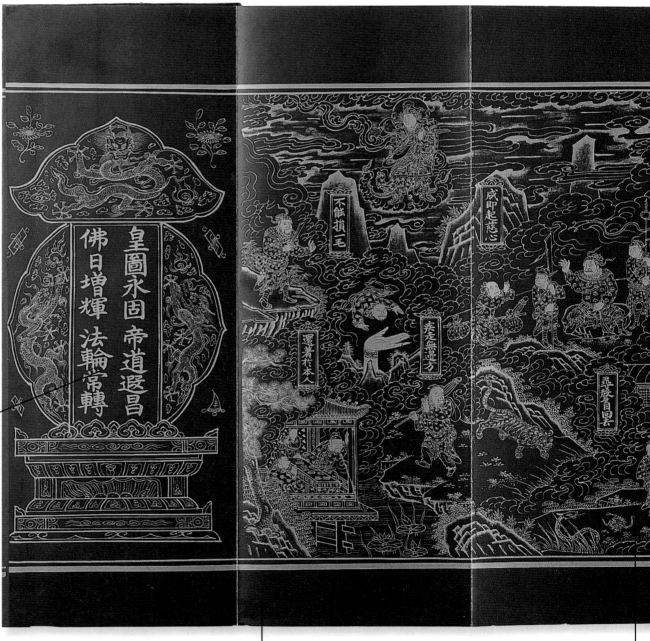

CHAPITRE XXV, KANNOKYÔ
Le chapitre XXV, illustré ci-dessus, a souvent été considéré comme un *sûtra* distinct, le *Kannokyô*. Il exalte la grâce du *bodhisattva* Kannon et sa capacité de sauver les êtres sensés qui sollicitent son assistance.

LA TRANSPOSITION
La transposition (*benso*) en images des doctrines et des idées d'un *sûtra* sert à expliciter sa signification. En outre, les images ont une fonction dévotionnelle dans les offices religieux et les rites. Les doctrines se référant à Nichiren se servent du *sûtra* comme d'un rituel et pour combattre les mauvaises influences karmiques.

LA RELIGION DE LA SAGESSE DIVINE

L A PLUPART DES NOUVELLES SECTES ont chaque
année plusieurs fêtes et congrès. L'identité et
les croyances du groupe s'y expriment par l'habillement et le rituel. On tient aussi des rassemblements destinés à des sous-groupes spécifiques. On
voit ci-contre le congrès de printemps de l'association des étudiants de la Tenri-kyô, réunissant
4 000 personnes. Tenri-kyô signifie « religion de la
Sagesse divine ». Ses deux millions de membres
croient que Dieu, appelé Tenri-ô-no Mikoto (le
Seigneur de la Sagesse divine), apparut grâce au
médium Nakayama Miki (1798-1887), fondatrice
du mouvement. Selon sa doctrine, Dieu créa
l'humanité pour qu'elle fût heureuse et vive en harmonie. Pour découvrir son vrai Moi, l'on doit se
détourner des désirs égoïstes et comprendre que le
corps nous est « prêté » par Dieu.

Congrès des étudiants de la Tenri-kyô.

LA SALVATRICE
On croit que Kannon apparaît en ce monde sous diverses
formes pour sauver ceux qui prononcent son nom. En Chine,
elle est connue sous le nom de Guanyin (voir pp. 72-73).

KANNON
« Compatissant aux larmes du monde », Kannon est au
Japon l'un des *bodhisattva* les plus invoqués. La religion
populaire en fait généralement un être féminin.

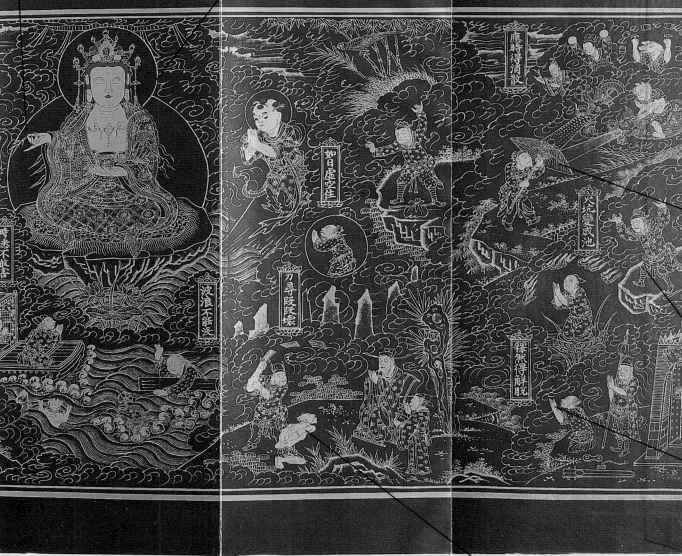

Appel à l'aide
*Selon le Sûtra du Lotus, si l'on prie
Kannon pour qu'elle vous aide en cas de
danger, elle viendra sûrement à votre
secours. Dans les nouvelles religions,
prier pour appeler à l'aide est chose
courante, et généralement à des fins
temporelles (gense riyaku), comme
la santé ou la prospérité.*

CHUTES DE GRÊLE ET TROMBES D'EAU
Le *Sûtra du Lotus* affirme : « Tonnerre et
éclairs, chutes de grêle et trombes d'eau ;
il pense au pouvoir de la Compatissante
aux larmes, et tout s'arrête
instantanément. »

LA SOURCE DE L'ÉVEIL
Au XIIIᵉ siècle, le réformateur Nichiren
(1222-1282) prêcha que le *Sûtra du Lotus*
renfermait la vérité suprême :
en invoquant simplement son titre
(*Namu Myôhôrengekyô*), le dévot
atteindrait l'état d'éveil parfait.

LE GESTE DE LA PRIÈRE
Comme les chrétiens, les bouddhistes
japonais s'agenouillent et joignent
les mains en signe de prière (*gasshô*),
à l'origine geste de révérence mais
devenu expression de gratitude
pour les bienfaits obtenus.

Sauvetage en mer
*Un naufragé invoque Kannon et est sauvé
par les pouvoirs surnaturels du bodhisattva.
Le Sûtra du lotus expose que si un
individu ou un équipage prononce
le nom de Kannon, il sera sauf.*

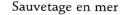

SAUVÉ DE L'EXÉCUTION
Dans les pires circonstances, la foi en Kannon est seule
nécessaire : « Si, victime des ordres royaux, il va perdre
la vie par une exécution, et s'il pense au pouvoir de
la Compatissante aux larmes, le sabre du bourreau
tombera en morceaux. »

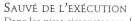

LES RELIGIONS JAPONAISES

111 • RELIGIONS NOUVELLES

LE JUDAÏSME

ÉCOUTE, ISRAËL : L'ÉTERNEL EST NOTRE DIEU,
L'ÉTERNEL EST UN !

*Le judaïsme est né « au commencement » : « bereshit bara Elohim »,
« au commencement, Dieu créa ». Tels sont les trois premiers mots de la Bible,
Tanakh, ainsi nommée d'après les lettres T, N et K, initiales des mots hébreux
Torah (sapience, enseignement), Nebi'im (prophètes) et Ketuvim (écrits).
Il y a dans la Bible au moins cinq récits différents de la Création mais,
dès la Genèse (Bereshit), les juifs voient une volonté et une providence
dans l'œuvre de Dieu créant le monde et les hommes : « Dieu examina tout ce
qu'il avait fait : c'était éminemment bien. » La Genèse dit aussi que
la paix et l'harmonie des origines ont été rompues et détruites.*

LE RÉCIT EXPOSE COMMENT le conflit éclate entre les hommes et Dieu, le mari et la femme, les parents et les enfants, les citadins et les paysans, pour culminer lorsque Dieu regrette sa création et décide d'y mettre fin. Seul Noé (voir p. 114) conserve la faveur de Dieu, qui le sauve puis établit avec lui une alliance, afin que la croissance puisse reprendre.

La Bible est l'histoire de l'œuvre de Dieu au travers de plusieurs alliances successives et de l'appel à certains individus voire à tout un peuple, destinés à jouer un rôle particulier dans le processus du salut. Cinq personnages y jouent un rôle prépondérant : Abraham (voir pp. 114-115), qui obéit à l'ordre de Dieu de « quitter son pays » et d'aller vers une terre promise (*Genèse* XII.1), pour devenir le père du « peuple élu », peuple d'Israël destiné à témoigner des intentions de Dieu (encore que certains juifs récusent cette appellation comme élitiste) ; le patriarche Isaac ; le patriarche Jacob, père des douze tribus d'Israël ; Moïse, par qui fut conclue l'alliance du mont Sinaï (voir pp. 116-117) et qui, pour la marquer, consigna la Loi ; enfin David (voir pp. 118-119) qui prit Jérusalem et fit de la monarchie la médiation entre la volonté de Dieu et les agissements de son peuple : le roi est oint, aussi

La menorah
*Le chandelier à sept branches,
appelé* menorah*, est un ancien symbole
judaïque qui rappelle le chandelier du temple
bâti à Jérusalem par Salomon, fils de David,
au X*ᵉ* siècle avant notre ère.*

La Pâque
*Ce détail d'un vitrail (voir pp. 120-121)
représente le Seder Pesach, repas de la Pâque,
qui célèbre l'Exode en exaltant la puissance
de Dieu qui fit sortir les Hébreux d'Égypte.*

l'appelle-t-on *ha-Mashiach*, « l'oint du Seigneur », le « Messie ». Lorsque les rois manquèrent au peuple, l'espoir messianique se tourna vers un roi futur, qui établirait le royaume de Dieu sur la terre. Salomon, fils de David, bâtit le premier Temple, centre de culte, de dévotion et de pèlerinage. Le second Temple fut construit au Vᵉ siècle avant notre ère, après l'exil des Hébreux à Babylone ; les Romains le détruisirent en 70 (voir plus loin).

DIEU ET SON PEUPLE
Aux temps bibliques, il y eut conflit entre Dieu, tel qu'il s'était révélé, et la tendance du peuple à suivre d'autres dieux. Les prophètes parlèrent avec force en faveur de Dieu, qui se révéla sous le nom de YHWH (*Exode* III.13, VI.2-8). Les juifs ne se risquent pas à le prononcer : il est trop sacré ; ils disent *ha-Shem*, le Nom. Toutefois on l'écrit par convention Yahvé (Jéhovah est une erreur). L'exhortation majeure de Dieu envers Israël est : « Soyez saints ! car je suis saint » (*Lévitique* XIX.2) et son enseignement majeur est celui de la *Chema* (du verbe hébreu « écouter ») : « Écoute, Israël : l'Éternel est un ! »

La Bible, et particulièrement la *Torah*, composée de ses cinq premiers livres (*Pentateuque*), montre et dit à Israël ce que signifie être saint. On traduit souvent *Torah* par Loi mais il s'agit en fait d'un ensemble de directives qui inclut la législation. Il y a 613 préceptes, dont 248 sont positifs et 365 sont négatifs. En les acceptant, les juifs disent oui à la volonté divine de s'adresser à Israël pour commencer l'œuvre de salut. Ils n'ont pas à chercher de raison aux préceptes. Par exemple, celui qui interdit de manger du porc n'a pas à être expliqué par une quelconque difficulté de conservation du porc dans un pays chaud. Même sans raison, le précepte est une parole d'amour qu'il faut appliquer, une façon visible de répondre à Dieu, qui a choisi Israël pour être le témoin aujourd'hui de ce qui adviendra à tous un jour, lorsque « la terre sera pleine de la connaissance de la gloire de Dieu, comme l'eau abonde dans le lit des mers » (*Habacuc* II.14). Les fêtes juives célèbrent la volonté salvatrice de Dieu dans l'histoire judaïque.

INTERPRÉTATIONS DIVERGENTES

Une communauté élue et obéissante : en pratique, il n'en a pas toujours été ainsi. Au temps de Jésus, il y avait conflit entre les différentes façons de répondre aux obligations de l'alliance. Une révolte juive contre Rome, en 66, se termina par une défaite en 70. Un second désastre fut plus catastrophique en 135. Le Temple fut détruit et les juifs, chassés de la Terre promise, connurent une vaste dispersion, la Diaspora. Celle-ci entraîna la constitution de deux communautés principales, qui se développèrent différemment : les ashkénazes vécurent surtout en Europe centrale mais du fait des persécutions et principalement de l'Holocauste (voir pp. 134-135), se retrouvèrent dans le monde entier, en particulier aux États-Unis ; et les sépharades ont essaimé sur le pourtour méditerranéen.

Babi Yar

Cette sculpture en verre, de Lucio Bubacco, exprime l'horreur tragique de l'Holocauste (voir pp. 134-135). À Babi Yar, le 29 septembre 1941, furent assassinés 33 771 juifs (des familles entières de Kiev). Commentaire de l'artiste : « Cette œuvre rappelle leur ultime contact entre eux, leur dernier souffle de vie. Le rouge n'est pas la lueur du soleil, il est leur sang. » Pièce de la collection de l'association interconfessionnelle américaine « Artistes face à l'inconcevable ».

La housse de la Torah

Les rouleaux de la Torah, une partie de la Bible israélite, sont recouverts d'une housse et conservés, à la synagogue, dans l'arche d'alliance derrière un rideau orienté vers Jérusalem. Ci-contre, le texte hébraïque, à la partie supérieure de la housse, se lit : « couronne de la Torah ». La couronne elle-même symbolise la Torah en tant que gloire et couronnement de la vie judaïque ; le lion est communément associé à la tribu de Juda.

La restauration du judaïsme fut l'œuvre des rabbins, « docteurs de la Loi ». Ils transmirent oralement diverses interprétations de ce que les commandements de là *Torah* signifiaient dans une vie d'exil, sans temple, où tout était centré sur la famille et la synagogue. Une fois écrites, ces interprétations sont devenues la *Mishnah* et les *Talmuds* (parmi lesquels celui de Babylone, le *Talmud Babli*, fait largement autorité). Ces textes furent ultérieurement codifiés : on retiendra surtout le code de Maïmonide (1135-1204) et celui de Joseph Caro (1488-1575), le *Shulhan arukh*. L'adaptation de la tradition à de nouvelles circonstances se poursuit à présent.

Le judaïsme ne s'est pas exprimé seulement dans les préceptes, ou *halakha* (« ce par quoi l'on marche »), mais aussi dans les récits (*agada*) et dans l'interprétation biblique (*midrach*). La kabbale, exploration ésotérique des rapports de Dieu avec le monde (voir pp. 124-125) et le hassidisme (voir p. 126), mouvement spirituel né en Europe orientale à la fin du XVIIIᵉ siècle, poussent plus loin l'amour et le culte de Dieu. Un chef hassidique s'appelle un *tsaddik* (juste). On compte parmi les plus connus Baal Chem Tov (le Becht), Dov Baer et Jacob Joseph. Entourés de disciples, ils eurent avec eux une expérience profonde et souvent extatique de Dieu.

LE SIONISME

Le souvenir de Sion (nom traditionnel de Jérusalem) persista durant toute la Diaspora. Le mouvement sioniste (voir pp. 132-133) commença, au XIXᵉ siècle, à œuvrer en faveur du retour des juifs à Jérusalem. Tous ne sont pas de cet avis : certains croient que seul le Messie peut restaurer Jérusalem. Cependant la cruauté de l'antisémitisme et, a fortiori, de l'Holocauste, avant et pendant la seconde guerre mondiale, ont incité beaucoup de juifs à juger essentielle la reconstitution d'un État juif, la nécessité de sa coïncidence avec l'ancienne Terre promise restant un sujet de discussion.

Les juifs ne sont pas tous d'accord. Il y a les orthodoxes, les conservateurs, les libéraux. Jusqu'où faut-il pousser le respect du détail de la *Torah* ? Faut-il la prendre à la lettre ou selon l'esprit ? Qui est un vrai juif ? Certainement celui qui est de mère juive, mais qui d'autre ? Ces questions divisent. Reste fondamentale la conviction d'être le peuple de Dieu, qui porte le poids de la sainteté en un monde impie et souvent féroce, comme l'expriment ces mots inscrits sur le mur d'une cave où un juif se cachait des nazis : « Je crois au soleil, même quand il ne brille pas ; je crois à l'amour, même quand je ne le ressens pas ; je crois en Dieu, même quand il se tait. »

ORIGINES DU JUDAÏSME

LE PEUPLE JUIF REMONTE THÉORIQUEMENT aux Hébreux qui vivaient en Canaan, région assez étendue du Proche-Orient comprenant, pense-t-on, les États actuels d'Israël, de Jordanie et de Syrie. À l'époque des patriarches – Abraham, son fils Isaac et son petit-fils Jacob –, ce territoire se trouvait entre les grands centres de civilisation qu'étaient l'Égypte au sud, la Mésopotamie à l'est et le pays hittite au nord. C'était un passage naturel pour les marchands mais aussi pour les conquérants. Les juifs croient descendre d'Abraham, un « Araméen errant » qui donna naissance à une grande nation. Dieu fit alliance avec elle et lui promit un pays « où coulait le lait et le miel ». Bien que jamais, au long de l'histoire connue, elle n'en ait été l'unique occupante, ce pays reste indispensable au sentiment de l'identité juive.

LES VOYAGES D'ABRAHAM

Cette carte de Canaan et des pays voisins, du XVIe siècle, est entourée de médaillons illustrant des épisodes de la vie d'Abraham. Il faut les regarder dans le sens des aiguilles d'une montre. Le titre latin signifie : « Pérégrinations et vie du patriarche Abraham ». Le récit en figure dans la Genèse. Selon celle-ci Abraham est le descendant, à la dixième génération, de Noé, que Dieu avait sauvé des flots (voir plus bas). Abraham fut le premier juif : ce fut avec lui et ses descendants que Dieu fit alliance.

L'arche de Noé

Suivant la Genèse, peu après la création de la terre et la multiplication de l'espèce humaine, Dieu envoya le Déluge pour détruire ce qu'il avait fait, en raison de l'extrême méchanceté des hommes. Seuls Noé, le juste, sa famille et un couple de tous les animaux furent sauvés grâce à l'arche, grand vaisseau que Dieu ordonna à Noé de construire. Ci-dessus, Noé envoie un corbeau et une colombe voir si les eaux ont baissé.

LA PLAINE CÔTIÈRE

À l'ouest de Canaan se trouve la plaine côtière fertile qui fournit une voie de communication entre le nord et le sud. Plusieurs cités-États s'y égrenaient le long de la Méditerranée. L'archéologie montre qu'elles avaient atteint un un niveau élevé de civilisation.

L'ÉGYPTE

Canaan jouxte l'Égypte. Abraham y aurait passé un certain temps (*Genèse* XII.10-20). Plus tard, les Hébreux y furent emmenés en esclavage, puis délivrés et conduits en Terre promise par Moïse (voir pp. 116-117).

LA PROMESSE

Cette inscription latine rappelle la promesse de Dieu à Abraham : « Et je donnerai à toi et à ta postérité la terre de tes pérégrinations, toute la terre de Canaan, comme possession indéfinie » (*Genèse* XVII.8).

NAISSANCE D'ISAAC

Abraham avait cent ans lorsque naquit Isaac, héritier de l'alliance de Dieu et matérialisation de la promesse divine de rendre Abraham père d'une nation.

JACOB, DEVENU ISRAËL

JACOB, PETIT-FILS D'ABRAHAM, était rusé. Il acheta le droit d'aînesse de son frère Ésaü et trompa son père Isaac, aveugle et mourant, en lui volant la bénédiction du fils aîné. À la suite de quoi il se réfugia chez son oncle pour échapper à la colère d'Ésaü. En chemin, il eut la vision d'une échelle chargée de messagers divins ; Dieu lui parla, lui promettant que la terre où il reposait lui serait donnée définitivement, à lui et à ses descendants. Des années plus tard, Jacob se remit en route avec sa famille pour faire soumission à son frère. Il rencontra un homme avec qui il lutta toute la nuit et qui lui démit la cuisse. À l'aube, l'étranger, qui était Dieu, lui dit : « Jacob ne sera désormais plus ton nom, mais bien Israël ; car tu as jouté contre des puissances célestes et humaines, et tu es resté fort » (*Genèse* XXXII.29).

SODOME ET GOMORRHE

Les villes de Sodome et de Gomorrhe furent détruites pour leurs crimes, comme l'avaient dit les messagers de Dieu. Abraham avait demandé à Dieu de les épargner si on y trouvait dix justes. Ce ne fut pas le cas et Dieu ne sauva que Loth et sa famille.

L'échelle de Jacob, où des anges montent et descendent.

Le renvoi d'Agar et d'Ismaël

Agar, servante de Sara, et Ismaël, le fils qu'elle a eu d'Abraham, sont chassés après la naissance d'Isaac, fils d'Abraham et de Sara, sa femme légitime. Toutefois Dieu les protégera et Ismaël deviendra le fondateur d'un grand peuple. Les fils d'Ismaël ont été identifiés aux Arabes. L'hostilité entre Israéliens et Arabes a donc un prétexte légendaire.

> **« Enfant d'Aram, mon père était errant, il descendit en Égypte, y vécut étranger, peu nombreux d'abord, puis y devint une nation considérable, puissante et nombreuse. »**
>
> DEUTÉRONOME XXVI.5

Le sacrifice d'Isaac

Comme épreuve suprême d'obéissance, Dieu ordonne à Abraham de sacrifier son fils Isaac, le précieux héritier de l'alliance. Abraham allume un feu et ligote le garçon. Au dernier moment, Dieu lui dit de l'épargner. Abraham se contentera de sacrifier un bélier capturé dans le sous-bois voisin.

L'OBÉISSANCE À DIEU

Abraham, son père, sa femme Sara et son neveu orphelin Loth avaient quitté Ur, en Mésopotamie, pour Haran. Lorsqu'Abraham eut soixante-quinze ans, Dieu lui dit de partir, en lui promettant qu'il deviendrait le père d'une nation. Bien que sans enfants, Abraham obéit.

L'alliance

Abraham resta longtemps sans enfant mais Dieu lui promit à plusieurs reprises qu'il deviendrait le père d'une grande nation et que ses descendants seraient aussi nombreux que les étoiles du ciel, que les grains de sable du rivage et que ceux de la poussière du sol.

LE SÉJOUR EN ÉGYPTE

La famine régnant en Canaan, Abraham, Sara et Loth gagnèrent l'Égypte. Ignorant que Sara était mariée, Pharaon la prit pour femme. Dieu le châtia en accablant de maux le palais. Aussi Pharaon renvoya-t-il Abraham et sa famille en Canaan.

LA QUERELLE

Quand Abraham eut quitté l'Égypte, ses hommes et ceux de Loth se querellèrent parce qu'ils avaient plus d'animaux que la terre n'en pouvait supporter. Comme cela menaçait la promesse de Dieu à Abraham, ils concluent un compromis : Loth irait à l'est, vers Sodome, et Abraham en Canaan.

LE DÉSERT

Abraham semble avoir été un riche pasteur nomade, menant ses troupeaux dans le désert. Dans l'histoire juive, le désert est souvent le lieu de la révélation et du renouveau. Ce fut dans le Sinaï que Moïse reçut les dix commandements (voir pp. 118-119).

AU SECOURS DE LOTH

Une deuxième menace survint à cause d'une guerre au cours de laquelle Loth fut capturé par des rois hostiles à ceux de Sodome et de Gomorrhe. Abraham et les siens le délivrèrent, avec sa famille, en attaquant l'ennemi de nuit.

LA BÉNÉDICTION DE MELCHISÉDEC

Après la victoire d'Abraham, Melchisédec, prêtre et roi de Jérusalem, lui donna du pain et du vin, en déclarant : « Béni soit Abram de par le Dieu suprême, auteur des cieux et de la terre ! Et béni le Dieu suprême d'avoir livré tes ennemis en ta main ! » (*Genèse* XIV.19-20).

LE SIGNE DE L'ALLIANCE

Alors qu'Abraham n'avait pas encore d'enfant de Sara, Dieu lui marqua son alliance par un signe. Il lui dit : « Voici le pacte... : circoncire tout mâle d'entre vous... ce sera un symbole d'alliance entre moi et vous » (*Genèse* XVII.10-11). Aujourd'hui encore, tous les garçons juifs sont circoncis à huit jours, ce qui les désigne comme héritiers de l'alliance.

UN AUTRE HÉRITIER POSSIBLE

De nombreuses années s'étaient écoulées et Sara n'avait toujours pas d'enfant mais, à quatre-vingt-six ans, Abraham eut un fils d'Agar, servante de Sara : Ismaël. Cependant Ismaël n'était pas l'héritier promis par Dieu.

Les messagers de Dieu

En voyant trois étrangers, Abraham leur offre l'hospitalité. Ils lui promettent que Sara, malgré son grand âge, portera un fils. Plus tard, les messagers (représentés ci-contre comme des anges) avertiront Loth de la destruction de Sodome et de Gomorrhe.

> **« ...parce que tu as agi ainsi, parce que tu n'as point épargné ton enfant, ton fils unique, je te comblerai de mes faveurs ; je multiplierai ta race comme les étoiles du ciel et comme le sable du rivage de la mer... »**
>
> GENÈSE XXII.16-17

ABRAHAMI PATRIARCHAE PEREGRINATIO, ET VITA.

TERRA TVA, ET DE COGNATIONE TVA, ET VENI IN TERRAM QVAM MONSTRAVERO TIBI.

POST TE, TERRAM PEREGRINATIONIS TVAE, OMNEM TERRAM CHANAAN, IN POSSESSIONEM AETERNAM.

LA LOI

ON DÉFINIT PARFOIS LES JUIFS comme le « peuple du Livre » parce qu'ils vivent selon la Bible et tiennent en particulière révérence la révélation de Dieu dans la *Torah*. On traduit *Torah* par Loi mais le sens exact en est « instruction » ou « orientation ». La *Torah* comprend les cinq premiers livres de la Bible qui, outre un récit historique, fournissent les 613 préceptes fondamentaux de la vie judaïque. Dieu les aurait transmis à Moïse, le prophète qui fit échapper les Hébreux à l'esclavage en Égypte, vers le XIVe siècle av. J.-C.. On y trouve des règles rituelles, hygiéniques et morales. Les juifs croient qu'elles font partie de l'alliance avec Dieu : en tant que peuple élu, ils doivent les respecter toutes. Cette notion n'implique pas un sentiment de supériorité : le rôle des juifs est d'apporter aux autres nations la connaisance du seul vrai Dieu. Parmi ces 613 préceptes, les dix commandements (*Exode* XX), censés avoir été gravés par Dieu sur des tables de pierre, occupent une place de premier plan. Placées dans l'arche d'alliance construite du temps de Moïse, les Tables étaient conservées au Temple de Jérusalem (voir p. 119).

Moïse sur le Sinaï
Après que Moïse eut conduit les Hébreux hors d'Égypte, ils campèrent dans le désert du Sinaï. Laissant son peuple dans la plaine, Moïse escalada la montagne. Il y avait du tonnerre et des éclairs, et les pentes étaient enveloppées de fumée. Là, avec le jeune Josué pour témoin, Dieu parla à Moïse et lui donna les tables sur lesquelles étaient écrits les articles de la Loi.

LA LOI ORALE

La *Torah* écrite contient beaucoup d'enseignements et de conseils mais elle ne traite pas de toutes les situations. Son application et sa signification passent par la parole, par la *Torah-sheb'al peh*, la « *Torah* orale », devenue le fondement de l'enseignement judaïque. Traditionnellement, ces règles orales sont réputées, elles aussi, transmises par Dieu à Moïse sur le Sinaï. Écrites au IIe siècle par Rabbi Juda ha-Nasi, elles sont devenues la *Mishnah*, base du *Talmud* babylonien (VIe s.). L'immensité de celui-ci a conduit à la rédaction de plusieurs codes et résumés pour aider le lecteur à le comprendre. Les plus célèbres sont la *Mishnah Torah* de Moïse ben Maïmon (Maïmonide), au XIIe siècle, et le *Shulhan arukh* de Joseph Caro, au XVIe. On en est venu à considérer leur respect comme un devoir religieux et les juifs maintiennent leur identité communautaire en pratiquant les rituels qui y figurent (voir pp. 126-127).

Chapelle de la Sainte-Trinité, au sommet du mont Sinaï, où Moïse reçut les dix commandements

Le mont Sinaï
La révélation de Dieu à Moïse, sur le mont Sinaï, est considérée comme sa manifestation suprême. Le Deutéronome *(XXXIV.10-12) déclare : «...il n'a plus paru, en Israël, un prophète tel que Moïse, avec qui le Seigneur avait communiqué face à face, eu égard... à cette main puissante, et à toutes ces imposantes merveilles, que Moïse accomplit aux yeux de tout Israël. » Sur le Sinaï, Dieu fit connaître sa volonté et, en suivant ses commandements, les juifs accomplissent son œuvre.*

● POINT D'IDOLE
Le premier et le deuxième commandement disent aux juifs d'adorer le seul vrai Dieu, de ne point faire d'idoles ni de se prosterner devant elles. Dieu est trop grand pour être contenu dans une image. Il ne peut être adoré qu'en esprit et en vérité.

● LE NOM DE L'ÉTERNEL
Le troisième commandement rappelle aux juifs que Dieu est trop grand pour que son nom soit invoqué en vain. Traditionnellement, les juifs ne le nomment pas mais disent *Adonaï* (Seigneur) ou *ha-Shem* (le Nom).

● POINT DE LARCIN
Le huitième commandement dit : « Ne commets point de larcin. » Selon l'interprétation rabbinale, toute atteinte à la propriété est condamnable, y compris le plagiat, le vol des idées. Des systèmes complexes d'indemnisation ont été imaginés, le voleur ne pouvant être pardonné que s'il apporte une compensation à sa victime.

● POINT D'ADULTÈRE
Le septième commandement proscrit l'adultère. Ce sont les relations extraconjugales, plutôt que les préconjugales (fornication), qui sont ainsi condamnées. Les raisons en sont que les juifs de la tradition se mariaient très jeunes et que l'adultère met en question la légitimité des enfants.

LES DIX PLAIES D'ÉGYPTE

La plaie des sauterelles.

La plaie des grenouilles.

La plaie du bétail mort.

Pharaon libère les Hébreux.

LES HÉBREUX VÉCURENT en esclavage en Égypte pendant des années. L'*Exode* décrit la façon dont Dieu choisit Moïse pour les délivrer et les faire sortir du pays. Les Égyptiens n'entendaient pas perdre cette main-d'œuvre gratuite. Alors, Dieu envoya les dix plaies d'Égypte : le Nil devint un fleuve de sang, les grenouilles se répandirent sur les terres, les Égyptiens se couvrirent de vermine, des animaux malfaisants remplirent les maisons, le bétail mourut, une épidémie pustuleuse frappa les Égyp-tiens, la grêle détruisit leurs récoltes, suivie par une invasion de sauterelles, les ténèbres couvrirent le pays pendant trois jours, enfin les premiers nés moururent. Cette dernière plaie convainquit le pharaon de renvoyer les Hébreux : Dieu avait démontré sa puissance. Il édicta alors, comme premiers commandements : « (I) Je suis l'Éternel, ton Dieu, qui t'ai fait sortir du pays d'Égypte, d'une maison d'escla-vage. (II) Tu n'auras point d'autre dieu que moi. » (*Exode* XX.2-3.)

LE JOUR DU SABBAT
Le quatrième commandement dit que les juifs doivent sanctifier le jour du sabbat. Comme Dieu le septième jour de la Création, ils doivent se reposer après six jours de travail.

HONORE TON PÈRE ET TA MÈRE
Selon le cinquième commandement, les enfants doivent honorer leurs parents. Dans beaucoup de sociétés, les vieillards dépendent de leurs enfants, tout comme les jeunes enfants dépendent de leurs parents.

LES DIX COMMANDEMENTS
Les dix commandements, illustrés ci-contre dans un tableau de Lucas Cranach l'Ancien (1472-1553), constituent la loi fondamentale du judaïsme, même si on peut les considérer comme des principes universels visant à créer une société stable et civilisée. Ils sont supposés avoir été écrits sur des tables de pierre et donnés par Dieu à Moïse sur le mont Sinaï.

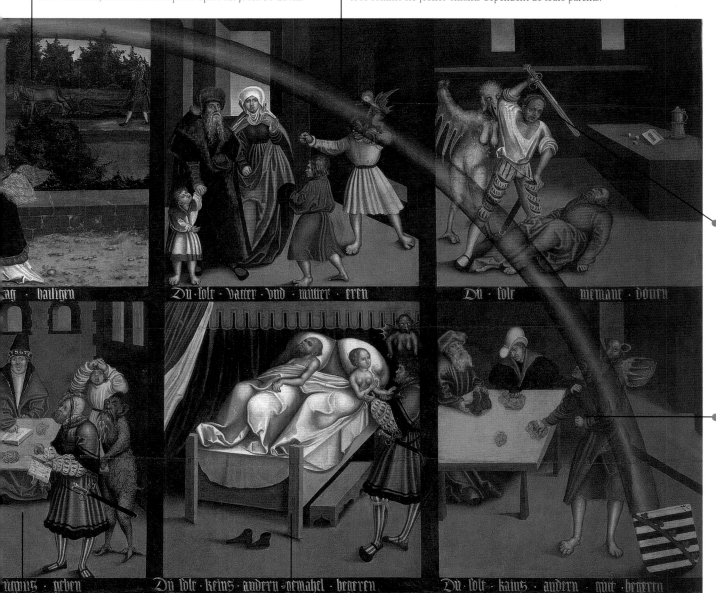

POINT D'HOMICIDE
Le sixième commandement avertit : « Ne commets point d'homicide. » Il faut respecter la vie humaine ; le meurtre est condamné. Toutefois il y a des différences d'opinion dans la communauté juive sur la question de savoir si ce commandement s'applique à des situations telles que la peine capitale ou l'avortement.

NE CONVOITE PAS
Le dixième commandement énumère les objets qui ne peuvent être convoités : maison, esclave, servante, bœuf, âne, « ni rien de ce qui est à ton prochain ». Heureux celui qui apprécie ses propres bénédictions plutôt que d'envier celles des autres.

POINT DE FAUX TÉMOIGNAGE
Le neuvième commandement met l'accent sur la confiance mutuelle : « Ne rends point contre ton prochain un faux témoignage. » Dans une société civilisée, les tribunaux doivent être incorruptibles et l'honnêteté doit régner entre individus dans les affaires quotidiennes.

LA FEMME DE TON PROCHAIN
Ni envie, ni jalousie : par son dixième commandement, Dieu commande à son peuple d'éviter toute convoitise. Cela implique de résister à la tentation de succomber aux charmes de la femme du prochain.

> ❝ *Désormais, si vous êtes dociles à ma voix, si vous gardez mon alliance, vous serez mon trésor entre tous les peuples ! ...vous serez pour moi une dynastie de pontifes et une nation sainte.* ❞
>
> *EXODE* XIX.5-6

L'ATTENTE DU MESSIE

EN HÉBREU, *MESSIAH* SIGNIFIE « OINT ». Dans l'Antiquité, les rois étaient oints en signe d'élection divine. Dans *II Samuel*, David glorifie Dieu ainsi : « Donjon de salut pour ton roi, bienfaiteur de ton oint ». On croyait que Dieu avait choisi le roi David et ses descendants ; lorsqu'il n'y eut plus de rois en Israël et que le pays fut dominé par des puissances étrangères, l'espoir subsista que Dieu enverrait un nouveau roi qui redresserait tous les torts et mettrait fin aux guerres. Ce roi ferait alliance avec les justes et tuerait les méchants ; sa venue marquerait la fin de l'histoire et l'établissement du royaume de Dieu sur terre. Au fil des siècles, le peuple juif est resté fidèle à cette vision ; la croyance en la venue du Messie est intégrée à la liturgie et à la dévotion. Aux Temps modernes, elle s'est partiellement affaiblie. Aujourd'hui, la fondation de l'État d'Israël a fourni pour certains un substitut à l'ancienne espérance ; pour d'autres, le véritable Israël ne peut exister avant son inauguration par le Messie, dont l'attente traditionnelle se poursuit.

Entrée du Messie dans son royaume

Selon Zacharie (IX.9), le Messie entrera dans son royaume, « humble, monté sur un âne ». Ci-dessus, il se présente devant Jérusalem précédé d'un héraut, traditionnellement identifié à Élie. Comme promis par les prophètes bibliques, le peuple juif pourra alors se réunir, en provenant de tous les coins de la terre. L'exil sera terminé et la gloire de Dieu resplendira sur Jérusalem.

L'HISTOIRE DE DAVID

Cette page d'un manuscrit anglais de la fin du XIIe siècle illustre une partie des exploits du roi David, le premier des grands rois de l'histoire d'Israël. Dans la Bible, sa biographie fait l'objet des deux livres de Samuel et du premier livre des Chroniques.

« *David répondit au Philistin :
– Tu viens à moi avec l'épée, la lance et le javelot ; et moi je viens au nom de l'Éternel-Cebaot, du Dieu des légions d'Israël que tu insultes…* »

I SAMUEL XVII.45

MORT DE GOLIATH
On attribue à Goliath une taille de près de trois mètres. Il porte ici le heaume, la cotte de mailles, l'écu et l'épée des chevaliers. Après que David l'eut assommé, il lui coupa la tête, et l'armée philistine prit la fuite.

LE PROPHÈTE SAMUEL
Samuel fut le premier des prophètes et le dernier des juges d'Israël, ces magistrats désignés périodiquement par Dieu pour racheter les Hébreux des conséquences de leurs fautes. Dieu lui dit de faire de Saül le premier roi mais se courrouça contre celui-ci et envoya Samuel à Bethléem, dans la maison de Jessé. Là, David, le plus jeune fils, fut reconnu pour successeur de Saül. « Or, il avait le teint vermeil, avec cela de beaux yeux et bonne mine. Et Dieu dit à Samuel : Va, oins-le, c'est lui ! » (*I Samuel* XVI.12).

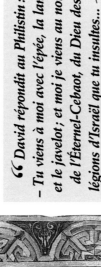

Vêtements du Moyen Âge, époque de ce manuscrit

David et Goliath
David, le plus jeune des fils de Jessé, livrait des fromages à trois de ses frères, dans l'armée israélite, lorsque le géant philistin Goliath mit quiconque en défi de se mesurer à lui en combat singulier. Personne ne se présenta jusqu'à ce que David parût avec une fronde et cinq pierres. Il atteignit le géant d'un tir au front, l'assommant aussitôt.

Onction de David

Samuel oignit David « au milieu de ses frères ; et depuis ce jour-là, l'esprit divin ne cessa d'animer David » (*I Samuel* XVI.13). David régna sur Israël d'environ 1001 à 968 avant notre ère.

Le prophète Nathan

Nathan reprocha à David d'avoir épousé Bethsabée mais soutint son fils Salomon dans sa lutte contre son frère Adonias pour la succession. Salomon, dit le Sage, régna d'environ 968 à 928 av. J.-C.

Les pleurs de David

Lorsqu'on annonça à David la mort d'Absalon, il fut bouleversé. Absalon avait comploté contre lui mais David ne voulait pas sa mort. Il cria : « Mon fils Absalon ! mon fils, mon fils Absalon ! Que ne suis-je mort à ta place, Absalon, mon fils, ô mon fils ! »
(*II Samuel* XIX.1).

David jouant pour Saül

Lorsque le roi Saül perdit la faveur de Dieu, il devint morose et délirant. David, très populaire après qu'il eut tué Goliath, pourrait avoir approché Saül en qualité de musicien capable d'adoucir ces maux.
Toutefois Saül devint rapidement jaloux de ses succès.
Un jour, comme David jouait pour lui, Saül leva sa lance contre lui, « parce que le Seigneur était avec lui, tandis qu'il avait abandonné Saül » (*I Samuel* XVIII.12). David quitta la cour. On attribue à celui-ci la rédaction des *Psaumes*, source importante de la liturgie judaïque.

Mort d'Absalon

Absalon était l'un des nombreux enfants que David eut de ses nombreuses femmes. Il mourut en combattant son père : s'étant emmêlé sa longue chevelure dans les branches d'un arbre, il resta immobilisé et fut pris aisément pour cible par un des généraux de David. Il avait fui la cour plusieurs années auparavant parce qu'il avait tué pour venger son demi-frère Amnon, lequel s'était épris de leur sœur Tamar et l'avait violée.

Accomplissement d'une prophétie

Le viol de Tamar ainsi que la mort d'Absalon et d'Amnon accomplissaient la prophétie d'un conflit familial. Le prophète Nathan avait en effet prédit qu'une dispute éclaterait en raison de la mauvaise action commise par David en séduisant Bethsabée, femme d'Urie le Hittite, et en causant la mort de ce dernier, envoyé combattre en première ligne.

Jérusalem et le Temple

Le roi David fit de Jérusalem sa capitale et son fils Salomon y bâtit le Temple, pour y donner un abri à l'arche d'alliance, suprême relique nationale et religieuse d'Israël, construite sous Moïse (voir pp. 116-117) et reprise par David aux Philistins. Édifice somptueux, le Temple était considéré comme le centre du monde israélite. Il fut détruit par les Babyloniens en 586 avant notre ère, rebâti en plus petit au siècle suivant et enfin refait dans un style plus imposant par Hérode le Grand (Ier s. av. J.-C.). Le Temple fut définitivement détruit par les Romains en 70. La tradition veut que, lorsque le Messie viendra, il sera rebâti et la gloire de Dieu rayonnera sur le monde depuis Jérusalem.

Le mur des Lamentations

Après la destruction du temple d'Hérode en 70, seul le mur ouest resta debout. C'est le lieu le plus sacré du monde juif. Connu sous le nom de mur des Lamentations, parce que les dévots s'y lamentent sur la perte du Temple, il reste un but de pèlerinage. Ci-contre, un juif orthodoxe y prie avec son fils. Lors de la Pâque (voir pp. 128-129), la Diaspora fait ce vœu : « L'an prochain à Jérusalem ! »

Le saint des saints

Dans le sanctuaire central, seul le grand prêtre pouvait entrer, et seulement une fois par an, le jour du Pardon. C'était là que se trouvait l'arche d'alliance qui contenait les tables de la Loi données par Dieu à Moïse sur le mont Sinaï.

La cour des prêtres

Le Temple était géré par une dynastie sacerdotale. Les prêtres accomplissaient les sacrifices quotidiens, hebdomadaires et des jours de fête, et ils brûlaient de l'encens sur les autels.

La cour des Israélites

Les hommes se réunissaient pour prier dans une cour intérieure. Ils pouvaient voir par le portail les prêtres accomplissant les rites et sacrifices.

La cour des femmes

Traditionnellement, hommes et femmes prient séparément. Cela remonte à l'Antiquité, lorsque les femmes ne pouvaient aller plus loin que la deuxième cour du Temple.

Le Temple

Cette gravure du XIXe siècle donne une idée de ce à quoi aurait pu ressembler le temple de Jérusalem, bien qu'il n'y en ait aucune description authentique.

La cour des Gentils

Le Temple n'était pas un bâtiment unique mais une série de cours communicantes. Il avait son administration, dirigée par le grand prêtre, descendant d'Aaron, frère de Moïse.

L'enceinte

La cour extérieure du Temple était ouverte à tout le monde. À la porte de la cour suivante était affiché un écriteau avertissant les non-juifs de ne pas aller plus loin.

LE CULTE JUDAÏQUE

LA SAINTETÉ ET LA MAJESTÉ DE DIEU nécessitent le culte et la prière. Après la destruction du Temple de Jérusalem en 70, les sacrifices rituels, que l'on ne pouvait plus accomplir, furent remplacés par les prières du matin, de l'après-midi et du soir. La liturgie, service de la prière, est dite aussi « service du cœur ». Elle inclut la *Chema*, déclaration de foi : « Écoute, Israël, l'Éternel est notre Dieu, l'Éternel est un ! », et l'*Amidah*, ensemble de bénédictions qui usent de la formule : « Béni sois-tu, ô Dieu, roi de l'univers ! » L'idéal est de s'attacher à Dieu par la prière ; le philosophe Nahmanide (XIIIᵉ s.) a écrit : « Quiconque s'attache à son créateur devient digne de recevoir l'Esprit saint. » Idéalement, les prières doivent être dites au sein d'un *minyan*, groupe d'au moins dix hommes. On peut prier en tout lieu et en tout temps mais, dans tout le monde juif, la synagogue (du grec *sunagôgê*, assemblée) est devenue le centre du culte et de l'étude. Les fidèles peuvent y assister à un office trois fois par jour, on y donne cours et le bâtiment comprend souvent des bureaux, des salles de réunion et des lieux d'accueil des visiteurs.

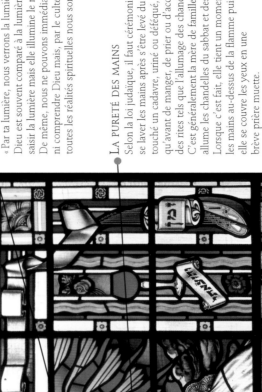

LA SÉPARATION DES SEXES

SUIVANT LA TRADITION JUDAÏQUE, hommes et femmes prient séparément et, à la synagogue, les sièges des uns et des autres se trouvent à des endroits différents. Le *Talmud* (livre de la Loi, VIᵉ s.) fait remonter cette séparation à l'époque du Temple et la justifie par le sentiment que les femmes distrairaient de la prière. À la différence des hommes, les femmes ne doivent pas assister quotidiennement au culte et, lorsqu'elles y vont, leur présence ne compte pas pour la constitution d'un *minyan* (sauf chez les libéraux, voir p. 127). La responsabilité de la femme est de garder le foyer et d'élever les enfants dans l'esprit de la tradition. La qualité de juif se transmet par les femmes.

Le shofar

Le shofar est un instrument à vent fait d'une corne de bélier. On en sonne à Rosh Hashanah (le Nouvel An) et à Yom Kippour (le Pardon). Comme l'a expliqué le grand philosophe du XIIᵉ siècle Maïmonide, il appelle les pécheurs au repentir : « Réveillez-vous, pécheurs, et pesez vos fautes ; souvenez-vous de votre Créateur, renoncez à vos méfaits et retournez à Dieu... »
Aujourd'hui, en Israël, le shofar est sonné le vendredi après-midi pour annoncer le sabbat.

LA PÂQUE

Ce vitrail moderne symbolise la fête de la Pâque (voir pp. 128-129). L'inscription hébraïque du haut rappelle qu'elle est aussi la fête des Azymes. On la célèbre généralement chez soi, par un repas familial et rituel.

LES LUMIÈRES DE LA FÊTE

Au sabbat et aux fêtes, il importe d'allumer des chandelles.
Cette inscription est un abrégé de la bénédiction :
« Béni sois-tu, Seigneur notre Dieu, roi de l'univers, qui nous as commandé d'allumer les lumières de la fête. »

LA LUMIÈRE PERPÉTUELLE

Si, chez soi, l'on allume des chandelles à l'occasion du sabbat et des fêtes, à la synagogue une lampe brûle perpétuellement pour signifier la présence éternelle de Dieu. Appelée *ner tamid*, cette lampe rappelle aussi le cierge doré qui brûlait en permanence au Temple de Jérusalem.

LA LUMIÈRE DE DIEU

« Par ta lumière, nous verrons la lumière. » Dans la prière, Dieu est souvent comparé à la lumière. Nous ne pouvons saisir la lumière mais elle illumine le monde entier. De même, nous ne pouvons immédiatement connaître ni comprendre Dieu mais, par le culte et la prière, toutes les réalités spirituelles nous sont révélées.

LA PURETÉ DES MAINS

Selon la loi judaïque, il faut cérémonieusement se laver les mains après s'être levé du lit, avoir touché un cadavre, uriné ou déféqué, ainsi qu'avant de manger, de prier ou d'accomplir des rites tels que l'allumage des chandelles. C'est généralement la mère de famille qui allume les chandelles du sabbat et des fêtes. Lorsque c'est fait, elle tient un moment les mains au-dessus de la flamme puis elle se couvre les yeux en une brève prière muette.

LA LANGUE DE LA PRIÈRE

Toutes les inscriptions du vitrail sont en hébreu. C'était la langue des anciens Hébreux. Bien que l'araméen l'ait remplacé au IIᵉ siècle av. J.-C., l'hébreu continue à être utilisé pour la prière et pour la lecture des livres sacrés. Le yiddish est devenu plus tard la langue vernaculaire des juifs d'Allemagne et d'Europe orientale mais l'hébreu, resté essentiel au culte, occupe toujours une grande place dans l'éducation des juifs.

Le vin

Le vin joue un grand rôle dans le culte judaïque. Au temple de Jérusalem, on en répandait sur l'autel des sacrifices. Aujourd'hui, il sert à accueillir et à conclure le sabbat ; de plus, il intervient dans les cérémonies de la Pâque et de la circoncision (voir pp. 128-129).

LIVRES DE PRIÈRE

Pendant des siècles, les prières liturgiques ont été connues par cœur et l'on n'a utilisé des livres de prière qu'après le IXe siècle. Le livre contenant les prières quotidiennes s'appelle le *Siddur* alors que celui qui contient les prières des fêtes est le *Mahzor*. Aujourd'hui, ils sont généralement imprimés en hébreu à droite de la page et en traduction à gauche.

PLATS SÉPARÉS

Les règles de l'alimentation kasher interdisent de servir la viande et des produits laitiers au même repas et, a fortiori, sur le même plat. Cela sauvegarde la pureté de la maison, qui est le centre religieux le plus important pour la famille.

Brûle-parfums

L'encens était d'usage courant dans le rituel du temple de Jérusalem. Sa fumée symbolise la prière.

LES ALIMENTS KASHER

Tout aspect de la vie peut être occasion de culte. Les nombreux interdits alimentaires du judaïsme, assortis de modes obligatoires de préparation, représentent des moyens de sanctification et maintiennent la différence entre les élus de Dieu et les gentils.

LE PAIN

Partager le pain fait partie du culte. Le jour du sabbat, un pain tressé (*hallah*) est béni, saupoudré de sel et mangé. À la Pâque, le pain azyme (*matsos*) joue un rôle rituel majeur.

« DIS À TON FILS... »

Pendant des siècles, les juifs ont vécu minorisés au sein d'une culture étrangère, souvent hostile. Ils ont donc toujours mis l'accent sur la survie de leurs traditions et sur leur transmission à leurs enfants et aux enfants de leurs enfants.

Fronton du XVIIIe siècle décoré d'un relief de feuilles

L'arche d'alliance, contenant les rouleaux de la *Torah*

La *bimah* où a lieu le service

Fenêtre de la galerie des femmes

LA SYNAGOGUE

L'institution de la synagogue par la *Torah* (voir pp. 122-123), en tant que centre de culte et d'instruction, remonte peut-être au VIe siècle et à l'exil de Babylone. Après la destruction du temple de Jérusalem, en 70, beaucoup de rites qui y étaient traditionnels furent introduits dans le service de la synagogue. Les offices du matin, de l'après-midi et du soir y reflètent l'époque des sacrifices au Temple. Le bâtiment est orienté vers Jérusalem. L'armoire placée contre le mur du fond et qui contient les rouleaux de la Loi s'appelle l'arche. Le personnel appointé de la synagogue comprend le rabbin (directeur et professeur de religion), le chantre (officiant) et le concierge. Toutefois la liturgie est souvent assurée par des laïcs. Il est considéré comme méritoire de se rendre à la synagogue et, pour être complet, le culte ne peut se passer d'un *minyan*, groupe de dix hommes. On dit que Dieu se fâche s'il visite une synagogue sans y trouver un *minyan*.

L'architecture de la synagogue

En général, l'architecture d'une synagogue reflète celle de la société environnante. On en a un bel exemple ci-contre avec cette synagogue de Vienne, inspirée des cathédrales romanes. Les galeries servent aux femmes. L'arche est placée contre le mur est, et une lumière perpétuelle brûle dans une lampe suspendue devant. Les offices se font d'une plate-forme centrale, la bimah.

Staronová

La grande salle de la synagogue de Staronová, à Prague, est entourée de petites pièces utilisées comme salles de réunion, de travail ou de classe et pour le bain rituel. Une synagogue n'est pas qu'un lieu de culte : c'est un centre communautaire complet. Les juifs religieux doivent vivre près d'une synagogue parce qu'il est interdit d'user de transports motorisés pendant le sabbat.

L'ÉTUDE DE LA TORAH

L'ÉDUCATION DES ENFANTS est le premier devoir des parents. Les Écritures y font souvent référence : « Tu les inculqueras [les commandements] à tes enfants et tu t'en entretiendras, soit dans ta maison, soit en voyage, en te couchant et en te levant » (*Deutéronome* VI.4). Pour que les enfants deviennent des juifs pieux, il est indispensable qu'ils connaissent les 613 préceptes de la *Torah*, la loi qui, selon le livre de l'*Exode*, a été donnée à Moïse par Dieu, et qu'ils se familiarisent avec les diverses opinions et interprétations qu'on en a tirées. La sainteté exige donc l'étude. Depuis longtemps, les juifs sont soucieux d'éducation. L'instruction est généralisée, en tout cas chez les hommes, et l'on va très jeune à l'école. Les garçons apprennent à lire l'hébreu pour pouvoir étudier la Bible. Plus tard, ils passeront à l'araméen, langue du *Talmud* babylonien du VIe siècle. Dans le passé, l'on n'étudiait que les livres sacrés, et il n'était pas rare que des jeunes gens poursuivent leur instruction à vingt ans passés. Aujourd'hui, la plupart des jeunes juifs ne vont plus si loin dans leur éducation religieuse mais la tradition de respect de l'étude se poursuit : la majorité d'entre eux vont au moins jusqu'au baccalauréat.

La yeshiva

Une yeshiva est une école talmudique. Traditionnellement, les jeunes gens étudient deux à deux, parcourant ensemble le Talmud et le discutant en yiddish, langue des juifs ashkénazes. L'ambiance est strictement masculine. Normalement, les femmes orthodoxes n'étudient pas le Talmud. Pour certains, l'expérience de la yeshiva marque le début d'une vie d'enseignant, de scribe ou de rabbin. D'autres la considèrent comme une étape, avant d'avoir à exercer un métier.

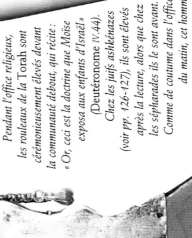

Rouleau de la Torah

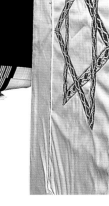

L'élévation des rouleaux

Pendant l'office religieux, les rouleaux de la Torah sont cérémonieusement élevés devant la communauté debout, qui récite : « Or, ceci est la doctrine que Moïse exposa aux enfants d'Israël » (Deutéronome IV.44). Chez les juifs ashkénazes (voir pp. 126-127), ils sont élevés après la lecture, alors que chez les sépharades ils le sont avant. Comme de coutume dans l'office du matin, cet homme porte son châle de prière et sa kippa (calotte).

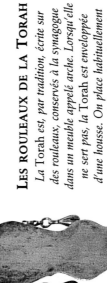

LES ROULEAUX DE LA TORAH

La Torah est, par tradition, écrite sur des rouleaux, conservés à la synagogue dans un meuble appelé arche. Lorsqu'elle ne sert pas, la Torah est enveloppée d'une housse. On place habituellement des couronnes sur les manches des rouleaux remis dans l'arche. Appelées keter Torah (couronne de la Loi), elles symbolisent la souveraineté de la Loi sur la vie juive. Elles sont souvent en argent et d'une élégante finition.

L'écriture des rouleaux

Il y a une longue tradition d'écriture dans le judaïsme. À l'époque prérabbinique, les scribes étaient une classe d'experts de la Loi. Il s'en dégagea des spécialistes laïcs de la Torah, qui transmirent et interprétèrent les préceptes bibliques. Ci-dessus, un scribe professionnel vérifie un rouleau manuscrit, lequel doit être parfait avant qu'il puisse servir à la lecture de la Torah dans la synagogue. Il y a beaucoup de règles concernant l'écriture, et tout aspirant scribe doit apprendre à les connaître à fond.

Une inscription

« Ceci est la Loi que Moïse a imposée à la famille de Jacob. » Ces mots, inscrits sur le rouleau ci-contre, reflètent le credo fondamental concernant la Torah. Comme le rappelle l'Exode, elle a été donnée à Moïse par Dieu, sur le mont Sinaï, en témoignage de son alliance avec le peuple hébreu. Jacob fut l'un des premiers patriarches ; son second nom fut Israël, « Celui qui joute avec Dieu » (voir p. 114).

LE COFFRET
Chez les juifs sépharades, la Torah est enfermée dans un coffret de bois appelé tik. Les ashkénazes enveloppent généralement les rouleaux dans du tissu brodé.

ARBRES DE VIE

Les manches des rouleaux de la *Torah* s'appellent *azei hayyim*, arbres de vie, par référence à un passage de la liturgie qui dit que la loi de Dieu est comme « l'arbre de vie auquel nous montons ».

LA LECTURE DU ROULEAU

Contrairement aux langues européennes, l'hébreu s'écrit de droite à gauche. L'illustration montre le rouleau de la *Torah* déroulé près du début du texte. C'est un honneur d'être appelé à lire les rouleaux. Avant la lecture, on leur fait faire le tour de la synagogue, puis on récite une bénédiction. Pendant l'office du matin, on demande à sept hommes au moins de les lire.

Le yad

Le terme yad signifie littéralement « main » et la baguette utilisée pour lire la Torah se termine souvent en forme de main. Le lecteur y recourt pour éviter de toucher et de salir le texte sacré, pour concentrer son attention sur le mot à lire, pour le visualiser et le prononcer correctement.

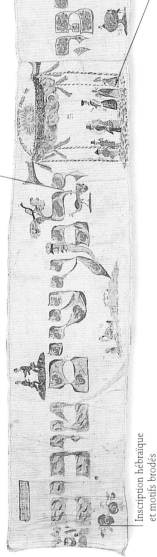

Élévation des rouleaux à la synagogue

L'inscription hébraïque décore et informe

Célébration d'un mariage sous un dais

Inscription manifestant la fidélité à la *Torah*

Inscription hébraïque et motifs brodés

Le texte hébraïque

La Torah se compose des cinq livres du Pentateuque : Bereshit, Shemot, Vayikra, Be-Midmar et Devarim. Elle relate donc l'histoire primitive du peuple hébreu et contient les 613 préceptes de la Loi.

« *Ce livre de la Loi ne doit pas quitter ta bouche, tu le méditeras jour et nuit afin d'en observer avec soin tout le contenu...* »

JOSUÉ 1.8

L'HÉBREU

L'hébreu s'écrit en principe sans voyelles : toutes les lettres de l'alphabet sont des consonnes. Pour lire et comprendre correctement le texte sacré, il faut être bien familiarisé avec la langue, faute de quoi l'on ne saurait comment prononcer chaque mot. Dans l'édition toutefois, des signes diacritiques sont utilisés pour les voyelles.

La mappah

Après que la Torah a été roulée, elle est attachée par un ruban appelé mappah, avant d'être replacée dans son coffret. Traditionnellement, la mappah est faite avec des langes. Lorsqu'un enfant atteint l'âge d'être bar Mitzvah (voir pp. 130-131), l'étoffe est brodée et présentée à la synagogue en vue de son usage rituel.

123 • L'ÉTUDE DE LA TORAH

LA KABBALE

KABBALE EST LE NOM DONNÉ au savoir mystique juif, à l'origine transmis par voie orale. Dans le vaste trésor talmudique qui s'est constitué à partir du VIᵉ siècle, il y a des allusions à la spéculation mystique. La tradition veut que les doctrines en soient restées secrètes, car on supposait que des connaissances chargées d'un tel pouvoir devaient rester limitées à un groupe restreint. On disait que le nom caché de Dieu ne pouvait être révélé qu'à un homme « modeste et doux, dans le milieu de sa vie, peu enclin à la colère, modéré et dépourvu de sentiments vindicatifs ». Sans doute le plus célèbre des ouvrages mystiques est-il le *Zohar* (« la splendeur divine »). Écrit par Moïse de Léon à Grenade, à la fin du XIIIᵉ siècle, il prétend remonter au début du IIᵉ : il serait un recueil de sagesse ancienne. Il explique la relation de Dieu avec le monde en termes de *sefirot*, attributs ou émanations de Dieu, à partir de quoi il a créé l'univers. Il y a dix *sefirot*, qu'on représente symboliquement sous les aspects d'un arbre, de sphères concentriques, d'un homme ou d'un chandelier. Les doctrines du *Zohar* ne constituent pas qu'un système théorique : elles disent que l'action humaine exerce un effet sur le monde supérieur et qu'en servant Dieu l'âme pieuse atteint à l'union avec le divin. Le chandelier ci-dessous montre la hiérarchie des *sefirot*, avec leurs qualités correspondantes chez l'être humain.

> « *Quant aux sefirot, chacun a un nom connu, et Tu es le parfait achèvement de tous.* »
>
> ZOHAR

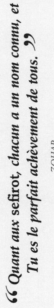

Le tympan de Sainte-Trophime d'Arles
Ce bas-relief chrétien du XIIᵉ siècle fait recours à une iconographie kabbalistique. Le Messie, sauveur du monde, est entouré des quatre créatures mentionnées par le prophète Ézéchiel : l'homme cosmique, représentant les sefirot (voir ci-dessus) ; l'aigle, symbole aérien (niveau de la création du monde) ; le lion, symbole d'eau (niveau du cœur) ; et le taureau, symbole terrien (niveau de l'action).

Un faux messie
La spéculation kabbalistique connut son apogée aux XVIᵉ et XVIIᵉ siècles. Beaucoup d'érudits croyaient qu'on vivait la fin des temps et ils accueillirent favorablement le messie autoproclamé Shabbetaï Zevi (ci-dessus). Sa venue mit le monde juif en ébullition mais, en 1666, il fut pris par les Turcs qui lui donnèrent le choix entre la mort et la conversion à l'islam. Il se discrédita en optant pour cette dernière.

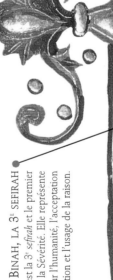

KETER, LA 1ᴿᴱ SEFIRAH
Keter, Couronne, est le point d'équilibre. C'est la première révélation de Dieu, son nom divin. *Keter* contient tout ce qui fut, est et sera.

HOKHMAH, LA 2ᴱ SEFIRAH
Hokhma est le premier attribut du pilier de la Miséricorde. C'est l'intelligence de l'esprit divin et, chez l'homme, l'éclair du génie. Elle est contrebalancée par *Binah*, Entendement, sur le pilier de la Sévérité.

HESED, LA 4ᴱ SEFIRAH
Hesed, Miséricorde, est le deuxième attribut du pilier de la Miséricorde. Elle représente les qualités divines et humaines de tolérance, de générosité et d'amour, que contrabalance *Gevurah*, Jugement, sur le pilier de la Sévérité.

BINAH, LA 3ᴱ SEFIRAH
Binah, Entendement, est la 3ᵉ *sefirah* et le premier attribut du pilier de la Sévérité. Elle représente l'intellect divin et, pour l'humanité, l'acceptation de la tradition et l'usage de la raison.

GEVURAH, LA 5ᴱ SEFIRAH
Gevurah, Jugement, représente la justice divine mais aussi la rigueur humaine, la discrimination et la discipline. De l'autre côté du pilier de l'Équilibre, elle est contrebalancée par la Miséricorde, 4ᵉ *sefirah*.

HOD, LA 8ᴱ SEFIRAH
Hod, Réverbération, est l'attribut inférieur du pilier de la Sévérité (les trois branches à gauche du pied). Traditionnellement traduite par Splendeur, elle se rapporte à la fois au rôle répressif des armées de Dieu et aux qualités passives, cognitives, des êtres humains.

NETSAH, LA 7ᵉ SEFIRAH

Netsah, Éternité, est le troisième attribut du pilier de la Miséricorde. Traditionnellement traduite par Victoire, elle représente le rôle conquérant des armées de Dieu et, pour l'humanité, les qualités actives, instinctives et impulsives.

LES DEUX PILIERS

Les trois branches de droite forment le pilier de la Miséricorde, celles de gauche le pilier de la Sévérité. Les branches de droite sont *Hokhmah* (Miséricorde), *Hesed* (Sagesse) et *Netsah* (Éternité). En expansion constante, elles sont contrebalancées par les forces opposées du pilier de la Sévérité : *Binah* (Entendement), *Gevurah* (Jugement) et *Hod* (Réverbération).

Ce coffret à épices représente d'une autre manière les *sefirot*.

Comme le chandelier, cet objet repose sur un pilier de l'Équilibre

Les épices

On aspire le parfum des épices à la fin du sabbat. Selon la *Kabbale*, cela ôte la tristesse car « l'esprit non sabbatique » s'en va jusqu'à la semaine suivante. La vie juive est gouvernée par les fêtes annuelles et par le rythme hebdomadaire du sabbat, qui reflète celui des *sefirot*.

LE CHANDELIER

D'après l'Exode (XXV.31), les caractéristiques du chandelier à sept branches furent données par Dieu à Moïse sur le Sinaï. Dans la tradition kabbalistique, il est fait d'une pièce d'or ; ses sept supports et ses trois jointures symbolisent le monde immuable des dix sefirot. Les branches de gauche forment le pilier de la Sévérité et celles de droite, le pilier de la Miséricorde. Au centre, le pilier de l'Équilibre fait que leurs propriétés se contrebalancent.

Les 6ᵉ et 9ᵉ sefirot

Les trois jointures sont, de haut en bas, Daat (Connaissance) qui n'est pas une sefirah, Tiferet (Beauté), la 6ᵉ sefirah, et Yesod (Fondement), la 9ᵉ. Bien que Daat soit destinée à passer, elle représente le vide par où l'absolu entre où il veut. Tiferet, sur laquelle plane l'Esprit saint, est le cœur des cœurs, où réside l'essence des choses. Yesod est la base de tout ce qui existe.

Chez l'homme, elle est l'Ego, fondement de la conscience.

MALKHUT, LA 10ᵉ SEFIRAH

La dernière *sefirah*, *Malkhut*, Royaume, représente la présence de Dieu dans la matière. Traditionnellement, on lui attribue une nature quadruple, compréhensive des éléments : terre, air, feu et eau. C'est dans la combinaison et la tension des quatre éléments que Dieu se manifeste au monde.

LE PILIER DE L'ÉQUILIBRE

Le pied est le pilier de l'Équilibre. D'un côté, le pilier de la Miséricorde est épanchement ; de l'autre, le pilier de la Sévérité, contrainte. La volonté divine, qu'exprime le pilier de l'Équilibre, tient le tout en balance et hiérarchise les *sefirot*.

LA HIÉRARCHIE

L'activité créatrice de Dieu, visualisée par un rayon de lumière, se manifeste dans les *sefirot*, qui expriment les attributs divins, éternellement équilibrés, et sous-tendent toute existence.

DIFFÉRENCES ENTRE JUIFS

En RAISON DE LEUR HISTOIRE, faite de dispersion et d'exil, les juifs ont fondé des communautés dans le monde entier. Celles-ci ont, au cours des siècles, développé des coutumes différentes. Bien que les juifs aient le sentiment fort d'appartenir à un même peuple, les divisions sont nombreuses entre eux. Mises à part les distinctions nationales, au début du XIXe siècle des juifs européens et américains ont voulu mettre à jour la tradition et l'adapter à la vie moderne, d'où actuellement l'opposition entre orthodoxes (traditionnalistes) et libéraux (modernistes).

SÉPHARADES ET ASHKÉNAZES

Entre la fin du XVIIe siècle et le début du XVIIIe, Amsterdam était l'un des principaux centres de la vie juive. La communauté s'y composait de deux groupes : les sépharades descendaient des juifs ibériques expulsés en 1492 ; les ashkénazes, de juifs allemands et d'Europe orientale. Les uns et les autres conservaient leurs coutumes propres, même si leurs nombreuses synagogues étaient proches voisines. Les cérémonies des deux traditions ont été illustrées par le graveur français Bernard Picart, dont les planches ont été éditées entre 1730 et 1740. Les juifs d'Europe occidentale, centrale et orientale, ainsi que d'Amérique du Nord, sont généralement ashkénazes. Les sépharades sont essentiellement méditerranéens. Les deux coexistent en Israël.

SYNAGOGUE ASHKÉNAZE LE JOUR DU PARDON

Cette gravure de Bernard Picart montre la célébration du Pardon par des juifs d'origine allemande, à Amsterdam. C'est le jour le plus saint de l'année judaïque, ce qui explique que la synagogue soit pleine.

LA GALERIE DES FEMMES
Comme dans toutes les synagogues orthodoxes, hommes et femmes sont séparés. Ici, les femmes sont rassemblées dans leur galerie, loin au-dessus des hommes. Les Allemands étaient plus stricts sur ces questions que les Espagnols. À la synagogue sépharade, on voit les hommes et les femmes bavarder ensemble.

LE HASSIDISME EN EUROPE ORIENTALE

Le HASSIDISME est un mouvement religieux caractérisé par un grand enthousiasme, l'extase et une fidélité absolue aux chefs spirituels. Il est né en Europe orientale à la fin du XVIIIe siècle. Les *hassidim* se reconnaissent aisément : les hommes portent un costume et un chapeau noirs, des mèches frisées et la barbe. Les femmes se vêtent modestement ; mariées, elles portent perruque. Les *hassidim* sont très orthodoxes et vivent en communautés séparées, suivant leurs coutumes. Il y en a aujourd'hui des groupes nombreux en Israël et dans les grandes villes des États-Unis. Au début, la bonne société orthodoxe les dédaignait mais elle estime à présent, devant la menace du mouvement libéral, qu'ils pratiquent un judaïsme légitime.

LE SOUTIEN DE LA COMMUNAUTÉ
Chaque synagogue était financée par la communauté. D'après les gravures, il semble que l'allemande fût beaucoup plus petite que l'espagnole, qui était magnifique. Presque certainement, les juifs allemands étaient plus pauvres et moins introduits dans la vie commerciale d'Amsterdam que leurs coreligionnaires espagnols.

PIÉTÉ ALLEMANDE
La communauté allemande était connue pour son intense piété comme pour son dévouement à l'éducation et à l'instruction judaïque. On remarquera que tous les personnages de la gravure savent lire leur livre de prière en hébreu.

Un judaïsme lointain

Ce rouleau du Livre d'Esther *vient de Kaifen Fu, en Chine. De petites communautés juives y ont existé dès le XIe siècle. L'origine de celles de l'Inde est inconnue et, jusqu'au XVIIIe, elles ne se connaissaient pas l'une l'autre. En 1975, les Beta Israël d'Éthiopie (appelés par d'autres les Falachas) ont été reconnus comme juifs par le rabbinat israélien. Beaucoup d'entre eux vivent maintenant en Israël. Ces groupes ont emprunté des coutumes à leurs voisins et pratiquent différentes formes de judaïsme.*

> **❝ ...quand vous serez dispersés dans les pays, ces survivants parmi vous se souviendront de moi chez les nations où ils seront captifs... ❞**
>
> ÉZÉCHIEL v 1.8-9

COUVRE-CHEFS

Comme dans toutes les synagogues orthodoxes, les hommes restent la tête couverte pendant l'office. Dans la gravure de Picart montrant la synagogue espagnole, ils portent d'élégants tricornes mais, ici, la plupart ont un simple bonnet ou leur chapeau de tous les jours.

LE JUDAÏSME LIBÉRAL

UNE RÉFORME DU JUDAÏSME a été entreprise en Europe occidentale au début du XIXe siècle et s'est rapidement répandue aux États-Unis. Ses initiateurs ont admis les découvertes des études bibliques modernes et ont mis l'accent sur les préceptes moraux de la *Torah*. Ils ont adapté la liturgie traditionnelle, rejeté les coutumes choquantes pour la sensibilité moderne et introduit de nouvelles prières, en langue vulgaire. Récemment, des femmes ont été consacrées rabbins (ci-dessus, la première de Grande-Bretagne, portant les rouleaux de la *Torah*). Les orthodoxes rejettent complètement ce mouvement, considérant ses laïcs comme des pécheurs, ses rabbins comme des laïcs et ses convertis comme non-juifs.

JUIFS ALLEMANDS

Les juifs allemands maintenaient leur différence par rapport à la nation hôte. L'assimilation est souvent considérée comme la pire menace pour la survie du judaïsme. Malgré les formes très différentes de religion qu'ils ont pratiquées en différents lieux et temps, les juifs se perçoivent toujours comme un peuple uni et conservent un sentiment profond de leur identité.

CHANDELLES D'ÉCLAIRAGE

Ces chandelles indiquent qu'il est nuit. Le jour du Pardon commence la veille au coucher du soleil ; il dure une nuit et un jour jusqu'au coucher de soleil suivant. L'artiste a été très impressionné par le nombre de ces juifs allemands qui passaient la nuit et parfois le lendemain sans quitter leur place, en déplorant leurs fautes.

Livre de prière suivant le rite ashkénaze, différent du sépharade

Châle de prière

BARBE ET HABILLEMENT

Respectueux de la tradition, ces juifs allemands portent tous la barbe. Comme c'est *Yom Kippour*, le jour du Pardon, ils endossent un vêtement blanc de circonstance, appelé *kittel* et particulier aux ashkénazes. Dans la gravure de Picart relative à la synagogue espagnole, les hommes sont rasés et vêtus avec une grande élégance.

Le jeûne

Principale solennité de l'année, le Pardon est jour de jeûne : on ne mange ni ne boit et, comme ci-contre, on ne porte pas de souliers, sauf en cas de nécessité.

LES FÊTES RELIGIEUSES

Traditionnellement, la vie se déroule au rythme hebdomadaire du sabbat, le jour de repos, et au rythme annuel des fêtes. Le sabbat commence le vendredi soir et se termine dans la nuit du samedi. L'année juive a environ 354 jours ; donc, si les fêtes tombent toujours à peu près au même moment de l'année, les dates du calendrier varient. Selon le *Deutéronome* (XVI.16), les juifs doivent célébrer trois fêtes de pèlerinage par an : « Trois fois l'an, tous tes mâles paraîtront en présence du Seigneur, dans l'endroit qu'il aura élu : à la fête des Azymes, à celle des Semaines et à celle des Tentes. » *Pesach* (Azymes et Pâque), *Shavu'ot* (Semaines) et *Soukkot* (Tentes) se rapportent à l'histoire d'Israël et à l'année agricole. *Rosh Hashanah* (Nouvel An) et *Yom Kippour* (Grand Pardon) sont des moments de réflexion, de repentir et de prière. *Pourim* (Sorts) et *Hanukkah* (Dédicace) commémorent des victoires. Enfin *Yom Haatzamaout* est une innovation, célébrant la création de l'État d'Israël en 1948.

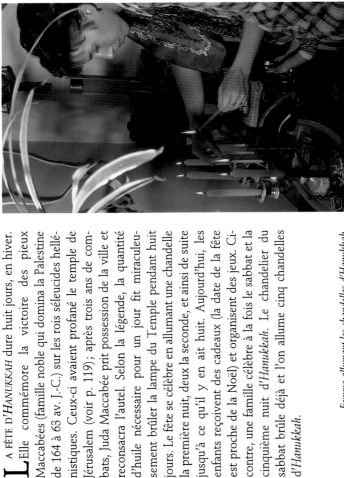

Hanukkah

La fête d'*Hanukkah* dure huit jours, en hiver. Elle commémore la victoire des pieux Maccabées (famille noble qui domina la Palestine de 164 à 63 av. J.-C.) sur les rois séleucides hellénistiques. Ceux-ci avaient profané le temple de Jérusalem (voir p. 119) ; après trois ans de combats, Juda Maccabée prit possession de la ville et reconsacra l'autel. Selon la légende, la quantité d'huile nécessaire pour un jour fit miraculeusement brûler la lampe du Temple pendant huit jours. La fête se célèbre en allumant une chandelle la première nuit, deux la seconde, et ainsi de suite jusqu'à ce qu'il y en ait huit. Aujourd'hui, les enfants reçoivent des cadeaux (la date de la fête est proche de la Noël) et organisent des jeux. Ci-contre, une famille célèbre à la fois le sabbat et la cinquième nuit d'*Hanukkah*. Le chandelier du sabbat brûle déjà et l'on allume cinq chandelles d'*Hanukkah*.

Femme allumant les chandelles d'Hanukkah.

La fête des Azymes
Lorsque les Hébreux furent délivrés de l'esclavage en Égypte, ils furent avec tant de hâte qu'ils cuirent leur pain avant qu'il eût levé. Suivant les préceptes donnés par Dieu à Moïse, on ne consomme pas de levain pendant la Pâque mais on cuit alors un pain sans levain, les matsos.

PRÉPARATIFS DE LA PÂQUE

La Pâque (Pesach) est la première fête de pèlerinage. Elle commémore l'exode des Hébreux hors d'Égypte et tire son nom de la dixième plaie d'Égypte (voir p. 117), lorsque les premiers nés des Égyptiens moururent, alors que l'ange de la mort passait au-dessus des maisons israélites. La peinture de manuscrit ci-contre, illustrant la Haggadah, date de 1320.

ALIMENTS SYMBOLIQUES
Des aliments symboliques sont préparés pour le *Pesach seder*, le repas rituel. Ils comprennent des herbes amères symbolisant l'âpreté de l'esclavage en Égypte, des herbes vertes annonçant le printemps, un œuf commémorant le caractère sacrificiel de la fête, un gigot représentant l'agneau du sacrifice, de l'eau salée rappelant les larmes des Hébreux et du vin à la cannelle, aux pommes et aux noix pilées, souvenir des travaux au mortier qu'ils accomplissaient en Égypte.

UNE FÊTE AGRAIRE
À l'époque du temple de Jérusalem, la Pâque célébrait le commencement de la moisson d'orge. Sept semaines plus tard, *Shavu'ot*, deuxième fête de pèlerinage, marquait l'offrande des premiers fruits non moins que le don de la Loi à Moïse sur le mont Sinaï.

PAIN AZYME
On dispose en pile trois feuillets de pain azyme. Le supérieur et l'inférieur représentent une double portion de la manne, la nourriture donnée par Dieu aux Hébreux dans le désert. Le feuillet du milieu est le « pain d'affliction ».

Le regard tourné vers l'avenir, etc.

LE REGARD TOURNÉ VERS L'AVENIR

On croit que le Messie se révélera à *Pesach* et qu'il sera précédé par le prophète Élie. On prépare un verre de vin pour Élie et la célébration se termine par le toast « L'an prochain à Jérusalem ! ».

L'animal est saigné rapidement

Le *shochet*, boucher rituel

Règles alimentaires

Selon la loi qui aurait été dictée à Moïse sur le Sinaï, les juifs ne peuvent manger que kasher (conforme au rite). Par exemple, cela veut dire ne manger que de la viande d'animaux qui ruminent et ont le sabot fendu, ce qui exclut notamment le porc. Les animaux doivent être égorgés d'un coup sec et saignés, ce qui leur cause le minimum de souffrance. En outre, on ne peut manger de viande accompagnée de produits laitiers. Ces règles alimentaires ont eu pour effet de maintenir les communautés juives séparées des sociétés au sein desquelles elles vivaient et d'en préserver ainsi les traditions.

LES SACRIFICES

Avant la destruction, en 70, du temple de Jérusalem, des sacrifices particuliers avaient lieu les jours de fête. Celui de l'agneau est associé à la Pâque : lors des dix plaies d'Égypte, les Hébreux tuèrent un agneau et frottèrent de son sang leurs montants de porte, pour que l'ange de la mort épargne leur maison.

> « Tu donneras alors cette explication à ton fils :
> – C'est dans cette vue que l'Éternel a agi en ma faveur, lorsque je sortis de l'Égypte. »
> EXODE XIII.8

NETTOYAGE DE PRINTEMPS

Aujourd'hui, la Pâque est essentiellement une fête de famille, qui requiert une préparation soigneuse. Comme on ne peut consommer de levain durant *Pesach*, il faut nettoyer la maison à fond pour en éliminer toute trace. La batterie de cuisine ordinaire est mise de côté et on emploie des ustensiles particulier à la Pâque.

LA QUESTION

La personne la plus jeune, présente à la table de *Pesach*, demande à la plus âgée pourquoi cette nuit n'est pas comme les autres. On lui explique que les Hébreux ont été esclaves en Égypte mais qu'ils ont recouvré la liberté parce que Dieu les en a fait sortir.

LA RECHERCHE DU LEVAIN

Le soir avant la Pâque, on a coutume de parcourir la maison avec une chandelle, à la recherche des dernières traces de levain. Les dernières miettes en sont symboliquement époussetées avec une plume.

Soukkot

La fête de Soukkot, dite aussi des Tentes ou des Tabernacles, est la troisième fête de pèlerinage. Les fidèles séjournent sous la tente pour commémorer le séjour dans le désert. Pendant les offices quotidiens, on agite un bouquet rituel de palme, de myrte et de saule, et l'on fait circuler sur le pourtour de la synagogue un cédrat, qui symbolise la présence de Dieu aux quatre coins du monde.

Palme, myrte et saule

Cédrat

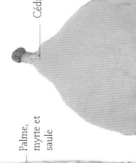
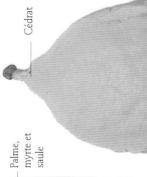

CALENDRIER DES FÊTES

■ **Chaque samedi**

– SABBAT (*Shabbath*). Jour de repos, chômé. On allume des chandelles pour exalter l'accomplissement de la création divine, lorsque Dieu eut terminé son œuvre.

■ **Printemps**

– POURIM. Fête des Sorts. Action de grâces commémorant la victoire d'Esther sur Aman.

– PÂQUE (*Pesach*). Célébration de la liberté, commémorant l'exode des Hébreux d'Égypte, ainsi que la moisson printanière de l'orge.

– YOM HAATZAMAOUT. Fête de l'indépendance, commémorant la création du nouvel Israël en 1948.

■ **Été**

– SHAVU'OT. Fête des Semaines, commémorant le don des dix commandements par Dieu à Moïse, sur le mont Sinaï, ainsi que la récolte des premiers fruits.

■ **Automne**

– ROSH HASHANAH. Nouvel An juif. Moment de réflexion et de renouveau spirituel. On sonne d'une corne de bélier pour appeler au repentir.

– YOM KIPPOUR. Jour du Pardon. On confesse ses péchés directement à Dieu et l'on prie pour être pardonné.

– SOUKKOT. Fête de moisson, durant huit jours. Ceux qui y participent dressent des tentes ou des cabanes pour commémorer l'aide apportée par Dieu aux Israélites dans le désert, après la fuite d'Égypte.

■ **Hiver**

– HANUKAH. Fête des Lumières, commémorant la restauration du culte de Dieu au temple de Jérusalem, après la victoire de Juda Maccabée sur les Syriens en 165 av. J.-C.

RITES DE PASSAGE

DIVERSES CÉRÉMONIES MARQUENT les étapes de la vie. Traditionnellement, les juifs ont vécu en communauté séparée, se distinguant de l'entourage non juif par la pratique religieuse. Ils ont d'autres interdits alimentaires (voir p. 129), célèbrent d'autres fêtes. Au Moyen Âge, ils portaient d'autres vêtements. Par ces différences, ils ont maintenu leur identité propre. Une personne née dans la communauté devait en principe y être élevée, s'y marier, y fonder famille et y mourir. Tous les événements du cycle de la vie y étaient marqués par des cérémonies mettant l'accent sur la spécificité judaïque : par ces rites, le juif apprend à se définir comme appartenant au peuple élu, avec les devoirs et les responsabilités qui en découlent.

HOMMES ET FEMMES

Le judaïsme est une religion essentiellement patriarcale, où les rôles respectifs des hommes et des femmes sont bien définis. Certes, la qualité de juif est transmise par la mère ; cependant on est le fils ou la fille de son père, comme dans les expressions « Isaac, fils d'Abraham » ou « Dina, fille de Jacob ». La naissance d'un fils donne lieu au rituel de la circoncision ; celle d'une fille, à une bénédiction du bébé au cours d'un office ordinaire. Seuls les garçons ont droit à un rite d'adolescence et chaque jour les hommes remercient liturgiquement Dieu de ne pas les avoir faits femmes ; les femmes (qui sont exemptées de certains commandements) le remercient de les avoir créées selon sa volonté. Elles occupent une position honorable en tant que gardiennes du foyer mais cela n'empêche que beaucoup de juives, aujourd'hui, sont mécontentes du rôle que la tradition leur assigne.

LA KETUBAH

La ketubah est le contrat de mariage traditionnel. Selon la Loi judaïque, le couple ne peut cohabiter tant que la ketubah n'a pas été rédigée. Comme celle du XVIIe siècle reproduite ci-contre, c'est souvent un document richement décoré.

LA VILLE DE JÉRUSALEM
Jérusalem est la demeure spirituelle de tous les juifs. Chaque année, lors de la Pâque, le couple terminera le repas rituel par le vœu « L'an prochain à Jérusalem ! »

LA MENORAH
Un chandelier à sept branches (*menorah*) se trouvait au temple de Jérusalem et est devenu un symbole traditionnel de la religion judaïque. Ici, il signifie que le couple fondera un foyer juif et suivra la trace de ses ancêtres.

Bar Mitzvah devant le mur des Lamentations.

LA MAJORITÉ RELIGIEUSE

DU POINT DE VUE RELIGIEUX, un garçon juif devient majeur à treize ans. Il devra suivre tous les préceptes de la Loi (voir pp. 116-117) : il est devenu *bar Mitzvah* (« fils du Commandement »). Ci-contre, un adolescent dit les prières des matins de semaine devant le mur des Lamentations, à Jérusalem. Il porte des phylactères (petites boîtes contenant des versets de la Loi) attachés à la tête et au bras. Le passage du jeune garçon vers la maturité est marqué par le fait qu'on l'appelle à lire le rouleau de la Loi pendant l'office matinal du sabbat. Cela donne lieu à une grande fête de famille. Les filles deviennent majeures à douze ans mais, comme on n'attend pas des femmes qu'elles se conforment à la Loi en sa totalité, la circonstance est moins solennelle. Toutefois les juifs progressistes organisent à la synagogue une cérémonie similaire pour les filles, qui deviennent alors *bat Mitzvah* (« fille du Commandement »).

« *Voici que vous êtes consacrés devant moi par cet anneau, suivant la loi de Moïse et d'Israël. Béni sois-tu, Seigneur, qui fais se réjouir le marié et la mariée.* »

OFFICE TRADITIONNEL DE MARIAGE

LE ZODIAQUE
Chaque médaillon porte un des signes du zodiaque, avec son nom hébraïque. Il y a une tradition astrologique dans le judaïsme et, autrefois, chaque mois hébreu était couplé à un signe zodiacal. On voyait aussi une corrélation entre les douze signes, les douze tribus d'Israël et les douze organes du corps humain. Le zodiaque signifie dans le cas présent que le couple passera ensemble tous les mois à venir.

LE DAIS DU MARIAGE
Les piliers représentent le dais du mariage juif (*huppah*), qui symbolise la chambre matrimoniale. Il est ouvert sur les côtés, le couple et ses parents se tenant dessous pendant la cérémonie. On juge très important de trouver un mari ou une femme dans la communauté. Traditionnellement, le mariage avec une personne non juive est ressenti comme une tragédie. Dans le passé, on recourait à des marieuses professionnelles. Bien que vécu avec une grande tristesse, le divorce religieux est prononcé si le mari donne à sa femme un *get*, un document officiel de répudiation : cela peut créer d'immenses difficultés à la femme dont le mari est parti ou refuse le divorce.

PRIÈRE DES MORTS EXTRAITE D'UN
LIVRE DE PRIÈRES TRADITIONNELLES

« Fais que ma mort soit
le pardon des péchés, des fautes
et des profanations que j'ai
commis devant Toi. Et donne-
moi ma place au jardin d'Éden,
fais que je mérite le Monde à
venir, réservé aux justes. Écoute,
ô Israël, l'Éternel notre Dieu
est le seul Dieu. »

SCÈNES BIBLIQUES

Il s'agit ici d'une *ketubah* ashkénaze
(venant d'une communauté européenne).
En plus des signes du zodiaque, on y voit
un décor de scènes bibliques et,
sur le pourtour, un texte hébraïque.

SIGNATURES DES TÉMOINS

La *ketubah* doit être signée par des témoins.
Selon la tradition, un membre de la famille
de la mariée remettra un fichu au marié,
puis les témoins signeront dans le
coin inférieur droit de la *ketubah*.

LA FÊTE

Le mariage constitue une célébration de toute première importance
et donne généralement lieu à une grande fête. Les coutumes varient suivant
la communauté mais, invariablement, un festin suit la cérémonie,
si la famille de la mariée peut l'assumer.

SIGNATURE DU MARIÉ

En général, chez les juifs d'Europe orientale, le fiancé signe la *ketubah* du
côté gauche. L'alphabétisation des hommes était générale chez les juifs
depuis les temps les plus anciens. Il n'était pas prévu que la fiancée signe.

TEXTE ARAMÉEN

Ce texte, traditionnellement écrit en
araméen, précise les obligations du
mari envers sa femme. Il est rédigé
conformément aux règles du *Talmud*
et des codes de la loi judaïque.
Ses prescriptions sont contraignantes
et visent à protéger le statut de la
femme. Il prévoit, par exemple,
le remboursement de la dot
en cas de mort ou de divorce.

CLAUSES ADDITIONNELLES

Des stipulations
complémentaires, prises de
commun accord par le couple, peuvent figurer
dans la *ketubah*. Par exemple, dans un pays où
la polygamie est en vigueur, le fiancé promettra
de ne pas prendre une autre femme. En Syrie,
il était habituel que le fiancé fût délié
de cette promesse si sa femme
se révélait stérile au bout de dix ans.

La circoncision, signe d'alliance

*La circoncision des enfants mâles remonte au temps du patriarche
Abraham. Elle est pratiquée lorsque le bébé a huit jours et
qu'on lui donne son nom hébraïque. Ce n'est pas elle
qui fait de l'enfant un juif : tout enfant de mère juive
est né juif. Elle est le signe qu'il est partie prenante
de l'alliance entre Dieu et son peuple. On voit
ici les instruments utilisés lors de la cérémonie,
appelée Brith Milah.*

Entonnoir pour
donner une goutte
de vin au bébé
après la cérémonie

Pince

Mort et funérailles

*Les funérailles ont lieu le plus tôt possible
après la mort. On lave le corps, on le revêt
d'un suaire de lin blanc et on le place dans
un cercueil de bois sans ornements. On
conduit le défunt à sa tombe et, sur le chemin
du cimetière, le rabbin chante des versets
bibliques et liturgiques, en tête du cortège
funèbre. On a coutume de s'arrêter en cours
de route pour permettre au deuil de
s'exprimer. Traditionnellement, une oraison
funèbre est dite, soit dans la chapelle
ardente, soit lorsque le cercueil est descendu
dans la fosse. Ensuite les hommes aident à
remplir la fosse de terre. On récite
les prières in memoriam, et les
participants présentent leurs condoléances
à la famille endeuillée. Ci-contre,
le cimetière de la synagogue
de Josefov, à Prague.*

Bol

Gobelet

Couteau

Pince

LE JUDAÏSME

JÉRUSALEM

LA NOTION DE L'EXIL (*Galuth*) est fondamentale pour le judaïsme. Tout au long de leur histoire, depuis le temps où Israël fut conquis par les Babyloniens (586 av. J.-C.), la plupart des communautés ont vécu loin de Jérusalem. Plus tôt même, en 722 avant notre ère, dix des douze tribus d'Israël ont été capturées par les Assyriens et assimilées aux peuples environnants. Cependant les juifs croient que l'alliance de Dieu vaut pour tous les Israélites et l'on a donc supposé qu'un jour les douze tribus seraient rendues à la Terre promise. Jérusalem, la Cité de David, redeviendrait ainsi la capitale du monde juif. Cet espoir est resté vivant jusqu'à la fin du XIXe siècle ; ensuite, de plus en plus de juifs se sont mis à penser que leur seule protection contre l'antisémitisme serait une patrie. L'État moderne d'Israël a été créé en 1948. Jérusalem a été divisée mais est devenue capitale d'État. L'immigration s'y exerce entièrement depuis 1967 et la ville est devenue capitale d'État. L'immigration concerne surtout les victimes de l'Holocauste (voir pp. 134-135), les Beta Israël d'Éthiopie, les juifs russes qui ont souffert du régime soviétique et ceux des pays arabes où leur situation est devenue impossible. Beaucoup d'entre eux ont l'impression que le retour d'exil, longtemps promis, a commencé.

JÉRUSALEM, CENTRE DU MONDE

Cette carte du XIVe siècle montre Jérusalem au centre du monde. Elle est la Ville sainte, la Cité de David et le point de mire de toute prière. Selon un adage rabbinique, dix mesures de beauté ont été données au monde, dont neuf à Jérusalem. La croyance à sa exacte centralité était très répandue. On a même dit que la Terre sainte était plus haute que tout autre pays et que Jérusalem en était le point culminant.

THEODOR HERZL

THEODOR HERZL (1860-1904), journaliste viennois, est le fondateur du sionisme moderne. Il commença par croire que l'assimilation à la culture majoritaire résoudrait le problème juif mais, plus tard, il constata que l'antisémitisme était endémique en Europe. Dans son ouvrage *Der Judenstaat* (l'État juif), il plaida pour la fondation d'un État national. La Palestine était l'endroit tout indiqué. Il se heurta à l'opposition des assimilationnistes, qui voulaient être de bons citoyens de leur pays hôte, et des orthodoxes qui l'accusaient d'anticiper sur le Messie. Il inspira cependant beaucoup de jeunes et, en 1897, il présida le premier congrès sioniste. Le mouvement sioniste mondial fut créé et Herzl consacra son énergie à lui assurer un soutien international.

> « ... la montagne de la maison du Seigneur sera affermie sur la cime des montagnes et se dressera au-dessus des collines, et toutes les nations y afflueront. Et nombre de peuples iront en disant : – Or çà, gravissons la montagne de l'Éternel pour gagner la maison du Dieu de Jacob, afin qu'il nous enseigne ses voies et que nous puissions suivre ses sentiers, car c'est de Sion que sort la doctrine et de Jérusalem la parole du Seigneur. »
>
> ISAÏE 11.2-3

RUSSIE
Récemment, beaucoup d'immigrants en Israël sont venus des pays de l'ancienne Union soviétique. Il y a une longue histoire d'antisémitisme en Russie et la création de l'État juif leur a permis d'y échapper.

BABYLONIE
Peut-être la plus importante communauté du haut Moyen Âge fut-elle celle de Babylonie (aujourd'hui Iran et Iraq).

ÉGYPTE
Il y eut au début du Moyen Âge une communauté importante en Égypte. L'affaire de Suez, en 1956, y causa beaucoup de tort aux juifs. Nombre d'entre eux gagnèrent Israël. Ceux qui restent ont la peine à entretenir les splendides synagogues d'antan.

INDE ET CHINE
Loin à l'est, il y a d'anciennes communautés juives en Inde et en Chine, qui ont conservé leurs coutumes particulières. Plusieurs d'entre elles ont commencé une nouvelle vie en Israël.

Le Temple
Malgré sa destruction par les Babyloniens en 586 av. J.-C. et par les Romains en 70 de notre ère, le Temple reste le foyer du judaïsme. Des pèlerins viennent de partout prier devant son mur et les juifs appellent toujours à sa restauration lorsque le Messie sera venu.

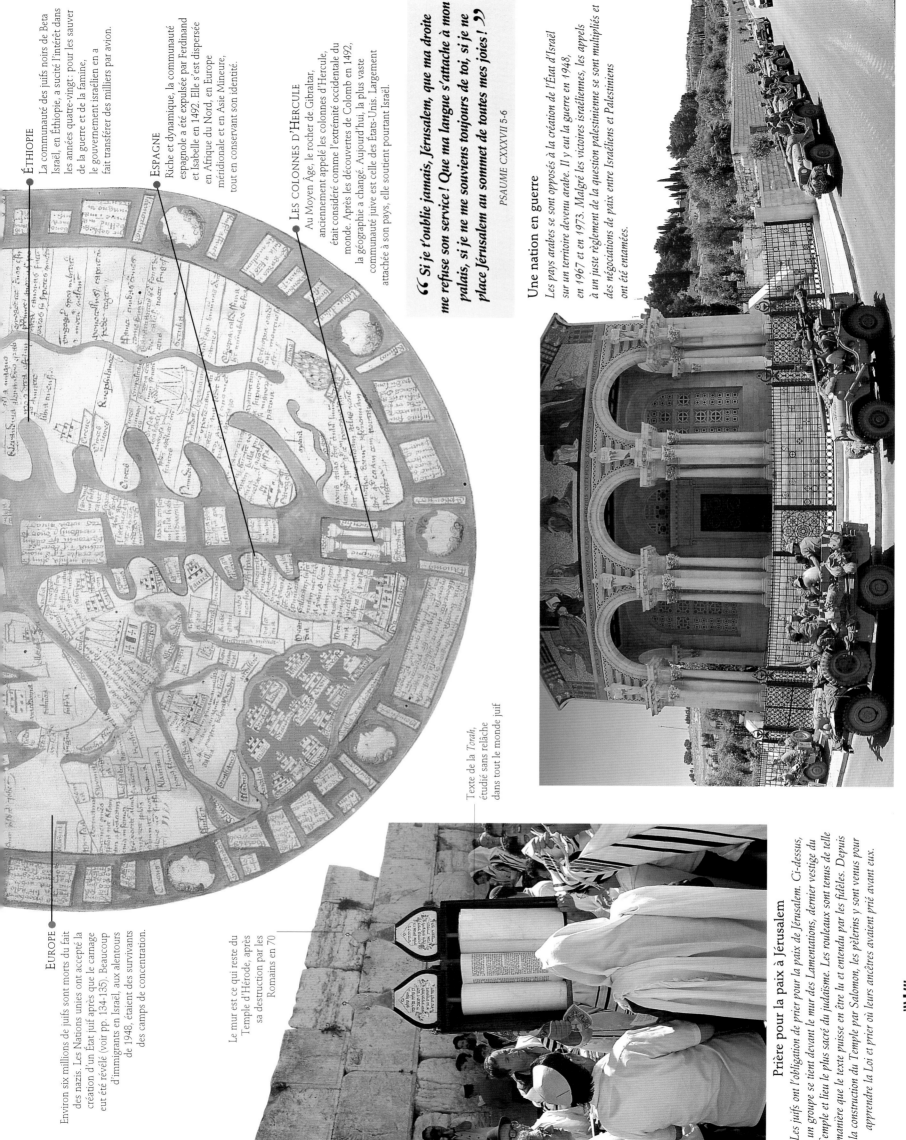

ÉTHIOPIE
La communauté des juifs noirs de Beta Israël, en Éthiopie, a suscité l'intérêt dans les années quatre-vingt : pour les sauver de la guerre et de la famine, le gouvernement israélien en a fait transférer des milliers par avion.

ESPAGNE
Riche et dynamique, la communauté espagnole a été expulsée par Ferdinand et Isabelle en 1492. Elle s'est dispersée en Afrique du Nord, en Europe méridionale et en Asie Mineure, tout en conservant son identité.

LES COLONNES D'HERCULE
Au Moyen Âge, le rocher de Gibraltar, anciennement appelé les colonnes d'Hercule, était considéré comme l'extrémité occidentale du monde. Après les découvertes de Colomb en 1492, la géographie a changé. Aujourd'hui, la plus vaste communauté juive est celle des États-Unis. Largement attachée à son pays, elle soutient pourtant Israël.

« *Si je t'oublie jamais, Jérusalem, que ma droite me refuse son service ! Que ma langue s'attache à mon palais, si je ne me souviens toujours de toi, si je ne place Jérusalem au sommet de toutes mes joies !* »

PSAUME CXXXVII 5-6

Une nation en guerre
Les pays arabes se sont opposés à la création de l'État d'Israël sur un territoire devenu arabe. Il y eut la guerre en 1948, en 1967 et en 1973. Malgré les victoires israéliennes, les appels à un juste règlement de la question palestinienne se sont multipliés et des négociations de paix entre Israéliens et Palestiniens ont été entamées.

Texte de la *Torah*, étudié sans relâche dans tout le monde juif

EUROPE
Environ six millions de juifs sont morts du fait des nazis. Les Nations unies ont accepté la création d'un État juif après que le carnage eut été révélé (voir pp. 134-135). Beaucoup d'immigrants en Israël, aux alentours de 1948, étaient des survivants des camps de concentration.

Le mur est ce qui reste du Temple d'Hérode, après sa destruction par les Romains en 70

Prière pour la paix à Jérusalem
Les juifs ont l'obligation de prier pour la paix de Jérusalem. Ci-dessus, un groupe se tient devant le mur des Lamentations, dernier vestige du Temple et lieu le plus sacré du judaïsme. Les rouleaux sont tenus de telle manière que le texte puisse en être lu et entendu par les fidèles. Depuis la construction du Temple par Salomon, les pèlerins y sont venus pour apprendre la Loi et prier où leurs ancêtres avaient prié avant eux.

L'HOLOCAUSTE

TOUTE L'HISTOIRE DURANT, les juifs ont subi la persécution. Groupe minoritaire, ils ont été perçus comme étrangers et malfaisants. Le terme d'antisémitisme a été inauguré par le journaliste allemand Wilhelm Marr peu après 1870. Ce dernier arguait que le peuple juif était biologiquement différent et que l'histoire serait désormais une « lutte entre les Sémites et la souche teutonique indigène ». Après sa défaite de 1918, l'Allemagne sombra dans une succession de crises économiques. En 1933, Adolf Hitler, chef du parti national-socialiste, devint chancelier. Il était convaincu que les juifs étaient tous des dégénérés et que l'Allemagne avait perdu la guerre à cause d'un complot juif mondial. Il était décidé à restaurer l'empire allemand et à chasser les juifs d'Europe. Pendant la Seconde Guerre mondiale, l'armée allemande occupa presque tout le continent. Les juifs subirent des rafles, furent déportés et systématiquement exterminés dans des camps de concentration. En 1945, les communautés européennes étaient détruites et l'on estime que six millions de juifs ont été tués. Les survivants appellent cela l'Holocauste ou, en hébreu, *Shoah*, qui veut dire « désastre ».

L'étoile de David
L'hexagramme était le blason du bouclier de David (voir pp. 118-119). Les nazis obligèrent les juifs à porter l'étoile jaune en signe de discrimination.

« Les SA furent rejoints par des gens qui n'étaient pas en uniforme et soudain, au cri de « Mort aux juifs ! », la foule, dehors, sortit des haches et de lourdes masses... La petite synagogue n'était plus qu'un monceau de pierres, d'éclats de verre et de débris de bois... Où des parterres de fleurs bien entretenus avaient flanqué le chemin de gravier menant à la porte de la synagogue, les enfants venaient d'allumer un feu de joie, et le parchemin des rouleaux alimentait assez les flammes pour dévorer les bancs et les portes mis en pièces et le bois qui, la veille encore, était l'arche contenant les rouleaux de la loi de Moïse. »

TÉMOIGNAGE OCULAIRE DE LA DESTRUCTION
DE LA SYNAGOGUE D'AIX-LA-CHAPELLE EN 1933

LA CRUCIFIXION EN BLANC
Ce tableau de Marc Chagall, peintre d'origine juive russe, a été exécuté en 1938. Il se rapporte à la persécution des juifs en Europe, qui commença en Allemagne en 1933 par le pillage et le saccage de magasins et de bureaux juifs.

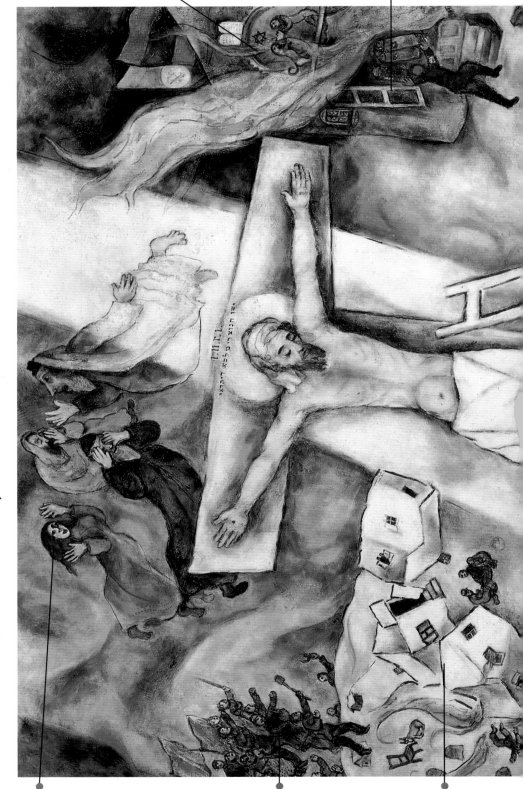

LA NUIT DE CRISTAL
On a mis le feu à la synagogue. Au cours de la « nuit de cristal », en 1938, les synagogues et d'autres bâtiments appartenant à des juifs ont été incendiés dans toute l'Allemagne. Au-dessus de l'hexagramme, on voit les tables de la Loi portant les dix commandements, que Moïse ramena du mont Sinaï (voir pp. 116-117) et que révèrent les chrétiens aussi bien que les juifs. Le tableau montre à quel point ils ont été bafoués.

DESTRUCTION DU JUDAÏSME
L'arche qui contient les rouleaux de la Loi, dans la synagogue, a été dévastée. Le reste de l'ameublement est éparpillé. Sous le régime nazi, des milliers de synagogues ont été désaffectées ou détruites.

LAMENTATION
Au-dessus de la croix, des personnages se lamentent. L'homme de droite porte les phylactères que les juifs de sexe masculin portent sur la tête et au bras gauche pendant la prière matinale des jours de semaine. Celui du bas se couvre les yeux pour ne plus voir l'horreur. Beaucoup d'Allemands, y compris des juifs, ont refusé de voir ce à quoi menait la politique d'Hitler. Dans ce tableau, tous les hommes respectent la règle judaïque de ne pas se raser la barbe.

PREMIÈRE ATTAQUES
Une troupe déferle sur le sommet d'une colline. Les drapeaux rouges indiquent qu'il s'agit de Russes révolutionnaires. La Russie a connu beaucoup de pogroms, agressions sauvages contre les établissements juifs. Le massacre nazi avait donc des antécédents, qu'il a poussés jusqu'à leurs dernières conséquences.

DESTRUCTION DE VILLAGES JUIFS
L'incendie de ce village est le résultat d'un de ces pogroms qui ne sont que trop répétés que trop souvent.

LE JUIF CRUCIFIÉ

Les juifs n'admettant pas que Jésus soit le Messie, l'usage que Chagall a fait d'une icône chrétienne en a heurté certains : les chrétiens ont persécuté les juifs pendant des siècles. Chagall a dit de ses tableaux qu'ils étaient « le souffle de la prière pour la rédemption et la résurrection ». Jésus le juif (mots primitivement écrits sur sa poitrine) porte autour des reins le châle de prière judaïque et incarne la souffrance de tous.

LE CRÉMATOIRE

Un rouleau de la Loi brûle. Des juifs ont été brûlés dans les fours crématoires des camps de concentration nazis. Holocauste signifie « chose brûlée » : le terme s'appliquait à l'origine au sacrifice par le feu, puis il a voulu dire sacrifice collectif, comme celui des juifs européens entre 1939 et 1945. Les termes hébreux sont *Shoah*, désastre, et *Hurban*, destruction. Ce dernier est également utilisé pour la destruction du Temple (voir p. 119).

LA DÉTRESSE DES FAIBLES

Une jeune mère fuit avec son bébé. Elle a la tête couverte du foulard des femmes mariées orthodoxes. L'Holocauste n'a épargné ni les femmes, ni les enfants.

LA DESTRUCTION DU TEMPLE

Au pied de la croix figure la *menorah*, le chandelier du Temple. Tous les objets rituels du Temple ont été perdus lorsque le bâtiment fut saccagé et brûlé par les Romains en 70. Ici toutefois les chandelles sont allumées, éclairant l'horreur de la scène.

LES ROULEAUX DE LA LOI

Un homme se retourne pour regarder brûler la synagogue. Il a la tête couverte, comme de coutume chez les juifs orthodoxes. Il serre dans ses bras les rouleaux de la Loi, source du judaïsme. Les rouleaux de parchemin écrits à la main, qui contiennent le texte hébreu du *Pentateuque*, sont enveloppés dans une couverture blanche. Sur celle-ci, l'étoile de David.

LA PERSÉCUTION DES JUIFS À TRAVERS LES ÂGES

Le vieillard en bleu prend la fuite. Le placard blanc qu'il porte rappelle le pectoral du grand prêtre, au temps du temple de Jérusalem (voir p. 119). Originairement, les mots « Je suis un juif » y étaient écrits mais Chagall les a ensuite effacés.

RÉFUGIÉS

Une barque d'hommes et de femmes éperdus traverse une rivière. Il y a des enfants parmi les victimes. Ce sont désormais des déracinés, qui ne sauront où ancrer leur vie. Dès 1933, beaucoup de juifs ont cherché à émigrer mais, en période de crise économique, tous n'ont pas trouvé un pays qui les acceptât.

La tête de ligne

L'infâme ligne de chemin de fer conduisant à Auschwitz a marqué la fin du voyage pour plus de deux millions de gens. Lorsque les troupes alliées libérèrent les camps, à la fin de la Seconde Guerre mondiale, elles ne purent en croire leurs yeux.

LA SOLUTION FINALE

VERS LA MOITIÉ DE 1942, l'Allemagne avait conquis presque toute l'Europe, et la décision fut prise d'exterminer systématiquement les juifs. Dans ce but, on construisit à l'Est des camps de la mort : Chelmno, Auschwitz, Treblinka, Sobibor, Majdanek et Belzec. Transportés vers ces camps en wagons à bestiaux, les juifs et d'autres indésirables étaient triés à l'arrivée. Ceux qui étaient jeunes et bien portants devenaient des travailleurs forcés. Les vieux et les faibles étaient immédiatement gazés. Battus, affamés, torturés, très peu de prisonniers survécurent à leurs conditions d'existence. Une question trouble les théologiens juifs depuis 1945 : « Où était Dieu ? » Certains ont conclu que Dieu n'existe pas. D'autres comptent sur l'État d'Israël pour fournir un refuge à tous les juifs ; ils arguent que la responsabilité de l'Holocauste incombe à des hommes et que Dieu a créé le bien à partir du mal. D'autres encore voient là un châtiment motivé par le relâchement religieux. Le philosophe Emil Fackenheim a extrait des cendres d'Auschwitz un 614e précepte : « Tu n'accorderas pas à Hitler une victoire posthume ; le judaïsme et le peuple juif doivent survivre. »

« Puisse Dieu se souvenir... »

En 1943, les troupes allemandes entrèrent au ghetto de Varsovie pour en déporter les juifs à Treblinka. Bien que ceux-ci aient résisté plusieurs semaines, la fin était escomptée. Ci-contre, des soldats font sortir les derniers survivants de leurs cachettes.

LE CHRISTIANISME

AIME TON PROCHAIN COMME TOI-MÊME

Le christianisme a pour point de départ la vie et la prédication d'un juif nommé Jésus, selon les chrétiens fils de Dieu et ayant connu la résurrection et l'ascension après sa mort sur la croix. Cependant les racines du christianisme remontent plus loin dans le judaïsme (voir pp. 112-135) puisque qu'il se définit lui-même comme une nouvelle alliance, établie par le Nouveau Testament, continuateur de l'Ancien. L'histoire de Jésus, reconnu comme Christ ou Messie (voir pp. 138-139), fait l'objet de ce Nouveau Testament, qui comprend les Évangiles, les Épîtres (lettres) et d'autres écrits du Ier siècle. Tous proclament que Jésus était et est la manifestation personnelle de Dieu restaurant sa puissance et son action sur le monde.

JÉSUS A RESTAURÉ LA PUISSANCE DE DIEU dans le monde par la prédication, le pardon des péchés et la guérison, si bien que Dieu paraissait parler et agir à travers lui : « Qui m'a vu a vu le Père », dit-il lui-même (*Jean* 14.9). Car il parlait de Dieu et s'adressait à Dieu en l'appelant *Abba*, Père, donc en le considérant comme distinct de lui-même ; cela a donné lieu à la croyance selon laquelle Jésus est à la fois Dieu et homme : « Car c'était Dieu qui dans le Christ se réconciliait le monde » (*II Corinthiens* 5.19).

Cette croyance a conduit à la christologie et aux dogmes fondamentaux de l'incarnation (voir pp. 138-139), de la Trinité et de la rédemption (voir pp. 144-145). Le dogme de l'incarnation expose que Dieu était présent à tout moment et sous tous les aspects de la vie de Jésus, sans pour autant détruire ni submerger la réalité d'une vie humaine ; la christologie considère donc que Jésus était une personne chez qui nature humaine et nature divine étaient toujours et effectivement présentes. Le dogme de la Trinité soutient que Dieu est éternellement à la fois le Père, le Fils révélé dans la personne du Christ et le Saint-Esprit ; celui de la rédemption, que les choses accomplies par Jésus durant sa vie, telles que guérir des gens et les ramener à Dieu sans préjudice de la gravité de leurs péchés, sont accomplies pour toujours et pour quiconque a foi en elles : la mort sur la croix efface la séparation d'avec Dieu qu'avaient créée le péché et la mort.

Puisque Jésus est né totalement homme (il s'appelle lui-même « Fils de l'homme », ce qui signifie dans l'écriture judaïque « celui qui est né pour mourir mais que Dieu sauvera au-delà de la mort »), beaucoup de chrétiens ont une dévotion particulière pour sa mère, Marie, qui a rendu l'incarnation possible en acceptant humblement de concevoir et de donner naissance à Jésus.

LA PRÉDICATION DE JÉSUS

L'enseignement de Jésus est simple. Il est tiré de la Bible judaïque (que les chrétiens appellent l'Ancien Testament) et se résume à l'amour de Dieu et du prochain. Il est exigeant cependant : une vie d'*agapê*, d'amour chrétien, demande un caractère neuf et généreux. Avant sa mort, Jésus fit part à ses disciples de sa conviction qu'après, il continuerait à communier avec eux comme avec ceux qui viendraient après eux, en tout ce qu'il leur avait dévoilé de Dieu pendant sa vie : il prit du pain et dit « Ceci est mon corps » ; du vin, et dit « Ceci est mon sang ». Il leur promettait ainsi, mieux que par des mots, d'être avec eux jusqu'à la fin des temps. Un autre sacrement (signe ou symbole en acte, voir pp. 150-151), le baptême, fait entrer des hommes et des femmes dans le « corps vivant du Christ » (la communauté des chrétiens par rapport au Christ et à l'Église), en les conduisant par-delà la mort vers une nouvelle vie avant leur mort même. Le christianisme apporte cette « bonne nouvelle » de Dieu, celle du salut

Croix

La croix, symbole de la crucifixion de Jésus (voir pp. 144-145), rappelle son amour de l'humanité dont il a racheté les péchés par sa mort. Vide, elle marque sa résurrection (voir pp. 146-147).

L'église

Ce détail (voir pp. 150-151) montre une partie d'une église médiévale, avec la crucifixion au premier plan et le sacrement de l'eucharistie au fond. L'eucharistie est le renouvellement de la promesse du Christ de rester éternellement en communion avec ses fidèles.

face au péché et à la mort, en enseignant qu'elle doit être partagée : au XIXe siècle, qu'on a appelé le « siècle missionnaire », le christianisme s'est répandu dans le monde entier. Il est maintenant la religion d'environ un quart de la population mondiale.

L'ÉGLISE PRIMITIVE

À l'origine, l'Église entendait le corps du Christ comme une métaphore désignant, sous un même chef, une multitude de parties égales. Au IIe siècle, la métaphore changea, pour devenir celle d'une armée romaine, avec ses puissantes chaînes de décision et de commandement. Cela s'est terminé, avec le catholicisme romain, par une hiérarchie comprenant le pape (chef spirituel de l'Église), les cardinaux, les évêques, les prêtres, les moines et les nonnes, les laïcs. D'autres formes de christianisme, comme le calvinisme ou le congrégationnalisme, ont tenté de retrouver l'ancien modèle démocratique.

Au début, le christianisme n'était qu'une petite secte, confiante en l'Esprit saint et convaincue de la résurrection du Christ (voir pp. 146-147). Du règne de l'empereur Constantin (v. 280-337) à celui de Théodose Ier (379-395), il s'imposa comme religion de l'Empire romain, tout en prenant appui sur le contexte social : par exemple, des représentations de héros grecs, comme celles d'Orphée et d'Héraklès, sont devenues des images du Bon Pasteur et une figure christique. Cette faculté d'adaptation est caractéristique du christianisme partout où il s'est installé.

DIVISIONS

Les chrétiens ont des divergences sur la foi et sur la pratique. Au cours des premiers siècles, des conciles ont établi des textes dogmatiques marquant le niveau minimal de la vraie foi. Deux d'entre eux sont encore en usage : le *Symbole des apôtres* (qui n'a toutefois pas été écrit par les apôtres) et le *Symbole nicéen* (qui ne provient pas du concile de Nicée). Cependant de grands schismes apparurent, particulièrement entre les chrétiens occidentaux et les orientaux, ou orthodoxes. Les tentatives de réunification ont échoué. Le christianisme orthodoxe rejette les prétentions de l'évêque de Rome (le pape) à l'autorité universelle, prétentions rendues absolues par le premier concile du Vatican (1869-1870) qui déclara le pape infaillible lorsqu'il définit la foi ou la morale. Le deuxième concile du Vatican (1962-1965) a recherché une Église où la consultation tiendrait plus de place mais cela ne s'est guère encore traduit dans la pratique. L'orthodoxie se compose principalement des Églises grecques et russes. La chrétienté occidentale a été divisée par la Réforme (voir pp. 156-157), et les Églises réformées ont continué à se diviser sur la doctrine et la pratique, d'où des dénominations telles que luthériens, baptistes ou méthodistes. Des tentatives de réunification, opérées notamment par le Conseil œcuménique des Églises, ont abouti à plus d'amitié mais non à l'union.

L'engagement de l'Église dans le monde a conduit certains chrétiens à opter pour les ordres religieux et monastiques, où ils se concentrent sur la prière, souvent en faisant vœu de pauvreté, de chasteté et d'obéissance (voir pp. 152-153). Des écoles et des universités ont été créées pour conserver et transmettre l'enseignement de l'Église. Des bâtiments ecclésiastiques sont devenus des centres artistiques et musicaux où se sont développés des styles architecturaux tels que le roman, le gothique, le renaissance ou le baroque.

LA VIE CHRÉTIENNE

Sur le plan liturgique, les chrétiens suivent au cours de l'année, mais surtout à l'occasion des fêtes, la vie, la mort, la résurrection et l'ascension de Jésus, tout en célébrant les saints, les docteurs et les martyrs (voir pp. 148-149). La quête de sainteté et le désir de « toucher » aux choses saintes ont popularisé les pèlerinages et le culte des reliques. Prière et culte sont les piliers de la vie chrétienne.

Il faut y ajouter la charité. Les chrétiens se sont illustrés dans le monde en aidant les pauvres et en leur apportant l'instruction et des soins. Le christianisme est (ou devrait être) la réponse à la question : « Bon maître, que dois-je faire pour avoir en héritage la vie éternelle ? » (*Marc* 10.17). La réponse de Jésus, c'est de pratiquer la générosité absolue et le don de soi. Dieu ne juge chacun que sur un seul critère : « En vérité je vous le dis, dans la mesure où vous l'avez fait à l'un de ces plus petits de mes frères, c'est à moi que vous l'avez fait » (*Matthieu* 25.40).

Le baptême du Christ

Avant qu'il allât prêcher la « bonne nouvelle », Jésus fut baptisé dans le Jourdain par son cousin Jean le Baptiste : « Et aussitôt, remontant de l'eau, il vit les cieux se déchirer et l'Esprit comme une colombe descendre vers lui, et une voix vint des cieux : – Tu es mon Fils bien-aimé, tu as toute ma faveur » (Marc 1.10-11).

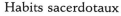

Habits sacerdotaux

Lorsqu'il célèbre un office ou une messe (voir p. 142), le prêtre endosse une tenue spéciale. La couleur en dépend du calendrier liturgique. Le vert se porte aux offices quotidiens ; le blanc, aux célébrations joyeuses, comme Pâques (voir pp. 146-147) ; le violet, aux cérémonies austères, comme le vendredi saint. Le rouge, comme ci-contre, symbolise le sang et sert aux commémorations des martyrs.

L'INCARNATION

INCARNATION, DU LATIN IN CARNE, signifie «mise dans la chair» ou «dans le corps». Ce mot désigne la croyance chrétienne selon laquelle Dieu est venu sur terre en se faisant homme. Cet homme était Jésus, prédicateur errant qui a vécu en Palestine. Pour les chrétiens, la nature éternelle et immuable de Dieu s'est inscrite dans l'humanité de Jésus mais cette présence n'a ni submergé ni détruit cette nature humaine : Jésus était à la fois vraiment Dieu et vraiment homme. Cette croyance en sa double nature vient de ce que lui-même, comme en témoignent les Évangiles (voir pp. 140-141), a insisté sur l'idée que ce n'était pas lui mais Dieu, le Père, qui était source de son pouvoir de guérir et de réconforter, de pardonner et parfois de juger.

LA PRÉSENCE DE DIEU

La présence de Dieu le Père dans la vie de Jésus s'exprime en des phrases telles que «Moi et le Père, nous sommes un» ou «Qui m'a vu a vu le Père» (Jean 10.30, 14.9). Comme saint Paul en ses Épîtres, les chrétiens admettent que «c'était Dieu qui dans le Christ se réconciliait le monde» (II Corinthiens 5.19). Jésus s'est désigné lui-même comme «le Fils de l'homme», comme un homme ordinaire, destiné à mourir mais à être sauvé par Dieu. Sa résurrection et son ascension (voir pp. 146-147) réalisent le salut et celui de l'humanité, éternellement.

Messagers de Dieu
Les anges sont les messagers du ciel sur terre. Ils sont supposés avoir assisté à la naissance de Jésus. Selon l'évangile de Luc, Gabriel fut envoyé à Marie, mère de Jésus, pour lui annoncer qu'elle aurait un fils. «Je suis la servante du Seigneur; qu'il m'advienne selon ta parole», répondit-elle.

LA VIERGE EN GLOIRE
Ce tableau de Jan Provost II, datant de 1524, représente Marie, mère de Jésus, associée aux trois personnes de la Trinité (voir plus haut). Les adorateurs sont le roi David (voir pp. 118-119) ainsi que des sybilles et des personnages du monde gréco-romain (voir pp. 114-115).

L'ENFANT ROI
Le poète latin Virgile, qui écrivait au temps d'Auguste, peu avant l'ère chrétienne, a évoqué dans une Églogue l'attente d'un roi qui transformerait l'âge de fer en un âge d'or: «Il apportera la paix aux nations en discorde et gouvernera l'humanité d'un cœur paternel. La terre spontanément tressera des couronnes de lierre et d'herbes odorantes, prémices du printemps», comme première offrande à son roi enfant.» Certains chrétiens appliquent ce texte à la naissance de Jésus.

La Sainte Trinité
Dieu est au-delà de toute description: «Dieu, personne ne l'a jamais contemplé» (I Jean 4.12). Pourquoi donc figure-t-il ici sous les traits d'un vieillard, d'un bébé et d'une colombe? Les chrétiens croient qu'il s'est fait connaître comme Père et Roi par la création, comme Fils (Jésus) par le rachat des péchés du monde et comme Saint-Esprit par ses charismes et son inspiration constante. Telles sont les voies par lesquelles Dieu se manifeste, mais elles sont plus que cela. Elles sont Dieu lui-même, la réalité de Dieu. Dieu est ce triple acte d'amour, qu'il étend à sa création et à toutes ses créatures. C'est pourquoi Dieu est un mais aussi trois; il n'y a pas trois dieux mais un, qui se manifeste par l'amour.

LE SAINT-ESPRIT
La colombe est le symbole du Saint-Esprit, troisième personne de la Trinité, qui apparaît au baptême de Jésus (Marc 1.10). De même que la colombe est retournée à l'arche de Noé après le Déluge (voir pp. 114-115) en signe de paix entre Dieu et l'humanité, ainsi elle descend sur Jésus en nouvelle déclaration de paix.

LA VIERGE MARIE
La croyance veut que Marie, restée vierge, ait conçu Jésus par l'opération du Saint-Esprit. Pour les chrétiens, l'immaculée conception est le signe que, grâce à Marie, personne ordinaire, Dieu rend à la vie de tout un chacun cet état où le péché et la mort sont vaincus. Selon saint Paul (Romains 5.17), le premier Adam introduisit le péché et la mort dans le monde; second Adam, Jésus apporte une nouvelle vie.

> « L'ange lui répondit: – L'Esprit Saint viendra sur toi, et la puissance du Très-Haut te prendra sous son ombre; c'est pourquoi l'être saint qui naîtra sera appelé Fils de Dieu. »
>
> LUC 1.35

Des prophètes juifs sont placés aux côtés de sibylles et de gentils (spectateurs non juifs) pour montrer qu'ils ont aussi attendu un sauveur et que Jésus est né pour apporter le salut à tous, quelle que soit leur race ou leur religion.

« Ayez entre vous les mêmes sentiments qui sont dans le Christ Jésus : Lui, de condition divine, ne retint pas jalousement le rang qui l'égalait à Dieu. Mais il s'anéantit lui-même, prenant condition d'esclave, et devenant semblable aux hommes. »
PHILIPPIENS 2.5-7

LE ROI DAVID
David fut le premier messie, c'est-à-dire le premier roi du peuple juif (voir pp. 118-119). Selon la tradition, il chantait les psaumes à la louange de Dieu. Les évangiles de Matthieu et de Luc indiquent que Jésus descendait de David. Les anges y font référence lorsqu'ils annoncent sa naissance aux bergers : «...aujourd'hui vous est né un Sauveur, qui est le Christ Seigneur, dans la ville de David » (Luc 2.11).

Les mages ont apporté de l'or, de l'encens et de la myrrhe. Leur venue est célébrée à l'Épiphanie, fête de « la manifestation de Dieu au monde entier »

L'EMPEREUR AUGUSTE
Auguste fut le grand empereur romain (27 av. J.-C. -14) sous lequel la « paix romaine », *pax romana*, apporta à tous la prospérité, le droit et l'ordre. Mais ici, il s'agenouille devant un plus grand roi, qui a conquis l'Empire lui-même lorsque le christianisme s'est répandu dans le monde romain.

FEMME EN PRIÈRE
La prière chrétienne s'adresse à Dieu, c'est-à-dire à la Trinité : Père, Fils et Saint-Esprit. La prière est une façon de partager ou de pénétrer la vie de la Trinité. Elle commence lorsque l'Esprit saint est en nous et nous presse de nous écrier « *Abba*, Père ». Elle est faite « au nom de Notre Seigneur Jésus-Christ », qui a enseigné à ses disciples à prier. *Abba* est le mot dont usait Jésus pour s'adresser à Dieu par la prière. C'est un mot d'affection respectueuse, comme d'un enfant à son père.

ROULEAU
Sur ce rouleau sont écrits les mots latins « *Gremium virginis erit salus gentium* », « Les entrailles de la vierge seront le salut des nations ».

« Notre Père qui es dans les cieux, que ton Nom soit sanctifié, que ton Règne vienne, que ta Volonté soit faite sur la terre comme au ciel. Donne-nous aujourd'hui notre pain quotidien. Remets-nous nos dettes comme nous-mêmes avons remis à nos débiteurs. Et ne nous soumets pas à la tentation ; mais délivre-nous du Mauvais. »
LE PATER (MATTHIEU 69-13)

Joseph et Marie sont allés de Nazareth à Bethléem, en Judée, pour le recensement. L'évangile de Luc dit que Jésus est né dans une étable par manque de place à l'auberge (*Luc 2.7*)

Les trois mages étaient des prêtres mazdéens (voir p. 13). Au IIe siècle, on crut qu'ils étaient rois et, au VIe, on leur donna les noms de Gaspard, Melchior et Balthazar

La naissance de Jésus
Les évangiles de Matthieu et de Luc relatent la naissance de Jésus, d'après des traditions différentes. Tous deux exposent que Jésus est né miraculeusement d'une vierge, suivant la volonté et le dessein de Dieu. Luc parle de bergers se rendant à l'étable de la nativité. Cela signifie que Jésus concernait les gens en marge de la société, comme l'étaient les bergers en ce temps-là. Matthieu montre les mages remettant à Jésus des présents symboliques.

LE RÔLE DE MARIE
Ce vitrail de la cathédrale de Canterbury montre comment Dieu répand sa grâce sur les femmes à l'intercession de Marie et, au travers d'elles, à l'humanité en général. Les femmes jouent un grand rôle dans le christianisme. C'est vers Marie que Gabriel est venu et c'est par son obéissance confiante que, devenant la mère du Sauveur, elle a permis le salut. Toute sa vie, Jésus a rencontré des femmes et, lors de sa crucifixion (voir pp. 144-145), elles sont restées alors que la plupart des hommes fuyaient. C'est à des femmes que le Ressuscité est apparu pour la première fois. Depuis, des femmes ont continué à œuvrer au salut et, dans certaines confessions, il y en a qui sont ministres ou prêtres. Beaucoup de chrétiens expriment leur gratitude à Marie par la prière : « Je vous salue, Marie, pleine de grâce, le Seigneur est avec vous. Soyez bénie entre toutes les femmes et que Jésus, le fruit de vos entrailles, soit béni. Sainte Marie, mère de Dieu, priez pour nous pauvres pécheurs, maintenant et à l'heure de notre mort. »

Vitrail du Salut, cathédrale de Canterbury, Angleterre.

139 • L'INCARNATION ✝ LE CHRISTIANISME

LA VIE DU CHRIST

IL EST IMPOSSIBLE D'ÉCRIRE une biographie de Jésus parce que les Évangiles (voir ci-contre) se concentrent sur son ministère, sur les trois années où il prêcha. Ils le dépeignent comme quelqu'un qui enseignait l'œuvre de Dieu dans le monde, surtout à l'aide de paraboles, « récits terrestres à signification céleste ». Jésus parlait de l'autorité de Dieu mais aussi de sa compassion, particulièrement de son pardon des péchés et de son don d'une nouvelle vie. Jésus est présenté comme faisant des miracles, surtout de guérison, qui révèlent la puissance de Dieu. En général, Jésus dissuadait les gens de parler de lui comme d'un surhomme, comme du Messie ou Christ (voir pp. 118-119) ; il se présentait comme un homme ordinaire mais par qui la parole et la volonté du Père s'exprimaient dans le monde. C'est pourquoi il se disait le Fils de l'homme, c'est-à-dire, en termes bibliques, un fils d'Adam qui, comme tout le monde, devra mourir mais qui sera sauvé par Dieu après sa mort (*Daniel 7*). Sommé, comme le sont souvent les maîtres, de fournir un *kelal*, un résumé de la *Torah* (voir pp. 122-123), il recommanda d'aimer Dieu de tout cœur et son prochain comme soi-même (*Marc 12.30-31*) : « Ainsi, tout ce que vous voulez que les hommes fassent pour vous, faites-le vous-même pour eux » (*Matthieu 7.12*).

La parabole du semeur

Jésus prêchait par paraboles. Il décrivait la parole de Dieu comme du grain jeté à la volée par le semeur. Parfois le grain tombe sur un sol rocailleux et ne germe pas, parfois il tombe sur un sol fertile, où il produit beaucoup de blé : ainsi de qui, par sa vie, manifeste l'amour de Dieu pour l'homme ou son propre amour de Dieu. D'autres paraboles célèbres sont celles du bon samaritain, qui est venu au secours d'un homme en difficulté (Luc 10.30-37), et du fils prodigue, qui « rentre en lui-même » et se repent (Luc 15.11-32).

Grain jeté à la volée

LES ÉVANGILES

LES QUATRE ÉVANGILES canoniques sont attribués aux saints Matthieu, Marc, Luc et Jean. Les trois premiers utilisent à peu près les même sources ou se font des emprunts mutuels, et c'est pourquoi ils sont appelés les évangiles synoptiques. Fondés sur la tradition orale, ils ont été écrits au milieu du Ier siècle et s'accordent sur de nombreux points. Leurs différences montrent les façons dont les premiers chrétiens ont appliqué les enseignements de Jésus à leur propre vie. Jésus, croyaient-ils, continuait à vivre parmi eux grâce à sa parole. L'évangile de Jean représente une réflexion plus approfondie sur la signification de Jésus en tant que Verbe de Dieu prononcé et vécu au sein du monde. Chaque évangile correspond à un symbole tiré d'*Ézéchiel* 1.4-10 et de l'*Apocalypse* 4.6-7 ; on appelle ces symboles « tétramorphes » (quatre signes).

Évangile de saint Marc

Le symbole de saint Marc est le lion. Marc, disciple de Jésus, accompagna Pierre. Il peut être effectivement l'évangéliste. Son style rude et certains détails vivants ont incité les spécialistes à supposer que son évangile est le plus ancien, écrit entre 65 et 75.

Évangile de saint Jean

Le symbole de saint Jean est l'aigle. Certains disent que Jean était « le disciple que Jésus aimait ». Cet évangile a peut-être été écrit spécialement pour l'Église éphésienne. Il date probablement de la fin du Ier siècle mais il y a des auteurs qui le jugent plus ancien.

Évangile de saint Matthieu

Le symbole de saint Matthieu est une face ou une figure humaine. Matthieu était un percepteur d'impôts et l'un des douze apôtres. On ne pense pas qu'il ait écrit l'évangile qui lui est attribué, bien que l'auteur en ait une culture judaïque. Cet évangile date d'avant la fin du Ier siècle.

Évangile de saint Luc

Le symbole de saint Luc est le taureau ailé. Médecin et compagnon de saint Paul, Luc est probablement l'auteur de cet évangile et des Actes des apôtres, qui retracent l'histoire de l'Église primitive. L'évangile date probablement de v. 70 et s'adresse à des lecteurs non juifs.

SCÈNES DE LA VIE DE JÉSUS

Cette bible médiévale enluminée montre des scènes de la vie de Jésus. On pensait que celle-ci montre ce qu'est réellement Dieu. Siméon, très vieux et très saint, dit à la naissance de Jésus : « ...car mes yeux ont vu ton salut, que tu as préparé à la face de tous les peuples » (Luc 2.30-31). Les scènes se rapportent à l'amour sincère de Jésus et à sa compassion pour tous, qui lui procurent le pouvoir de guérir et de changer la vie.

LE PREMIER MIRACLE

L'évangile de Jean rapporte que Jésus, dans les premiers mois de sa prédication, assista à un mariage à Cana (Jean 2.1-12). Marie, sa mère, remarqua que la noce manquait de vin et le lui dit. Jésus hésita, puis dit aux serviteurs de remplir des jarres d'eau. Quand on en versa et qu'on la goûta, elle fut trouvée changée en excellent vin. Ce signe marquait le commencement du nouvel âge, celui où abonderaient les choses bonnes comme il en existe encore. (Amos 9.13). Les hommes utilisent ci-dessous des outres comme il en existe encore.

LE BAPTÊME DE JÉSUS

Avant de commencer sa prédication, Jésus alla trouver son cousin Jean, qui exhortait le peuple à se repentir de s'être détourné de Dieu, et qui baptisait (voir p. 150) dans le Jourdain. Jésus reçut le baptême de Jean. Lorsqu'il sortit de l'eau, « il vit l'Esprit de Dieu descendre comme une colombe et venir sur lui. Et voici qu'une voix venue des cieux disait :
– Celui-ci est mon Fils bien-aimé, qui a toute ma faveur. » (Matthieu 3.16).

Le démon

Jésus

La troisième tentation

*Le démon essaya trois fois de tenter Jésus.
Pour la troisième tentation, il le transporta au
sommet d'une montagne et lui offrit l'hommage
de tous les royaumes de la terre à condition
que Jésus se prosternât devant lui. Le démon cite
les Écritures pour inciter Jésus à détourner à son
profit tout ce qu'il y a de bon et de saint.
Cela rappelle aux croyants qu'ils peuvent
à tout moment être tentés.*

LES RENARDS ONT DES TANIÈRES...
Un scribe dit à Jésus qu'il le suivrait partout.
Jésus l'avertit : « Les renards ont des tanières et les
oiseaux du ciel ont des nids ; le Fils de l'homme,
lui, n'a pas où reposer sa tête » (*Matthieu* 8.20).

LA GUÉRISON DES MALADES
Un jour, la foule qui entourait Jésus était
si dense que les amis d'un malade durent passer
par le toit pour le lui amener. Pour manifester
la miséricorde de Dieu, Jésus le guérit
et lui dit de se lever et de marcher.

LES DEUX PREMIÈRES TENTATIONS
Au début de sa prédication, Jésus aurait passé dans
le désert quarante jours et quarante nuits (*Matthieu*
4.3-11). Il y fut tenté par le démon de trois façons :
d'abord, comme il avait faim, d'user de ses
pouvoirs pour faire du pain avec une pierre ;
ensuite, de s'attirer l'admiration et l'acclamation
en se jetant du toit du temple de Jérusalem
pour être sauvé par des anges. (La troisième est
expliquée dans la marge de droite)

❝ *Au coucher du soleil,
tous ceux qui avaient des malades
atteints de maux divers les lui
amenèrent, et lui, imposant les mains
à chacun d'eux, il les guérissait.* ❞

LUC 4.40

LE POUVOIR SUR LES ÉLÉMENTS
On voyait en Jésus quelqu'un qui commandait aux
éléments. Un jour, alors qu'il avait pris une barque
pour échapper à la foule, une tempête se leva
pendant son sommeil. Il fut réveillé par ses
compagnons terrorisés et il calma la tempête.

L'EXORCISME
Ceux qui étaient possédés par des démons ou par
de mauvais esprits venaient voir Jésus.
Ils parcouraient la campagne et ils étaient parfois
violents. Un jour, les démons chassés d'un homme
s'emparèrent d'un troupeau de cochons qui
se jetèrent dans un lac (*Marc* 5.1-16).

L'auréole, symbole
de sainteté

La foule
suivant Jésus

Jésus et la fille de Jaïre

*Jésus semblait habité par l'amour et la puissance de Dieu, lui qui
guérissait les malades et pardonnait les péchés. Cela souleva
la question de savoir comment il pouvait faire ce que l'on croyait
réservé à Dieu seul. Ainsi naquit la doctrine selon laquelle il était
Dieu à l'œuvre dans le monde. Jésus semble avoir renâclé devant
la gloire que lui valaient ses miracles mais beaucoup de récits de
guérison nous ont été transmis. L'un raconte comment Jaïre,
dont la fille était déjà morte, brava les reproches des siens en priant
Jésus de la guérir. Jésus la prit par la main et lui dit de lui donner
à manger. « Ses parents furent saisis de stupeur, mais il leur prescrivit
de ne dire à personne ce qui s'était passé »* (*Luc* 8.56).

Pitié pour les exclus

*Jésus éprouvait une compassion particulière pour
les lépreux. Cette terrible maladie affectait beaucoup
de gens, qu'elle excluait de la société. Ci-contre,
il en guérit un. La confirmation de la « purification »
devait être donnée par les prêtres du Temple, et Jésus
observa cette règle : « Garde-toi de rien dire à personne ;
mais va te montrer au prêtre »* (*Marc* 1.44). *Jésus,
voyant que la renommée de ses guérisons l'accaparait,
prit l'habitude de se rendre tôt le matin dans
les collines ou le désert pour y prier mais,
même là* (comme ci-contre), *on le relançait.*

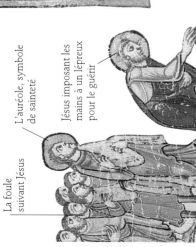

Jésus imposant les
mains à un lépreux
pour le guérir

LA CÈNE

O N APPELLE CÈNE (du latin *cena*, dîner) le dernier repas que fit Jésus avec ses disciples, avant sa mort (voir pp. 144-145). Jésus s'était rendu à Jérusalem avec ses disciples, en sachant probablement que la mort l'y attendait parce qu'il enseignait sans l'aval des autorités du Temple. Il le leur confia et essaya de leur faire comprendre que tout ce qu'il leur avait enseigné de Dieu resterait en eux après sa mort. Il rompit le pain, versa du vin et dit : « Prenez, mangez, ceci est mon corps... Buvez... car ceci est mon sang, le sang de l'alliance, qui va être répandu pour une multitude en rémission des péchés » (*Matthieu 26.26-28*). Plus tard, il promettra : « Et voici que je suis avec vous pour toujours jusqu'à la fin du monde » (*Matthieu 28.20*). Les chrétiens croient donc que la mort de Jésus ouvre la voie à la vie éternelle pour tous. Sans distinction, ils commémorent la Cène mais ils l'interprètent différemment, comme le montre la diversité de dénominations telles que communion, eucharistie, messe, sainte cène, etc.

« Ceci est mon corps... »

Certaines Églises, comme la romaine et l'anglicane, commémorent la Cène par la liturgie dite de la messe, du latin missa *qui vient de* mittere, *envoyer. Bien qu'il n'y ait eu qu'un sacrifice de Jésus, celui de la croix, toute eucharistie « est un sacrifice parce qu'elle re-présente, c'est-à-dire rend présent le sacrifice de la croix... Le sacrifice du Christ et le sacrifice de l'eucharistie sont un seul et même sacrifice » (catéchisme catholique). Ci-dessus, un prêtre fait l'offrande de l'hostie, du latin* hostia *qui signifie victime expiatoire.*

JÉSUS TRAHI

Jésus est à table avec les Douze. Il sait quel sort lui est réservé. Après qu'il a rompu le pain et distribué le vin, il leur dit que l'un d'eux le livrera. « Fort attristés, ils se mirent chacun à lui dire : – Serait-ce moi, Seigneur ? Il répondit : – Quelqu'un qui a plongé avec moi la main dans le plat, voilà celui qui va me livrer ! » (*Matthieu 26.20-23*).

LE REPAS EN COMMUN

On ne sait trop si la Cène correspond à la Pâque juive (voir pp. 128-129). Dans l'évangile de Luc, Jésus demande à ses disciples de rompre le pain « en mémoire de moi » (*Luc 22.19*). La plupart des protestants interprètent en ce sens l'eucharistie.

> « *La coupe... que nous bénissons, n'est-elle pas communion au sang du Christ ? Le pain que nous rompons, n'est-il pas communion au corps du Christ ?* »
> I CORINTHIENS 10.16

Le disciple que Jésus aimait

Le disciple que Jésus aimait entre tous se serait penché sur lui au cours de la Cène (Jean 13.23). Ce fut lui qui demanda qui trahirait Jésus. Son nom n'est pas donné et certains ont pensé qu'il était saint Jean, auteur possible de l'évangile qui porte son nom.

SAINT PIERRE

Pierre fut proche de Jésus lors de la plupart des événements importants que décrivent les Évangiles. Il fut le premier à comprendre la nature divine de Jésus, qui lui donna la responsabilité de continuer son enseignement sur terre : « Tu es Pierre, et sur cette pierre je bâtirai mon Église... Je te donnerai les clefs du Royaume des Cieux » (*Matthieu 16.18-19*). Après la Cène, il assura à Jésus : « Si tous succombent à cause de toi, moi je ne succomberai jamais » (*Matthieu 26.33*). Mais, comme Jésus l'avait prédit, le lendemain matin il avait nié trois fois qu'il le connaissait. « Et, sortant dehors, il pleura amèrement » (*Matthieu 26.75*).

LA CÈNE

Cette sculpture du début du XVIe siècle représente la Cène de Jésus avec les douze apôtres. Les noms de certains d'entre eux sont hypothétiques mais la tradition les désigne comme étant : Pierre, ou Simon Pierre, à la droite de Jésus ; André, frère de Pierre ; Jacques le Majeur, fils de Zébédée, et son frère Jean (penché sur Jésus) ; Philippe, Barthélemy, Matthieu, Thomas et Jacques le Mineur, fils d'Alphée ; Judas Iscariote, avec la bourse aux trente deniers, en face de Jésus ; Simon le Cananéen et Thaddée, aussi appelé Judas, fils de Jacques.

DIVERGENCES SUR L'EUCHARISTIE

A U XVIᵉ SIÈCLE, EN EUROPE, des changements se produisent dans l'Église (voir pp. 156-157). Il conduisent beaucoup de chrétiens à interpréter l'eucharistie comme une commémoration plutôt que comme un sacrifice (voir en haut, à droite). Dès lors, le pain et le vin prennent souvent un sens plus figuré, au lieu de représenter littéralement le corps et le sang du Christ, comme dans le dogme de la transsubstantiation. On a essayé d'expliquer comment le Christ peut être présent dans le pain et le vin mais c'est une question de foi et de compréhension de la parole de Dieu. Considérée comme un repas commémoratif, l'eucharistie peut être célébrée une fois par mois, et non plus chaque dimanche. À la conférence œcuménique de 1982, on s'est mis d'accord sur l'idée que l'eucharistie est le signe effectif du sacrifice du Christ, accompli une fois pour toutes sur la croix et définitivement opérant.

L'intolérance chrétienne

Cette gravure du XVIᵉ siècle montre l'âpreté du conflit entre catholiques et protestants au sujet de l'eucharistie : un prédicateur condamne à l'enfer les prêtres qui célèbrent la messe (voir plus haut) en latin, où seul le pain est distribué. Il loue la commémoration en langue vulgaire, où les laïcs reçoivent aussi le vin.

Le pain et le vin

Pain et vin constituaient l'ordinaire de tout repas. Lors de la Pâque (voir pp. 128-129), le pain devait être sans levain. Par assimilation entre la Pâque et la Cène, on a souvent utilisé en Occident du pain non levé ou des hosties. Les chrétiens orientaux (voir pp. 154-155) rejettent cette pratique, le Nouveau Testament n'évoquant pas le pain azyme.

Calice

Pain non levé

Les trente deniers

Judas Iscariote, qui gérait l'argent des apôtres, dénonça Jésus aux prêtres pour trente pièces d'argent (Marc 14.10-11, 43-46), mais il n'est pas dit pourquoi. Certains rapprochent Iscariote de Sicarios, terroriste et résistant armé contre l'occupation romaine. En ce cas, peut-être espérait-il entraîner Jésus dans l'action directe contre l'autorité de Rome. Selon Matthieu 27.3-5 et les Actes 1.16-20, il se suicida après avoir rendu l'argent que lui avaient donné les prêtres.

LA DIGNITÉ
Les disciples étaient pour la plupart des hommes du peuple. Il y avait parmi eux des pêcheurs et des percepteurs. Tout chrétien peut recevoir l'eucharistie, dite aussi communion, mais la tradition primitive voulait qu'elle ne fût pas reçue « indignement », c'est à dire en état de péché (*I Corinthiens* 11.28-32).

« *Pour moi, en effet, j'ai reçu du Seigneur ce qu'à mon tour je vous ai transmis : le Seigneur Jésus, la nuit où il était livré, prit du pain et, après avoir rendu grâce, le rompit et dit :*
– Ceci est mon corps, qui est pour vous ; faites ceci en mémoire de moi.
De même, après le repas, il prit la coupe, en disant :
– Cette coupe est la nouvelle Alliance en mon sang ; chaque fois que vous en boirez, faites-le en mémoire de moi. »

I CORINTHIENS 11.23-25
(PREMIÈRE ALLUSION À L'EUCHARISTIE)

TREIZE PLACES À TABLE
Treize places ont été disposées à table pour Jésus et ses douze disciples. Il les a envoyés préparer le repas (*Matthieu* 26.17-18, *Marc* 14.13-16, *Luc* 22.8-13). Il est possible, sans certitude, que ce fût une Pâque (*Jean* 13.1).

LE LAVEMENT DES PIEDS
Avant le repas, Jésus lava les pieds de ses disciples pour signifier que ceux qui partageraient la Cène devraient s'aider les uns les autres (*Jean* 13.1-15).

LA CRUCIFIXION

JÉSUS, DIT L'ÉVANGILE, FUT CRUCIFIÉ à proximité de Jérusalem, peu avant la Pâque, lors de la Pâque, peu avant le sabbat. Il entra en conflit avec les prêtres du temple qui croyaient que les lois données à Moïse (voir pp. 116-117) devaient être respectées jusqu'à l'institution du Royaume par le Messie (voir p. 118). Ils étaient loin de penser que Jésus parlait avec l'autorité de Dieu lorsqu'il enseignait qu'une alliance ou une relation vraie avec celui-ci ne dépendait que de la foi en sa possibilité et d'une vie exprimant cette foi. Son refus de se soumettre au grand prêtre était un crime passible de mort (*Deutéronome* 17.8) ; on le remit donc aux autorités romaines du chef de complot contre l'État, et il fut exécuté. Il accepta sa mort et ne renia rien de ce qu'il savait et avait fait savoir de Dieu (*Matthieu* 27.46).

CRUCIFIXION ET RÉDEMPTION

Les chrétiens croient que la mort de Jésus représente un moyen de rédemption, de rachat par Dieu. Il y a au moins cinq interprétations de ce concept mais ce qui compte, c'est que Jésus a accepté sa mort pour montrer, par sa résurrection (voir pp. 146-147), que Dieu et son amour ne sont pas défaits par la mort. Les chrétiens essaient de suivre son exemple en conformant leur vie au propos de Dieu de racheter le monde par l'amour.

LE CHRIST ROI

LA MORT INFAMANTE de Jésus est souvent interprétée comme le supplice de celui qui ne cessera jamais d'être roi, puisqu'il est à la fois Dieu et homme. D'où la couronne. Jésus triomphe de la mort et l'on en a donc fait un jeune guerrier menant son peuple à la victoire. À ces conceptions de la résurrection et de la rédemption correspond l'expression française de Christ roi et celle, latine, de *Christus Victor*, qu'un poète médiéval anglo-saxon a ainsi glorifiée : « Or le jeune guerrier, Dieu Tout-Puissant, se dressa, ferme et roide. Il monta sur la croix, preux devant la multitude, pour racheter l'humanité. J'étais une croix dressée ; je portai le puissant Roi, Seigneur du Ciel. »

Marie, mère de Jésus, et son fils mort : tous deux sont revêtus des insignes royaux.

L'ARBRE DE LA CROIX

Ce retable de Pacino da Bonaguido (XIVᵉ siècle) représente la croix sous l'aspect d'un arbre dont les branches portent des scènes de la vie de Jésus. Les quatre branches inférieures montrent sa jeunesse et son baptême, les quatre suivantes sa crucifixion et les quatre plus hautes, sa résurrection et sa gloire. On a comparé la croix du Christ à un arbre généalogique retraçant les ancêtres de Jésus, au-delà du roi David (voir pp. 118-419), jusqu'à Adam et Ève, par qui commencèrent la faute et la mort (voir plus bas). Contrairement à l'arbre dont ils ont mangé le fruit défendu, cet arbre-ci apporte une nouvelle vie.

LA COMMUNION DES SAINTS

La croix ne jette pas seulement un pont entre l'individu et Dieu, elle en jette un entre les individus eux-mêmes, en les reliant à de nouvelles communautés et en créant, par les sacrements, le corps du Christ sur terre (voir p. 150). Telle est la signification sociale de la rédemption, qui trouve son parachèvement dans la communion céleste des saints.

LE SACRIFICE

Pour les chrétiens, la mort de Jésus peut se comprendre comme le sacrifice de rédemption, qui paie au plus haut prix les péchés du monde. Le mal (ou le péché) fait du tort au pécheur comme à sa victime. La réparation de ce tort est coûteuse et quelqu'un doit en payer le prix. Les chrétiens croient que le tort causé par le mal et le péché est tel que son redressement exige le sacrifice suprême. Jésus a accompli ce sacrifice pour tous.

Le pélican

Une légende veut que le pélican tue parfois ses jeunes mais qu'après il regrette à tel point son acte qu'il se déchire l'estomac avec le bec, et que son sang rend vie à ses petits. Le pélican symbolise donc le sacrifice du Christ, qui a répandu son sang afin que tous puissent participer à la nouvelle vie que lui a procurée son ascension, et surtout ceux qui boivent son sang (le vin) lors de la communion (voir pp. 142-143).

« A ceci nous avons connu l'Amour : celui-là a donné sa vie pour nous. Et nous devons, nous aussi, donner notre vie pour nos frères. »

I JEAN 3.16

Chassés du paradis terrestre

Selon la Genèse, Adam et Ève furent chassés du jardin d'Éden pour avoir désobéi à Dieu. Les conséquences en furent le péché et la mort. Beaucoup de chrétiens croient ce châtiment mérité mais aussi que Jésus l'a pris sur lui en acceptant la croix. C'est l'interprétation substitutionniste de la rédemption.

« La mort a été engloutie dans la victoire... Où est-il, ô mort, ton aiguillon ? L'aiguillon de la mort, c'est le péché, et la force du péché, c'est la Loi. Mais grâces soient à Dieu, qui nous donne la victoire par notre Seigneur Jésus-Christ ! »

I CORINTHIENS 15.55-57.

LES CLOUS DE LA CRUCIFIXION
La crucifixion était un supplice lent et pénible. Jésus fut déshabillé, flagellé, moqué, couronné d'épines. Il dut porter sa propre croix jusqu'au lieu d'exécution, avant d'y être cloué. Dans certaines églises, son chemin de croix est retracé sur les murs, en quatorze stations qui permettent aux chrétiens de suivre Jésus dans ses souffrances.

ADAM ET ÈVE
La bible considère que le mal accompli par Adam et Ève nous a éloigné de Dieu. Les chrétiens croient que, par la mort, la résurrection et l'ascension de Jésus, Dieu a pardonné au monde, en lui rendant sa faveur et son amour.

« Père, si tu veux, éloigne de moi cette coupe ! Cependant, que ce ne soit pas ma volonté, mais la tienne, qui se fasse ! »

LUC 22.42

« Ils l'amenèrent devant leur Sanhédrin et dirent : – Si tu es le Christ, dis-le-nous. »

LUC 22.66-67

« ...et, jetant un grand cri, Jésus dit : – Père, en tes mains je remets mon esprit. Ayant dit cela, il expira. »

LUC 23.46

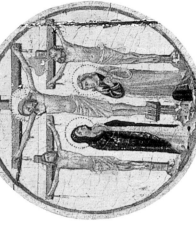

Le tombeau
Le corps de Jésus est gardé, de crainte qu'il ne soit enlevé. Le Symbole des apôtres résume le tout : « Il souffrit sous Ponce Pilate, fut crucifié, mourut et fut enseveli. »

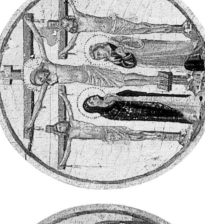

La crucifixion
Jésus est crucifié avec deux voleurs. Marie, Jean, d'autres femmes et des soldats restent au pied de la croix. Jésus demande à Jean de veiller sur sa mère (Jean 19.26).

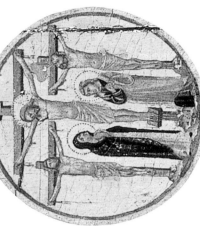

Jésus devant Pilate
Jésus est mené devant le gouverneur romain Ponce Pilate qui, après l'avoir fait flageller, admet sa crucifixion bien qu'il ne retienne pas de charge contre lui. (Luc 22.48).

Jésus reconnu
Jésus est arrêté au jardin de Gethsémani après que Judas l'a désigné, en l'embrassant, aux gardes du grand prêtre (Luc 22.48).

Au jardin des Oliviers
Après la Cène, Jésus prie au jardin de Gethsémani, dans l'angoisse de la souffrance. Ses disciples s'endorment mais un ange lui apparaît « pour le réconforter » (Luc 22.43).

LA RÉSURRECTION

LA FAMILLE ET LES AMIS DE JÉSUS le savaient mort sur la croix (voir pp. 144-145). La plupart de ses disciples avaient fui mais les femmes étaient restées jusqu'à la fin. Ce fut à elles, effarées et incertaines, qu'il apparut vivant pour la première fois après son trépas. C'était, reconnaissable sans erreur possible, le Jésus qu'elles avaient connu ; et pourtant, leur surprise étaient telle qu'elles ne le reconnurent pas tout de suite. Les chrétiens voient dans cette résurrection l'annonce de ce qui nous attend après la mort : la vie humaine se voit transportée vers l'étape suivante, vers l'épanouissement en Dieu. Jésus ressuscité resta quelque temps auprès de ses disciples ; à son ascension, il les quitta comme quelqu'un qui part en voyage et qui prend congé de ceux qu'il laisse derrière lui. Il ne les laissa pas sans réconfort : les chrétiens croient que Dieu, qui fut en Jésus durant sa vie et sa prédication, entra en l'Église sous la forme du Saint-Esprit (voir pp. 138-139), cinquante jours après la résurrection. Le Saint-Esprit subsiste dans l'Église pour y manifester les charismes de Dieu.

> **❝ Oui, j'en ai l'assurance, ni mort ni vie, ni anges ni principautés, ni présent ni avenir, ni puissances, ni hauteur ni profondeur, ni aucune autre créature ne pourra nous séparer de l'amour de Dieu manifesté dans le Christ Jésus notre Seigneur. ❞**
>
> ROMAINS 8.38-39.

L'ange du tombeau, traditionnellement représenté avec des ailes

L'ange du tombeau
En arrivant au tombeau, les femmes venues le visiter rencontrèrent un ange qui leur assura que Jésus n'y était pas : « Il n'est pas ici, car il est ressuscité... Venez voir le lieu où il gisait » (Matthieu 28.6). « Pourquoi cherchez-vous le Vivant parmi les morts ? » (Luc 24.5).

JÉSUS RESSUSCITÉ
*Ces tableaux de Mantegna (XV*e* siècle) racontent l'histoire de la résurrection. Jésus a été mis au tombeau. Des gardes y ont été placés car le bruit courait qu'il ressusciterait d'entre les morts. Le dimanche matin, il s'en éleva, sous les yeux des gardes terrifiés. Plus tard, les saintes femmes trouvèrent la tombe vide. Jésus apparut à Marie de Magdala dans un jardin. L'un des moyens qu'il utilisa pour se faire reconnaître d'elles, sans nul doute possible, ce fut de leur montrer les stigmates de la croix.*

SYMBOLE DE LA RÉSURRECTION
Jésus porte une bannière à croix rouge. C'est le symbole de la résurrection et elle flotte parfois sur l'église le dimanche.

LE TOMBEAU SCELLÉ
Jésus fut mis dans un tombeau scellé d'une grande pierre. C'aurait été un tombeau nouvellement creusé dans le roc et mis à la disposition de Jésus par Joseph d'Arimathie (*Matthieu 27.57-60*). Pour accentuer sa robustesse, l'artiste a combiné une tombe rupestre avec un sarcophage romain.

« Comme morts »
La résurrection de Jésus effraya les gardes, qui restèrent « comme morts » (Matthieu 28.4). Les prêtres avaient demandé une garde à Pilate pour que le sépulcre « soit tenu en sûreté jusqu'au troisième jour, pour éviter que ses disciples ne viennent le dérober et ne [le] disent au peuple » (Matthieu 27.64).

L'ENFER
L'évangile de saint Matthieu décrit la résurrection comme un tremblement de terre, d'où la fissure. Selon une croyance traditionnelle, entre sa mort et sa résurrection, Jésus se rendit en enfer, où il étendit sa mission divine à ceux qui n'avaient pu le connaître, parce qu'ils vivaient avant lui.

L'ATTENTE DE L'ÉVÉNEMENT
En analysant la signification de la résurrection de Jésus, saint Paul expose que toute la création attendait fiévreusement l'événement. Cela est symbolisé ici par les canards et les tortues, par l'arbre mort portant un rameau vif et par différentes espèces de plantes et d'animaux (*Romains 8.22*).

LES LANGUES DE FEU

APRÈS SA RÉSURRECTION et ses apparitions aux saintes femmes puis aux disciples, Jésus « s'en alla » au ciel. Il promit à ceux qu'il laissait que l'Esprit saint descendrait sur eux. Les *Actes des apôtres* rapportent que les disciples étaient « ensemble dans un même lieu, quand, tout à coup, vint du ciel un bruit tel que celui d'un violent coup de vent... Ils virent apparaître des langues qu'on eût dites de feu ; elles se partageaient, et il s'en posa une sur chacun d'eux » (*Actes* 2.1-3). La descente de l'Esprit sur les disciples aurait eu lieu lors de la fête juive de Shavu'ot, appelée Pentecôte en grec. On la célèbre aujourd'hui cinquante jours après la résurrection, elle-même célébrée à Pâques. Après avoir reçu les langues de feu, les disciples devinrent capables de prêcher en toutes les langues, c'est-à-dire que « chacun les entendait parler en son propre idiome ». Ils baptisèrent, guérirent et annoncèrent que Jésus était ressuscité d'entre les morts. L'ère chrétienne commençait.

Jésus monte au ciel pour rejoindre le Père.

Les langues de feu du Saint-Esprit descendent sur les apôtres.

LA DIFFUSION DE LA NOUVELLE
Après que l'ange eut roulé la pierre du tombeau pour révéler qu'il était vide, les saintes femmes coururent annoncer la nouvelle aux disciples.

> « *Or, si l'on prêche que le Christ est ressuscité des morts, comment certains parmi vous peuvent-ils dire qu'il n'y a pas de résurrection des morts ?* »
>
> *I CORINTHIENS* 15.12

APPARITIONS DE JÉSUS
Jésus apparut en premier à Marie de Magdala, dans un jardin, puis il apparut dans les locaux où les apôtres se réunissaient, sur la rive du lac de Tibériade, et enfin à quelques disciples qui allaient à Emmaüs (*I Corinthiens* 15.1-8).

LE TROISIÈME JOUR
La résurrection aurait eu lieu très tôt le matin. Jésus, enterré le vendredi, serait ressuscité le dimanche. Tous les jours étaient compris dans l'ancienne manière de compter : si donc il ressuscita le troisième jour, c'aurait pu n'être que trente-six heures après la mise au tombeau.

L'EMPLACEMENT DU TOMBEAU
On ne sait où Jésus fut enterré. Dans un jardin, très certainement, et sans doute en dehors de la ville. L'histoire tourmentée de Jérusalem a fait disparaître toute trace du site, concernant lequel il y a des revendications contradictoires.

Le Christ ressuscité

Marie de Magdala aux pieds de Jésus

LES SAINTES FEMMES
Des femmes de Galilée, dont, sans doute, Marie de Magdala et Marie, mère de l'apôtre Jacques, s'en furent au tombeau tôt matin avec des épices et des huiles pour oindre le corps de Jésus. Au lieu de trouver les gardes et un tombeau scellé, elles trouvèrent celui-ci vide, et un ange leur montra l'endroit où le corps avait été déposé.

JÉSUS RECONNU
Marie de Magdala reconnut Jésus et voulut le toucher. Il lui dit de n'en rien faire, parce qu'il n'était pas encore monté vers Dieu, mais de rapporter aux disciples qu'il rejoignait le Père (*Jean* 20.11-18).

À la recherche du corps de Jésus
L'évangile de saint Jean explique que Marie de Magdala se tenait près du tombeau, en pleurant et en cherchant le corps de Jésus. Il lui dit : « Femme, pourquoi pleures-tu ? » Pensant qu'il s'agissait du jardinier, elle lui répondit : « Seigneur, si c'est toi qui l'as emporté, dis-moi où tu l'as mis ». Il dit : « Marie ! » et elle comprit aussitôt qu'elle parlait au Maître ressuscité.

LE CATHOLICISME ET LE CULTE DES SAINTS

L'ÉGLISE CATHOLIQUE SE CONSIDÈRE comme l'arbre dont se sont séparées les Églises orthodoxes, puis les Églises protestantes. Elle se reconnaît à son souci de la tradition de la foi, affirmée dans les conciles, et à son union à l'Église de Rome, qui revendique la succession de saint Pierre, chef des apôtres. Elle se caractérise par l'importance donnée à l'enseignement et au sacerdoce transmis sans interruption depuis les origines. L'autorité suprême y est exercée par le pape, évêque de Rome et déclaré infaillible, en ce qui concerne la foi et les mœurs, par le concile du Vatican en 1870. Il est entouré d'un collège de cardinaux nommés à vie par lui et chargés d'élire, à sa mort, son successeur. L'Église catholique est répandue à travers le monde en des milliers de diocèses dirigés chacun par un évêque. Sauf en quelques régions orientales, elle avait naguère une même langue liturgique, le latin, des rites semblables et des règles communes, le droit canon. Le concile Vatican II (1962-1965) en a réalisé, selon le mot de Jean XXIII, la mise à jour : il a tenté de donner plus d'ouverture à l'institution et plus d'indépendance aux communautés nationales. La centralisation est cependant telle que la plupart des décisions importantes sont prises à Rome. Il en est ainsi notamment pour ce qui concerne le culte des saints, et surtout celui de la Vierge Marie, particulièrement développé dans le catholicisme.

BÉATIFICATION ET CANONISATION

ÉTIENNE EN 36, JACQUES EN 42, ont été tués pour leur foi dans le Christ. Par la suite, des empereurs, de Domitien (81-96) à Dioclétien (284-305), organisèrent des massacres de chrétiens. Le martyre leur était une épreuve mais aussi une preuve de foi, et les martyrs des exemples à suivre, des saints, des intercesseurs. Le peuple chrétien leur a bientôt rendu un culte. Mais tout chrétien est appelé à être un saint, sans pour autant subir le martyre, et à montrer dans sa vie des signes particuliers de fidélité à Jésus et d'attachement à l'enseignement de l'Église. Aussi se mit-on, surtout après les persécutions, à honorer les « saints hommes ». Il ne fallait qu'une haute réputation pour que l'on fût élevé sur les autels, du moins jusqu'à ce que les évêques, sur leur territoire, contrôlent eux-mêmes ces sortes de consécrations spontanées. De nouveaux abus incitèrent les papes des XIIe, XIIIe et XIVe siècles à se réserver les canonisations. Celles-ci ne furent plus prononcées que lors d'une cérémonie très solennelle, longtemps après la mort de l'intéressé et à la suite d'un long procès où témoignages, écrits et miracles authentifiés sont pris en compte. Jean-Paul II, en vingt ans de règne, a multiplié les canonisations : il a canonisé en 1982 Maximilien Kolbe, mort au camp d'Auschwitz, et béatifié (étape précédant la canonisation) en 1997 Frédérick Ozaman, qui était connu pour ses initiatives en faveur des pauvres.

F.C.

Messager séraphique

Selon la tradition, les séraphins sont messagers de Dieu et entourent son trône : « ...je vis le Seigneur... Des séraphins se tenaient au-dessus de lui, ayant chacun six ailes, deux pour se couvrir la face, deux pour se couvrir les pieds, deux pour voler » (Isaïe 6.1-2).

Première paire d'ailes

Deuxième paire d'ailes

Troisième paire d'ailes

Don des stigmates à saint François

L'IMITATION DE JÉSUS-CHRIST

François ne fut pas le seul saint qui pria de pouvoir imiter le Christ. Parmi les autres, il faut compter Julienne de Norwich (v. 1342- apr. 1413), qui eut une série de visions de la Passion, au terme desquelles elle se convainquit de la nature aimante de Dieu.

LA VIE DE SAINT FRANÇOIS

Ces peintures ornent le dos du retable de Sansepolcro, par Sassetta. Elles retracent la vie de saint François d'Assise (v. 1181-1226), qui suivit Jésus de si près et si radicalement qu'il fut canonisé deux ans après sa mort. Il a inspiré la vie religieuse et beaucoup voient en lui un modèle de sainteté. Le dos du retable faisait face au chœur, peut-être dans le but d'appeler à suivre son exemple.

LES STIGMATES

Saint François est monté sur une montagne pour prier. La Bible s'est ouverte à la page de la Passion (voir pp. 144-145). François a longuement prié de pouvoir imiter le Christ en toutes ses actions. Un séraphin lui apparaît et lui donne les stigmates, marques des clous de la crucifixion aux mains et aux pieds, ainsi que de la lance au flanc.

L'HABIT MONACAL

François porte la robe brune et la cordelière des franciscains, l'ordre religieux qu'il fonda.

Siméon le Stylite

Siméon le Stylite fut un ascète du début du Ve siècle, qui servit Dieu par le jeûne et la prière, en vivant sur une colonne de vingt mètres de haut, à Telanissus. On venait de toutes parts le consulter et, malgré sa bonté, il voulut échapper à la foule et au monde en se hissant là-haut.

FRANÇOIS QUITTE SA FAMILLE

Saint François veut se libérer des liens familiaux pour servir plus exclusivement Dieu. Il a renoncé aux propriétés de son père et lui a renvoyé tous les vêtements qu'il portait. L'évêque essaie de couvrir sa nudité de son propre manteau épiscopal.

LE PÈRE DE FRANÇOIS

Son père essaie de faire revenir François sur sa décision. Beaucoup de saints ont renoncé à la vie de famille et aux biens de ce monde pour suivre Jésus : « Qui aime son père ou sa mère plus que moi n'est pas digne de moi » (Matthieu 10.37).

MORT DE FRANÇOIS

Saint François est mort de mort naturelle. D'autres, comme saint Pierre, crucifié la tête en bas, ont été tués pour leur foi. De nombreux martyrs ont été victimes d'un régime politique, comme celui de l'Empire romain, plutôt que d'une autre religion. Jusqu'à récemment, les chrétiens ont souffert des régimes communistes, et il se peut qu'il y ait eu plus de martyrs au XXᵉ siècle qu'en tout autre.

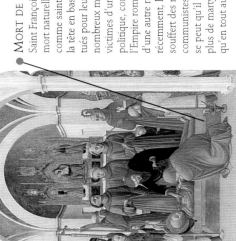

Un noble qui doute

Frère franciscain

FRANÇOIS ET LE LOUP

Une légende raconte que saint François, qui aimait les animaux et souhaitait restaurer l'harmonie du jardin d'Eden, persuada un loup, qui dévorait les gens de Gubbio, de cesser si on le nourrissait aux dépens du trésor public. Le vénérable Bède (m. 735) admettait que le créateur de toutes choses pût être servi par toute créature.

Une preuve de la faveur de Dieu

À la mort de saint François, l'on vint voir son cadavre. De même que l'apôtre Thomas doutait de la résurrection de Jésus à moins qu'on ne lui montrât les marques des clous (Jean 20.25), quelqu'un voulut voir les stigmates de François d'Assise pour se persuader de sa sainteté. On pense qu'un certain nombre de personnes, comme Padre Pio (†1968), ont reçu les stigmates de nos jours.

LE SONGE DE FRANÇOIS

Saint François rêva qu'il combattait sous la bannière du Christ ressuscité (voir p. 146). Il comptait ainsi qu'il faisait partie d'une armée spirituelle. Il réunit donc une troupe pour servir Dieu. Saint Ignace de Loyola (v. 1461-1556, voir p. 157) fonda, lui aussi, une congrégation, les jésuites, que l'on compare souvent à l'armée du Christ.

LES PAUVRES

Beaucoup de saints se sont tournés vers les pauvres. Ci-contre, saint François donne son manteau à un pauvre chevalier. Cela rappelle le geste de saint Martin de Tours (v. 315-397) qui reconnut le Christ en un mendiant nu et qui déchira son manteau pour le partager avec lui.

LE PAPE

Le pape est le chef de l'Église catholique. Secondé par ses cardinaux (en chapeau rouge), il décide de la sainteté d'une personne. La canonisation requiert la preuve de bonnes œuvres, de miracles et d'une vie pareille à celle du Christ.

FRANÇOIS À ROME

Saint François (en robe brune) s'est rendu à Rome pour demander l'approbation du pape à son projet de nouvelle communauté religieuse

FRANÇOIS PORTE TÉMOIGNAGE

Prêchant au sultan lors de son voyage missionnaire en Orient, saint François se voit sommé de prouver sa foi (voir ci-dessous). D'autres aussi, comme saint François Xavier (1506-1552), ont été missionnaires et ont eu affaire à l'opposition de religions différentes. Souvent solitaires, ils affrontaient une tâche dangereuse : beaucoup ont été tués ou sont morts au loin.

LES FRANCISCAINS

Saint François a rassemblé un petit groupe d'hommes qui, comme lui, désirant vivre sans biens et mendier leur nourriture. Ce ne sera que plus tard qu'ils loueront une maison, car ils ne veulent pas épargner pour le lendemain. Aujourd'hui, l'on trouve des franciscains, catholiques et anglicans, dans le monde entier.

La foi de saint François

En Orient, saint François offrit au sultan de prouver sa foi en traversant un grand feu en compagnie des courtisans, dont l'un prit la fuite.

L'ÉGLISE, LES ÉGLISES

L'ÉGLISE EST CONSTITUÉE DE TOUS CEUX qui ont répondu à l'invitation du Christ de poursuivre son œuvre sur terre. On l'appelle le corps du Christ car elle réalise sa présence vivante dans le monde. Elle suit son exemple en enseignant, en prêchant et en servant les autres, surtout les nécessiteux, mais toujours parce qu'ils sont les mains, les pieds et le corps du Christ sur terre. En quoi elle est soutenue par la prière et par les sacrements. Deux sacrements, le baptême et l'eucharistie, viennent du Christ lui-même. Le baptême est l'acte par lequel un individu est accepté dans l'Église, reçoit la grâce ou le pouvoir d'accomplir l'œuvre du Christ et, au-delà de la mort, d'entrer dans une nouvelle vie qui transcende la mort. L'eucharistie, dite aussi la communion ou la sainte cène, est l'acte par lequel les croyants reçoivent le pain et le vin de la Cène (voir pp. 142-143), donc la promesse de Jésus d'être avec eux pour l'éternité.

AUTRES SACREMENTS

Une partie des chrétiens définissent cinq autres sacrements : la confirmation (où les vœux baptismaux sont réaffirmés), la pénitence (ou confession), le mariage, l'onction des malades et l'ordination (consécration des évêques, prêtres et diacres aux tâches de l'Église, telle l'administration même des sacrements). Certaines Églises protestantes leur accordent une importance secondaire, d'autres les ignorent.

LE RETABLE DES SACREMENTS

Ce retable de Rogier van der Weyden (1399-1464) comporte une crucifixion entourée des sept sacrements, tous représentés à l'intérieur d'une église. L'ornementation en est propre au catholicisme, avant les bouleversements de la Réforme (voir pp. 156-157).

L'EUCHARISTIE
Le prêtre célèbre l'eucharistie (voir pp. 142-143) devant un autel, à l'extrémité orientale de l'église. Ces dernières années, l'autel a souvent été déplacé vers le centre, pour que le prêtre puisse faire face aux fidèles.

JUBÉ
Les anciens jubés, séparant le chœur de la nef, portaient souvent des statues de saint Jean et de sainte Marie, mère de Jésus, en mémoire du deuil qui a suivi la mort du Christ.

LA PRIÈRE
Toutes les églises ont des lieux où les fidèles peuvent prier Dieu, l'appeler à l'aide et méditer sur les Écritures. Dans beaucoup d'entre elles, il y a des chapelles où l'on se recueille pendant que d'autres activités sont en cours.

CONFESSION ET PÉNITENCE
Par la confession, les croyants reconnaissent leurs péchés (les manières dont ils ont enfreint les commandements de Dieu, voir pp. 116-117), et promettent de s'amender. Cette confession peut se faire en privé, publiquement pendant un office ou individuellement devant un prêtre. Les prêtres ont reçu du Christ le pouvoir de donner le pardon de Dieu (*Jean 20.23*). Ils peuvent demander à ceux qui ont été pardonnés de fournir réparation ou d'accomplir quelque action de grâces pour manifester leur pénitence.

CONFIRMATION
Lors de la confirmation, les croyants réaffirment le vœu, déjà prononcé au baptême, de rester dans l'Église et de suivre ses enseignements. L'évêque étend alors les mains sur eux, comme les apôtres le firent aux premiers chrétiens, en signe explicite des dons du Saint-Esprit (*Actes 8.14-17*).

Certains chrétiens sont baptisés nouveau-nés et leurs vœux sont pris pour eux par des adultes, leurs parrains

On utilise le plus souvent les fonts baptismaux mais certaines confessions pratiquent l'immersion totale dans une piscine.

Le baptême
Le baptême fait entrer l'individu dans l'Église, en lavant symboliquement ses péchés dans l'eau. C'est le plus important des sacrements parce qu'il marque la réception des croyants dans l'Église, en les assurant d'une nouvelle vie dans le Christ, victorieuse de la mort. Jésus lui-même fut baptisé par Jean (Matthieu 3.13-17). Il ordonna à ses disciples de baptiser «toutes les nations» (Matthieu 28.19).

LES FIDÈLES
La plupart des églises ont aujourd'hui des chaises, des bancs ou des stalles pour le public. Autrefois, ce n'était pas le cas et les fidèles, debout, déambulaient parfois avec leur chien, non sans bruit.

LE CHRIST EN CROIX
Dans la plupart des églises, mais non dans les temples protestants, un crucifix (voir pp. 144-145) est placé bien en vue, souvent au-dessus de l'autel. L'existence et l'œuvre de l'Église dans le monde sont considérées comme le résultat de la crucifixion de Jésus.

L'ÉGLISE

Pour les chrétiens, le terme d'église a plusieurs sens : bâtiment, communauté qui y rend le culte et ensemble des croyants, vivants et morts.

ÉVOLUTION ARCHITECTURALE

PRIMITIVEMENT, LES ÉGLISES étaient en général de petites salles ayant un autel du côté oriental. Pour parer aux attaques, on construisit à proximité des tours de guet et de défense. Aujourd'hui, la tour carrée et la flèche circulaire font partie du bâtiment. Il s'agit souvent d'un clocher : les cloches appellent les fidèles aux offices et annoncent des événements tels que les mariages ou les funérailles. Les styles sont très différents, des églises romanes souvent très simples aux audacieuses constructions contemporaines, en passant par les grandes cathédrales gothiques et les bâtiments utilitaires.

Église fortifiée à Newton Arlush (Cumbria, Angleterre).

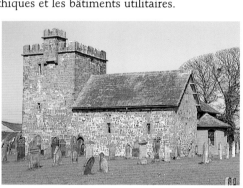

Conception architecturale des églises

Les grandes églises sont généralement construites sur un plan en croix. L'abside, où se trouve l'autel du Saint-Sacrement, est en principe à l'est. Autrefois, un jubé séparait souvent le chœur, où prenaient place le clergé et les chantres, du public qui ne voyait donc pas ce qui se passait, à l'exception du sermon prononcé d'une chaire à prêcher, dans la nef. Le jubé a le plus souvent été détruit ou déplacé à la tribune, pour rendre l'église ouverte à l'ensemble de la communauté, qui est tout entière le corps du Christ.
(Ci-dessus : plan de la cathédrale de Chartres)

Labels on plan: Absidiole — Déambulatoire — Sacristie — Abside et sanctuaire — Chœur — Transept nord — Transept sud — Nef — Bas-côté sud — Bas-côté nord — Tour sud — Tour nord — Grand portail

L'ÉVÊQUE

Certaines Églises consacrent des évêques, qui seuls ont autorité pour ordonner et confirmer. Ils surveillent l'œuvre pastorale sur un territoire étendu, appelé diocèse, où ils sont responsables de l'unité des fidèles, de l'ordre du clergé et de la doctrine de la foi. Les Églises réformées ont rarement des évêques ; les personnes ordonnées s'y appellent parfois des ministres, et l'on y met moins l'accent sur les sacrements.

L'extrême-onction

À la fin du Moyen Âge, l'on se mit à craindre de perdre la place que le Christ avait promise par le baptême (voir page de gauche), en décédant sans avoir confessé ses péchés. Plusieurs rites sont en usage pour secourir les malades et les mourants : prières, imposition des mains ou, comme ci-contre, extrême-onction avec de l'huile étendue sur le corps. L'onction prépare à la mort, quelle que soit l'issue de la maladie.

L'ORDINATION

L'ordination est la cérémonie par laquelle l'Église consacre la vocation de certains à devenir diacres, donc à servir le culte, assister les pauvres, les malades et les âmes en peine, et prêcher l'Évangile (voir p. 140), ou prêtres, donc à célébrer l'eucharistie (voir pp. 142-143), absoudre et enseigner.

LE MARIAGE

Ceux qui désirent se marier peuvent demander la bénédiction de l'Église sur la promesse qu'ils se font mutuellement. Ce faisant, ils s'engagent à une relation à vie, que seule l'Église peut rompre.

LA VIE MONASTIQUE

A U SENS COMMUN, ON APPELLE RELIGIEUX les chrétiens qui ont choisi de vivre en dehors du monde, comme les moines et les nonnes. Ils se distinguent par la volonté de suivre le Christ en sa pauvreté, en son obéissance au Père et en son dévouement à tout un chacun, qu'il est réputé avoir porté à la perfection en restant chaste. Les formes de la vie religieuse varient : il y a des hommes et des femmes qui l'ont recherchée dans le désert ou dans un ermitage ; d'autres la vivent dans une communauté cloîtrée et soumise à une règle. Il y a les contemplatifs, qui se consacrent à la prière ; il y a ceux qui ont choisi de s'engager dans une action représentative de la charité chrétienne, en aidant les pauvres et les malades ou en se consacrant à l'œuvre missionnaire et à l'enseignement. Les religieux se différencient donc par leur mode de vie (contemplatif ou actif) et par la règle qui le définit. Certains, comme les petits frères de Jésus, portent l'habit laïc mais s'adonnent aux tâches les plus serviles ; ils vivent avec les autres, avec toutefois des périodes de retraite dans la solitude. Au contraire, les trappistes vivent en de vastes communautés mais ils ne quittent pas leur cellule ; ils consacrent leur temps à la prière et aux travaux que l'on peut faire en un étroit enclos, tout en gardant un perpétuel silence et en menant la vie la plus austère.

Les offices

La majeure partie de la journée monastique est consacrée aux offices : matines, laudes, prime, tierce, sexte, none, vêpres et complies. En outre, l'eucharistie (voir pp. 142-143) est célébrée quotidiennement. Aujourd'hui, tous les ordres n'accomplissent pas la totalité des offices et l'on a tenté de les simplifier dans les communautés actives. Certains toutefois pratiquent encore le plain-chant et le chant grégorien.

Ordres mixtes

Ci-dessus, des nonnes et des moines, portant les unes le voile et les autres la robe de bure, célèbrent leur vocation religieuse. Au Moyen Âge, quelques ordres, tels les brigittins et brigittines, étaient mixtes. C'est encore le cas de la maison bénédictine anglicane de Notre-Dame de Burford. Plus généralement, les sexes sont séparés en des couvents différents, même s'ils suivent une règle identique.

CLOÎTRES ET CLÔTURE
Les bénédictins et les autres ordres contemplatifs vivent dans la clôture, c'est-à-dire dans des couvents entourés de murs. Les vastes communautés ont des cloîtres entourant une cour ou bordant l'église (comme ci-contre) : les religieux y déambulent, lisent ou méditent

CUCULLE
La plupart des religieux ont un couvre-chef. Ci-dessous, la cuculle est un capuchon attaché à l'habit. Les nonnes se couvrent la tête d'un voile et ont les cheveux courts.

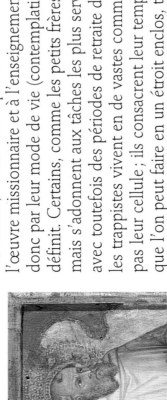

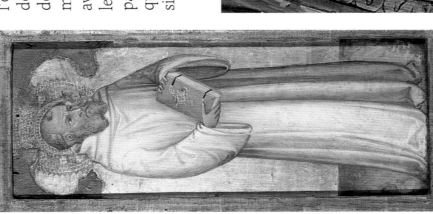

La règle de saint Benoît

Saint Benoît de Nurcie (v. 480-v. 550) rédigea pour les religieux une règle qui prévalut entre 550 et 1150 environ. Les bénédictins partagent leur temps entre la liturgie, la prière individuelle, la lecture et le travail manuel. La règle impose une routine immuable, la clôture, l'obéissance à l'abbé et la loi du silence. La plupart des autres règles réforment celle de saint Benoît ou tentent d'organiser différemment la vie religieuse.

RELIGIEUX ENCAPUCHONNÉ

Cette fresque de Sodoma (1477-1549) se trouve à l'abbaye de Montoliveto Maggiore, près de Sienne, en Italie.

L'HABIT RELIGIEUX

Ces religieux sont chaudement vêtus. L'habit, ou robe, est recouvert d'un scapulaire, surtout sans manches qui protège la robe et qui, sous les climats chauds, peut être de tissu léger. Aujourd'hui, les femmes portent souvent des vêtements ordinaires avec une croix ou un insigne de leur ordre. Jusqu'à ce siècle, les habits de religieuse étaient longs et dissimulaient de lourds jupons. Le seul fait de les porter en été constituait un acte de pénitence.

NOVICE

Avant de prononcer leurs vœux définitifs, les religieux passent un certain temps à faire l'essai de la vie en communauté. Ce temps d'essai peut durer cinq ans, au titre de postulant puis de novice. Au Moyen Âge, nul n'était autorisé à se vouer solennellement à Dieu, au sein d'un ordre, s'il n'avait quinze ans pour un garçon ou treize pour une jeune fille. Actuellement, on décourage les professions si précoces.

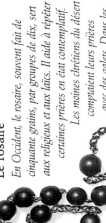

Le rosaire

En Occident, le rosaire, souvent fait de cinquante grains, par groupes de dix, sert aux religieux et aux laïcs. Il aide à répéter certaines prières en état contemplatif. Les moines chrétiens du désert comptaient leurs prières avec des galets. Dans les monastères grecs orthodoxes, chaque moine reçoit une corde à nœuds au lieu d'un rosaire. Elle leur sert à dire et redire : « Notre Seigneur Jésus-Christ, Fils de Dieu, ayez pitié de moi, pauvre pécheur. »

Les grains du rosaire constituent une aide à la prière

LE VŒU DE PAUVRETÉ

En réaction contre les abbayes riches, aux moines bien vêtus et bien chaussés, les ordres « déchaux » (sans souliers) ont recherché une vie plus austère. Certains se sont fait un point d'honneur à mendier, pour souligner leur totale pauvreté. À plusieurs reprises, des ordres nouveaux ont été fondés dans le but de retourner à la simplicité des origines.

La cordelière

La manière de maintenir la robe diffère selon les ordres. Saint Benoît parle d'une ceinture. Plus tard, on y attacha une discipline, corde ou lanière de cuir servant, selon la règle, à « châtier le corps ». Dans les ordres les plus austères, ces instruments étaient gardés dans les cellules. Beaucoup de religieux portent en guise de ceinture une cordelière à nœuds, ceux-ci symbolisant les trois principaux vœux monastiques; pauvreté, chasteté et obéissance.

> « Il m'est clair que la solitude est ma vocation, non pour fuir le monde mais parce que c'est ma place dans le monde. »
>
> THOMAS MERTON (†1968), TRAPPISTE À GETHSEMANE, KENTUCKY (ÉTATS-UNIS)

L'abbatiale, commencée en 1088, était la plus grande église d'Europe après Saint-Pierre de Rome, commencée au XVIe siècle

Salle capitulaire

L'abbaye de Cluny

Certaines abbayes, comme le Mont-Cassin ou Cluny (ci-contre), étaient très grandes. Les frères lais (non ordonnés) accomplissaient les gros travaux, surtout lorsque la maison possédait de vastes domaines. On traitait les affaires de la communauté et l'on corrigeait ses membres dans la salle capitulaire. Non seulement de tels monastères s'attiraient la jalousie des grands nobles dont les possessions n'étaient pas aussi imposantes, mais ils dérogeaient à la simplicité de la vie religieuse.

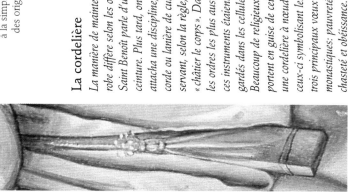

Les bénédictins travaillaient comme copistes. Ils ont ainsi reproduit beaucoup de manuscrits anciens et chrétiens

La grande infirmerie pouvait accueillir une centaine de patients. Elle était flanquée d'une chapelle de Notre-Dame

L'ORTHODOXIE ET LES ICÔNES

L'ÉGLISE ORTHODOXE SE COMPOSE d'un ensemble d'Églises autocéphales dont l'histoire remonte aux apôtres (voir pp. 142-143) et aux premiers évangélisateurs du monde méditerranéen. Les plus anciennes sont l'Église orthodoxe grecque et celles des patriarcats d'Alexandrie, d'Antioche et de Jérusalem. Le patriarche de Constantinople bénéficie d'un primat honorifique mais non d'une juridiction universelle. La conversion des Slaves fut entreprise par les saints Cyrille et Méthode au IXᵉ siècle et la Russie devint un royaume chrétien sous saint Vladimir, en 988. D'autres Églises orthodoxes importantes sont celles de Serbie, de Roumanie, de Bulgarie, de Chypre et d'Albanie. Bien qu'ayant peu de contacts avec les autres Églises chrétiennes, l'orthodoxie partage avec elles l'essentiel des articles de foi; elle diffère surtout par le style de la liturgie et par la pratique. Comme le protestantisme, elle refuse de reconnaître la primauté du pape (voir p. 136); le « Grand Schisme » entre l'Orient et l'Occident se produisit en 1054, lorsque Constantinople et Rome constatèrent l'impossibilité de résoudre leurs différends.

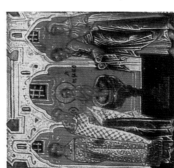

Baptême et confirmation
Le baptême et l'eucharistie sont les deux sacrements majeurs pour les orthodoxes. En général, on administre simultanément le baptême et l'onction de confirmation.

L'IMPORTANCE DES ICÔNES

Ces quatre peintures sont des icônes, images typiques de l'Église orthodoxe et qui y prennent une grande importance. Généralement peintes sur bois (mais parfois sur métal ou sur ivoire), elles n'ont pas pour but de dépeindre une scène photographiquement mais de conférer à leur sujet le poids du réel. Ce sont des fenêtres sur le monde divin et des objets de dévotion, qui offrent au fidèle la présence effective du sujet religieux.

SAINT NICOLAS
Saint Nicolas est le patron de la Russie, des marins et des enfants. On lui a souvent construit des églises sur les côtes, où elles servent d'amers. Dans certains pays, il est censé apporter des cadeaux aux petits enfants le jour de sa fête patronale, le 6 décembre. Ailleurs, il est détrôné par le père Noël.

PRÊTRES ORTHODOXES

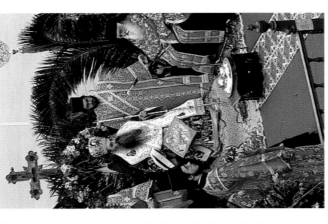

CI-CONTRE, DES PRÊTRES orthodoxes célèbrent la liturgie du vendredi saint, commémoration de la Cène (voir pp. 142-143) et du lavage des pieds des disciples. On y chante cet hymne: «La sagesse de Dieu, qui repousse la montée des flots, qui dompte l'abîme, qui apaise la mer, verse maintenant l'eau dans un bassin pour laver les pieds de ses serviteurs. » Les popes peuvent être mariés (et le sont généralement) mais le mariage ne peut avoir lieu après l'ordination; les évêques, toujours célibataires, sont donc choisis parmi les ordres monastiques (voir pp. 152-153). Les prêtres portent la barbe conformément au prescrit biblique (*Lévitique* 19.27); lorsque ceux d'Occident commencèrent à se raser, ils furent sévèrement critiqués par les orthodoxes.

Prêtres accomplissant la liturgie du vendredi saint.

L'EMPLACEMENT DES ICÔNES
Dans les églises, les icônes se trouvent sur l'iconostase, un mur percé de trois portes, qui sépare le sanctuaire et l'autel de l'assemblée des fidèles. La porte royale, centrale, conduit au sanctuaire et à l'autel, où une partie de la liturgie se déroule hors de la vue du public.

LE JUGEMENT DERNIER
L'icône ci-contre dépeint le jugement des âmes par Jésus, avant qu'elles soient vouées au paradis ou à l'enfer. Les vertueuses iront au ciel et les pécheresses en enfer. Le thème du jugement dernier apparaît dans l'orthodoxie et dans d'autres traditions chrétiennes, encore que dans des styles très différents (voir pp. 158-159).

LE CHRIST
Le Christ administre la justice.
Les icônes du Christ dominent l'iconostase avec celles de Marie et de Jean-Baptiste. L'annonciation (voir p. 138) doit figurer sur la porte royale, surmontée d'une rangée d'icônes consacrées aux fêtes et aux saints; au-dessus encore se trouvent les apôtres.

TROIS SAINTS

Les orthodoxes révèrent profondément les saints. Ceux de l'icône ci-contre sont Mercure, Tryphon et Catherine. Le mode de désignation d'un saint est moins rigoureux que dans l'Église catholique ; généralement, il en est décidé par un synode d'évêques de l'une ou l'autre des Églises patriarcales ou autocéphales mais, parfois, la dévotion populaire est validée.

MERCURE ET CATHERINE

Saint Mercure (à l'extrême gauche) fut un martyr anatolien qui, après s'être converti au christianisme, refusa de sacrifier à la déesse grecque Artémis et fut par conséquent exécuté. Sainte Catherine d'Alexandrie subit le martyre pour avoir refusé d'épouser l'empereur Maxence, parce qu'elle se voulait l'épouse du Christ.

LA VÉNÉRATION DE L'ICÔNE

Par l'icône, le dévot entre dans l'espace-temps du sacré. On allume des chandelles devant les icônes, que l'on vénère par le baiser et la prosternation. On leur attribue souvent des pouvoirs miraculeux, et certaines sont réputées venues au monde par miracle : on les appelle *ikonos akheiropoiïetos*, icône non faite de main d'homme.

LE PATRIARCHE DE LA VILLE

Saint Tryphon était un moine qui devint patriarche de Constantinople de 928 à 931.

L'un des monastères du mont Athos

> « De mémoire éternelle en la vie du corps de notre Seigneur Jésus-Christ, nous avons reçu la tradition de Le représenter sous Sa forme humaine, exaltant ainsi l'humilité de Dieu le Verbe. »
>
> GERMANUS (VIIIᵉ SIÈCLE) EN DÉFENSE DES ICÔNES

Le mont Athos

Le mont Athos est le haut lieu du monachisme orthodoxe *la Grèce. Ce centre majeur du monachisme orthodoxe est devenu autonome en 1927. La Grande Laurie (rassemblement de moines en un même lieu) fut fondée en 962 et, au Xᵉ siècle, il y avait 180 monastères. Il en reste aujourd'hui 20 principaux et un certain nombre de maisons annexes et d'ermitages. La plupart des moines sont cénobites, c'est-à-dire qu'ils vivent en communauté. Les femmes et même les femelles d'animaux sont interdites. Parmi les icônes, il y en a de célèbres pour leurs miracles, comme celles de la Vierge à la Grande Laurie et au monastère d'Iveron. Le monachisme est au cœur même de l'orthodoxie.*

La cathédrale Saint-Basile

La plus célèbre des grandes églises de l'orthodoxie russe est la cathédrale Saint-Basile. Elle fut bâtie entre 1555 et 1560 sur commande d'Ivan IV le Terrible, pour commémorer sa victoire de Kazan en 1552, qui étendit considérablement le territoire de la Russie et donc la sphère d'influence de l'Église orthodoxe. Elle marque la détermination de surpasser l'Église grecque par la splendeur et le nombre des édifices. Le climat nordique, neigeux et pluvieux, explique les caractéristiques des toits, dont les coupoles surmontent des tambours cylindriques.

JÉSUS AUX ENFERS

L'icône ci-contre représente le Christ délivrant des enfers les justes qui sont morts avant sa venue. Bien que leurs sujets varient, les icônes concernent généralement des épisodes importants pour le culte, plutôt que des événements historiques. Elles représentent souvent le Christ, les saints et les moments vitaux de l'Église. Les monastères peuvent posséder des icônes relatives à leur fondation.

L'HÉSYCHASME

Une forme de prière particulière à l'orthodoxie est l'*hésychasme*, quiète concentration sur le Christ. Souvent, il inclut la prière à Jésus, ou prière du cœur, qui répète sans relâche « Notre Seigneur Jésus-Christ, Fils de Dieu, ayez pitié de moi, pauvre pécheur ». Elle s'accompagne en général d'une posture étudiée et d'un effort de respiration rythmée sur la prière, afin que toute la personnalité se fonde en Dieu.

LES JUSTES

Le Christ conduit vers la lumière les justes en compagnie des patriarches et d'Adam et Ève. Le vieillard, près du Christ, est probablement Abraham.

Coupole en bulbe

LA RÉFORME

L'ÉGLISE EST PERPÉTUELLEMENT ENGAGÉE dans un processus de réforme, pour autant qu'elle tâche de se rapprocher de l'enseignement du Christ. Cependant les chrétiens ont parfois du mal à s'accorder et des ruptures se produisent : alors apparaissent des dissidences, qu'on a souvent appelées des hérésies, ou de nouvelles Églises (voir pp. 154-155). Avec l'avènement de l'imprimerie, après 1450, les livres, dont la Bible, devinrent plus accessibles ; il s'ensuivit un besoin de s'écarter des pratiques superstitieuses du monde laïc et de suivre les Écritures de plus près. On protesta aussi contre la corruption de l'Église et l'on voulut réformer la vie monastique. La crise éclata au XVIe siècle. De ces mouvements de réforme naquirent les Églises dites protestantes. Le catholicisme mettait en avant la papauté (voir p. 137), les sacrements (voir pp. 142-143 et 150-151) et un accès hiérarchisé aux Écritures. Le protestantisme insista sur la relation individuelle avec le Christ, sans l'intermédiaire d'un prêtre ou d'un pape, et sur la primauté des Écritures – désormais disponibles en langue vulgaire et non plus seulement en latin – en tant que fondements de la prédication, de l'enseignement et du salut.

La Grande Bible

L'Angleterre fut l'un des derniers pays à posséder une bible imprimée en traduction. La Grande Bible, publiée sur ordre d'Henry VIII, fut introduite dans les paroisses en 1539. Des versions non autorisées l'avaient précédée, notamment le Nouveau Testament de William Tyndale. Les études bibliques doivent beaucoup au Nouveau Testament grec d'Érasme (1516) et à la Bible polyglotte de l'Espagnol Ximenez (1522) où les différentes langues figurent côte à côte.

DEUX FAÇON DE PRÊCHER

Cette gravure allemande illustre les différences de pratique entre le protestantisme et le catholicisme. En Allemagne, une bible grossièrement imprimée en caractères de bois était disponible dès la fin du XVe siècle. On peut estimer que ce progrès dans la technologie de l'information a rendu possible la Réforme du XVIe siècle.

PRÉDICATEUR PROTESTANT

La prédication protestante est toujours tirée de la Bible. Prédicateur et fidèles suivent le passage concerné de l'Écriture. Les femmes, par là, se sentent en participation. Les sermons sont longs : notez le sablier.

SIMPLE, SANS ORNEMENT

Les ministres protestants s'habillent simplement d'une robe noire et leur chaire est tout unie. Il n'y a pas d'ornement qui distraie les fidèles de la parole de Dieu.

L'ENSEIGNEMENT AUX ENFANTS

Tous les chrétiens ont compris qu'il importe d'enseigner aux enfants. Dans la tradition protestante, les écoles et, au XVIIIe siècle, les écoles du dimanche, ont été conçues comme une invitation à apprendre aux enfants les vérités premières des Écritures.

LES CAMPS OPPOSÉS

Un aveugle tend les mains vers les deux camps opposés de l'Église, si divisée au XVIe siècle. Les tentatives d'unification, procédant de ce qu'on appelle le « mouvement œcuménique », n'ont à ce jour comblé le fossé, même s'il y a plus de compréhension.

Wycliffe   Zwingli   Calvin   Knox   Luther   Melanchthon

Hus

The Candle of Reformation is Lighted

We cannot

Les pères de la Réforme

Ci-contre, les pères fondateurs de la réforme protestante entourent la lumière de l'Évangile, qui ne peut s'éteindre. L'Anglais Wycliffe et le Tchèque Hus préfigurent les réformateurs du XVIe siècle. Ceux-ci polémiquaient entre eux sur bien des points mais s'accordaient à proclamer la primauté de l'Écriture. Les figures dominantes en sont Luther et Calvin mais l'Écossais Knox et le Zürichois Zwingli ont exercé une influence au-delà de leur région. La difficulté, pour les protestants, est de maintenir leur unité dans le respect des convictions individuelles.

Le concile de Trente

Les concile généraux de l'Église ont toujours eu pour but de résoudre des problèmes graves. Le premier est décrit dans les Actes des apôtres 15. Les sept suivants (325-787) s'appellent conciles œcuméniques : sont communs à l'Orient et à l'Occident (ils ont été tenus avant la division des Églises chrétiennes). Les conciles ultérieurs ne sont pas reconnus par toutes celles-ci. Le concile de Constance (1414-1418) fut convoqué pour traiter le cas du réformateur Jan Hus et celui de la scission de la papauté, dite Grand Schisme d'Occident. Le concile de Trente (1545-1563) fut appelé à débattre des questions théologiques soulevées par le protestantisme. Il procura aux catholiques une ligne de conduite concernant des sujets de discorde tels que la liturgie et la dévotion, la nature de l'autorité et la relation entre le salut, d'une part, la foi et les œuvres, de l'autre.

LE PRÊCHE CATHOLIQUE

Pendant les années qui précédèrent la Réforme, le prêche catholique n'avait lieu que certains jours. Il était moralisateur et très général ; il pouvait donc s'éloigner considérablement du texte biblique. Le prédicateur que l'on voit ci-contre n'a pas de Bible à portée de la main. Le sermon n'était pas un temps fort de l'office.

LA DÉCORATION, UN HOMMAGE À DIEU

La chaire décorée et l'habillement du prêtre catholique constituent des aspects de la nature visuelle de la dévotion dans le catholicisme. Le reste de l'église devait aussi être décoré et sans doute des vitraux y montraient-ils des scènes bibliques. La dévotion est rendue tangible par les chapelets dont use l'assistance, qui n'écoute pas nécessairement le sermon. En égrenant le chapelet, le dévot récite une séquence de prières (le rosaire), chacune matérialisée par un grain. Chaque groupe de dix grains renvoie à une intention de prière.

L'ÉDUCATION

Les catholiques, surtout dans les pays où ils étaient persécutés, se concentrèrent sur l'éducation. On créa des écoles dans des « régions sûres », comme à Douai pour l'instruction des réfugiés d'Angleterre où, comme dans d'autres pays protestants, les catholiques étaient exclus de l'université.

LA COMMUNAUTÉ CATHOLIQUE

Il fallait encourager la catholicité à ne pas adhérer au protestantisme. C'est pourquoi une réforme eut lieu dans l'Église catholique elle-même, qui fit apparaître de nouvelles figures dominantes. Ignace de Loyola fonda en 1534 la Société de Jésus (les jésuites). Thérèse d'Avila et Jean de la Croix tentèrent de pénétrer les voies par lesquelles l'Esprit saint embrasse l'âme dans la prière.

> 66 Que sert donc à l'homme
> de gagner le monde entier,
> s'il ruine sa propre vie ? 99

MARC 8.36,
REPRIS PAR IGNACE DE LOYOLA

Les persécutions

Catholiques et protestants furent persécutés et moururent, souvent sur le bûcher, pour leurs convictions. Le formule cujus regio, eius religio (la religion du prince est celle de ses sujets), établie par la paix d'Augsbourg en 1555, signifie que les habitants de chaque royaume ou fief souverain devaient adopter une confession officielle. Ainsi, en Angleterre, la catholique Marie (1516-1558) persécuta les protestants et l'anglicane Élisabeth (1533-1603), les catholiques.

LE JUGEMENT DERNIER

JÉSUS PRÊCHA QU'IL Y AURA UN JOUR DU JUGEMENT, «quand le Fils de l'homme viendra dans sa gloire» (*Matthieu* 25.31), et que tous seront jugés. Ce jugement déterminera si l'on a témoigné de la bonté et de la miséricorde de Dieu : si l'on a nourri ceux qui avaient faim, donné à boire à ceux qui avaient soif, vêtu ceux qui étaient nus. Seront séparés comme les brebis des chèvres ceux qui ont fait cela de ceux qui ont négligé de le faire. «Et ils s'en iront, ceux-ci à une peine éternelle, et les justes à une vie éternelle» (*Matthieu* 25.46). Cependant Jésus savait que chacun a besoin de l'aide et de la miséricorde de Dieu. Le Psalmiste suppliait : «N'entre pas en jugement avec ton serviteur, nul vivant n'est justifié devant toi» (*Psaume* 143.2). Jésus est juge mais aussi rédempteur miséricordieux. C'est pourquoi saint Paul estimait que le salut ne peut s'obtenir par les seules œuvres : au travers de la mort du Christ (voir pp. 144-145), Dieu pardonne librement et efface les charges devant le tribunal. Cela ne s'accepte que par la foi, et dès lors les œuvres de miséricorde (voir ci-dessous) deviennent possibles en esprit.

Le triomphe de la foi
Les morts se sont réincarnés et sont hissés vers le ciel. Ce couple tient un rosaire, symbolisant ici la continuité de la foi.

Rosaire

SAINT JEAN-BAPTISTE *Ici, saint Jean-Baptiste est proche du Christ ressuscité. Il baptisa Jésus (voir pp. 140-141) au début de la prédication de celui-ci. Il fut plus tard décapité à la requête de Salomé, fille d'Hérode. Jean-Baptiste est considéré comme le précurseur de Jésus.*

LE JUGEMENT DERNIER
Michel-Ange (1475-1564) a peint le Jugement dernier à la chapelle Sixtine de Rome, en se référant au texte évangélique : «...et l'on verra le Fils de l'homme venant sur les nuées du ciel avec puissance et grande gloire» (Matthieu 24.30).

Jésus et Marie
Jésus se tient tout près de sa mère. À sa gauche sont les disciples, dont saint Pierre brandissant une clé.

LES INSTRUMENTS DE LA PASSION
La croix, la couronne d'épines et le pilier de la flagellation, ainsi que d'autres instruments de la Passion, sont emportés par des anges pour le temps où «de mort, il n'y en aura plus ; de pleur, de cri et de peine, il n'y en aura plus» *(Apocalypse* 21.4).

LES ÉLUS
Ceux qui ont suivi les commandements de Dieu ou qui ont vu Dieu en Jésus sont sauvés. Ils s'embrassent et se mêlent à des groupes de patriarches, de prophètes et de disciples, de part et d'autre du Christ.

LES DISCIPLES DU CHRIST
Les apôtres sont près du Christ. Saint Barthélemy, qui fut écorché vif avant son exécution, est représenté avec un couteau et sa peau. On dit que le peintre a mis son propre visage sur la peau.

« Roue de sainte Catherine »

LES DAMNÉS

Tous ceux qui ont choisi de vivre d'une manière qui dénie Dieu vont en enfer : les orgueilleux, qui se prennent pour Dieu ; les cupides, qui accaparent ce qui est au monde comme si tout leur appartenait ; et ceux qui exploitent les autres à leur profit.

LA TROMPETTE DU JUGEMENT

Le Jugement sera précédé par des « anges avec une trompette sonore » (*Matthieu* 24.31), envoyés aux quatre coins de la terre.

LE NOCHER DES MORTS

Selon la tradition gréco-romaine, un batelier, appelé Charon, transportait les morts vers leur dernière demeure. Ici, il emmène les damnés en enfer. Il a, comme les démons, un aspect grotesque parce que les chrétiens croient que ceux qui ont rejeté la vertu deviennent subhumains.

L'AMOUR, PREMIÈRE VERTU

Ceux qui montent au ciel s'agrippent et s'étreignent, en symbole de la plus grande vertu chrétienne, la charité, qui est amour. Elle durera et saint Paul en dit : « Maintenant donc demeurent foi, espérance, charité, ces trois choses, mais la plus grande d'entre elles, c'est la charité » (*I Corinthiens* 13.13).

SYMBOLE D'ESPÉRANCE

Les deux moines qui, les yeux clos, montent vers la vie éternelle symbolisent l'espérance, la troisième des vertus théologales. L'espérance est le désir et l'attente de ce qui ne s'est pas encore entièrement accompli.

QUICONQUE A VÉCU

Un volume porte les noms et les actes de tous ceux qui ont vécu.

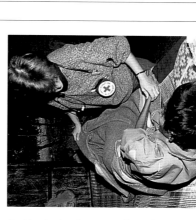

Les martyrs

On voit les martyrs avec les instruments de leur supplice. Sainte Catherine, qui aurait vécu au IVe siècle, est réputée avoir été déchirée par des roues à pointes pour avoir refusé toute autre noce que celle du Christ.

La résurrection de la chair

Les morts sortis de terre à l'état de squelettes retrouvent leurs muscles et leur peau : c'est la symbolique résurrection de la chair. Les chrétiens croient qu'au Jugement dernier les morts prendront une forme reconnaissable avant de monter au ciel et d'être sauvés.

> « *Veillez donc, parce que vous ne savez pas quel jour va venir votre Maître... tenez-vous prêts, car c'est à l'heure que vous ne pensez pas que le Fils de l'homme va venir.* »
>
> MATTHIEU 24.42-44

LE CHEMIN DU CIEL

JÉSUS A ÉTÉ TRÈS CLAIR à propos du Jugement dernier ; ceux qui l'ont suivi répondront de la façon dont ils ont traité autrui : « Car j'ai eu faim et vous m'avez donné à manger, j'ai eu soif et vous m'avez donné à boire, j'étais un étranger et vous m'avez accueilli, nu et vous m'avez vêtu, malade et vous m'avez visité, prisonnier et vous êtes venus me voir » (*Matthieu* 25.35-36). L'Église appelle de tels actes les œuvres de miséricorde, auxquelles s'en sont ajoutées d'autres, comme d'ensevelir les morts. Les sept œuvres de miséricorde consistent à traiter quiconque comme s'il s'agissait de Jésus. Des schémas de salut plus complexes ont été conçus : au Moyen Âge, l'on pensait que la façon de mourir déterminait la vie future.

« *J'ai eu soif et vous m'avez donné à boire* ».

« *J'étais malade et vous m'avez visité* ».

LE CHEMIN DE L'ENFER

NÉGLIGER LES BESOINS DES AUTRES, c'est, suivant la parole de Jésus, la certitude d'aller en enfer : « En vérité je vous le dis, dans la mesure où vous ne l'avez pas fait à l'un de ces plus petits, à moi non plus vous ne l'avez pas fait » (*Matthieu* 25.45). Jésus a résumé les dix commandements pour ses adeptes : « Tu aimeras le Seigneur ton Dieu de tout ton cœur, de toute ton âme et de tout ton esprit : voilà le plus grand et le premier commandement. Le second lui est semblable : Tu aimeras ton prochain comme toi-même. » (*Matthieu* 37-38). La tradition ecclésiastique a énuméré les péchés mortels, ceux qui entraînent la damnation : orgueil, cupidité, luxure, envie, gloutonnerie, colère et paresse. Il s'agit de tous les cas où l'individu se place au-dessus de Dieu et du prochain. Jésus a expliqué qu'il n'abolissait pas les dix commandements mais qu'il leur donnait une forme nouvelle et plus définitive. Quiconque dit du mal d'autrui offense Dieu et le prochain au même titre qu'un meurtrier ou un voleur. Il est ordonné aux chrétiens d'aimer leurs ennemis. L'exigence est extrême mais Jésus a promis son secours ou sa grâce à ceux qui essaient (voir pp. 150-151).

L'ISLAM

IL N'Y A D'AUTRE DIEU QUE DIEU

*L'islam est la religion de la totale allégeance à Dieu.
Il commence historiquement en Arabie au VIIᵉ siècle, avec le prophète Mahomet,
ou Muhammad, « la paix soit avec lui » (une bénédiction répétée à chaque
mention de son nom, tant il est révéré). L'islam se considère toutefois comme
le mode de vie, le din (mot souvent traduit par « religion »), que Dieu avait prévu
dès le début pour ses créatures. À cause de la rébellion des hommes
et du péché, Dieu a envoyé des prophètes, dont Moïse (appelé Musa en Islam)
et Jésus (Isa), pour ramener les peuples à la pratique du véritable din.
Toutefois, à l'exception de Mahomet, ils ont été rejetés,
persécutés ou même tués.*

MAHOMET PARLA À SON PEUPLE dans la ville de La Mecque, aujourd'hui en Arabie saoudite. Bien qu'il fût, lui aussi, rejeté par la majorité des habitants, quelques-uns virent et entendirent la vérité de Dieu qui s'exprimait par sa bouche. Ils constituèrent la première, et petite, communauté de musulmans. Pesécutée, elle se déplaça avec Mahomet à Yathrib en 622. Cet exode dans la ville appelée depuis Médine s'appelle *hijra*, ou Hégire, et le calendrier islamique, qui est lunaire et donc un peu plus court que le solaire, commence à l'Hégire (par exemple, l'an 1417 de l'Hégire a débuté le 19 mai 1996). Ceux qui ont suivi Mahomet sont dits *muhajirun* (ceux qui ont fait l'*hijra*) et ceux qui l'ont soutenu à Médine sont dits *ansar* (ceux qui aident). Les descendants de ces deux groupes sont honorés en Islam.

On traduit souvent islam par « soumission ». Mais les lettres arabes *slm*, qui apparaissent dans le mot, sont apparentées au mot hébreu *shalom*, la salutation de paix. Islam signifie donc « entrée dans une situation de paix et de sécurité par l'allégeance et la soumission à Dieu ». Voilà ce que Mahomet découvrit lorsque, jeune

homme, au milieu des prétentions religieuses rivales des juifs, des chrétiens et des polythéistes d'Arabie, il avait coutume de se rendre sur le mont Hira, près de La Mecque, pour chercher la vérité de Dieu. Ce fut là, dans une grotte de la montagne, qu'il fut envahi par un sentiment oppressant de Dieu (ou par son messager Jibraïl, Gabriel) qui lui dit : « Iqra », « Récite ». Réciter quoi ? « Récite au nom de ton Seigneur qui a créé l'homme à partir d'une goutte... » Tels sont les premiers des mots révélés par Dieu et qui seront plus tard rassemblés dans le Coran, le livre sacré de l'islam. Le Coran est divisé en chapitres, ou sourates, et en versets (*ayat*, c'est-à-dire « signe »). Il est l'expression de Dieu et est resté en lui, dans les cieux, de toute éternité (*umm al-kitab*, « la mère du livre »). Dieu s'est exprimé, pour guider l'humanité, au travers d'envoyés successifs tels que Moïse et Jésus, à qui il a transmis ce qui convenait aux besoins de leur propre peuple. Finalement, il a envoyé le message complet par l'intermédiaire du dernier envoyé, Mahomet, qui n'était qu'un homme, pour exemplaire qu'il fût : la voie humaine de la volonté de Dieu.

Dès ses premiers moments sur le mont Hira, Mahomet considéra que, si Dieu est Dieu, il ne peut y avoir différentes façons de définir « qui est Dieu » ; et, bien entendu, il ne peut y avoir de dieux rivaux ni une quantité de dieux. Il ne peut y avoir que Dieu, et c'est pourquoi il est appelé Allah, « celui qui est Dieu ». Il ne peut y avoir non plus de

Le croissant de lune
Le hilal, *ou croissant de lune, est devenu le symbole de l'islam. Il a des liens anciens avec la monarchie et, pour les musulmans, il rappelle le calendrier lunaire qui rythme la vie religieuse.*

L'ange Gabriel
Ce détail de l'ascension de Mahomet au ciel (voir pp. 164-165) montre l'ange Gabriel (Jibraïl en arabe) qui révéla la parole de Dieu à Mahomet. Des siècles plus tôt, ce fut lui qui annonça à Marie (voir p. 138) la naissance imminente de Jésus qui, en Islam, est le prophète Isa.

religions rivales, ni de division entre les hommes : tous viennent de Dieu et retournent à Dieu après la mort, pour être jugés exactement sur leurs actions. Tout le monde doit donc former une seule *umma*, une seule communauté, et chaque action ou chaque aspect de la vie doit porter témoignage du fait qu'il « n'y a de dieu que Dieu », et que « Mahomet est son envoyé ».

Ce témoignage est la *shahada*, le premier des cinq piliers de l'islam (*arkan al-din*), le fondement de la vie musulmane. Les Cinq Piliers (voir pp. 168-169) structurent et unifient les musulmans du monde entier.

LES FONDEMENTS DE LA VIE
Le Coran est l'autorité non négociable de la vie et de la croyance musulmanes. Cependant il ne traite pas de toutes les circonstances en détail, de sorte que la parole et les actes (et les silences) de Mahomet et de ses compagnons sont acceptés comme un commentaire vivant ce que que signifie le Coran et de la façon dont il faut l'appliquer. Ce commentaire fait l'objet de six recueils révérés, le *Sahih*, ce qui signifie « son », et cette pratique coutumière du Prophète se nomme, d'une manière générale, *hadith* ou *sunna*. Des méthodes d'exégèse ou d'interprétation sont apparues, tels le consensus de la communauté et l'analogie, *ijma* et *qiyas*, puis de grandes traditions se sont développées, qui ont établi les codes de la *sharia* (« le chemin bien aplani que les chameaux empruntent pour aller boire »). Il y a quatre grandes écoles de la *sharia* et la plupart des musulmans suivent l'une d'elles (voir pp. 170-171).

DIVISIONS DE L'ISLAM
Après la mort du prophète Mahomet, en 10 de l'Hégire, soit 632, la communauté musulmane éclata. Ceux qui pensaient que son successeur, ou calife, devait être l'homme le plus compétent choisirent Abu Bakr. Ils devinrent les sunnites, ceux qui suivent la *sunna*, la coutume de Mahomet. Les autres, le « parti d'Ali », *shiat Ali*, pensaient que c'était son parent le plus proche, donc son cousin et beau-fils Ali, qui devait succéder à Mahomet : ils devinrent les chiites. Pour ce qui est de la croyance et de la pratique, peu de chose sépare les deux groupes mais les

Astrolabe
L'astrolabe a été emprunté aux Grecs et perfectionné par les savants arabes. On l'utilisait pour mesurer l'angle des étoiles au-dessus de l'horizon, ce qui permettait de déterminer la latitude. L'un de ses usages les plus importants, en dehors de l'assistance aux caravaniers et aux marins, était de trouver la direction de La Mecque, ce qui permettait aux musulmans de prier dans la bonne position.

chiites exaltent leurs imams, une lignée de chefs qu'ils regardent comme des prédicateurs inspirés. Il y eut aussi des conflits politiques aigus.

L'INFLUENCE DE L'ISLAM
En un siècle, l'islam se répandit dans tout le monde connu, de l'Atlantique à la frontière chinoise. Il est resté une religion en expansion, de sorte qu'environ un quart de la population mondiale est musulmane. C'est le cas d'une très forte majorité d'habitants du Proche et du Moyen-Orient, de l'Afrique du Nord, de parties de l'Asie centrale et de l'Indonésie. Il y a, en outre, de fortes minorités de musulmans en Occident : France, Allemagne, Grande-Bretagne, États-Unis. Il y en a une importante également en Chine.

Durant les premiers siècles de son existence, l'islam apporta une contribution majeure à la transmission de la science et de la philosophie grecques (voir pp. 174-175) : des mots commençant par l'article *al-*, comme algèbre ou alchimie, en portent la trace. Plus tard, beaucoup de musulmans s'opposèrent à ces études qui distrayaient du Coran, et l'islam n'est toujours pas revenu à l'ancienne célébration de Dieu par la science et la philosophie. Une autre forme de réaction a été de se rapprocher de Dieu par l'amour et la dévotion, en recherchant sa présence immédiate. Tels ont été les soufis, un nom venant probablement de *suf*, le vêtement de laine brute qu'ils portaient (voir pp. 172-173). Cet islam mystique s'est répandu à partir du XIIᵉ siècle et a conservé de l'influence.

Tapis de prière
Le sajjada*, ou tapis de prière, est utilisé par le musulman qui veut être sûr de prier sur un espace propre. Le tissage représente une cour de mosquée, avec vue sur une coupole et un minaret. Au centre, il y a un compas pointé sur La Mecque, de sorte que le dévot puisse toujours savoir dans quelle direction réciter ses prières.*

IL N'Y A DE DIEU QU'ALLAH

E N ARABE, ALLAH SIGNIFIE LE DIEU. De son expérience accomplie dans la grotte du mont Hira (voir p. 164), Mahomet a retiré que, si vraiment Dieu existe, c'est le Dieu qui existe et qu'il ne peut être que ce qui est Dieu, qu'il ne peut y avoir de dieux différents ou rivaux (par exemple, le Dieu des juifs, le Dieu des chrétiens, ou les dieux nombreux des polythéistes). C'est de cette vision de l'unicité de Dieu, de ce *tawhid* (voir ci-dessous), que l'islam prend son élan : toute création vient de Dieu, y compris la vie humaine ; tout homme appartient à une *umma*, famille ou communauté ; toute vie retourne à Dieu, de qui elle vient. L'islam est un mode de vie, *din*, qui recouvre toutes les sphères de l'existence humaine. Tous les hommes, donc, auront à rendre compte à Dieu, le jour du Jugement, de la façon dont ils ont usé du don de vie. Dieu détermine tout mais les hommes sont responsables des possibilités que Dieu leur a fournies. Dieu est suprême mais non lointain : « ...nous sommes plus près de lui que sa veine jugulaire » (sourate L.15). Les musulmans vivent à tout moment en présence de Dieu, même s'ils lui sont particulièrement proches lors de la prière quotidienne (voir p. 168).

LA NATURE DE DIEU

L E CORAN, LIVRE SACRÉ DE L'ISLAM, insiste sur la puissance et la majesté de Dieu, ainsi que sur sa différence absolue par rapport à tous les autres êtres. Le verset ci-dessous résume pleinement et brièvement ce qu'il est, en affirmant sa grandeur et son omnipotence. Il énumère, aussi, quatre des quatre-vingt-dix-neuf qualificatifs de Dieu (Vivant, Éternel, Très-Haut, Grand). Ces adjectifs qui parsèment le Coran, les musulmans les répètent souvent avec l'aide d'un rosaire (*subha*).

> « Dieu est le seul Dieu ; il n'y a point d'autre Dieu que lui, le Vivant, l'Éternel. Ni l'assoupissement ni le sommeil n'ont de prise sur lui. Tout ce qui est dans les cieux et sur terre lui appartient. Qui peut intercéder auprès de lui sans sa permission ? Il connaît ce qui est devant eux et ce qui est derrière eux, et les hommes n'embrassent de sa science que ce qu'il a voulu leur apprendre. Son trône s'étend sur les cieux et sur la terre, et leur garde ne lui coûte aucune peine. Il est le Très-Haut, le Grand. »

LE CORAN, SOURATE II.256, VERSET DU TRÔNE

La déclaration de foi

La shahada, déclaration de foi musulmane, est ci-dessus peinte sur une majolique. Elle se lit : « Il n'est de dieu que Dieu, et Mahomet est l'envoyé de Dieu. » On y trouve aussi la bénédiction familière « la miséricorde de Dieu soit sur lui. » Pour les musulmans, il n'y a qu'un Dieu, qui a transmis à Mahomet ses préceptes ultimes et complets à l'usage de l'humanité. Allah, le mot arabe pour Dieu, est formé de al et ila, ce qui signifie « le Dieu ». Cela met l'accent sur le concept de divinité unique.

DIS : DIEU EST UN
Parmi toutes les références à Dieu dans le Coran, les quatre versets de la sourate CXII, qui commencent par le mot *qul* (« dis »), commandement de Dieu à Mahomet, sont probablement les plus connus des musulmans. On les leur apprend dès l'enfance, et on les reprend dans les cinq prières quotidiennes (voir pp. 168-169). Cette sourate est dite *al-iklas*, la Foi sincère, ou *al-tawhid*, l'Unité de Dieu.

L'UN
Ce mot, *ahad* en arabe, signifie « un », « unique » ou « seul ». L'artiste l'a placé au sommet de sa composition pour souligner l'enseignement islamique selon lequel il n'y a qu'un Dieu, qui est unité absolue, non composée de parties. C'est pourquoi le dernier verset affirme que Dieu n'a point d'égal. L'insistance sur l'unité de Dieu s'appelle *tawhid*, un mot apparenté à *ahad* et qui veut dire « maintien de l'unité de Dieu ».

AL-SAMAD
Samad, c'est une chose qui reste à l'abri de la corruption. Chez les anciens Arabes, le mot se rapportait aux hommes sages et fiables. Dans cette sourate, il suggère que Dieu est éternel et immuable, et que ses créatures peuvent avoir confiance en lui.

LE DIEU MISÉRICORDIEUX
Les mots de couleur dorée sont ceux qui ouvrent tous les chapitres du Coran, le livre sacré islamique, à l'exception du neuvième. Ils signifient : « Au nom de Dieu clément et miséricordieux. » Les musulmans récitent ces mots chaque fois qu'ils entreprennent une activité.

LA LETTRE DAL
Ces cinq caractères recourbés sont chacun la lettre arabe *dal*. Ils reviennent comme des rimes à la fin de chaque phrase et marquent les étapes par lesquelles passe la sourate pour parvenir à sa conclusion. L'artiste a rendu cela en plaçant les caractères l'un au-dessus de l'autre, en degrés, au haut de la figure.

BRIÈVETÉ ET CLARTÉ

Pour aider le lecteur à suivre les mots et à comprendre graduellement leur signification, l'artiste a numéroté chaque lettre constitutive de la forme générale. Voici la première lettre du premier mot, numérotée 11. En français, la sourate se lit: « Au nom de Dieu clément et miséricordieux. Dis: Dieu est un. C'est le Dieu éternel. Il n'a point enfanté, et n'a point été enfanté. Il n'a point d'égal. »

LA CONCISION

L'artiste a exprimé la concision de l'enseignement de cette sourate en compactant les mots et les lettres. Bien qu'elle soit courte et que sa signification soit exposée sèchement, la sourate s'ouvre à la pensée réflexive et prend son sens grâce aux autres parties du Coran. L'artiste a rendu cela graphiquement en la répétant onze fois en filigrane gris-vert, légère mais claire, derrière le sujet principal.

LE DERNIER MOT

Là est le dernier mot de la sourate. L'importance de l'enseignement qu'elle procure a été souligné par cette phrase de Mahomet: « Réciter cette sourate équivaut à réciter un tiers du Coran. »

LA SOURATE DE LA FOI SINCÈRE, OU DE L'UNITÉ DE DIEU

Cette composition d'Ahmed Moustafa (1983) illustrant la sourate CXII suit une tradition islamique où la calligraphie sert à la fois de décor et de moyen de communication. Elle est née de la croyance en ce que les mots du Dieu sont la parole éternelle de Dieu et doivent être reproduits avec le plus de beauté et de son possibles.

LE MIRHAB DE CORDOUE

L A VÉRITÉ DE DIEU EST, pour l'essentiel, un mystère insondable, que les musulmans n'ont jamais tenté de décrire ni de représenter. Par conséquent, dans les mosquées, la *qibla*, la direction de La Mecque, qui est celle de la prière, s'indique généralement par le *mirhab*, une niche vide (voir pp. 176-177). Cette niche, comme l'on voit ci-contre, exprime avec force la conviction islamique que Dieu seul est parfait et simple en son être, alors que toutes choses créées sont composites et sujettes au changement. L'encadrement complexe, avec son marbre, son stuc et sa mosaïque de motifs floraux et d'inscriptions coraniques, fait incessamment voyager l'œil sur sa surface. Au contraire, la niche sans ornement, au centre, symbolise la nature de Dieu en procurant un sentiment de repos et de profondeur silencieuse. La grande mosquée de Cordoue a été commencée au VIIIe siècle par l'émir Abd al-Rahman.

Le mirhab de la grande mosquée de Cordoue, en Espagne.

Le minaret, symbole de la suprématie de Dieu

Un minaret est une tour sur une mosquée. Ce minaret de la mosquée du Shah, en Iran (l'ornement du sommet montre que c'est une mosquée chiite, voir pp. 170-171), porte le nom de Dieu (Allah) à son extrémité, pour marquer sa suprématie sur toutes choses en tant que créateur, roi et juge. Le muezzin appelle à la prière du balcon situé au-dessous, et tous ceux qui le regardent quand il entame son chant voient le nom de Dieu au-dessus de lui. Le minaret symbolise l'unicité de Dieu et il suggère à certains musulmans la lettre alif par laquelle commence le nom de Dieu. Le dogme de l'unicité de Dieu est absolu dans la foi musulmane et le plus grand péché est le shirk, qui consiste à lui associer d'autres choses.

Balcon d'où le muezzin appelle à la prière cinq fois par jour

LE PROPHÈTE MAHOMET

MAHOMET (MUHAMMAD) EST NÉ à La Mecque (aujourd'hui en Arabie saoudite), en 570. Orphelin, il fut élevé par son grand-père puis par son oncle. Il travailla dans le commerce et, à vingt-cinq ans, il épousa Khadija, une riche veuve. Il se mit à réfléchir et à méditer. En 610, sur le mont Hira, près de La Mecque, il reçut sa première révélation, transmise par l'ange Gabriel. À partir de 613, il prêcha ses révélations aux polythéistes de La Mecque mais il reçut un accueil mitigé. Sa théorie radicale de l'unicité de Dieu (voir pp. 162-163) les choqua et ils le persécutèrent, ainsi que ses adeptes, dont certains fuirent en Éthiopie. En 622, toujours persécuté et devenu veuf, Mahomet accepta l'invitation du peuple de Yathrib (devenue Médine), au nord : cet exil, l'Hégire (hijra), marque le début de l'ère islamique. Mahomet combattit La Mecque jusqu'en 630, en augmentant son pouvoir et son prestige à mesure que les tribus acceptaient l'islam. Lorsque La Mecque admit sa défaite, il proclama une amnistie générale à quelques exceptions près, et envisagea de répandre l'islam au-delà de l'Arabie. Mais il mourut en 632, à l'âge de soixante-deux ans.

Une escorte d'anges

L'un des plus grands événements de la vie du Prophète fut le voyage nocturne au cours duquel il fut transporté de La Mecque à Jérusalem, après quoi eut lieu le miraj, son ascension dans les cieux jusqu'à la présence de Dieu, avant le retour à La Mecque dans la matinée.

TENUE D'HONNEUR
Deux anges apportent à Mahomet un vêtement et une coiffure honorifiques, traditionnellement données par un suzerain à un sujet dont il est particulièrement satisfait. C'est ici une façon de montrer la relation privilégiée de Mahomet avec Dieu.
Le Prophète porte toujours un costume vert.

LE VOYAGE NOCTURNE
Le voyage nocturne de Mahomet jusqu'à la présence de Dieu est commémoré dans le Coran : « Louange à celui qui a transporté, pendant la nuit, son serviteur du temple sacré au temple éloigné, dont nous avons béni l'enceinte pour lui faire voir nos merveilles » (sourate XVII.1). Le temple sacré est la Kaaba de La Mecque (voir pp. 168-169) et le temple éloigné la mosquée al-Aqsa, près du dôme du Rocher, à Jérusalem (voir p. 165).

L'ANGE GABRIEL
Mahomet est guidé par l'ange Gabriel, chef des serviteurs angéliques de Dieu. Gabriel apporta à Mahomet les révélations de Dieu et l'écouta souvent les réciter. Ici, il ouvre la voie au Prophète pendant son voyage.

Un parfait exemple de vie

Les musulmans insistent sur le fait que Mahomet (ci-dessus) n'était qu'un homme, mais qui a donné un parfait exemple de vie. La majorité d'entre eux suivent sa sunna, ou pratique coutumière, et s'appellent donc eux-mêmes sunnites. Ils fondent leur vie sur les paroles et les actes de Mahomet, réunis en six recueils compilés par de pieux érudits et qui font autorité, encore qu'on ait séparé l'authentique hadith (paroles du Prophète) d'autres textes d'un statut douteux. Pour les musulmans, ces recueils ne le cèdent en importance qu'au Coran, et ceux d'al-Bukhari et de Muslim ibn Hajjaj sont particulièrement respectés.

DES NIMBES DE FEU
Les nimbes entourant Mahomet et Gabriel dénotent leur sainteté. Le statut supérieur du Prophète est indiqué par la dimension de son nimbe, qui remplit tout l'espace au-dessus de lui. La supériorité implicite de l'homme sur l'ange tient peut-être au récit coranique de la création de l'humanité, où Dieu ordonne aux anges d'approuver son œuvre : « Lorsque nous ordonnâmes aux anges d'adorer Adam, ils l'adorèrent tous, excepté Eblis » (sourate II.32).

LE RESPECT DU PROPHÈTE
Le visage du Prophète est caché par un voile, à la fois pour indiquer son statut élevé et parce que la convention islamique interdit de le représenter. Aucun musulman n'accepte de critique à Mahomet et presque tous ont pour coutume d'invoquer la bénédiction de Dieu sur lui chaque fois qu'ils mentionnent ou écrivent son nom. Une minorité lui accorde une telle importance qu'elle lui attribue une nature quasiment surhumaine.

AL-BURAQ

Mahomet fut transporté à travers ciel sur un animal fabuleux, d'aspect équin mais à tête de femme, nommé al-Buraq, ce qui signifie « éclair ». Ce fut sa monture de La Mecque à Jérusalem où, avant son ascension, il conduisit la prière avec d'autres prophètes, dont Abraham, Moïse et Jésus.

« *Vous avez un excellent temple dans votre prophète ; un exemple pour tous ceux qui espèrent en Dieu et croient au jour dernier ; qui y pensent souvent.* »

LE CORAN, SOURATE XXXIII.21

LES CIEUX

Mahomet monta aux cieux le 27ᵉ jour du mois de Rajab, depuis le rocher de la montagne du Temple, à Jérusalem, aujourd'hui occupé par le dôme du Rocher. La roche est supposée porter l'empreinte des pieds du Prophète, et on la dit même suspendue en l'air. C'est de là que, le jour du Jugement, l'ange Israfil sonnera de la trompe. Alors, selon certaines traditions, la Kaaba y viendra de La Mecque, comme pour des noces.

L'ASCENSION DE MAHOMET

Cette illustration du miraj, l'ascension de Mahomet, provient du Khamseh, une œuvre du poète Nizami, écrite en 1543 pour le shah de Perse Tahmasp. On considère que l'auteur en est le peintre de cour Sultan Muhammad.

LES PRÉCURSEURS

Jésus enlevé au ciel par des anges.

M AHOMET EST LE DERNIER des nombreux prophètes de Dieu, envoyés pour guider l'humanité. Les musulmans croient que tous ces messagers, dont Noé, Abraham, Moïse, David et Jésus, ont apporté des révélations qui, par essence, rejoignent celle du Coran. « Il t'a envoyé le livre contenant la vérité et qui confirme les Écritures qui l'ont précédé. Avant lui il fit descendre le *Pentateuque* et l'*Évangile* pour servir de direction aux hommes » (sourate III.2). Selon l'islam, tous les prophètes, y compris Jésus, étaient purement humains. Dans le Coran, Jésus refuse toute prétention à la divinité et prédit la venue du dernier envoyé de Dieu. Il est enlevé au ciel : « Non, ils [les juifs] ne l'ont point tué, ils ne l'ont point crucifié ; un autre individu... lui fut substitué... Dieu l'a élevé à lui » (sourate IV.156).

L'ASCENSION DE MAHOMET

Accompagné d'anges, Mahomet monte vers le plus haut des sept ciels. Selon certains récits, lorsqu'ils sont arrivés en présence de Dieu, Gabriel et lui ont dû se protéger les yeux de son éclat. Gabriel se retira mais le Prophète put voir Dieu, de qui il reçut les instructions concernant les prières quotidiennes auxquelles tous les musulmans sont astreints (voir pp. 168-169). Dieu lui dit d'instituer cinq temps de prière chaque jour.

Les anges

Les musulmans croient que les anges, tel Gabriel (ci-dessus), servent Dieu en toute chose. Certains ont des responsabilités particulières : Michel est l'ange de la providence, Azraël celui de la mort ; Munkar et Nakir interrogent les morts, dans la tombe, sur leurs actes. Iblis, aussi appelé Shaytan, a désobéi à Dieu en refusant de se prosterner devant Adam, nouvellement créé. Il est donc devenu un ennemi de l'humanité.

« *Lis, au nom de ton Seigneur qui a créé tout ; qui a créé l'homme de sang coagulé. Lis, car ton Seigneur est le plus généreux. Il t'a appris l'usage de la plume ; il apprit à l'homme ce que l'homme ne savait pas.* »

LE CORAN, SOURATE XCVI.1-5,
DÉBUT DE LA RÉVÉLATION APPORTÉE PAR GABRIEL À MAHOMET

LA MORT DE MAHOMET

C OMME TOUS LES PROPHÈTES AVANT LUI, Mahomet était un homme. Il choisit d'être enterré dans sa ville d'adoption, Médine. Sa tombe se trouve dans la mosquée que la jeune communauté musulmane bâtit de son vivant (et de celui de ses femmes, qui étaient pour la plupart des veuves qu'il épousa après la mort de Khadija). Cette mosquée, lieu de culte mais aussi, à l'époque, de gouvernement, a été agrandie et embellie par les souverains musulmans au cours des siècles. Mahomet mourut dans les bras de son épouse favorite Aisha et fut enseveli sur place, dans ce qui était alors le petit appartement de celle-ci, le long d'un mur de la mosquée originale. La tombe de Mahomet est maintenant flanquée de celles d'Abu Bakr et d'Omar, deux de ses plus proches compagnons devenus, après sa mort, les deux premiers califes (chefs de la communauté).

LE CORAN

L E CORAN (*QURAN*) EST LA RÉVÉLATION par Dieu de sa parole (*kalam*), et il fonde l'islam. Un message similaire a été révélé par l'intermédiaire des prophètes précédents, comme Moïse et Jésus, mais les Anciens l'ont corrompu. Donc, seul le Coran exprime sans erreur la parole de Dieu. C'est pourquoi il ne peut être traduit dans une autre langue que l'arabe : il ne peut être que paraphrasé ou interprété. C'est aussi la raison pour laquelle la calligraphie est si importante dans l'islam. Embellir la parole de Dieu est un acte de dévotion et d'action de grâces. Bien que le Coran se dise le livre « évident », « sur lequel il n'y a point de doute » (sourates XII.1 et II.1), certains de ses passages sont difficiles à comprendre et demandent une interprétation. Le travail des commentateurs (*tafsir* et *tawil*) a produit une littérature immense.

LA RÉCITATION DE LA PAROLE DE DIEU

Quran signifie « récitation » ou « lecture » ; on déclame habituellement le Coran à haute voix. Lorsque Mahomet reçut les premiers versets en 610, l'ange Gabriel lui ordonna : « *Iqra* », « Récite ! » ou « Lis ! ». On considère habituellement qu'il s'agit des versets 1 à 5 de la sourate XCVI : « Lis, au nom du Seigneur qui a créé tout… » Divisé en cent quatorze sourates, le Coran aborde beaucoup de sujets. Il commence par insister sur l'unicité de Dieu (voir pp. 162-163), sur le rôle de Dieu dans l'histoire, sur le rôle de Mahomet en tant que son prophète, sur le Jugement dernier et sur le devoir d'aider le prochain. D'autres sourates traitent d'affaires telles que la famille, le mariage et les questions légales, morales et sociales qui se posaient à l'*umma* grandissante de Médine.

LE CORAN

Les musulmans croient que le Coran a été gardé par Dieu sur une tablette de toute éternité, jusqu'au moment où il a voulu le révéler intégralement. Le Coran ci-contre date du XVIIe ou du XVIIIe siècle et provient de l'Inde.

Expression éternelle de Dieu

Dieu a fait sa première révélation à Mahomet en 610, dans une grotte du mont Hira, aussi appelé Jabal al-Nur, la « montagne de Lumière ». Cette révélation a été transmise par l'ange Gabriel, qui continua à en apporter des compléments à Mahomet, jusqu'à sa mort en 632 (on le voit ci-dessus après la première révélation).

> *Au nom de Dieu clément et miséricordieux. Louange à Dieu souverain de l'univers, le clément, le miséricordieux, souverain au jour de la rétribution. C'est toi que nous adorons, c'est toi dont nous implorons le secours. Dirige-nous dans le sentier droit, dans le sentier de ceux que tu as comblé de tes bienfaits, de ceux qui n'ont point encouru ta colère et qui ne s'égarent point.*

LE CORAN, SOURATE PREMIÈRE, *FATIHAT AL-KITAB*, « QUI OUVRE LE LIVRE »

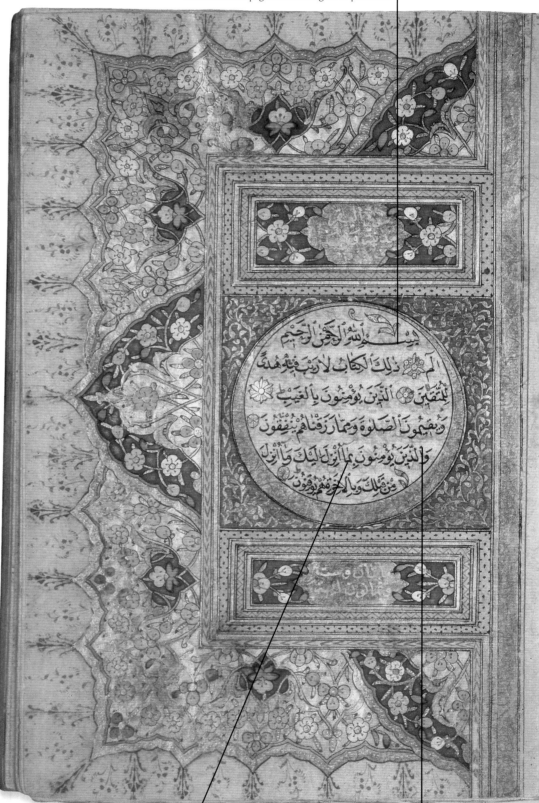

SOURATE II

L'arabe se lit de droite à gauche. Ceci est le début de la sourate II, *surah al-baqara*, de la Génisse. Sur la page de droite figure la première.

LES MOTS EXACTS

Les musulmans croient que tous les mots du Coran sont exactement ceux de Dieu. Mahomet les récita à ses compagnons, et des scribes les retranscrirent ensuite. Réunis en recueil aussitôt après la mort de Mahomet, ils n'ont pas changé depuis.

LA LECTURE À HAUTE VOIX

Les signes diacritiques au-dessus et en dessous des lettres désignent les voyelles. L'alphabet arabe ne comportant pas de lettres pour les sons vocaliques, on a créé ces signes pour guider la prononciation. Les marques rouges indiquent la juste respiration à la fin de chaque verset.

TÊTE DE CHAPITRE

Ce cartouche contient le titre (ici, *fatihat al-kitab*, ouverture du livre) et indique si la sourate a été révélée à Mahomet à La Mecque ou à Médine. Celle-ci est « donnée à La Mecque ».

LA BEAUTÉ DES MOTS DIVINS

Les premières pages de la plupart des exemplaires du Coran sont richement décorées. Les manuscrits les plus coûteux, établis pour les souverains ou les nobles, pouvaient être enluminés d'un bout à l'autre. Certaines époques ont privilégié les dessins géométriques, d'autres les entrelacs et d'autres encore les compositions florales, comme ici. Il fallait des mois ou peut-être des années pour les réaliser mais ce soin en valait la peine puisque ce à quoi touchait l'artiste et ce que récitait le lecteur est considéré par les musulmans comme l'expression même de Dieu.

SÉPARATEURS

Chaque *aya*, ou verset, est séparé du suivant par une rosette.

LES PREMIERS MOTS

Ces deux sourates (voir aussi page de gauche) commencent par les mots *bism illah ar-rahman ar-rahim*, « au nom de Dieu clément et miséricordieux ». Les cent quatorze sourates, à l'exception de la neuvième, débutent ainsi.

LE CORAN DANS L'ARCHITECTURE

CETTE FENÊTRE DE L'ALHAMBRA, le palais magnifique des émirs nasrides de Grenade, en Espagne, constitue un superbe exemple des manières dont l'écriture arabe, et en particulier les versets du Coran, ont été utilisés à des fins décoratives. L'embrasure est entourée de reliefs entièrement composés de lettres arabes combinées avec des signes abstraits. Cela forme un ensemble à l'aspect de dentelle, qui crée l'impression que la fenêtre géminée est suspendue au grand arc plutôt qu'elle ne le supporte. Au-dessus de la cimaise de carreaux de couleur, l'encadrement qui entoure le renfoncement porte les mots *Wa la ghalib illa-Lah*, « Il n'y a d'autre conquérant que Dieu », répétés tout du long. C'est poignant, si l'on songe que les princes qui ont bâti et agrandi le palais étaient constamment sur la défensive face aux forces chrétiennes qui reprenaient progressivement l'Espagne aux musulmans. La bordure de la fenêtre elle-même et les médaillons du tympan mêlent plusieurs styles calligraphiques. Parmi ces médaillons court une ligne, presque invisible, en style coufique « noué ». Le coufique est une écriture très ancienne, restée d'usage pour copier le Coran.

Fenêtre de l'Alhambra,
palais des émirs nasrides de Grenade (Espagne).

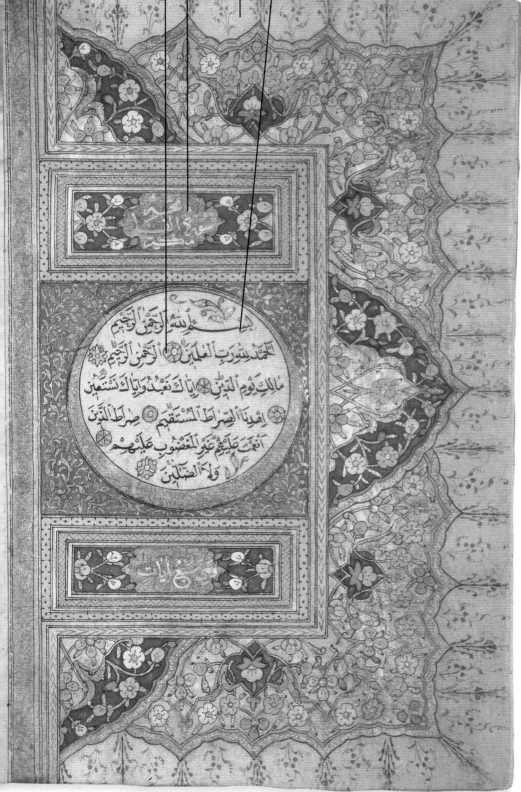

Un tissu de mots

À droite, détail de la kiswa, l'étoffe qui recouvre la Kaaba, à La Mecque, sanctuaire le plus sacré de l'islam (voir pp. 168-169). Les mots de la shahada, « Il n'y a d'autre dieu que Dieu... », y sont tissés, et elle est entièrement décorée de textes. Le cartouche central concerne le retour du Prophète à La Mecque pour purifier la Kaaba du polythéisme et en faire un sanctuaire musulman : « Dieu a confirmé la réalité de ce songe de l'apôtre... : Vous entrerez dans l'oratoire sacré... sains et saufs » (sourate XLVIII.27).

Les têtes de chapitre

La Coran comprend 114 sourates, ou chapitres. Ici et sur la page de gauche du Coran, les cartouches donnent le nombre de versets dont se compose chaque sourate. L'Ouverture a 7 versets et la Génisse, la sourate la plus longue, en a 286. Les plus courtes (CIII, CVIII et CX) en ont 3 chacune.

LES CINQ PILIERS DE L'ISLAM

CINQ PILIERS SOUTIENNENT ET STRUCTURENT la vie des musulmans. Le premier est la *shahada* : « Il n'y a pas d'autre dieu que Dieu, et Mahomet est l'envoyé de Dieu. » Dieu est la seule divinité et il a communiqué sa volonté par l'intermédiaire de Mahomet. Ces mots sont chantés tous les jours lors de l'*adhan*, l'appel à la prière. Le second pilier est *salat*, les prières que les musulmans doivent réciter cinq fois par jour, tournés vers la Kaaba, le sanctuaire central de la mosquée de La Mecque. Le troisième est *sawm*, le jeûne quotidien du Ramadan, lorsque les musulmans s'abstiennent de nourriture, de boisson et d'activité sexuelle pendant les heures de la journée ; ils font ainsi l'expérience de la discipline et des privations dont souffrent les pauvres.

Le Ramadan se termine par l'*Idr al-Fitr*, la rupture du jeûne, où ont lieu des prières collectives et où les musulmans échangent des cadeaux.

Beaucoup alors respecteront le quatrième pilier, l'aumône (*zakat*), qui oblige les riches à donner, aux pauvres et à des œuvres de charité, en principe un quarantième de leur revenu annuel.

Le cinquième pilier est *hajj*, le pèlerinage à La Mecque au douzième mois de l'islam, que tous les musulmans assez riches doivent tenter au moins une fois dans leur vie.

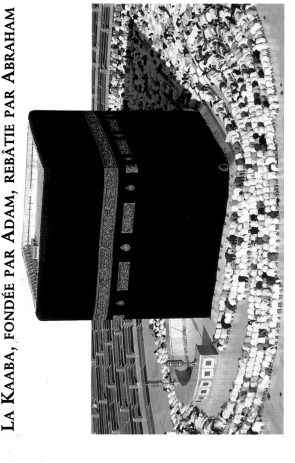

La Kaaba, fondée par Adam, rebâtie par Abraham

Prière devant la Kaaba.

ON CROIT QUE LA KAABA a été rebâtie sur l'ordre de Dieu par Abraham et par Ismaël, le fils qu'il eut d'Agar. Elle occupe l'emplacement de ce que beaucoup croient avoir été un sanctuaire fondé par Adam, le premier homme. À l'époque préislamique, c'était un temple consacré aux trois cent soixante divinités arabes et ce ne fut pas avant 630 que Mahomet les en expulsa pour la réserver au seul vrai Dieu. Chaque année, deux millions de pèlerins font le *hajj* à La Mecque. À la vue de la Kaaba, ils sont souvent terrassés par l'émotion. En entrant dans le *haram*, territoire sacré entourant La Mecque, ils s'exclament : « *Labbayka! Labbayka!* », « je suis à ton service! » Dès lors, ils se concentrent exclusivement sur Dieu. Le *hajj* ne peut avoir lieu que le douzième mois. Une visite de La Mecque à un autre moment de l'année s'appelle *umra*, petit pèlerinage, assorti de moins d'exigences.

Femme priant

Les musulmans doivent accomplir les salat, prières récitées et accompagnées de gestes, vers l'aube, à midi, l'après-midi, au couchant et dans la soirée. Ils doivent s'y préparer chaque fois en s'adonnant aux ablutions, en se pénétrant consciencieusement de leur intention de prier et en trouvant un endroit propre, où faire face à La Mecque. S'ensuit un rituel d'inclinaisons, d'agenouillements et de prosternations, accompagnés d'appels à Dieu et de récitations coraniques en arabe. Chaque séquence de postures et de prières est appelée raka. Les adresses à Dieu moins formalisées s'appellent dua. C'est à la dua que se livre, les mains levées, la femme ci-dessus.

LA GRANDE MOSQUÉE DE LA MECQUE

Cette majolique ottomane comporte un plan de la Masjid al-Haram, la grande mosquée de La Mecque renfermant la Kaaba, le bâtiment cubique qui est au centre de toutes les prières ainsi que du hajj, le pèlerinage annuel des musulmans. Les carreaux tels que celui-ci informaient les pèlerins potentiels sur l'implantation de la mosquée et les aidaient à se préparer aux cérémonies.

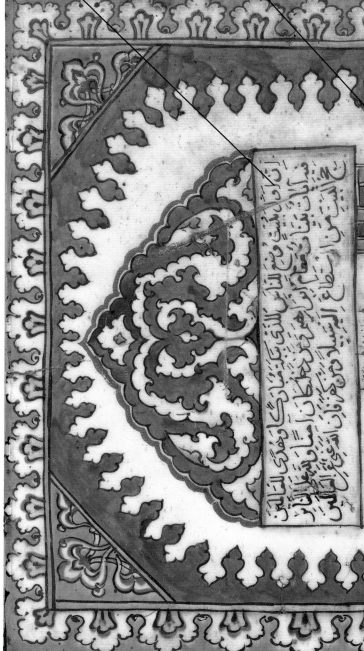

TOUS CEUX QUI SONT EN ÉTAT
Cette inscription coranique ordonne le pèlerinage à ceux qui le peuvent : « Le premier temple qui ait été fondé pour les hommes, est celui de Bekka [La Mecque], temple béni, et *qibla* de l'univers. Vous y verrez les traces de miracles évidents. Là est la station d'Abraham. Quiconque entre dans son enceinte est à l'abri de tout danger. En faire le pèlerinage, est un devoir envers Dieu pour quiconque en est en état de le faire. Quant aux infidèles, qu'importe ? Dieu peut se passer du monde entier » (sourate III.90-92).

MINARETS
Ce minaret est à l'angle nord de la mosquée. Les minarets indiquent que la Kaaba sont aux quatre côtés de la Kaaba sont aux quatre points cardinaux. On ne sait si cela a quelque signification religieuse.

LES QUATRE RITES DE L'ISLAM

Le *hajj* comprend de nombreuses cérémonies dans et autour de La Mecque. En premier lieu, les pèlerins font le *tawaf*, les sept circumambulations (dans le sens inverse des aiguilles d'une montre) de la Kaaba, accomplies sur le *mataf*, le pavement qui entoure le sanctuaire. À chaque circuit, on essaie de toucher la pierre noire, ou du moins de regarder en sa direction.

LE MUR LE PLUS SAINT

Al-multazam, l'enceinte murée qui se situe entre la pierre noire et l'entrée, est considérée comme particulièrement sainte. Après avoir accompli le *tawaf*, les pèlerins cherchent souvent à s'appuyer contre le mur.

LE MINBAR

Un prêche est prononcé d'une chaire, le *minbar*, le huitième jour du pèlerinage. On se rend ensuite au mont de la Miséricorde, hors de La Mecque, pour rencontrer Dieu en ce qui est souvent défini comme une anticipation du Jugement dernier. C'est là le moment culminant du *hajj*, sans lequel il serait incomplet.

LA PORTE DE LA PAIX

En passant par la porte de la Paix, les hommes portent l'*ihram*, un linge blanc ceinturant la taille et un drapé passant sur l'épaule gauche. Les femmes ne montrent que les mains et le visage. Les vêtements portés obligatoirement lors du *hajj* sont souvent conservés pour être utilisés comme linceul à la mort du pèlerin.

Le *Hijr*, enclos où Agar et Ismaël, le fils qu'elle eut d'Abraham, seraient enterrés.

Le *Mataf*, pavement entourant la Kaaba

Le *Maqam Ibrahim* d'où Abraham surveillait la reconstruction

La station d'Abraham

Les musulmans croient que le prophète Abraham et son fils Ismaël ont reconstruit la Kaaba sur l'ordre de Dieu. Le Maqam Ibrahim, la « station d'Abraham », entre la porte et le minbar, serait l'endroit où il se tenait lorsqu'il dirigeait les travaux. Il y a d'autres liens entre Abraham et La Mecque. Par exemple, les musulmans croient que ce fut près de La Mecque que Dieu lui dit de sacrifier Ismaël. Les trois piliers de Mina sont censés représenter les trois fois qu'Abraham repoussa les tentatives de Satan de l'en dissuader.

L'ÉCLAIRAGE NOCTURNE

Autrefois, l'on utilisait des lampes à huile pour éclairer pendant la nuit l'enceinte de la Kaaba. La lumière électrique les remplace aujourd'hui.

L'ÉCHELLE DE LA KAABA

On pousse une échelle sous la porte de la Kaaba lorsqu'on ouvre celle-ci, trois fois par an, pour un nettoyage solennel. La porte se trouve à près de deux mètres au-dessus du sol pour protéger l'intérieur des inondations.

ENTRE DEUX COLLINES

Après les sept circumambulations autour de la Kaaba, les pèlerins passent par le *Bab al-Safa*, la porte de Safa, pour accomplir le *say*, la course entre les deux collines voisines de Safa et de Marwa. Le *say* rappelle les courses d'Agar à la recherche d'eau pour son jeune fils Ismaël. Il comporte sept parcours entre les deux collines et conclut la première partie du rituel.

LA CIRCUMAMBULATION DE LA KAABA

Le *hajj* comprend de nombreuses cérémonies dans et autour de La Mecque. En premier lieu, les pèlerins font le *tawaf*, les sept circumambulations (dans le sens inverse d'une montre) de la Kaaba, accomplies sur le *mataf*, le pavement qui entoure le sanctuaire. À chaque circuit, on essaie de toucher la pierre noire, ou du moins de regarder en sa direction.

LA PIERRE NOIRE

Une pierre noire est enchâssée dans le mur, au coin sud-est de la Kaaba, près de la porte. Les musulmans croient que l'ange Gabriel l'a donnée à Adam et que, plus tard, Abraham la plaça dans la Kaaba reconstruite. Elle était blanche à l'origine mais les péchés de l'humanité la firent noircir.

CALENDRIER DES FÊTES

Le CALENDRIER ISLAMIQUE comprend douze mois lunaires. Une année a donc 354 jours.

■ **1ᵉʳ mois : MUHARRAM**
– L'année islamique commence le premier jour de l'Hégire, exil de Mahomet de La Mecque à Médine, en 622.
– ASHURA. Le 10, commémoration par les chiites de l'assassinat de l'imam Husayn à Karbala en 680.

■ **3ᵉ mois : RABI AL-AWWAL**
– Naissance du Prophète. L'anniversaire de Mahomet est célébré le 12.

■ **9ᵉ mois : RAMADAN**
– Les musulmans ne mangent ni ne boivent pendant la journée, tout au long du mois.
– LAYLAT AL-QADR. Commémoration de la première révélation au Prophète, généralement célébrée le 27.

■ **10ᵉ mois : SHAWWAL**
– Id AL-FITR. Fête de la rupture du jeûne, au début de Shawwal, concluant le Ramadan.

■ **12ᵉ mois : DHU-L-HIJJA**
– Mois du pèlerinage (*hajj*) à La Mecque.
– YAWM ARAFAT. Le 9, les pèlerins jeûnent et accomplissent le *wuquf*, la station debout devant Dieu au mont Arafat.
– Id AL-ADHA. Fête du sacrifice, le 10, rappelant que Dieu donna à Abraham pour remplacer son fils l'autel du sacrifice. Coïncide avec la fin du *hajj*.

L'ÉTAT ISLAMIQUE

APRÈS LA MORT DE MAHOMET, en 632, la communauté musulmane établit un gouvernement et créa des lois en conformité avec le Coran (voir pp. 166-167) et avec la *sunna*, paroles et actes du Prophète répondant à la révélation. La loi, ou *sharia*, a été rédigée par des religieux mais concerne toutes les activités individuelles et sociales. Plusieurs méthodes d'interprétation et plusieurs écoles se sont développées; quatre de celles-ci sont prépondérantes chez les musulmans sunnites (voir plus bas). Leurs règles donnent à l'individu les principaux moyens de mener une vie intègre. Le gardien de la *sharia* était à l'origine le calife, successeur et porte-parole du Prophète. Il était le chef religieux et politique de la communauté islamique. Le califat fut aboli en 1924 et l'islam est aujourd'hui divisé en États indépendants mais les musulmans continuent de se guider sur la *sharia* pour les questions de morale et de foi. Les chiites suivent aussi les enseignements de leurs imams, descendants du Prophète qu'ils croient inspirés par Dieu pour donner des instructions qui font autorité. Depuis la fin du IXe siècle, quand s'éteignit la lignée des imams, les chiites ont été guidés par des clercs. Les plus élevés de ceux-ci, les *ayatollah*, «signes de Dieu», se posent en sources de sagesse et en exemples à imiter.

Les écoles juridiques
La mosquée du sultan Nasir al-Din al-Hasan abrite les quatre principales écoles dans des locaux donnant sur ses quatre grandes arcades. Ces écoles, ou rites – malikite, hanafite, shafiite et hanbalite – sont des systèmes légèrement différents de pratique légale, ainsi nommés d'après les interprétations des quatre grands jurisconsultes du début de l'ère islamique (voir ci-dessus). La plupart des sunnites se rattachent à l'une de ces écoles (les chiites suivent des rites qui leur sont propres).

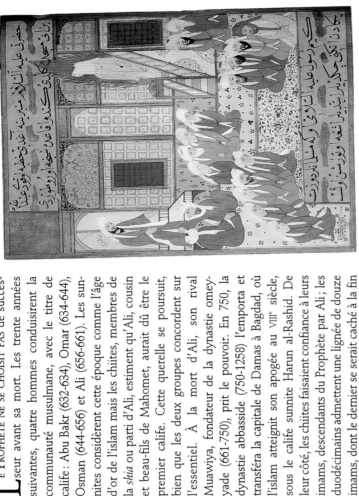

Mahomet prononce son dernier sermon devant ses compagnons.

LES SUCCESSEURS DU PROPHÈTE

LE PROPHÈTE NE SE CHOISIT PAS de successeur avant sa mort. Les trente années suivantes, quatre hommes conduisirent la communauté musulmane, avec le titre de calife : Abu Bakr (632-634), Omar (634-644), Osman (644-656) et Ali (656-661). Les sunnites considèrent cette époque comme l'âge d'or de l'islam mais les chiites, membres de la *shia* ou parti d'Ali, estiment qu'Ali, cousin et beau-fils de Mahomet, aurait dû être le premier calife. Cette querelle se poursuit, bien que les deux groupes concordent sur l'essentiel. À la mort d'Ali, son rival Muawiya, fondateur de la dynastie omeyyade (661-750), prit le pouvoir. En 750, la dynastie abbasside (750-1258) l'emporta et transféra la capitale de Damas à Bagdad, où l'islam atteignit son apogée au VIIIe siècle, sous le calife sunnite Harun al-Rashid. De leur côté, les chiites faisaient confiance à leurs imams, descendants du Prophète par Ali; les duodécimains admettent une lignée de douze imams, dont le dernier se serait caché à la fin du IXe siècle pour revenir à la fin des temps comme *mahdi*, «celui qui est guidé».

SOLIMAN AU TOMBEAU D'AYYUB
Cette miniature représente le sultan ottoman Soliman visitant le tombeau d'Abu Ayyub. Peinte après sa mort, elle le relie au révéré compagnon du Prophète et guerrier de l'islam, en faisant symboliquement de lui et de sa dynastie des musulmans pieux, de tradition sunnite. On admit plus tard que les sultans ottomans avaient hérité le titre de calife, grâce auquel ils cumulaient le pouvoir impérial avec l'autorité religieuse.

LE TOMBEAU D'ABU AYYUB
Le tombeau d'Abu Ayyub (en turc, Eyüp ansar) est le sanctuaire islamique le plus révéré d'Istanbul. Abu Ayyub était l'un des croyants de Médine (ansar) qui aidèrent ceux de La Mecque lors de leur exil en 622. Il mourut en 672 lors d'un assaut contre Constantinople.

UN TOMBEAU MIRACULEUX
Peu après la prise de Constantinople (devenue Istanbul) en 1453, le tombeau d'Abu Ayyub fut, dit-on, retrouvé hors les murs.

> «...obéissez à Dieu, obéissez à l'Apôtre et à ceux d'entre vous qui exercent l'autorité. Portez vos différends devant Dieu et devant l'Apôtre...»
> LE CORAN, SOURATE IV.62

LE LÉGISLATEUR

Sulayman al-Qanuni, Soliman «le Législateur», connu en Europe comme «le Magnifique», régna de 1520 à 1566. Il poursuivit l'expansion de l'Islam en Europe, commencée au XIVᵉ siècle lorsque les armées ottomanes traversèrent le Bosphore. Sous son règne, les Turcs conquirent les Balkans et mirent le siège devant Vienne.

LES THÉOLOGIENS SUNNITES

Les théologiens sunnites ont souvent exprimé leur suspicion vis-à-vis de la dévotion aux saints et aux sanctuaires, qu'ils estimaient menaçante pour l'adoration du seul Dieu. Néanmoins la majorité de la population s'y consacrait. Les chiites voyaient les choses différemment. Rendre visite aux tombeaux de leurs imams faisait partie des obligations religieuses.

Turban compliqué, signe de haute condition

Soliman le Magnifique

Soliman le Magnifique fut le plus prestigieux des sultans ottomans. Sous son règne, l'Empire menaça les puissances européennes sur terre et sur mer, cependant que Constantinople devenait la capitale de la culture et de la pensée islamiques. L'architecte Sinan construisit des mosquées qui prennent rang parmi les plus beaux monuments du monde. L'une d'elles, la Selimyye d'Andrinople, rappelle le nom du sultan et contient sa tombe.

LA VISITE AU TOMBEAU

Depuis Soliman, pour rendre tangible le lien entre les Ottomans et cette source de pouvoir spirituel qu'est le tombeau d'Abu Ayyub, le nouveau sultan y rendait visite en ceignant l'épée d'Osman, fondateur de la dynastie ottomane (ou *osmanli*). Aujourd'hui encore, les premiers ministres turcs nouvellement nommés se rendent au tombeau.

Arme du sultan

Suivants du sultan

La suite du sultan le servait et rendait son prestige manifeste. Les pages, souvent fils de princes clients, veillaient à tous ses besoins. L'un d'eux, ci-contre, porte de l'eau pour ses ablutions rituelles. En présence du sultan, la cour gardait le silence. Les visiteurs occidentaux ont souvent été frappés par le calme qui régnait dans ces grandes assemblées.

L'EXPANSION ISLAMIQUE

L'EMPIRE ISLAMIQUE, qui s'étendait de l'Espagne à l'Inde, se fragmenta à partir du IXᵉ siècle. Des souverains locaux (sultans, émirs, rois, «califes») supplantèrent les vrais califes. Les Mongols mirent fin au califat de Bagdad en 1258. En 1453, les Ottomans prirent Constantinople et devinrent la première puissance musulmane après l'Inde moghole. Les chiites prirent le pouvoir en Perse. L'expansion européenne du XIXᵉ siècle menaça l'identité musulmane, aujourd'hui vigoureusement réaffirmée. Tous les musulmans valides sont requis de défendre l'islam partout où il est en danger: c'est la «petite *jihad*», la grande étant la guerre contre le péché et le mal en soi-même.

LA VIE PUBLIQUE DU SULTAN

Le sultan assistait régulièrement à la prière du vendredi, dans l'une des mosquées de Constantinople. Il y était accompagné par les dignitaires de l'Empire, par sa cour et par sa garde. Cette cérémonie, le *selamlik*, devint l'occasion par excellence de voir le sultan et de lui remettre des pétitions.

LES ORIGINES TURQUES

La selle du sultan est d'un modèle turc traditionnel. Les Ottomans descendent de populations turques d'Asie centrale qui se déplacèrent vers l'ouest en vagues successives dès le début des temps islamiques. Leur spiritualité était marquée, à l'origine, par la dévotion à des lieux saints, et ils gardèrent celle-ci en devenant musulmans, comme le montre la visite de Soliman à ce tombeau.

SIGNES DE DISTINCTION

Les coiffures indiquaient clairement la condition et le rang dans une société où les honneurs étaient déterminants.

« Ali m'est très cher et je lui suis très cher ; il est l'ami et le soutien de tout croyant. »

PAROLE DU PROPHÈTE

LE SOUFISME

LES SOUFIS SONT DES MUSULMANS qui recherchent une expérience directe et personnelle de Dieu. L'origine du nom est incertaine mais il pourrait venir de *suf*, humble vêtement de laine que portaient les premiers soufis. Le soufisme étant un engagement complet envers Dieu, dans une confiance et une obéissance absolues, il a donné lieu à d'intenses expériences mystiques et au développement de techniques et d'attitudes propres à encourager ces expériences. Certains soufis (par exemple, al-Hallaj, voir plus bas) ont été si loin dans l'affirmation de l'union de l'âme avec Dieu qu'on a cru qu'ils blasphémaient en prétendant que l'âme et Dieu sont identiques. On a donc vu un conflit entre le soufisme et ceux que préoccupent les règles d'une vie conforme à la *sharia*, la loi de l'islam (voir p. 170). Mais il n'y avait pas de conflit réel : les soufis tenaient à la fois à l'observance de la vie islamique et à l'expérience de l'amour de Dieu. L'un des personnages clés de la résolution de ce conflit fut le Persan al-Ghazali (1058-1111) qui enseigna que tous les musulmans devaient suivre la *sharia* et qui rappela que l'islam était monothéiste mais non moniste : il ne croit pas que toutes choses, donc Dieu et l'âme, soient de même substance.

LES ORDRES SOUFIS

Alors que le soufisme se répandait dans le monde musulman, beaucoup de croyants adhérèrent à un ordre soufi, parce qu'ils considéraient le chef de l'ordre comme le plus capable de les guider et de les aider spirituellement. La plupart des ordres distinguent de nombreux stades de spiritualité et leurs membres ont besoin de l'assistance d'un maître, *shaykh* ou *pir*, et d'autres dirigeants pour atteindre aux plus hauts degrés de l'expérience spirituelle.

LES DERVICHES TOURNEURS

Cette miniature d'un saint ou d'un maître soufi dansant avec ses disciples provient d'un manuscrit persan (XVIᵉ siècle) du Majlis al Ushshak. La danse tournoyante fait partie de la cérémonie du dhikr dans l'ordre des mevlevis de Turquie, d'où l'appellation populaire de «derviches tourneurs».

LA CÉRÉMONIE DU *DHIKR*

Le *dhikr*, ou «souvenance», est chez les soufis une manière d'expérimenter directement la présence de Dieu. Chaque ordre (*tariqa*) possède ses procédés propres pour atteindre à l'état requis. Certains usent de percussions rythmées ou de chants ; celui-ci, de danses. Le but du *dhikr* est d'exacerber la conscience de Dieu en oubliant tout autour de soi. Une longue pratique a permis à certains d'expérimenter le *fana*, ou extinction, c'est-à-dire la perte de toute appréhension de leur Moi matériel.

Plumage splendide, caractéristique mythique du Simorgh

Le Simorgh

Le Simorgh est un symbole de l'aspiration des soufis à l'unité avec le divin. Un poème persan raconte que, lorsque les oiseaux eurent connaissance de la splendeur du Simorgh, ils s'élurent roi et se mirent à sa recherche. Seuls trente individus survécurent au voyage et, lorsqu'ils atteignirent la montagne du Simorgh, ils comprirent qu'il ne faisait qu'un avec eux, si morgh voulant dire trente oiseaux en persan.

> ❝ **Tout ce qui est sur la terre passera. La face seule de Dieu restera environnée de majesté et de gloire.** ❞
> LE CORAN, SOURATE LV.26-27

UNE MAISON DE L'ESPRIT
La cérémonie a lieu dans une *khanaqa* (en persan) ou une *zawiya* (en arabe), bâtiment exclusivement consacré au rituel de l'extase.

LA VISION DU PARADIS
Par cette composition florale, l'artiste a voulu illustrer métaphoriquement le *dhikr* en tant que manière de s'élever du matériel au céleste. Cette peinture peut s'interpréter comme une vision du paradis mais aussi comme une vue sur le jardin par la porte ouverte, avec de belles fleurs à haute tige plantées dans des pots de terre, fleurs qui symbolisent l'aspiration spirituelle.

L'EXTASE

Le maître est entré en transe, en extase, un état où il semble n'apercevoir que Dieu. Son corps perd l'équilibre, alors qu'il tourne, l'esprit possédé par le divin. Son expression, les yeux fixes et la bouche serrée, montre qu'il se concentre sur une activité unique, ses mouvements ne lui servant qu'à atteindre l'illumination spirituelle et psychique. Ses trois adeptes portent en persan l'appellation de *darwich* (derviche), qui signifie « pauvre ».

LA FIDÉLITÉ AU CHIISME

La fidélité de ces soufis au chiisme se constate à la façon dont ils ont enroulé leur turban douze fois sur le front. Chaque pli rappelle l'un des douze imams, chefs de l'islam chiite (voir pp. 170-171).

LE MAÎTRE

Pour beaucoup de soufis, le maître – *shaykh* en arabe, *pir* en persan – est le modèle sur lequel conduire leur vie, et la source de leur sagesse. On le révère comme un enseignant inspiré par Dieu et comme quelqu'un dont la vie est à ce point bénie qu'il peut transmettre à d'autres la bénédiction divine. Ici, il lève les bras pour signifier qu'il a laissé derrière lui les choses de ce monde et qu'il est entièrement saisi par la présence de Dieu.

CIEL ET TERRE

Deux jeunes danseurs ont les mains dans la position caractéristique de l'ordre mevlevi, une main vers le ciel et l'autre vers la terre, afin de faire se rejoindre l'un et l'autre.

UNE DANSE DANGEREUSE

Des assistants sont prêts à secourir quiconque perdrait l'équilibre ou serait physiquement atteint par sa transe. Ils observent attentivement les danseurs pour s'assurer que ceux-ci ne se mettent pas en danger.

Turban d'un style qui marque la fidélité au chiisme

Tambour de basque

Une musique mystique

Pour beaucoup de musulmans, il faut éviter la musique parce qu'elle excite les sens. En revanche, elle a toujours occupé une place de choix dans les confraternités mystiques de soufis. Ceux-ci jouent généralement d'instruments – ici, de tambours de basque et d'une flûte – pour accompagner leurs cérémonies impliquant des danses et des chants répétitifs. Les musiciens ci-contre jouent sur un rythme modéré, afin d'aider les danseurs à prendre la cadence.

> « Ô Dieu, si je t'adore par crainte de l'enfer, brûle-moi en enfer ; si je t'adore par espoir du paradis, exclus-moi du paradis. Mais si je t'adore pour l'amour de toi, ne me refuse pas ton éternelle beauté. »
>
> RABIA AL-ADAWIYYA (713-801), SAINTE MUSULMANE, INSPIRATRICE DU SOUFISME

SAINTS ET ÉCOLES DU SOUFISME

Chaque école soufie, ou *tariqa*, conserve la mémoire de ses maîtres successifs, en remontant jusqu'au Prophète, considéré comme le premier *shaykh* (maître spirituel). Parmi les grands mystiques musulmans du passé, il y a al-Hallaj (857-922), exécuté pour avoir crié extatiquement « Je suis la Vérité ! », al-Ghazali (1058-1111, voir plus haut) et Muhyi-d-Din ibn Arabi (1165-1240), qui enseigna l'unicité de tout ce qui existe. Les écoles soufies, qui se sont développées surtout à partir du XIIIe siècle, comptent notamment la Qadiriyya, répandue au Moyen-Orient, en Afrique et dans le Causase, l'ordre mevlevi, prédominant en Turquie, et la Chishtiyya, qu'on trouve au Pakistan, en Inde et dans le Sud-Est asiatique. Avec le temps, ces ordres ont élargi leurs activités : au Moyen Âge, ils pouvaient faire office de corporations de métiers et, jusqu'au XIXe siècle, ils s'occupèrent d'éducation et d'aide sociale. Encore maintenant, les confraternités soufies distribuent des ressources aux pauvres, tous les membres n'en étant pas nécessairement des mystiques.

La lumière spirituelle éternelle

Un prince rend visite à un ermite soufi pour lui demander conseil et recevoir sa bénédiction. Leur rencontre symbolise l'opposition entre le monde matériel et la sphère de la réalité intérieure : l'entourage du prince est armé, prêt à faire face à tout danger possible ; l'ermite est tranquillement assis. Ce contraste est aussi résumé par le porteur de flambeau qui a éclairé le chemin du prince : sa lampe s'éteindra avec le temps mais l'ermite possède en lui une lumière spirituelle éternelle. Tel est l'idéal de la mystique musulmane : le passage de tout ce qui change et se corrompt à ce qui dure immuablement.

L'ISLAM ET LA SCIENCE

LES MUSULMANS CROIENT QUE DIEU a créé toute chose. Par conséquent, l'étude et la compréhension de la création renvoient à Dieu et contribuent à l'entendement de son œuvre. C'est pourquoi la connaissance, *ilm*, est une haute valeur de l'islam. Mahomet a dit : « Celui qui quitte sa maison pour rechercher la connaissance marche sur le chemin de Dieu. » L'érudit Ibn Tamiyya a exposé que la connaissance était à l'esprit ce que la nourriture est au corps. Les livres et la connaissance ont toujours été considérés par les musulmans comme une nourriture spirituelle. Aussi la contribution des musulmans à la philosophie, à l'astronomie, à la chimie, à la médecine et aux mathématiques, surtout à l'algèbre, a-t-elle été prodigieuse. Cela ne signifie pas pour autant que le mot *ilm* désigne la science au sens moderne. La science musulmane vient toujours de Dieu, source de tout ce qui peut être recherché. Toute science véhicule une vision du monde, même celle qui suppose qu'elle est objective et qu'elle n'obéit pas à une vision du monde. L'opinion des musulmans rejoint ici celle des chrétiens, selon laquelle la science sans sagesse est un animal dangereux : selon l'expression latine, *scientia* (la connaissance) doit se subordonner à *sapientia* (la sagesse).

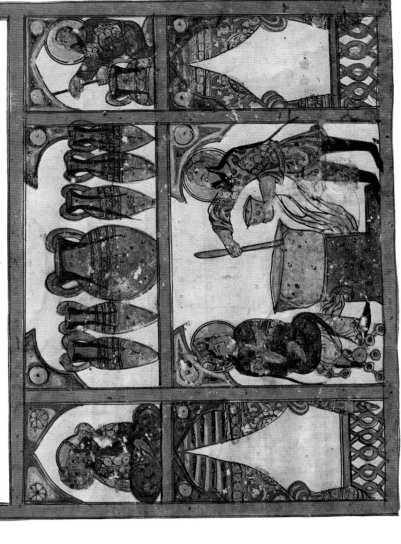

La pharmacologie

Un médecin ou un apothicaire prépare une prescription magistrale. À l'étage, des jarres de produits pharmaceutiques sont entreposées. La médecine arabe se fondait sur les connaissances grecques et indiennes, et elle devait énormément à l'œuvre de Galien (IIᵉ siècle). Cette illustration de la Materia medica de Dioscoride concerne l'usage thérapeutique du miel. Dans les débuts de l'islam, la médecine était suspecte aux esprits religieux, et la grande majorité des médecins étaient chrétiens.

L'influence d'Aristote

Les œuvres d'Aristote et de Platon ont été traduites en arabe à partir de 800. La philosophie grecque influença les débuts de la pensée islamique et créa des tensions entre ceux qui se fiaient à la raison et ceux qui préféraient se laisser guider par la révélation. La philosophie arabe fleurit cependant, malgré la condamnation par les conservateurs et les religieux de l'intérêt porté à des questions comme celle de l'éternité du monde. Les œuvres de philosophes et de médecins tels qu'Avicenne et Averrhoès exercèrent une grande influence sur les universités européennes.

UN OBSERVATOIRE

Ci-contre, l'observatoire construit à Istanbul au XVIᵉ siècle pour l'astrologue Taqi ad-Din. Depuis le Xᵉ siècle, l'astronomie islamique s'était constituée en science autonome, malgré l'opposition continuelle des théologiens musulmans orthodoxes.

L'ASTROLABE

Le maître et un collègue examinent un astrolabe, l'instrument inventé par les Grecs pour mesurer les latitudes. Devant eux, sur la table, se trouvent deux alidades, les réglettes que l'on fixait aux astrolabes pour prendre les mesures.

L'APPARITEUR

Le personnage qui se tient humblement dans un coin est sans doute l'appariteur de l'observatoire. Il paraît impressionné par les instruments scientifiques et se garde bien de toucher à quoi que ce soit. Peut-être attend-il qu'on lui demande pour consultation l'un des livres rangés sur les rayons, derrière lui.

LES MATHÉMATIQUES

Les instruments posés sur la table montrent à quel point de développement les mathématiques islamiques étaient parvenues au XIVᵉ siècle. Algèbre, logarithmes, algorithmes (ces derniers devant leur nom au grand mathématicien al-Khwarizmi) proviennent des découvertes de savants arabo-persans. L'usage qu'ils ont fait de la numération indienne a permis beaucoup de progrès.

EXAMEN D'UN QUADRANT

Deux astronomes agenouillés examinent un quadrant, instrument utilisé pour mesurer la hauteur des astres. Il consiste en un arc gradué de 90° et un mécanisme de visée attaché à un bras mobile. Beaucoup de grandes étoiles portent encore leur nom arabe.

LA SOIF DE CONNAISSANCE

Ces deux astronomes en discussion montrent bien la manière dont les savants répondaient à l'injonction coranique de rechercher l'œuvre de Dieu dans le monde naturel. Certains musulmans désapprouvaient l'usage de la raison et de la logique dans les sciences et dans la philosophie, parce qu'il semblait ignorer les enseignements de la révélation. Ces disciplines fleurirent cependant sous les souverains musulmans.

L'OBSERVATION DES ÉTOILES

Cet astronome observe à l'aide d'un quadrant. À l'époque, les positions des corps célestes se mesuraient au moyen d'instruments de ce genre ou à l'œil nu. Les savants défendaient leur discipline contre les critiques des théologiens en affirmant qu'ils faisaient apparaître l'évidence de la sagesse divine.

LES CORPS CÉLESTES

Ces deux astronomes agenouillés lisent des mesures prises au moyen d'un autre instrument pour suivre les mouvements des corps célestes, cependant qu'un troisième, derrière eux, prend note de leurs résultats.

L'INTERPRÉTATION

Trois astronomes discutent une interprétation des mouvements célestes. Les Arabes ont été largement influencé par les travaux des Grecs, en particulier par l'*Almageste* de Ptolémée. Après la traduction de cet ouvrage, au Xᵉ siècle, les hypothèses de Ptolémée devinrent chez les Arabes les explications orthodoxes des mouvements planétaires.

LE GLOBE

Un globe occupe la place d'honneur au centre de la pièce, probablement parce qu'il représente le fruit des innombrables mesures et calculs que l'on voit sur cette illustration. Il est tourné de manière à montrer de face Istanbul et le domaine ottoman (voir p. 170). Curieusement, alors que les masses continentales ont des proportions correctes, elles descendent trop loin au sud de l'équateur.

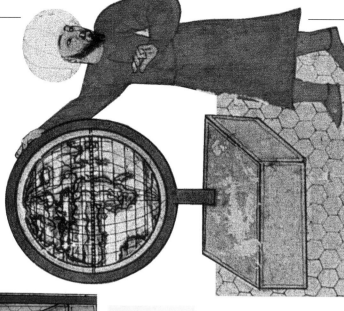

« C'est lui qui a donné le soleil pour éclairer le monde, et la lune pour sa lumière, qui a déterminé les phases de celle-ci, afin que vous connaissiez le nombre des années et leur comput. Dieu n'a point créé tout cela en vain, mais pour la vérité... »

LE CORAN, SOURATE X.5

Importance de l'astrolabe

Les musulmans devaient connaître la qibla, la direction de La Mecque, pour prier correctement. On la calcula en observant les mouvements des étoiles. Aussi l'un des instruments les plus importants était-il l'astrolabe. Il consiste en un disque gradué, équipé d'un système mobile de visée, grâce auquel on peut mesurer la hauteur des corps célestes. Des calculs établis sur la base de ces mesures donnent l'heure et l'orientation.

Astrolabe

Quadrant

Le monde connu

Dès le XIIᵉ siècle, les géographes arabes dressèrent des mappemondes. L'un des cartographes les plus célèbres fut le Marocain al-Idrisi (m. 1166), dont le grand atlas, fruit de ses voyages, traçait avec beaucoup de précision les rivages de la Méditerranée et de l'océan Indien. Le globe ci-contre date d'une époque plus récente, lorsque les navires avaient déjà fait le tour du monde.

LA MOSQUÉE

L E TERME FRANÇAIS DE MOSQUÉE vient de l'arabe *masjid* qui signifie « lieu de prosternation ». C'est donc un lieu où les musulmans se réunissent pour prier, particulièrement le vendredi. Certes, les mosquées ne sont pas essentielles à la prière. Ce sont toutefois « les maisons que Dieu a permis d'élever pour que son nom y soit répété » (sourate XXIV.36). Les principaux desservants d'une mosquée sont l'imam, qui dirige la prière, le muezzin qui y appelle (voir p. 163) et le prédicateur (*khatib*). Les mosquées ont aussi servi de lieux d'instruction et ont accueilli les tombes de musulmans éminents, sutour de martyrs, de califes et de soufis (voir pp. 172-173). On vénère particulièrement celles qui sont associées à Mahomet (voir pp. 164-165). À Médine, outre la mosquée du Prophète (voir ci-dessous), il y a la mosquée des Deux-Qiblas (où Mahomet fit pour la première fois la prière face à La Mecque au lieu de Jérusalem). À La Mecque, la plus auguste est la mosquée al-Haram et, à Jérusalem, la mosquée al-Aqsa, d'où l'on dressera les échelles le jour du Jugement. Bien que le tout proche dôme du Rocher ne soit pas une mosquée (même si on l'appelle parfois la mosquée d'Omar), il marque l'endroit, particulièrement révéré, d'où Mahomet monta au ciel (voir p. 163).

« Ô croyants ! lorsqu'on vous appelle à la prière du jour de l'assemblée, empressez-vous de vous occuper de Dieu. Abandonnez les affaires de commerce ; cela vous sera plus avantageux. Si vous saviez ! Lorsque la prière est finie, allez où vous voudrez, et recherchez les dons de la faveur divine. Pensez souvent à Dieu, et vous serez heureux. »

LE CORAN, SOURATE LXII.9-10

L'enseignement religieux

À partir du XIIᵉ siècle, des écoles furent créés pour l'enseignement des doctrines religieuses et juridiques. L'université al-Azhar (ci-contre), au Caire, fut fondée en 970. C'est la plus ancienne université encore en activité dans le monde. Ses méthodes d'enseignement – un professeur expliquant un texte aux étudiants littéralement massés à ses pieds – sont, dans certaines facultés, restées inchangées jusqu'à récemment. L'étude a toujours été au cœur de la culture islamique. Environ un siècle après la vie du Prophète, les ouvrages grecs de philosophie et de médecine étaient traduits en arabe (voir pp. 174-175), alors que l'influence du Coran faisait naître des développements complexes dans les sciences religieuses.

FACE À LA MECQUE
Les fidèles font toujours face à La Mecque quand ils prient. Dans la mosquée, la direction de La Mecque est indiquée par la position du *mihrab*, qui a généralement l'aspect d'une niche vide. La mosquée est conçue de telle manière que le plus grand nombre de personnes puissent voir le *mihrab*.

LE PRÉDICATEUR
Ce prédicateur (*khatib*), engagé dans la discussion d'un problème posé par une femme, tient à la main la traditionnelle canne de prédication. Au commencement de son discours, il a appelé la bénédiction de Dieu sur le Prophète et sur sa famille, puis sur le dirigeant politique du moment.

LA CHAIRE
La chaire est à droite du *mihrab* qui signale la *qibla*, le sens de la prière. Essentiellemnt, la mosquée comprend un espace vide et une indication de la direction de La Mecque, qui permet aux fidèles de prier dans les règles, en faisant face à la Kaaba (voir pp. 168-169).

PRÉDICATION À LA MOSQUÉE

Cette miniature, exécutée à Bagdad et illustrant une édition du XIIIᵉ siècle des Maqamat d'al-Hariri (m. 1122), montre Abu Saïd, personnage principal de chacun des récits de l'ouvrage, prêchant dans une mosquée. On y voit, parmi les fidèles de sexe masculin, une femme venue disputer avec lui.

HAUTEUR ET ESPACE
La suggestion d'un mur élevé donne la sensation d'un espace idéal pour le culte. Dans beaucoup de mosquées, un effet d'espace ininterrompu est créé par la présence d'une haute coupole, qui ne doit être soutenue que sur ses bords. Pour beaucoup de musulmans, la coupole symbolise l'unicité de Dieu (voir pp. 162-163).

L'ESSENTIEL EST LA PRIÈRE
L'intérieur des mosquées est assez nu parce que la mosquée sert d'abord à la prière. Dans certaines mosquées polyvalentes, il y a aussi des murs internes mais un espace est toujours réservé à l'adoration. Il y a parfois un décor de céramique mais rarement figuratif : les carreaux sont généralement peints de calligaphies reproduisant des versets du Coran.

Le Minbar
Le Minbar

Chaire en escalier, le *minbar* est utilisé le vendredi, lors de la prière collective, dont les pratiques, qui consistent à se laver les mains, le visage, les narines, la bouche, les bras jusqu'à l'épaule et les pieds jusqu'à la cheville. S'il n'y a pas d'eau, on peut utiliser du sable ou de la terre.

Le respect du Prophète

Les marches du *minbar* conduisent à une plate-forme mais le prédicateur se tient plus bas que celle-ci, sur une marche, par respect pour le Prophète et pour les premiers califes qui occupaient la position la plus haute.

> « *Dieu est grand* [quater]. *Je témoigne qu'il n'y a de dieu que Dieu* [bis]. *Je témoigne que Mahomet est l'envoyé de Dieu* [bis]. *Levez-vous pour la prière* [bis]. *Levez-vous pour le salut* [bis]. *Dieu est le plus grand* [bis]. *Il n'y a de dieu que Dieu* [bis].»

ADHAN (APPEL DU MUEZZIN À LA PRIÈRE)

Prière et purification

Pour que la prière soit valable, le fidèle doit suivre certaines pratiques, qui consistent à se laver les mains, le visage, les narines, la bouche, les bras jusqu'à l'épaule et les pieds jusqu'à la cheville. S'il n'y a pas d'eau, on peut utiliser du sable ou de la terre.

Prière et modestie

La correction de la tenue est d'une importance vitale pendant la prière. Les hommes doivent se couvrir le corps au strict minimum du nombril aux genoux, et les femmes ne peuvent montrer que le visage, les mains et les pieds. Les uns et les autres doivent se vêtir avec modestie.

Prière et espace

Pendant le prêche, l'assemblée est assise sur le sol. Comme le culte musulman oblige à se lever, à s'agenouiller et à se prosterner, il n'y a ni chaises ni bancs. Bien au contraire, il y a un espace vide où les fidèles forment des rangées, face au *mihrab* ménagé dans le mur de la *qibla*.

Une femme dans la mosquée

Cette femme, au milieu de fidèles masculins, est atypique. Traditionnellement, hommes et femmes prient séparément, les femmes souvent chez elles, bien que certaines mosquées possèdent des espaces qui leur sont réservés.

L'accès au minbar

Il y a un encadrement de porte au pied du *minbar*. On y suspend souvent un rideau pour empêcher d'y monter quiconque d'autre que le prédicateur.

Intérieur de la grande mosquée de Cordoue.

ÉVOLUTION DE LA MOSQUÉE

La première mosquée, bâtie par le Prophète et ses compagnons à Médine, était probablement très simple : elle devait consister en un abri de troncs de palmier supportant un toit de fibre. L'architecture des mosquées se compliqua progressivement. Celles que l'on voit ici sont représentatives de deux grandes tendances : la salle hypostyle, où le toit est soutenu par des colonnes (grande mosquée de Cordoue), et le dôme, où les murs sont couronnés par une coupole (mosquée Bleue, à Istanbul). Comme celle du Prophète, dont elles sont toutes dérivées, les mosquées comportent des lieux pour le culte, les réunions, l'enseignement et l'étude, qu'il s'agisse de maisons à terrasse converties ou bien de chefs-d'œuvre d'architecture.

Un espace parfait

Cette mosquée, achevée en 1617 sous le sultan Ahmed Iᵉʳ, est l'une des dernières réalisations de l'architecture religieuse ottomane. Elle offre au culte un lieu parfait. En faisant supporter le poids de la coupole centrale par des demi-coupoles latérales plutôt que par une muraille, l'architecte a créé une vaste espace intérieur. Les carreaux bleus et les décors au pochoir y font régner une atmosphère d'un autre monde, favorable à la prière.

Une forêt d'arcades

L'une des plus anciennes mosquées conservées est celle de Cordoue. Commencée en 785, elle fut agrandie au cours des siècles suivants. Grande mosquée de la capitale de l'Espagne musulmane, elle exigeait beaucoup d'espace pour les foules du vendredi. Sa forêt d'arcades supportant le toit en est l'un des traits les plus frappants ; elle crée un mouvement répétitif qui dirige l'œil vers le lieu de la prière.

Minaret

Coupole centrale

Cour, avec une fontaine derrière les arbres

La mosquée Bleue, à Istanbul.

Masque rituel
Les rites de passage jouent un grand rôle dans les religions autochtones. Ce masque kuba, du Congo, se porte au cours de cérémonies d'initiation des jeunes garçons. La période d'initation à la vie adulte dure plusieurs mois et se termine par des célébrations rituelles, riches de symbolisme.

LES RELIGIONS AUTOCHTONES

LE DOMAINE DES ESPRITS

Les religions autochtones comprennent un ensemble de religions qui, aujourd'hui, sont généralement confinées à des territoires restreints, à des tribus ou à des clans. Dans le passé, on les trouvait partout mais elles ont été largement supplantées ou érodées par les religions missionnaires, tels le christianisme et l'islam, voire plus encore par l'expansion des communications de masse et des multinationales.
Sous leur forme originale, on ne les trouve plus aujourd'hui que dans quelques régions inaccessibles comme, par exemple, les hautes vallées d'Amazonie ou l'intérieur de certaines îles d'Indonésie.

TOUTEFOIS, LES RELIGIONS AUTOCHTONES n'ont pas complètement disparu en d'autres lieux, comme le centre et le sud de l'Afrique ou de l'Inde. Elles continuent d'y exister mais sous une forme influencée par les grandes traditions religieuses avec lesquelles elles sont entrées en contact. Elles gardent même des poches de résistance au cœur du monde moderne : chez les Amérindiens du Nord, dans quelques groupes d'aborigènes australiens ou chez les Maoris de Nouvelle-Zélande.

UN MONDE PARALLÈLE
De l'Assam au Mexique, les anciennes religions locales n'ont rien d'uniforme. On peut cependant avancer quelques généralisations. Peut-être la caractéristique la plus répandue de ces religions indigènes est-elle la croyance en un nombre élevé d'êtres spirituels extrêmement actifs. Par contraste avec des religions comme le christianisme ou l'islam (voir pp. 136-159 et 160-177), qui insistent sur l'unicité d'un Dieu suprême, on a ici affaire à des esprits, des dieux,

Les pouvoirs de la nature
Les religions autochtones trouvent leur inspiration dans le monde naturel. Depuis les temps les plus reculés, on a considéré le soleil comme une source majeure de vie. Beaucoup de mythes décrivent le chaos qui surviendrait si le soleil disparaissait (voir pp. 102-103).

des déesses et d'autres forces qui influencent tous les aspects de la vie. Ils investissent la nature (ainsi, le tigre, l'arbre ou le tonnerre ont une haute signification spirituelle), l'homme (en particulier le guérisseur, qui manipule les forces du bien, et le sorcier, qui possède le pouvoir de nuire) et d'autres domaines encore (tels les monstres qui hantent le sous-sol ou les esprits des ancêtres qui planent au-dessus de nos têtes). Ces croyances animistes n'enseignent pas que le domaine spirituel coïncide avec celui de la vie courante. L'homme doit connaître le moyen d'entrer en contact avec les êtres qui l'entourent, s'il veut, par exemple, leur adresser des requêtes, en obtenir des pouvoirs magiques, prédire l'avenir ou accéder à la sagesse. Il doit aussi trouver celui de les écarter ou de les apaiser, s'ils ont l'intention de lui faire du tort.

On rencontre fréquemment deux manières d'envisager la relation entre le monde physique et ce qui est au-delà. L'une concerne la possession. Particulièrement en Afrique, les esprits sont considérés comme doués de beaucoup de pouvoir, d'initiative et d'autorité. Ils envahissent certains individus, surtout des femmes, et s'en emparent. Si ce sont des esprits mauvais, ils rendent malade ou fou, ou ils font souffrir de quelque autre façon.

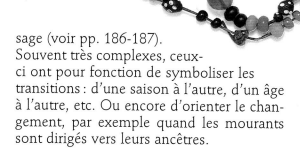

Les possédés ne s'en délivrent qu'en se tournant vers des spécialistes du rituel, qui tenteront un exorcisme.

Toute différente de cette dynamique est celle du chamanisme (voir pp. 180-181). Les chamans (souvent, mais non toujours, des hommes), accomplissent des rituels visant, en soi, à maîtriser les esprits pour s'approprier leurs pouvoirs et voyager dans leurs domaines. Ce faisant, ils obtiennent ce que les esprits ont à offrir et, en retour, ils les aident à mieux combattre divers maux. Souvent, ils se rendent chez eux pour y rencontrer l'âme errante d'un malade. De tels voyages sont jugés très dangereux car il se peut, si de mauvais esprits terrassent le chaman, que celui-ci n'en revienne pas.

L'IMPORTANCE DU RITUEL

La possession et le chamanisme induisent tous deux des rituels, axés respectivement sur l'exorcisme et sur l'acquisition de pouvoirs. En règle générale, l'animisme a des rituels très structurés mais une certaine faiblesse en matière de théorie et de théologie. Fondé sur une tradition sans écriture, il détermine principalement des religions de la pratique et de l'activité. Cela se voit notamment au rôle joué par les rites de passage (voir pp. 186-187). Souvent très complexes, ceux-ci ont pour fonction de symboliser les transitions : d'une saison à l'autre, d'un âge à l'autre, etc. Ou encore d'orienter le changement, par exemple quand les mourants sont dirigés vers leurs ancêtres.

MYTHE ET LÉGENDE

Les religions autochtones accordent cependant une importance non moins grande au mythe qu'à la pratique. Le mythe, généralement conté alors que le rituel est joué, n'aurait guère de sens pour ceux d'entre nous qui l'entendraient littéralement et le compareraient à la science. Il s'y passe des choses étranges, voire impossibles. Par exemple, les Huichol de l'ouest du Mexique (voir pp. 182-183) racontent comment l'eau s'anime pour devenir un serpent. Pourtant, de tels mythes répondent à un propos sérieux. Ils donnent une signification au monde, en posant des questions auxquelles la science ne peut répondre, comme la raison d'être de la souffrance ou le sens de la vie. C'est pourquoi le mythe a tellement influencé les peintres et les musiciens du XIXᵉ siècle. Les religions archaïques peuvent paraître bizarres mais elles procurent à leurs adeptes un sentiment de sécurité : elles confient aux rituels le soin de faire quelque chose pour faciliter la vie, et aux mythes celui de signifier quelque chose dans le fatras des événements.

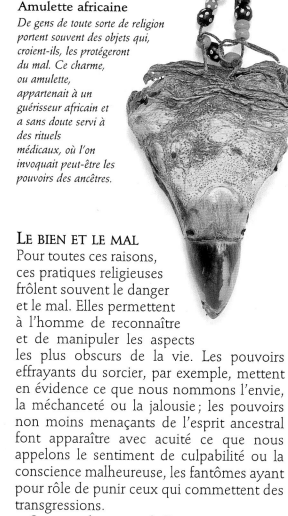

Amulette africaine
De gens de toute sorte de religion portent souvent des objets qui, croient-ils, les protégeront du mal. Ce charme, ou amulette, appartenait à un guérisseur africain et a sans doute servi à des rituels médicaux, où l'on invoquait peut-être les pouvoirs des ancêtres.

LE BIEN ET LE MAL

Pour toutes ces raisons, ces pratiques religieuses frôlent souvent le danger et le mal. Elles permettent à l'homme de reconnaître et de manipuler les aspects les plus obscurs de la vie. Les pouvoirs effrayants du sorcier, par exemple, mettent en évidence ce que nous nommons l'envie, la méchanceté ou la jalousie ; les pouvoirs non moins menaçants de l'esprit ancestral font apparaître avec acuité ce que nous appelons le sentiment de culpabilité ou la conscience malheureuse, les fantômes ayant pour rôle de punir ceux qui commettent des transgressions.

Sur un plan positif, l'animisme met en valeur l'harmonie avec le monde naturel. Il enseigne que l'on vit dans la nature ; que c'est une chose vitale de la troubler le moins possible ; qu'elle doit être respectée au point d'avoir droit à un culte ; qu'il faut louer les ancêtres de ce qu'ils sont et de ce qu'ils ont été. La vision harmonieuse de beaucoup de religions archaïques contribue à expliquer qu'elles connaissent une certaine résurgence. Les écologistes et environnementalistes, les adeptes du *new age* et les néo-païens figurent parmi ceux qui tentent de retrouver une sagesse qu'ils estiment propre à ces religions.

Talismans de fécondité
Ces « poupées » africaines, du Cameroun (à gauche), de l'Angola (au milieu) et de Namibie (à droite), sont portées par des jeunes femmes dans l'espoir qu'elles les rendent fécondes. La fertilité du sol et la fécondité humaine sont des préoccupations majeures dans les sociétés dont la survie repose sur de bonnes moissons et où la taille de la famille assure une vieillesse heureuse.

LE CHAMANISME

LE CHAMANISME EST UNE PRATIQUE RELIGIEUSE des plus impressionnantes. Il est répandu surtout chez les peuples autochtones d'Asie septentrionale et des Amériques. Les chamans dominent les esprits qui les habitent et peuvent quitter les états ordinaires de l'existence pour voyager ou voler en ce qu'ils considèrent comme d'autres mondes. Le plus souvent de sexe masculin, le chaman prend parfois des substances hallucinogènes ou, en tout cas, accomplit des rituels qui altèrent son état de conscience. De ce fait, il rencontre des entités appartenant au monde des esprits.

Si ce sont des esprits mauvais, il doit les maîtriser ou les vaincre. Les bons, il les encouragera pour s'en faire aider. Dans le monde du quotidien, les chamans qui réussissent ont la réputation de fournir à leur communauté des services essentiels. On croit au contraire que ceux qui échouent deviennent fous ou vont mourir. En usant des pouvoirs acquis dans une réalité parallèle, ils soignent par le chant, le massage, les herbes ou les formules magiques, ils prédisent l'avenir, arbitrent les querelles, luttent contre les catastrophes naturelles et mettent les ennemis en fuite.

Champignons hallucinogènes

Certains chamans, surtout en Sibérie et en Amérique du Sud, consomment des champignons hallucinogènes afin d'en avoir un, si minime soit-il, car sans lui le chaman goldi d'entrer en transes et d'avoir des visions. Pour les chamans, les plantes sont des esprits auxiliaires et, en les mangeant, l'on en incorpore les propriétés.

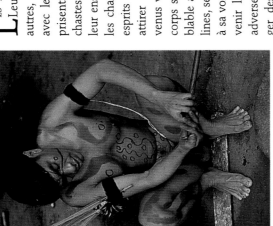

LES CHAMANS YANOMAMO

LES YANOMAMO VIVENT EN AMAZONIE. Leurs chamans, comme tous les autres, sont entraînés à communiquer avec les esprits. Pour cela, ils jeûnent, prisent des hallucinogènes, restent chastes au moins un an, cependant qu'on leur enseigne les coutumes, les attributs, les chants, les goûts et les dégoûts des esprits (*hekura*) que l'initié cherchera à attirer en lui. Lorsque des *hekura* sont venus vivre dans le corps d'un chaman, corps supposé contenir un monde semblable au monde extérieur, avec ses collines, ses arbres et ses lacs, ils sont soumis à sa volonté. Ils l'aident à guérir et à prévenir la maladie, résultat d'une magie adverse, et souvent ils sont envoyés manger des âmes ennemies, en particulier celles d'enfants, qui sont très vulnérables.

Jeune chaman yanomamo (Amérique du Sud).

COSTUME DE CHAMAN SIBÉRIEN

Ce costume appartenait à un chaman goldi, en Sibérie. Les costumes diffèrent selon les groupes mais il est primordial d'en avoir un, si minime soit-il, car sans lui le chaman goldi ne peut pénétrer dans le monde des esprits. On juge très dangereux pour une personne qui ne maîtrise pas les esprits de porter un costume chamanique.

ANCÊTRES
Les ancêtres et les gens des autres nations occupent les branches hautes. Le chaman y grimpe pour leur demander aide et conseil.

VERS D'AUTRES MONDES
Les cercles symbolisent les ouvertures des mondes supérieur et inférieur. Des motifs semblables, représentant peut-être le soleil, figurent sur les jambes de pantalon. On croit que les autres mondes ont leurs lunes et leurs soleils.

PLUMES
Les rubans font figure de plumes d'oiseau pour signifier la puissance du vol. Voler est l'un des talents principaux des chamans. Ce trait paraît commun au monde entier.

ORNEMENTS DE MÉTAL
Les disques protègent contre les coups des mauvais esprits. Ils sont d'un métal qui ne rouille pas et c'est pourquoi on leur attribue une âme.

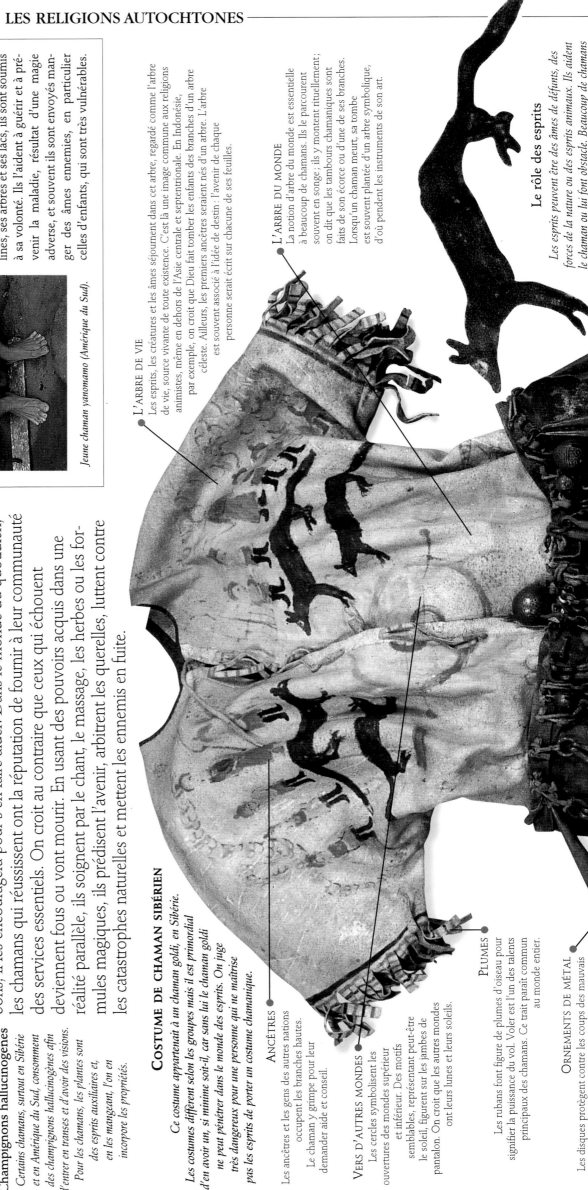

L'ARBRE DE VIE
Les esprits, les créatures et les âmes séjournent dans cet arbre, source vivante de toute existence. C'est là une image commune aux religions animistes, même en dehors de l'Asie centrale et septentrionale. En Indonésie, par exemple, on croit que Dieu fait tomber les enfants des branches d'un arbre céleste. Ailleurs, les premiers ancêtres seraient nés d'un arbre. L'arbre est souvent associé à l'idée de destin : l'avenir de chaque personne serait écrit sur chacune de ses feuilles.

L'ARBRE DU MONDE
La notion d'arbre du monde est essentielle à beaucoup de chamans. Ils le parcourent souvent en songe : ils y montent rituellement ; on dit que les tambours chamaniques sont faits de son écorce ou d'une de ses branches. Lorsqu'un chaman meurt, sa tombe est souvent plantée d'un arbre symbolique, d'où pendent les instruments de son art.

Le rôle des esprits
Les esprits peuvent être des âmes de défunts, des forces de la nature ou des esprits animaux. Ils aident le chaman ou lui font obstacle. Beaucoup de chamans ont reçu leur vocation d'un esprit dont ils sont devenus familiers. Certains « épousent » leur esprit auxiliaire.

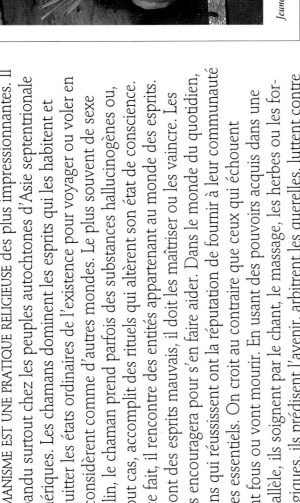

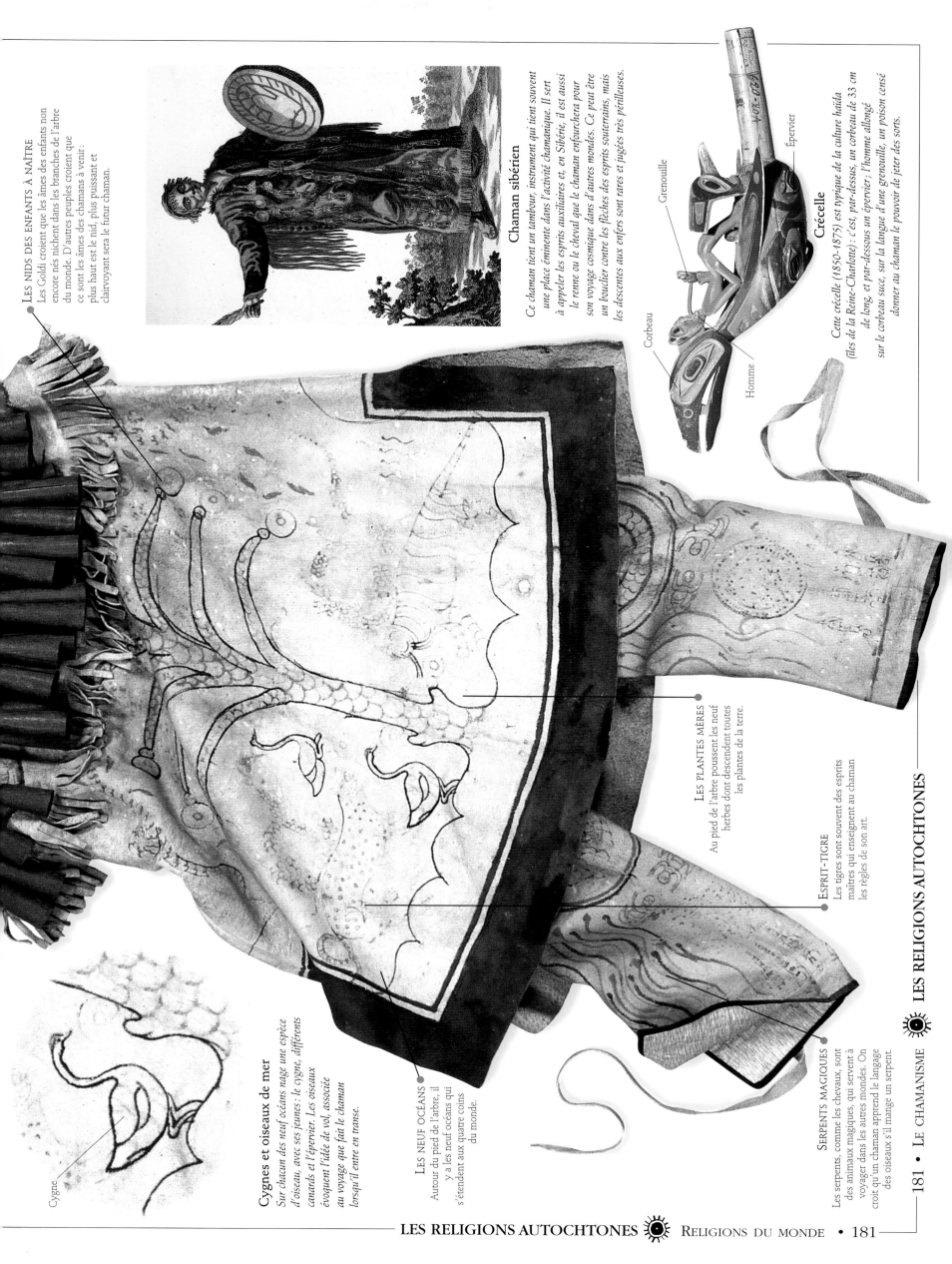

LES NIDS DES ENFANTS À NAÎTRE

Les Goldi croient que les âmes des enfants non encore nés nichent dans les branches de l'arbre du monde. D'autres peuples croient que ce sont les âmes des chamans à venir : plus haut est le nid, plus puissant et clairvoyant sera le futur chaman.

Chaman sibérien

Ce chaman tient un tambour, instrument qui tient souvent une place éminente dans l'activité chamanique. Il sert à appeler les esprits auxiliaires et, en Sibérie, il est aussi le renne ou le cheval que le chaman enfourchera pour son voyage cosmique dans d'autres mondes. Ce peut être un bouclier contre les flèches des esprits souterrains, mais les descentes aux enfers sont rares et jugées très périlleuses.

Grenouille

Épervier

Corbeau

Homme

Crécelle

Cette crécelle (1850-1875) est typique de la culture haida (îles de la Reine-Charlotte) : c'est, par-dessus, un corbeau de 33 cm de long, et par-dessous un épervier ; l'homme allongé sur le corbeau suce, sur la langue d'une grenouille, un poison censé donner au chaman le pouvoir de jeter des sorts.

Cygnes et oiseaux de mer

Sur chacun des neuf océans nage une espèce d'oiseau, avec ses jeunes : le cygne, différents canards et l'épervier. Les oiseaux évoquent l'idée de vol, associée au voyage que fait le chaman lorsqu'il entre en transe.

Cygne

LES NEUF OCÉANS

Autour du pied de l'arbre, il y a les neuf océans qui s'étendent aux quatre coins du monde.

LES PLANTES MÈRES

Au pied de l'arbre poussent les neuf herbes dont descendent toutes les plantes de la terre.

ESPRIT-TIGRE

Les tigres sont souvent des esprits maîtres qui enseignent au chaman les règles de son art.

SERPENTS MAGIQUES

Les serpents, comme les chevaux, sont des animaux magiques, qui servent à voyager dans les autres mondes. On croit qu'un chaman apprend le langage des oiseaux s'il mange un serpent.

LES RELIGIONS AUTOCHTONES

MYTHE ET COSMOS

CHAQUE CULTURE A SES MYTHES. Toutefois, il y a une forte différence entre la signification du mythe chez les Occidentaux contemporains et celle que lui attribuent les sociétés traditionnelles. Dans celles-ci, les mythes expriment le sens de la vie et du monde, ainsi que les liens entre les hommes et leur environnement. Même s'il apparaît qu'un mythe ne peut être littéralement vrai, celui-ci reste important. Les psychologues et les ethnologues qui l'étudient de l'extérieur y voient une certaine utilité : peut-être les mythes représentent-ils une explication. Ils répondent à des questions comme les suivantes : pourquoi le monde est ce qu'il est, pourquoi il y a des hommes et des femmes, pourquoi le feu a été créé, etc. En outre, ils fournissent un modèle moral, qui justifie l'ordre des choses ; par exemple, il y a des mythes qui légitiment l'institution de la chefferie. Ainsi donc, les mythes donnent une image du monde qui permet aux générations successives, grâce à la tradition, de vivre dans la confiance.

MYTHES DE CRÉATION

Mythe de création aborigène d'Australie.

TOUTE RELIGION PROPOSE AU MOINS un récit de création, disant comment le monde et l'humanité sont venus au jour. Dans certaines, les récits se ressemblent entre eux, soit du fait d'influences, soit parce que l'idée va de soi, soit parce que les mythes voyagent. Le thème l'arbre de vie, ou du monde (voir pp. 180-181), en est un exemple. La peinture ci-contre développe le mythe de création des aborigènes australiens. Œuvre de Kneepad, artiste de la terre d'Arnhem, elle raconte la légende d'une femme (en bas à droite), qui n'est pas encore de ce monde et qui déambule en compagnie de l'Étoile n°2, à la recherche d'un pays où elle pourrait s'installer. L'Étoile n°2 ne brille pas assez pour trouver l'endroit où l'une et l'autre recevraient l'aide de l'Étoile du matin, qui apporte l'aube. Ensemble, elles découvrent la terre (en haut). L'Étoile du matin crée ensuite le soleil et l'homme, à qui elle donne un épieu pour chasser. Enfin la femme parvient à l'existence, trouve que la terre est un bon endroit et s'accouple avec l'homme.

Le domaine extérieur

Cauyumarie, le premier homme, qui a une tête d'élan, absorbe le pouvoir et la parole émanant des deux mondes inférieurs. Les ondulations jaunes indiquent qu'il essaie de savoir si les hommes entendent ce qu'il dit et y répondent. À sa droite, un ancêtre a pris la forme d'une montagne en quittant le monde souterrain. La première flèche porte en soi la capacité de comprendre.

Flèche

Ancêtre-montagne

Cauyumarie

GRAND FRÈRE
Grand Frère Cerf bleu (représenté en blanc) s'est sacrifié sur la montagne qui figure au-dessus de lui. Son dévouement a permis à la vie de s'épanouir en ce monde. La fleur ouverte sous lui symbolise la vie naissant de la mort.

Mât-totem haïda

La mythologie des Haïda, Indiens des îles de la Reine-Charlotte, sur la côte nord-ouest de l'Amérique, repose sur le monde de la nature, conçu comme la demeure d'esprits aussi bien que d'êtres charnels. Beaucoup de personnages mythiques sont des créatures totémiques, ni entièrement animales ni tout à fait humaines. Outre qu'ils expliquent les origines de phénomènes comme le feu, les mythes décrivent comment des créatures totémiques ont combattu des forces redoutables, tels les épaulards, pour contribuer à l'instauration d'un monde ordonné et sûr.

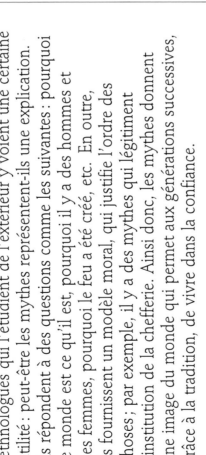

MYTHE HUICHOL

Cette tenture de l'ouest du Mexique montre comment le monde a été créé. Elle comprend trois niveaux. Le premier est le plus ancien, celui de Tatei Atsinari, créatrice du monde. Le second abrite les Tatusima qui, comme des atlantes, soutiennent la surface de la terre. Le troisième est le domaine de l'homme, de la nature et des ancêtres.

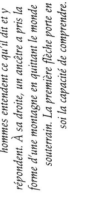

DEUXIÈME NIVEAU

Le cercle extérieur détermine le deuxième niveau, ou étage, de la création. C'est le domaine des Tatutsima, « ceux qui sont comme nos arrière grands-parents ». Les Tatutsima ne parlent pas. N'ayant pas de jambes, ils n'ont jamais marché sur terre. Semblables à des pierres, ils sont les fondations de la terre. Chacun possède une flèche, qui lui confère son pouvoir et sa force de vie, et un disque, appelé *nierica*, qui lui procure un don de vision surnaturelle. Ils entendent par leurs bois de cerf. Leur monde est bondé par des touffes jaunes, qui représentent la *uruwíxa*, l'herbe haute des Tatutsima, qu'elle cache aux regards.

LES HUIT TATUTSIMA

On voit ici huit Tatutsima. Dans le sens des aiguilles d'une montre, d'en haut, ce sont : Tatewari (Ancêtre Feu), Tatutsi Maxacuaxi (Arrière-grand-père Queue-de-cerf), Tsacaimuca (dieu du soleil levant), Tawixuri (Poitrine sanglante), Tatei Utuanaca (mère fondatrice de la terre, voir plus bas), Tuamuxamwi (premier cultivateur), Tacutsi Nacawe (Arrière-grand-mère Croissance) et Tatutsi Xuweri Timaiweme (l'arrière-grand-père qui est muet et qui sait tout).

POITRINE SANGLANTE

On voit ici le Tatutsima Tawixuri (Poitrine sanglante, ou fendue). Sa blessure sacrificielle est devenue la vallée primordiale où l'on trouve les lieux sacrés et qui est une source constante d'eau.

Surface du troisième niveau

Le soleil se lève sur l'horizon

Le soleil levant

Le disque solaire se lève sur terre, peut-être adoré par le personnage de droite. Il apparaît à la gauche du pic Brûlé (voir figure principale), le premier endroit où le soleil s'est jamais montré. Le serpent (comme son symétrique sur la figure principale) représente la course du soleil qui sort du monde souterrain et y retourne.

LA TERRE MÈRE

Tatei Utuanaca, mère fondatrice de la terre et de toutes les eaux, est représentée avec un grain de maïs sur la poitrine et deux épis de maïs de part et d'autre, en symbole de croissance et d'abondance. Les ondulations jaunes signifient qu'elle parle aux ancêtres. Ses cheveux flottent au vent.

TROISIÈME NIVEAU

C'est ici le domaine des phénomènes naturels. Il appartient aux ancêtres Tateteima et Tamatsima, « celles qui sont comme nos mères » et « ceux qui sont comme nos grands frères ». Ce domaine est le plus aisé à atteindre pour le chaman qui tente d'apaiser les énergies du monde et de les détourner au profit de son peuple.

ÉLÉMENTS DU TROISIÈME NIVEAU

Au troisième niveau, on trouve le vent et la pluie (les deux personnages au-dessous de Grand Frère), le premier cultivateur humain, Arrière-grand-mère Croissance et son bol sacré (entre les quartiers bleu et vert, à gauche). En haut, il y a Tatei Nuariwame (Notre Mère des pluies centrales) qui porte son fils Xiraume (Éclair).

L'oiseau moqueur de la mémoire

Cuca Wiman, la « jeune fille-perles », est l'oiseau moqueur qui fait passer dans le présent les choses du passé. Elle chante des chants sacrés qui enseignent aux hommes les mots des ancêtres. Elle est reliée aux paniers chamaniques et symbolise la mémoire collective ancestrale. Elle inspire musiciens et chanteurs.

Créatures communes

L'artiste dépeint le monde du quotidien en montrant des papillons et d'autres insectes.

PREMIER NIVEAU

Tatei Atsinari a joué, au temps de la création, un rôle clé. Eau primordiale, elle se répandit partout pour ordonner le chaos. Puis, en se retirant, elle changea de forme, devenant serpent. Le retrait des eaux fit apparaître les Tatutsima du deuxième niveau. Plus tard apparurent les Tatutsima et les Tatutsima, ancêtres du troisième niveau. Après qu'ils eurent pris possession du monde, Tatei Atsinari intégra leurs âmes, en s'appropriant ainsi toute connaissance. Ci-contre, Tatei Atsinari repose au centre de toute existence, en servant de réceptacle à la mémoire des ancêtres.

PANIERS CHAMANIQUES

La queue de Tatei Atsinari se métamorphose en fibre de panier chamanique. Ces paniers sont remplis des mots ancestraux, nés de l'écume de la mer (les points blancs entre les paniers) au début de la création. Les triangles blancs sont les montagnes qui entourent ce niveau.

FORCES DU BIEN ET DU MAL

COMME TOUT LE MONDE, ceux qui pratiquent l'animisme ont une expérience vécue de bonnes et de mauvaises choses. Ils savent, eux aussi, qu'il y a souvent en eux un conflit entre ce qu'ils reconnaissent comme bon ou juste et ce qu'ils reconnaissent comme erroné ou mauvais. Ce conflit peut sembler abstrait s'il se situe dans le domaine des idées et des croyances mais on a souvent l'impression qu'a lieu un vrai combat, comme une lutte entre deux personnes. C'est pourquoi le bien et le mal s'incarnent souvent en des ennemis bien personnalisés : esprits, dieux, sorciers ou démons. Si l'on décrit comme des personnes les forces responsables de malheurs tels que la maladie, la mort, la famine, la douleur ou l'invalidité, les défenseurs deviennent des personnes, eux aussi. Dès lors, loin de rester impuissants devant les forces de la nature, les animistes développent un code de symboles et d'actes par lesquels ils combattent les maux de leur univers, notamment en comprenant que les causes de ceux-ci ne relèvent pas de leur seule responsabilité.

Masque de danse
Les masques tels que celui-ci, des Yorouba du Nigeria, jouent un grand rôle dans les fêtes rituelles où des danseurs sont parfois possédés par les esprits qu'ils évoquent. En action, les masques sont réputés très puissants et parfois on le porte sur le sommet du crâne pour en limiter le contact avec les spectateurs.

Imborivungu
L'imborivungu est un artefact des Tiv du nord du Nigeria. C'est une sorte de tube qui représente un os de Tiv, l'ancêtre dont ce peuple croit descendre. Il modifie la voix humaine en émettant un cri semblable à celui de la chouette, oiseau associé aux puissances occultes. On utilise l'imborivungu au cours de rites de fertilité et de prospérité, qui établissent un lien entre les vivants et les morts. Bien qu'il apporte l'abondance, on le considère aussi comme maléfique parce qu'on dit que, lorsqu'il change de mains, il ne conserve ses pouvoirs qu'au prix d'un sacrifice humain (chose nécessaire mais répréhensible aux yeux des Tiv eux-mêmes).

Tête humaine sculptée dans le bois

Tube fait d'un os humain sculpté

Ouverture et vibrateur (manquant)

PANNEAU D'ANCÊTRES KALABARI
Les Kalabari, peuple de l'est du delta du Niger, ont produit ce type de panneaux d'ancêtres au XIXe siècle. Ceux-ci représentent les chefs de maisons de traite qui faisaient des affaires avec les négriers européens. Ces entreprises sont devenues des institutions dynastiques et les panneaux expriment le respect des Kalabari pour la richesse et le succès. Cependant ils sont aussi le capital spirituel de la maison car ce n'est qu'au moyen de sculptures qu'on peut atteindre les esprits, les maîtriser et communiquer avec eux.

ANCÊTRE
L'ancêtre est représenté plus grand que les autres personnages, pour montrer son importance. Les ancêtres sont responsables du bien-être de leurs descendants.

LE FRONT DU DÉFUNT
Panneau ancestral se dit *duein fubara*, c'est-à-dire « front du mort ». Le *teme*, esprit fixé, qui réside en chaque personne, plante ou objet, a pour siège le front. Le panneau remplace le corps réel du défunt et particulièrement son front ; il constitue comme un sas par où le *teme* peut circuler entre l'ancêtre et son descendant.

COIFFURE ALAGBA
Ce type de coiffure était porté lors de la fête masquée *alagba* de la société Ekiné, très importante à la fois socialement et en affaires. Bien que sa cérémonie de masques ne fût pas très puissante sur le plan spirituel, elle faisait partie d'une épreuve de passage du statut de postulant à celui de membre de plein droit. La coiffure montre que l'ancêtre a passé l'épreuve.

LE PERSONNEL
Les personnages du fond sont des membres ou des sous-traitants de la maison de commerce.

LES MIROIRS
On pense généralement que ces carrés sont des miroirs, bien que certains y voient des « fenêtres ». Des miroirs décorent souvent aussi des masques.

PLUME DE BALBUZARD
La plume de balbuzard pêcheur est l'insigne de membre de la société Ekiné. Celle-ci organisait des fêtes de masques où se produisaient certains de ses membres. Ces cérémonies avaient une telle importance que, dit-on, une mauvaise prestation poussait au suicide le danseur humilié.

CHAPEAU HAUT DE FORME
Ce chapeau est évidemment le signe de contacts avec les Occidentaux au XIXe siècle. Les chapeaux européens figurent souvent sur les *duein fubara*.

CAURIS
Des stylisations de cauris décorent le cadre. Elles symbolisent la richesse car ce coquillage servait de monnaie, au XIXe siècle, en diverses parties de l'Afrique.

CANNE ET CHASSE-MOUCHES
Ces deux objets reflètent l'influence européenne. Comme dans l'Europe du XIXe siècle, ils symbolisent une condition aisée et le prestige. Les Kalabari en limitaient l'usage à certaines catégories de personnes et à certains événements, pour maintenir les divisions sociales.

POINTS BLANCS
Les points blancs représentent généralement des os, dans le but de montrer que le personnage est un mortel et non un dieu. Parfois aussi, ils reproduisent les ornements des danseurs dans les fêtes de masques.

L'INFLUENCE EUROPÉENNE
La présence d'un cadre pourrait avoir un lien avec les tableaux et gravures d'Europe. Les Kalabari ont probablement tenu pareilles images, telles les illustrations de la Bible, pour des mémoriaux d'ancêtres européens, et les ont transposées dans leurs propres panneaux ancestraux. La position des personnages rappelle aussi les photographies de groupe : les Kalabari en ont peut-être vues.

Cornes attachées au crâne humain

Suspension

Crâne d'une personne jeune

LES OFFRANDES
Tous les huit jours, on plaçait devant le panneau des offrandes de coqs, de poissons, de bananes et de gin. Il fallait pour cela être propre, enlever ses chaussures et montrer du respect. On pouvait toutefois toucher le panneau, même si l'ancêtre était présent. Les femmes devaient recourir à des intermédiaires.

PAGAIE
L'ancêtre tient une grande pagaie, en référence aux pirogues qui appartenaient à son entreprise. Pour mettre sur pied une maison de traite, il fallait posséder au moins trente pirogues de guerre avec leur équipage. Si nécessaire, elles étaient mises à la disposition du roi.

Trophée naga
Les Naga du nord-est de l'Inde croient que couper des têtes apporte la fécondité. C'est le crâne lui-même qui offre des résultats et non, comme on le croit souvent, l'âme du mort. Toutefois, si le guerrier coupeur de tête est fécond, c'est-à-dire porteur de progéniture, de bien-être, de prestige et de richesse pour lui-même et pour son village, il reste intouchable et maléfique aussi longtemps qu'il n'a pas subi une purification rituelle. Cette pratique est devenue illégale et les Naga ont à trouver d'autres moyens d'assurer la fécondité sans laquelle la communauté serait atteinte dans sa santé et dans sa prospérité.

ASSISTANTS OU FILS
Les personnages latéraux sont des assistants ou des fils du chef. Ce pouvaient être, le cas échéant, des enfants naturels ou des esclaves adoptés. Dans la société kalabari, on considérait les fils adoptés comme aussi légitimes que ceux qui étaient nés dans la famille. Généralement élevés par celle-ci dès l'enfance, ils contribuaient à accroître la richesse et le personnel de la maison, jusqu'au moment où ils s'en allaient fonder une filiale ailleurs. En fin de compte, le plus capable, même s'il était adopté, succédait au chef.

DÉFENSE D'ÉLÉPHANT
L'ancêtre et le collaborateur de gauche portent tous deux une défense sculptée, symbole de richesse.

TRACES DE PEINTURE
Les panneaux abîmés peuvent être restaurés ou refaits. Mais cela coûte cher, parce que les artisans croient que ce travail met leur vie en danger. En effet, les esprits deviennent d'autant plus puissants qu'ils sont révérés, de sorte qu'une image faisant l'objet d'un culte assidu peut être dangereuse. Les esprits délaissés perdent en puissance.

DEVANT LE PANNEAU
Trois piliers de boue, appelés *otolo*, se trouvaient à l'origine sur le devant du panneau. Ils étaient les parties les plus importantes de l'autel mais leur signification n'est pas éclaircie. On les a interprétés comme les trois personnages du panneau, comme les trois générations (père, enfants, petits-enfants) ou comme la triade dieux-morts-vivants. Avant une bataille, on faisait des offrandes devant l'autel et les jeunes gens étaient marqués avec la poussière des *otolo*.

BONS ET MAUVAIS ESPRITS

La plupart des petites sociétés traditionnelles conçoivent la possibilité de manipuler des pouvoirs, donc l'existence d'un monde des esprits. Celui-ci interagit avec la réalité quotidienne, et il faut respecter les esprits des animaux, des plantes, des lieux et des ancêtres. Ignorer ces esprits, les maltraiter, ou transgresser les règles morales qu'ils imposent, cela peut conduire au désastre. Certains esprits sont bons, d'autres mauvais. Grâce à des rites appropriés, on peut évoquer les uns comme les autres et user de leurs pouvoirs. On connaît les dangers et les bienfaits du monde des esprits. Des rites, tels les sacrifices, ou des objets chargés de pouvoirs, comme les crânes, peuvent servir à convaincre un esprit, par exemple celui d'un ancêtre, à vous prêter assistance : pour guérir, pour faire pousser le blé, pour combattre l'ennemi. Des mesures sont prises pour écarter les forces maléfiques. On croit souvent que les mauvais esprits sèment le désarroi en venant habiter parmi les gens. Qui s'en trouve possédé s'adressera à un exorciste ou à un chaman (voir pp. 180-181). Le sorcier, par sa proximité avec les forces du mal, est un personnage craint avec qui il faut traiter de différentes façons, notamment par les contre-charmes.

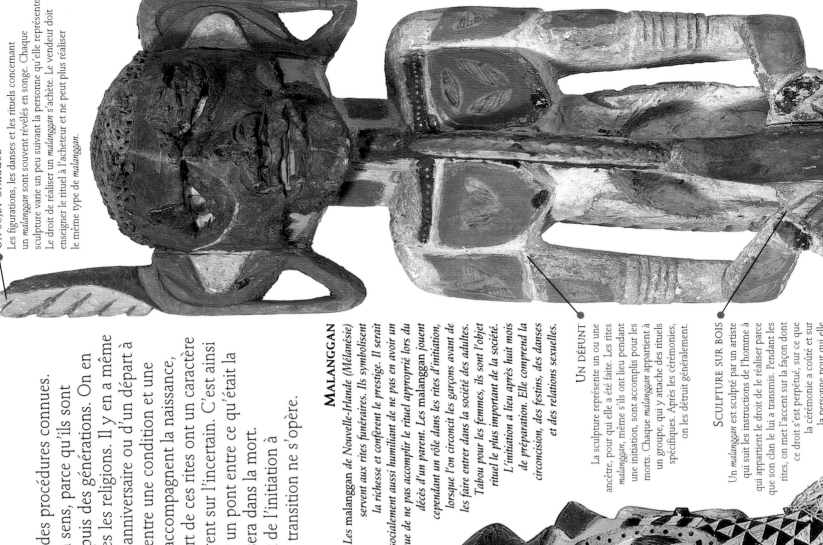

UN SUJET ONIRIQUE
Les figurations, les danses et les rituels concernant
un *malanggan* sont souvent révélés en songe. Chaque
sculpture varie un peu suivant la personne qu'elle représente.
Le droit de réaliser un *malanggan* s'achète. Le vendeur doit
enseigner le rituel à l'acheteur et ne peut plus réaliser
le même type de *malanggan*.

RITES DE PASSAGE

LES RITES SONT DES ACTIONS QUI SE RÉPÈTENT suivant des procédures connues.
Ils contribuent à ordonner la vie et à lui donner un sens, parce qu'ils sont
prévisibles et ont été accomplis de la même façon depuis des générations. On en
trouve dans toutes les parties du monde et dans toutes les religions. Il y en a même
qui sont de nature laïque, comme la célébration d'un anniversaire ou d'un départ à
la retraite. Les rites de passage marquent la transition entre une condition et une
autre. Les exemples les plus communs sont ceux qui accompagnent la naissance,
l'accession à la majorité, le mariage, la mort. La plupart de ces rites ont un caractère
« liminal », du latin *limen* qui signifie « seuil » : ils s'ouvrent sur l'incertain. C'est ainsi
que de nombreux rituels funèbres s'appliquent à jeter un pont entre ce qu'était la
condition d'une personne de son vivant et ce qu'elle sera dans la mort.
Dans les religions animistes, les rites funèbres et ceux de l'initiation à
l'âge adulte sont les plus importants : sans eux, nulle transition ne s'opère.

MALANGGAN

*Les malanggan de Nouvelle-Irlande (Mélanésie)
servent aux rites funéraires. Ils symbolisent
la richesse et confèrent le prestige. Il serait
socialement aussi humiliant de ne pas en avoir un
que de ne pas accomplir le rituel approprié lors du
décès d'un parent. Les malanggan jouent
cependant un rôle dans les rites d'initiation,
lorsque l'on circoncit les garçons avant de
les faire entrer dans la société des adultes.*
*Tabou pour les femmes, ils sont l'objet
rituel le plus important de la société.
L'initiation a lieu après huit mois
de préparation. Elle comprend la
circoncision, des festins, des danses
et des relations sexuelles.*

UN DÉFUNT
La sculpture représente un ou une
ancêtre, pour qui elle a été faite. Les rites
malanggan, même s'ils ont lieu pendant
une initiation, sont accomplis pour les
morts. Chaque *malanggan* appartient à
un groupe, qui y attache des rituels
spécifiques. Après les cérémonies,
on les détruit généralement.

SCULPTURE SUR BOIS
Un *malanggan* est sculpté par un artiste
qui suit les instructions de l'homme à
qui appartient le droit de le réaliser parce
que son clan le lui a transmis. Pendant les
rites, on met l'accent sur la façon dont
ce droit s'est perpétué, sur ce que
la cérémonie a coûté et sur
la personne pour qui elle
a été décidée.

MASQUE FÉMININ D'INITIATION

*Ce masque est porté par la principale officiante lors de la cérémonie
finale de l'initiation des jeunes filles mendé (Afrique occidentale)
à la société secrète Sandé. Il représente le pouvoir, l'émotion et
les qualités féminines. Il résume l'idéal de beauté féminine des
Mendé. La société Sandé prépare les filles à devenir adultes en
les éduquant à la vie domestique, sociale
et sexuelle. Pendant leur stage,
elles vivent entre elles, loin du
foyer familial. L'initiation
a lieu au bout de six mois.
Elle comporte l'excision et
un changement de nom.*

En portant
le masque,
le danseur
devient l'esprit
des Mendé

Pigment
jaune

Le cou épais
symbolise
la richesse et
la beauté

Les fibres flottent sur les épaules des danseurs

MASQUE MASCULIN D'INITIATION

Ce masque kuba (Congo-Kinshasa) est utilisé pour l'initiation des jeunes garçons. Séparés des femmes et des enfants, ceux-ci passent entre les jambes de danseurs masqués, qui représentent les esprits des ancêtres. Ils parviennent ainsi dans une enceinte où d'autres masques leur présentent les grands aspects de la religion.

Les épreuves rituelles
Chez les Gisou de l'Ouganda, la circoncision (imbalu) est l'épreuve classique qui fait d'un garçon un homme. Droit debout au milieu d'une foule de parents et de voisins, l'initié ne peut montrer nul signe de frayeur. Son succès est célébré triomphalement, au nom de la virilité et de l'identité ethnique.

Un SUJET TRADITIONNEL
Ce poisson est un décor traditionnel des malanggan, tout comme divers oiseaux et serpents. Ces animaux ne semblent pas avoir une signification symbolique particulière, leur raison d'être étant liée à leur présence dans un environnement familier. La pêche est une activité collective des hommes.

RITES D'INITIATION CHEZ LES MANDAN

L ES MANDAN ÉTAIENT UN PEUPLE amérindien du Nord, aujourd'hui éteint, qui vivait sur les hauteurs du Missouri. Vers 1830, ils formaient deux communautés, d'environ 2 000 personnes chacune et distantes de 1 600 mètres l'une de l'autre. Leur nombre diminua régulièrement en raison de conflits incessants avec leurs voisins. Les marchands européens les jugeaient « polis et amicaux ». Eux-mêmes se disaient le « peuple des faisans » et prétendaient avoir été les premiers hommes sur terre. Ils croyaient que les bons et mauvais esprits étaient subordonnés au Grand Esprit. Après leur mort, ils iraient dans un enfer froid ou dans de belles prairies de chasse où il ferait chaud ; l'on pouvait passer d'un de ces domaines à l'autre en fonction de la valeur des actes accomplis dans l'au-delà. Au cours d'une cérémonie annuelle de quatre jours, les jeunes hommes subissaient une initiation traumatisante, par laquelle ils apaisaient les esprits et s'assuraient l'entrée dans les prairies éternelles. Ils espéraient que le Grand Esprit les aiderait à survivre à ces tortures. On les observait, et leur endurance était notée par les chefs qui en déduisaient leurs qualités guerrières et leur capacité à diriger.

Une torture acceptée
Le dernier jour, on pratiquait des incisions à la poitrine, aux épaules, aux bras et aux jambes de ceux que l'on initiait et l'on passait dans leurs blessures des éclisses par lesquelles on les suspendait. Des poids étaient attachés aux éclisses des bras et des jambes. Avec une perche, on faisait tournoyer le corps jusqu'à ce que le garçon s'évanouît. On le dépendait alors et on le laissait « pour mort », entre les mains du Grand Esprit. Il devait se rétablir par ses propres moyens avant d'entreprendre de nouvelles épreuves.

Dans la hutte initiatique
Les candidats à l'initiation entraient dans la hutte à la suite du « premier ou seul homme », arrivé au village la veille. Ils portaient des armes et un sac de produits médicinaux, qu'ils suspendaient au-dessus d'eux avant de s'étendre. Le « premier ou seul homme » fumait un calumet à leur succès et nommait un maître des cérémonies, qui implorait le Grand Esprit de les assister (ci-dessus). Il s'assurait que les jeunes gens ne mangent, ne boivent ni ne dorment pendant quatre jours et quatre nuits, pour se préparer aux rites.

La danse du bison
Pendant que les jeunes gens se préparaient à l'initiation, des danses et d'autres cérémonies avaient lieu à l'extérieur de la hutte. La danse du bison (ci-dessus) était l'une des principales. Elle se dansait plusieurs fois, en formations groupées suivant les points cardinaux. Huit hommes couverts de peaux de bison dansaient accompagnés de chants qui demandaient au Grand Esprit d'envoyer assez de bisons pour que l'on pût se nourrir toute l'année.

LA RÈGLE D'OR

LES RELIGIONS PEUVENT-ELLES S'ENTENDRE ?

*La règle d'or existe, sous l'une ou l'autre forme, dans toutes les religions.
Sommairement, c'est la formulation d'une exigence essentielle à tout comportement humain. Elle apparaît
parfois sous une forme positive : « Ainsi, tout ce que vous voulez que les hommes fassent pour vous,
faites-le vous-mêmes pour eux », a dit Jésus (Matthieu 7.12). Elle apparaît aussi sous une forme négative :
« Ce que tu n'aimerais pas qu'on te fasse, ne le fais pas aux autres », a dit Confucius (Analectes 15.23).
Si cette obligation est commune à toutes les religions, comment se fait-il que les religions
soient impliquées dans certains des conflits les plus aigus de la planète ? Et pourquoi
les gens de religion semblent-il parfois la contradiction vivante de la charité ?*

UNE PARTIE DE LA RÉPONSE À CES QUESTIONS, c'est que les religions offrent des procédures, des programmes et des objectifs en vue d'une vie pleine et réussie (les critères de la réussite étant définis par chacune). Cependant elles ne peuvent garantir que l'on vivra ainsi. Toutes les religions admettent que, même animés des meilleures intentions, les hommes sont sous l'empire du mal, de la faute et de l'ignorance. Elles proposent des moyens d'y résister mais elles ne peuvent contraindre personne à se conformer à leurs propositions. Pis, certains se servent des religions, notamment pour s'arroger un pouvoir et pour nuire aux autres. Il n'y a qu'à penser à la façon dont on a utilisé les sanctions religieuses pour dominer les femmes ; aujourd'hui encore, si l'on s'accorde assez généralement à le regretter, d'aucuns tentent de maintenir les choses en l'état où elles ont toujours été : parmi les chrétiens, une partie de ceux qui s'opposent à l'ordination des femmes admettent que leur point de vue ne repose pas sur des arguments sérieux mais disent simplement que cela ne s'est jamais fait auparavant.

> **Nul d'entre vous n'est un croyant s'il ne désire pas pour son prochain ce qu'il désire pour lui-même.**
> MAHOMET

Vues sous cet angle, les religions sont des terrains fertiles pour l'agressivité et l'oppression. Pourtant, elles sont aussi des terreaux sur lesquels s'épanouissent des vies de beauté, de sainteté et de sagesse. Des millions de personnes dans le monde traduisent quiètement dans leur existence la règle d'or et les autres préceptes de leur foi. Cela signifie-t-il que toutes les religions devraient s'entendre sur ce fonds de morale commune pour apporter un nouvel espoir au monde ? Face aux immenses problèmes de population, d'écologie et de pauvreté, faut-il essayer de rassembler les religions pour qu'elles travaillent ensemble au bien de tous ? La réunion interconfessionnelle tenue à Chicago en 1993 a défini une éthique globale qui va exactement dans ce sens. Les gens de religion devraient et pourraient constituer une force majeure de résistance aux maux qui nous menacent tous.

Pourquoi n'en est-il pas vraiment ainsi ? Les religions ont leurs intérêts propres. Les conceptions qu'elles développent sur l'univers, la nature humaine, les buts de la vie, Dieu, un être ou bien une puissance suprême, les voies du salut ou l'illumination diffèrent de façon profonde et inconciliable. D'aucuns ont argué que ces différences ne viennent que de l'impossibilité de rendre de telles notions par des mots ; ils pensent que les religions expriment les mêmes choses mais en des termes différents ; qu'il y a beaucoup de chemins mais qu'ils mènent au même but. Cela ne peut être vrai.

> **Voici l'essentiel de toute loi : ne fais pas à autrui ce qui, si on te le faisait, te causerait de la peine.**
> MAHÂBHARATA (ÉPOPÉE HINDOUE)

Certes, les mots sont toujours inadéquats mais il ne s'ensuit pas qu'ils cherchent à décrire les mêmes choses. Il y a beaucoup de chemins mais ils ne conduisent pas nécessairement au même endroit : tous les chemins ne mènent pas à Rome simplement parce que ce sont des chemins. Les religions défendront toujours les vérités auxquelles elles croient et qui resteront différentes. Si elles peuvent s'allier contre le mal, elles ne le feront qu'en tant que partenaires égaux mais différents. Dans ce que Winston Churchill, pendant la Seconde Guerre mondiale, a appelé la grande alliance, les Américains, les Canadiens, les Britanniques, les Indiens, les Soviétiques, les Africains, les Australiens et tous les autres alliés n'ont renoncé ni à leur identité, ni à leurs intérêts, ni à leurs caractéristiques sous le seul prétexte qu'ils faisaient cause commune contre un ennemi particulièrement détestable.

> **Ne heurtez pas les autres avec ce qui vous heurterait vous-même.**
> LE BOUDDHA

Les gens de religion peuvent-ils s'unir en se fondant sur leur expérience religieuse ? Les religions offrent un moyen de se livrer à des expériences si profondes qu'on les a souvent définies comme des voyages hors du monde. Tels sont l'extase, l'enstase, l'illumination, l'amour mystique, l'union avec Dieu, etc. Ces expériences se décrivent de diverses façons mais elles sont si ineffables et si éloignées de la vie quotidienne que ceux qui les ont vécues les disent presque toujours «indescriptibles». Dès lors, pouvons-nous affirmer qu'il n'y a qu'une expérience mystique mais que seules les descriptions en sont divergentes ? Encore une fois, nous n'en sommes pas sûrs. Certaines de ces expériences procèdent d'une relation, d'autres d'une plongée dans un certain ordre de réalité. On ne peut unir les religions sur la base d'expériences qui peuvent être ou ne pas être identiques. En outre, certaines religions se défient de telles expériences et découragent leurs fidèles de les tenter.

Si les religions doivent s'épauler dans la recherche de la vérité et du bien, ce ne peut être qu'à partir de la reconnaissance et du respect de leurs différences et de leur droit à diriger leurs fidèles vers des objectifs

> **Ce qui te paraît haïssable, ne le fais pas aux autres.**
> HILLEL (DOCTEUR JUIF)

différents : le *nirvâna* n'est pas le paradis ; l'un ne s'appuie pas sur des relations, l'autre si. Mais tous deux peuvent représenter le bien absolu suivant leurs propres termes. Il y a des choix à faire et la destinée de chacun en dépend. Cependant la règle d'or représente une obligation commune à tous. C'est à partir de là que les gens de religion peuvent s'encourager mutuellement à accomplir le meilleur de ce que leurs différentes traditions exigent d'eux, et se mettre d'accord sur la nature des maux auxquels il s'agit de s'opposer. Au cœur de chaque religion, il y a le *sengyô*, ou principe de la nasse, que les bouddhistes zen empruntent au *Zhuangzi* 31 : «Une nasse est construite pour prendre du poisson : gardons le poisson et oublions la nasse ; un collet sert à prendre un lapin : gardons le lapin et oublions le collet. Les mots servent à transmettre du sens : gardons le sens et oublions les mots. »

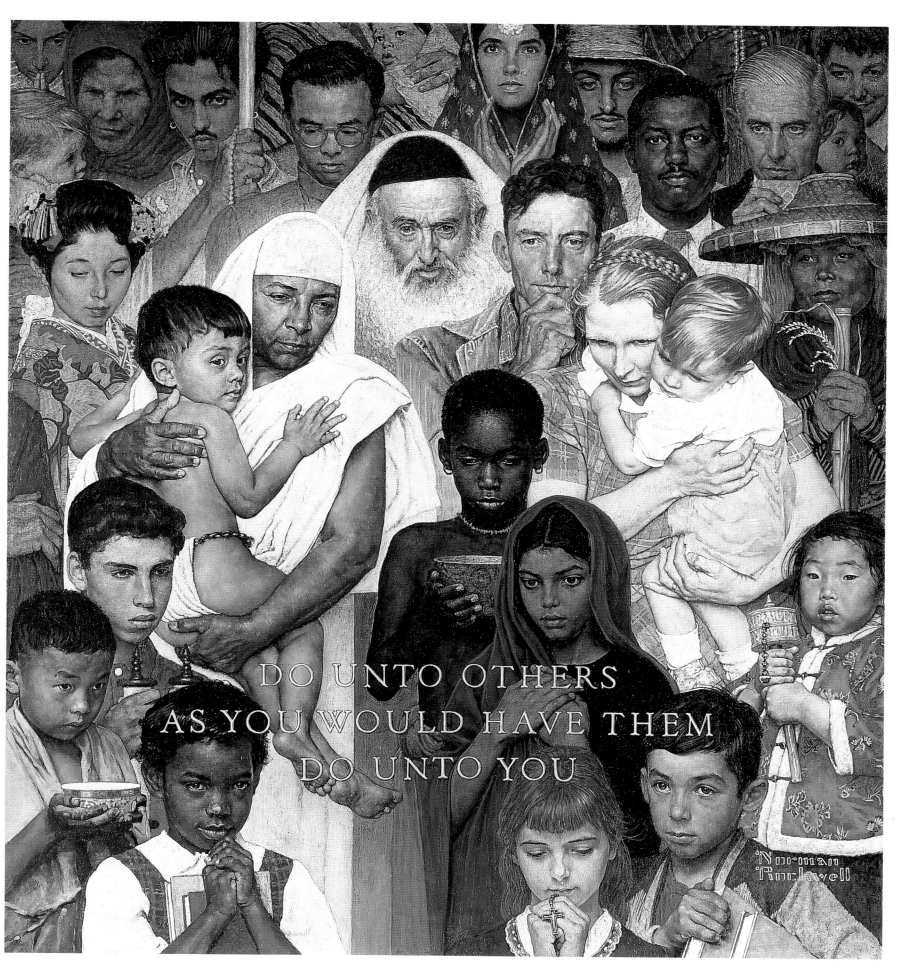

DO UNTO OTHERS
AS YOU WOULD HAVE THEM
DO UNTO YOU

Pour illustrer la règle d'or

La Règle d'or *de Norman Rockwell (1894-1978) illustre le thème fondamental de toutes les religions : fais à autrui ce que tu voudrais qu'on te fasse. L'artiste a voulu insister sur la nécessité de pratiquer la tolérance à l'égard des autres croyances que la sienne et sur le devoir, pour toute religion, de respecter les différences. Rockwell s'est principalement fait connaître par ses couvertures de magazines, où il dépeignait avec minutie les particularités de la vie américaine, mais ses derniers travaux, comme la* Règle d'or, *ont pris de plus en plus en considération les questions morales.*

CHRONOLOGIE

LE TABLEAU SYNOPTIQUE CI-DESSOUS vise à fournir une comparaison des événements et des développements qui ont marqué les principales religions. Chaque case couvrant 250 ans, cette comparaison ne peut être qu'approximative ; du reste, certaines dates sont inconnues ou contestées, comme par exemple celle de la naissance du Bouddha. Certaines longues périodes, comme la védique, sont signalées par un astérisque*. Les titres des écrits sont en *italiques*. On trouvera des dates plus précises dans le texte.

IMPORTANCE NUMÉRIQUE DES RELIGIONS

LES CHIFFRES SONT INCERTAINS et ne peuvent fournir qu'une indication grossière des valeurs proportionnelles. Ce livre n'a pas pris en considération toutes les religions, bien que certaines soient numériquement notables : ainsi, les baha'is sont environ 5 millions.

Religion	Recensés	Religion	Recensés
Christianisme	1 900 174 000	Sikhisme	20 204 000
Islam	1 033 453 000	Judaïsme	13 451 000
Hindouisme	830 000 000	Confucianisme	6 334 000
Bouddhisme	338 621 000	Jaïnisme	3 987 000
Rel. indigènes	96 581 000	Shintoïsme	3 387 000

	RELIGIONS ANCIENNES	RELIGIONS INDIENNES	BOUDDHISME	RELIGIONS JAPONAISES	RELIGIONS CHINOISES	JUDAÏSME	CHRISTIANISME	ISLAM
2000-1750 av. J.-C.	Expansion celte Égypte : Ancien, Moyen et *Nouvel Empire	*Civilisation de la vallée de l'Indus			*Dynastie Xia *Yijing*	Abraham, Isaac, Jacob		
1750-1500 av. J.-C.	Âge du bronze scandinave				*Dynastie Shang			
1500-1250 av. J.-C.	Égypte : *XVIIIe dynastie Aménophis IV	Invasion aryenne *Époque védique			Inscriptions oraculaires	Moïse et l'Exode		
1250-1000 av. J.-C.	Zarathustra (Zoroastre)	*Brâhmana*			*Dynastie Zhou	Établissement en Canaan		
1000-750 av. J.-C.		*Mahâbhârata* Premiers *Upanishad* Parshva, 23e tîrthankara jaïn			*Tienming (Mandat céleste)	David et la prise de Jérusalem Salomon et le Temple Rois et prophètes		
750-500 av. J.-C.	*Grèce archaïque *Rome : royauté	Mahâvîra, 24e tîrthankara jaïn			*Période des Printemps et Automnes Confucius	Chute de Samarie Exil à Babylone		
500-250 av. J.-C.	Victoire sassanide sur les Parthes *Grèce classique *Rome : République	Épopées et premières *Purâna* Scission du jaïnisme : digâmbara et shvetâmbara	Le Bouddha Concile de Râjagriha		Laozi Mencius Zhuangzi	Second Temple		
250 av. J.-C. - 0	*Époque hellénistique *Rome : apogée et fin de la République Auguste	*Bhagavad Gîtâ* Ashoka *Manu-Samhitâ* *Râmayâna*	Ashoka Milinda (Ménandre) *Sûtra du Lotus*		*Dynastie Qin *Han occidentaux Le confucianisme religion d'État	Indépendance sous les Asmonéens Extension du Temple Hérode le Grand		
0-250	Apogée de l'Empire romain	*Vishnu Purâna* *Vichnouïsme *Shivaïsme	*Mahâyâna Nâgârjuna et Mâdhyamika Bouddhisme en Chine		*Les Cinq Classiques* *Han orientaux Bouddhisme en Chine	Destruction du Temple Judaïsme rabbinique *Mishna*	Jésus Paul *Le Nouveau Testament* Concile de Nicée	
250-500		Concile jaïn de Valabhi Dynastie Gupta	*Bouddhisme tibétain Faxian (Fa-hsien) en Inde Bouddhisme en Corée Huiyuan et la Terre pure	Temple d'Ise	*Les Trois Royaumes *Dynastie Jin Expansion du bouddhisme et du taoïsme	Développement de la *halakha* (commentaire)	Patrick en Irlande Les saints du désert Concile de Chalcédoine Chute de Rome	
500-750	Établissement des parsis en Inde	*Époque védantiste Xuanzang (Hsüan-tsang) en Inde *Mouvement bhaktiste	Bouddhisme au Japon *Bouddhisme tantrique *Tiantai (T'ien-t'ai)	*Époque Nara Le bouddhisme déclaré religion d'État Constit. des 17 articles	*Dynastie Sui Bouddhisme d'État *Dynastie Tang L'impératrice Wu	*Talmud* babylonien	Les bénédictins Synode de Whitby Bède le Vénérable	Mahomet L'Hégire (622) Les 4 premiers califes Sunnites et chiites
750-1000		Shankara *Bhâgavata Purâna* Temple de Bahubali	Apogée du bouddhisme en Corée et en Chine Bârâbudur (Java) Atîsha au Tibet	*Époque Heian *Kôjiki* et *Nihongi* L'empereur Kammu	*Les Cinq Dynasties Répression du bouddhisme	*Karaïtes	Cluny Le mont Athos Charlemagne L'orthodoxie russe	*Dynastie abbasside Mosquée de Cordoue Écoles de droit *Le soufisme
1000-1250		Râmânuja Madhva *Tantra* Temple de Jagannâtha	Eisai et Zen Dôgen Hônen et la Terre pure	Eisai et Zen *Époque Kamakura Dôgen et Zen	*Dynastie Song Renouveau confucianiste	Judah Ha-Levi Maïmonide Nahmanide	Le Schisme Première croisade François, Claire Cisterciens et carmélites	Avicenne al-Ghazali Saladin Averroès
1250-1500		Mîrâ Bâî et Kabîr, poètes de la *bhakti*	Nichiren Bàyon (Cambodge)	Shinran Le nô Ippen et Ji *Époque Ashikaga	*Dynastie Yuan Bouddhisme tantrique *Dynastie Ming	Moïse de Léon La Kabbale Livre de prières imprimé Expulsion d'Espagne	Les dominicains Thomas d'Aquin Inquisition espagnole	*Dynastie mamelouke *Empire ottoman Prise de Constantinople
1500-1750		Guru Nânak Amritsar Guru Gôvind Singh et le *Guru Granth Sahib*	Restauration du bouddhisme à Ceylan Invasion mongole au Tibet	Retour au shinto *Époque Tokugawa Motoori Noringa Hakuin et le kôan	*Dynastie Qing	Joseph Caro et le *Shulhan Arukh* Ashkénazes et sépharades	La Réforme Loyola et les jésuites Concile de Trente	Soliman le Magnifique *Dynastie moghole L'islam à Java et Bornéo Akbar
1750-2000	Iran : persécution des zoroastriens par la dynastie *Qajar	Brahma Samâj, Ârya Samâj Gandhi Indépendance de l'Inde	Râma IV (Thaïlande) Bouddhisme chogye en Corée Sôka-gakkai	Nakayama et Tenrikyo Réforme Meiji Nationalisme Sôka-gakkai	Révolte taiping Sun Yat-sen Révolution culturelle	Le hassidisme Herzl et le sionisme L'Holocauste L'État d'Israël	Missions Conciles du Vatican	Les wahhabites à La Mecque Fin du califat L'intégrisme

ATLAS DES RELIGIONS

LES CARTES QUI SUIVENT montrent le pays d'origine ou l'expansion de chaque religion étudiée dans cet ouvrage. Toutes ont des lieux saints ; certaines en ont beaucoup. Ils se rapportent soit à des mythes, soit à des événements historiques, soit à des personnages. En certains cas, comme en Chine et au Japon, ils sont considérés comme les demeures d'esprits ou de divinités. En des cas comme celui du judaïsme, des sites historiques sont intimement liés à l'identité nationale et religieuse. La plupart des communautés religieuses évoquées dans l'ouvrage sont présentes en de nombreuses parties du monde : il y a des communautés sikhs en Grande-Bretagne et au Canada ; cependant le bouddhisme, le christianisme et l'islam ont connu une expansion majeure, dépassant largement leur lieu de naissance. L'islam est particulièrement implanté au Proche-Orient et en Afrique. Le christianisme est universel. L'hindouisme et le bouddhisme prédominent en Asie orientale, bien que le Pakistan et le Bangladesh soient musulmans.

LÉGENDE

- ⬤ Lieux saints hindous
- ⬤ Lieux saints jaïns
- ⬤ Lieux saints sikhs
- ⋯⋯ Vallée de l'Indus

```
0    100   200   300   400km
0        100      200      300
                          miles
```

LIEUX SAINTS DE L'HINDOUISME, DU JAÏNISME ET DU SIKHISME

QUATRE RELIGIONS ENCORE EXISTANTES se sont développées en Inde : l'hindouisme, le bouddhisme (voir p. 192), le jaïnisme et le sikhisme. Elles y sont toujours fermement établies, sauf le bouddhisme, qui prédomine au Tibet et au Sri Lanka. La carte montre les lieux saints hindous, jaïns et sikhs. Les sites importants pour plus d'une religion portent la couleur de la religion qui y domine et les initiales des autres entre parenthèses. Amritsar (voir pp. 84-85) est un site majeur pour les sikhs, le mont Abu, au Rajasthan, pour les jaïns et Bénarès (voir pp. 34-35) pour les hindous.

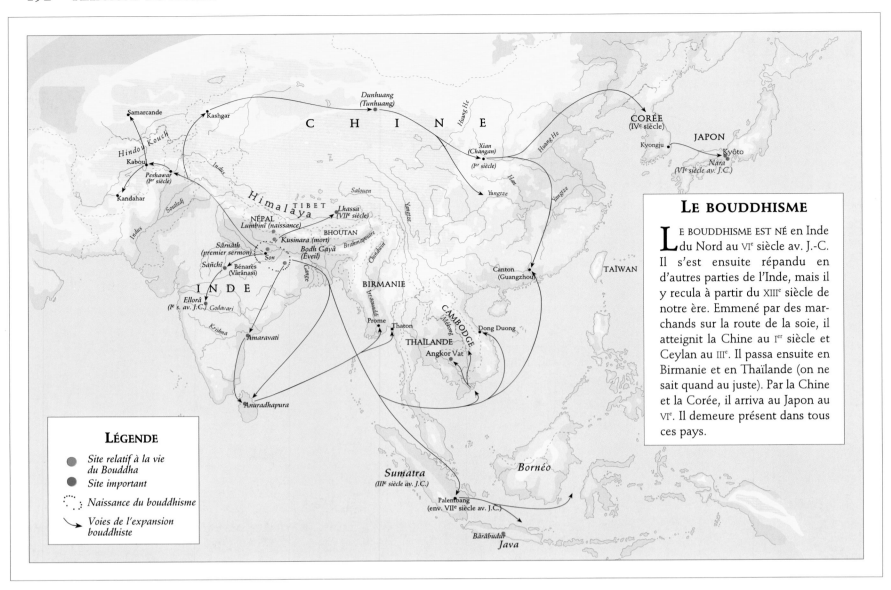

LE BOUDDHISME

LE BOUDDHISME EST NÉ en Inde du Nord au VIᵉ siècle av. J.-C. Il s'est ensuite répandu en d'autres parties de l'Inde, mais il y recula à partir du XIIIᵉ siècle de notre ère. Emmené par des marchands sur la route de la soie, il atteignit la Chine au Iᵉʳ siècle et Ceylan au IIIᵉ. Il passa ensuite en Birmanie et en Thaïlande (on ne sait quand au juste). Par la Chine et la Corée, il arriva au Japon au VIᵉ. Il demeure présent dans tous ces pays.

LÉGENDE

● Site relatif à la vie du Bouddha
● Site important
⋯ Naissance du bouddhisme
→ Voies de l'expansion bouddhiste

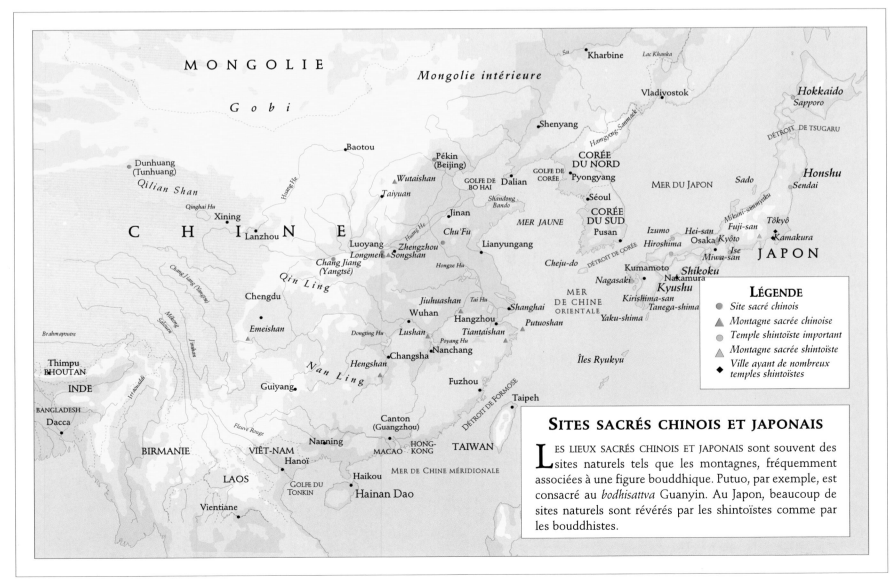

LÉGENDE

● Site sacré chinois
▲ Montagne sacrée chinoise
● Temple shintoïste important
▲ Montagne sacrée shintoïste
◆ Ville ayant de nombreux temples shintoïstes

SITES SACRÉS CHINOIS ET JAPONAIS

LES LIEUX SACRÉS CHINOIS ET JAPONAIS sont souvent des sites naturels tels que les montagnes, fréquemment associées à une figure bouddhique. Putuo, par exemple, est consacré au *bodhisattva* Guanyin. Au Japon, beaucoup de sites naturels sont révérés par les shintoïstes comme par les bouddhistes.

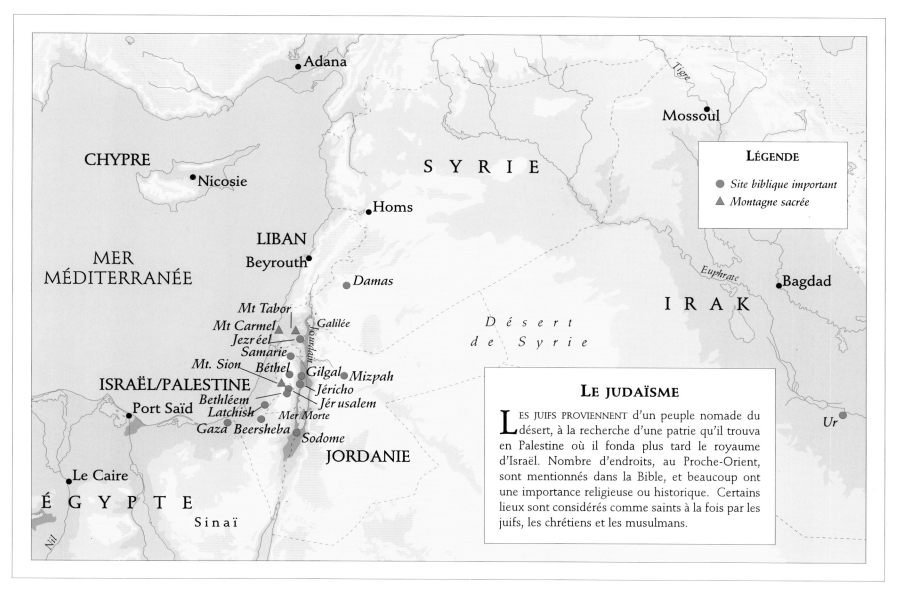

CHYPRE

•Nicosie

•Adana

SYRIE

Mossoul

MER
MÉDITERRANÉE

LIBAN
Beyrouth•

•Homs

LÉGENDE

● Site biblique important
▲ Montagne sacrée

● Damas

Désert
de Syrie

IRAK

•Bagdad

Mt Tabor
Mt Carmel ▲   •Galilée
Jezréel ▲
Samarie ●
Mt. Sion   Béthel ●
ISRAËL/PALESTINE ▲   ● Gilgal ● Mizpah
Bethléem ●   ● Jéricho
Port Saïd   Latchish ●   ● Jérusalem
Gaza Beersheba ●   Mer Morte
● Sodome

JORDANIE

Ur

LE JUDAÏSME

LES JUIFS PROVIENNENT d'un peuple nomade du désert, à la recherche d'une patrie qu'il trouva en Palestine où il fonda plus tard le royaume d'Israël. Nombre d'endroits, au Proche-Orient, sont mentionnés dans la Bible, et beaucoup ont une importance religieuse ou historique. Certains lieux sont considérés comme saints à la fois par les juifs, les chrétiens et les musulmans.

Le Caire•

ÉGYPTE

Sinaï

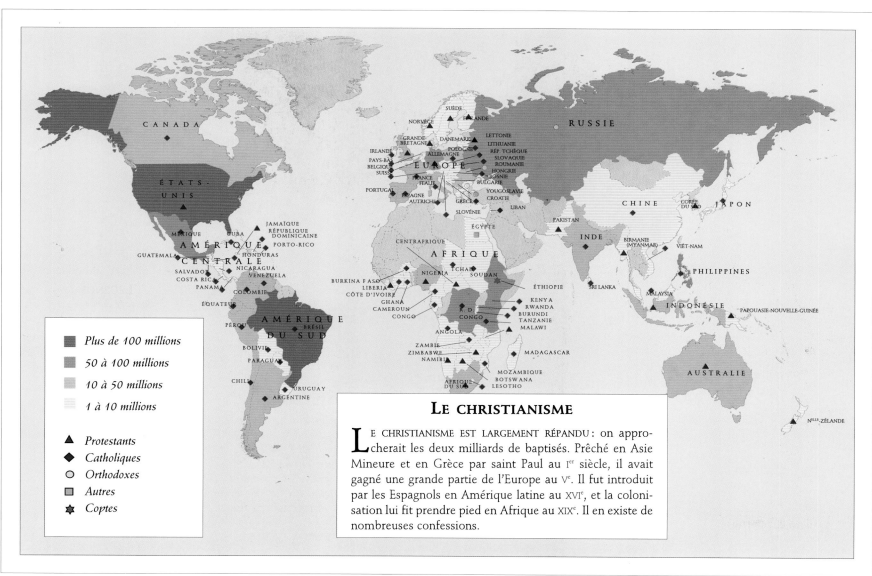

Plus de 100 millions
50 à 100 millions
10 à 50 millions
1 à 10 millions

▲ Protestants
◆ Catholiques
○ Orthodoxes
▢ Autres
✶ Coptes

LE CHRISTIANISME

LE CHRISTIANISME EST LARGEMENT RÉPANDU : on approcherait les deux milliards de baptisés. Prêché en Asie Mineure et en Grèce par saint Paul au Ier siècle, il avait gagné une grande partie de l'Europe au Ve. Il fut introduit par les Espagnols en Amérique latine au XVIe, et la colonisation lui fit prendre pied en Afrique au XIXe. Il en existe de nombreuses confessions.

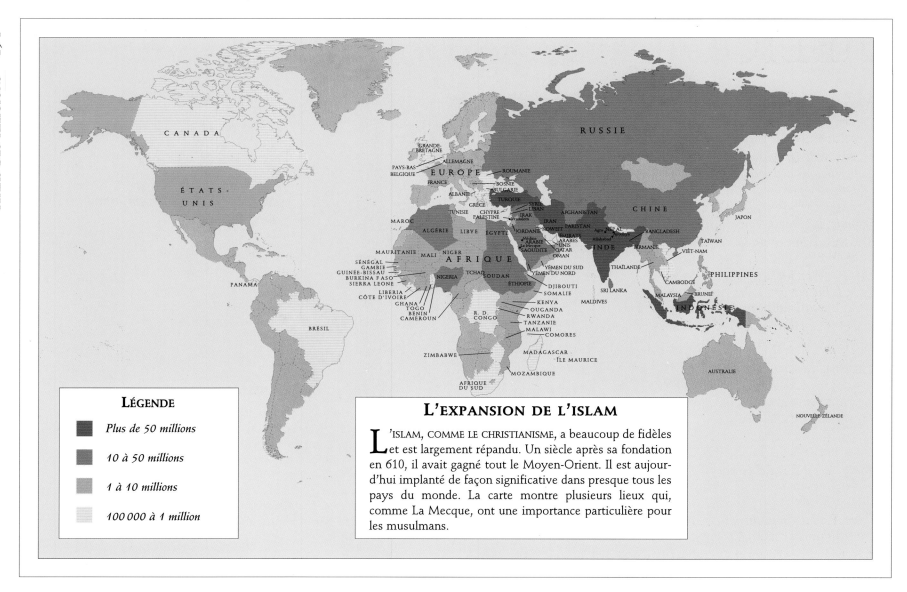

LÉGENDE

- Plus de 50 millions
- 10 à 50 millions
- 1 à 10 millions
- 100 000 à 1 million

L'EXPANSION DE L'ISLAM

L'ISLAM, COMME LE CHRISTIANISME, a beaucoup de fidèles et est largement répandu. Un siècle après sa fondation en 610, il avait gagné tout le Moyen-Orient. Il est aujourd'hui implanté de façon significative dans presque tous les pays du monde. La carte montre plusieurs lieux qui, comme La Mecque, ont une importance particulière pour les musulmans.

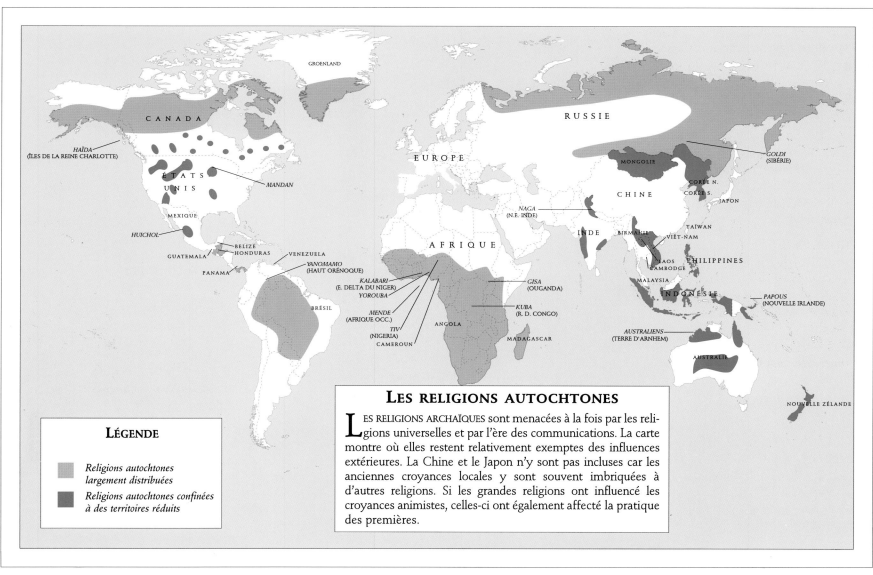

LÉGENDE

- Religions autochtones largement distribuées
- Religions autochtones confinées à des territoires réduits

LES RELIGIONS AUTOCHTONES

LES RELIGIONS ARCHAÏQUES sont menacées à la fois par les religions universelles et par l'ère des communications. La carte montre où elles restent relativement exemptes des influences extérieures. La Chine et le Japon n'y sont pas incluses car les anciennes croyances locales y sont souvent imbriquées à d'autres religions. Si les grandes religions ont influencé les croyances animistes, celles-ci ont également affecté la pratique des premières.

BIBLIOGRAPHIE

• OUVRAGES GÉNÉRAUX

BALLADIER, CH. dir. : *Atlas des religions*, Encyclopædia Universalis, 1988.

BONNEFOY, Y. : *Dictionnaire des mythologies et des religions des sociétés traditionnelles et du monde antique*, Flammarion, 1994.

CLÉVENOT, M. : *L'État des religions dans le monde*, La Découverte, 1987.

ELIADE, M. : *Traité d'histoire des religions*, Payot, 1989.

LENOIR, F., MASQUELIER, Y. et MESLIN, M. (dir.) : *L'Encyclopédie des religions du monde*, 2 vol., Bayard Éditions-Centurion, 1997.

PUECH, H.-C. : *Histoire des religions*, 3 vol., Gallimard, La Pléiade, 1970-1976.

• RELIGIONS ANCIENNES

BOTTÉRO, J. et KRAMER, S. N. : *Lorsque les dieux faisaient l'homme : mythologie mésopotamienne*, Gallimard, 1989.

BREKILIEN, Y. : *La Mythologie celtique*, Éditions du Rocher, 1994.

BRUNAUX, J.-L. : *Les Religions gauloises : Rituels celtiques de la Gaule indépendante*, Errance, 1996.

DAUMAS, F. : *La Civilisation de l'Égypte pharaonique*, Arthaud, 1988.

DODDS, E.-R. : *Les Grecs et l'irrationnel*, Flammarion, 1995.

DUMÉZIL, G. : *La Religion romaine archaïque*, Payot, 1987.

DUNAND, F. et ZIVIE-COCHE, C. : *Dieux et Hommes en Égypte*, Armand Colin, 1991.

GERNET, L. et BOULANGER, A. : *Le Génie grec de la religion*, Albin Michel, 1970.

KOLPAKTCHY, G. : *Livre des morts des anciens Égyptiens*, Stock, 1993.

MARTIN, R. : *La Religion grecque*, PUF, 1992.

OTTO, W. F. : *L'Esprit de la religion grecque ancienne : Theophania*, Berg International, 1995.

WILLIS, R. : *Mythologies du monde entier*, Bordas, 1996.

• HINDOUISME

BIARDEAU, M. : *L'Hindouisme : Anthropologie d'une civilisation*, Flammarion, 1995.

DANIÉLOU, A. : *Mythes et Dieux de l'Inde : le polythéisme hindou*, Éditions du Rocher, 1994.

RENOU, L. et FILLIOZAT, J. : *L'Inde classique : Manuel des études indiennes*, École française, 1996.

RENOU, L. : *L'Hindouisme*, PUF, 1996.

ZIMMER, H. : *Les Philosophies de l'Inde*, Payot, 1997.

• JAÏNISME

ALSFORD, L. : *Les Études jaïna*, Collège de France, 1965.

BREUIL, P. DU : *Les Jaïns de l'Inde*, Aubier, 1990.

SHÂNTÂ, N. : *La Voie jaïna : Histoire, spiritualité, vie des ascètes pèlerins de l'Inde*, Œil, 1985.

TIFFEN, N. : *Le Jaïnisme en Inde : Impressions de voyages et photographies*, Weber, 1987.

• BOUDDHISME

LAMOTTE, E. : *Histoire du bouddhisme indien : des origines à l'ère Saka*, Peeters, 1976.

MIGOT, A. : *Le Bouddha*, Complexe, 1983.

RAHULA, W. : *L'Enseignement du Bouddha*, Le Seuil, 1978.

WIJAYARATNA, M. : *Sermons du Bouddha*, Cerf, 1988.

• SIHKISME

DELAHOUTRE, M. : *Les Sikhs*, Brepols, 1989.

NÂNAK, G. : *Jap Ji. Enseignement initiatique du guru Nânak*, Présence, 1970.

RAMA KRISHNA, L. : *Les Sikhs : Origine et développement de la communauté jusqu'à nos jours (1469-1930)*, Jean Maisonneuve, 1933.

• RELIGIONS CHINOISES

ÉTIEMBLE, R. : *Confucius*, Gallimard, 1986.

GRANET, M. : *La Civilisation chinoise : la vie publique et la vie privée*, Albin Michel, 1994.

GRANET, M. : *La Pensée chinoise*, Albin Michel, 1980.

GRANET, M. : *La Religion des Chinois*, Imago, 1989.

MASPERO, H. : *Le Taoïsme et les Religions chinoises*, Gallimard, 1985.

NORMAND, H. : *Les Maîtres du Tao*, Éditions du Félin, 1985.

ROBINET, I. : *Histoire du taoïsme : Des origines au XIVᵉ siècle*, Le Cerf, 1991.

SCHIPPER, K. : *Le Corps taoïste : Corps social et corps physique*, Fayard, Paris, 1993.

WIEGER, L. : *Les Pères du système taoïste*, Belles-Lettres, 1970.

• RELIGIONS JAPONAISES

ADDIS, S. : *L'Art zen*, Bordas, 1992.

SIEFFERT, R. : *Les Religions du Japon*, PUF, 1968.

• JUDAÏSME

ADLER, L. : *La Signification morale des fêtes juives*, Labor et Fides, 1967.

CHOURAQUI, A. : *Histoire du judaïsme*, PUF, 1990.

CHOURAQUI, A. : *La Pensée juive*, PUF, 1992.

CUGENHEIM, E. : *Le Judaïsme dans la vie quotidienne*, Albin Michel, 1992.

GINIEWSKI, P. : *Le Néo-Judaïsme*, La Baconnière, 1966.

KAPLAN, J. : *Judaïsme français et Sionisme*, Albin Michel, 1976.

SCHOLEM, G. G. : *Fidélité et Utopie. Essais sur le judaïsme contemporain*, Calmann-Lévy, 1978.

SCHOLEM, G. G. : *Le Messianisme juif. Essai sur la spiritualité du judaïsme*, Calmann-Lévy, 1974.

• CHRISTIANISME

Dictionnaire de théologie catholique, Letouzey et Ané, 1970.

Nouveau Catéchisme de l'Église catholique, 1994.

CHAUNU, P. : *La Réforme protestante*, 2 vol., Complexe, 1988.

COMTE, F. : *Les Grandes Notions du christianisme*, Bordas, 1996.

DOUDELET, A. : *Les Orthodoxes grecs*, Brepols, 1996.

DU BOURGUET, P. : *Les Coptes*, PUF, Que sais-je?, 1992.

DUPRONT, A. : *Du sacré : Croisades et pèlerinages, images et langages*, Gallimard, 1987.

EVDOKIMOV, P. : *L'Orthodoxie*, Desclée de Brouwer, 1990.

JANIN, R. : *Les Églises orientales et et les rites orientaux*, Letouzey et Ané, 1970.

KÜNG, H. : *Être chrétien*, Le Seuil, 1994.

KÜNG, H. : *Dieu existe-t-il?*, Le Seuil, 1981.

MARQUET, C. : *Le Protestantisme*, Granchet, 1997.

PORTER, J. R. : *Origines et Histoires de la Bible*, Bordas, 1995.

• ISLAM

BURCKHARDT, T. : *L'Art de l'Islam : Langage et signification*, Sindbad, 1985.

CAHEN, C. : *L'Islam, des origines au début de l'Empire ottoman*, Hachette-Pluriel, 1997

CHARNAY, J.-P. : *Sociologie religieuse de l'Islam*, Hachette Littératures, 1994.

CORBIN, H. : *Le Paradoxe du monothéisme*, LGF, 1981.

CORBIN, H. : *L'Iran et la Philosophie*, Fayard, 1990.

DE VITRAY-MEYEROVITCH, E. : *Anthologie du soufisme*, Sindbad, 1986.

GARDET, L. : *L'Islam : Religion et communauté*, Desclée de Brouwer, 1982.

GARDET, L. : *Les Hommes de l'Islam : Approches des mentalités*, Complexe, 1989.

GLASSÉ, C. : *Dictionnaire encyclopédique de l'Islam*, Bordas, 1991.

SCHUON, F. : *Comprendre l'islam*, Le Seuil, 1976.

• RELIGIONS AUTOCHTONES

DELABY, L. : *Chamanes toungouses*, Société d'ethnologie, 1976.

DURKHEIM, É. : *Les Formes élémentaires de la vie religieuse*, PUF, 1990.

ELIADE, M. : *Le Chamanisme et les techniques archaïques de l'extase*, Payot, 1992.

ELIADE, M. : *Initiation, rites, sociétés secrètes, naissances mystiques : essai sur quelques types d'initiation*, Gallimard, 1992.

MÉTRAUX, A. : *Religions et magies indiennes d'Amérique du Sud*, Gallimard, 1967.

INDEX

■ Les mots en CAPITALES sont des titres de chapitre ; ceux qui sont composés en gras sont définis dans le texte à la page dont le numéro est aussi en gras. Les mots en *italique* sont des termes étrangers ou des titres d'ouvrages.

CRÉDITS PHOTOGRAPHIQUES

Abréviations : h → haut   b → bas
c → centre   g → gauche   d → droite

Agence photographique de la Réunion des Musées nationaux/Musée Guimet : 65 bd ; 74-75 c, b. American Museum of Natural History, autorisation Department Library Services 2733 (2), photo Thomas Beiswenger : 180-181 c ; 181 hg. Ancient Art and Architecture Collection : 27 d ; 124 hd ; 133 bd ; 140 hg ; 170 hg/J. Beecham : 151 hc. Andes Press Agency : 63 bg. Arnamagnaean Institute, Copenhague/Stofnum Arna Magnussonar à Islandi : 16 g. Artéphot/A.F. Kersting : 52-53. © 1994, The Art Institute of Chicago, The White Crucifixion, Marc Chagall, © ADAGP, Paris et DACS, Londres 1997 : 134-135 c. The Asia Society, Mr & Mrs John D. Rockefeller 3d Collection (1979.52 White Tara), Asian Art Museum of San Francisco/The Average Brundage Collection '95 (B62D28) : 88 g (détail) ; 96-97 c (ensemble et détails). Photo AKG, Londres : 148 hd ; 155 hg/Stockholm, Statens Historiska Museum : 16 hd. Ashmoleon Museum, Oxford : 6-7 h.

Beth Tzedec Reuben & Helen Dennis Museum, Toronto, Canada, Cecil Roth Collection, rouleau Megillah de Kaifeng Fu, Chine, CR533/photo Russ Jones : 126-127 hc. Bodleian Library (MS SANK.a. 7 (R)) : 67 d ; 172 (MS. Elliott 246.f25) : hd ; 172-173 (MS Ouseley Add 24 Fol 119R) : c, bg. Collection Boyd : 6 b. Collection American Interfaith Institute, Philadelphie : 113 bg. Bridgeman Art Library : 138 ; 138-139 c ; 139 bd ; 163 bg/Bibliothèque municipale, Rouen : 147 hg/BNF, Paris : 90 hg ; 176-177 c/British Library, Londres : 5 hd ; 31 bd ; 58 d ; 66-67 c ; hg ; 116 hd ; 117 h ; 132 g ; 132-133 c ; 137 hd ; 160 g ; 164 ; 165 c ; bg ; 173 bd. Christie's, Londres : 152 cg/Fitzwilliam Museum, université de Cambridge : 147 hd/Jewish College Library : 132 d/Koninklijk Museum voor schone kunsten, Anvers/Giraudon : 136 g ; 150 bg ; 150-151 c ; bd/Lutherhalle, Wittenberg : 116-117 c/Museo Correr, Venise : 130-131 c/Musée Condé, Chantilly : 166-165 c ; 167 bg/National Gallery of Victoria, Melbourne : 38-39/National Museum of American Art, Smithsonian, Permlet Art Resource : 187 bg ; 187 bd/Musée national d'Islande, Reykjavik : 16bd/Musée national de l'Inde, Calcutta : 54 g ; 55 bg/Musée national de l'Inde, New Delhi : 20-21 ; 23 bg ; 44 hg ; 59 d ; 60-61 cg ; bg/Oriental Museum, université de Durham : 56-57 ; 64-65 ; 68 d ; 69 g, d ; 89 g ; 98 hd/Pierpont Morgan Library, New York : 118 bg ; 118-119 c ; 119 d/Collection particulière : 187 b/Richardson & Kaigas Icons, Londres : 155 hd/Pérouse : 15 hd/Staatliche Museen zu Berlin : 14 bg/Stroganoff School : 154 hg, bg/Victoria & Albert Museum, Londres : 19 b ; 114 bg. Bridgestone Museum of Art, Ishibashi Kan'ichido Collection : 70-71. British Library, Londres : 17 h ; 78 cg, bc ; 84-5 bc ; 106-107 c, bg, bd ; 124-125 c ; 128 hg ; 128-129 c ; 129 bd ; 140-141 ; 156 hg ; 174 hg. Trustees of the British Museum : 2 ; 4 c ; 12 hg, hd, bg, bd ; 18 g ; 19 h ; 28 h ; 29 ; 32-33 ; 55 hd ; 57 c ; 60 hc ; 60-61 hc ; 62 c ; d ; 72 d ; 162-163 c/Peter Anderson : 28b.

© Doyen & Chapitre de Canterbury/Sebastian Strobl : 139 bg. Jean-Loup Charmet : b/Biblio-

thèque des Arts décoratifs : 181 hd/BNF, Paris : 92 ; 92-93 c ; 99 hg ; 176 hg. Circa Photo Library : 3 hd ; 5 hg ; 7 bd ; 70 c ; 82 hg ; 94 hd ; 96 ; 97 hg ; 98 hg ; 144 hd. Reproduit avec l'autorisation des Trustees of the Chester Beatty Library, Dublin : 170-171 c ; 171 g, d. © Cleveland Museum of Art, 1995, don de Severance & Grita Millikin, 67.244, Ascète jaïn cheminant sur la rive, peinture sur papier, v. 1600, 38.8 x 26.3 cm, Inde, Basawan, école moghole : 50-51 c. C.M. Dixon/Victoria & Albert Museum : 44 hd ; 52 hg.

e.t. Archive : 152 c, cg/Musée archéologique, Ferrare : 11 g ; 14 bd/British Museum : 10 d ; 36-37 ; 89 d ; 95/Freer Gallery of Art : 98-99/Museum der Stadt Wien, Vienne : 121 bg/Musée des arts turcs & islamiques : 170 hd/Musée national du Palais, Taïwan : 90 c ; 90-99/Bibliothèque de l'université, Istanbul : 174-175 c ; 175 bg, bd/Collection particulière : 93 hd/Victoria & Albert Museum : 23 bc ; 24-25 ; 26-27 ; 72-73.

Dan Burn-Forti : 152 hd.

Giraudon, Paris : 7 bg ; 103 hg ; 108 bg ; 108-109 c, bd ; 124 hg. Glasgow Museum : 8 hd ; 9 d ; 82 cg ; 82-3 c ; 83 b ; 161 g. Collection Burrell : 113 hd/The Saint Mungo Museum of Religions Life & Art : 4 g ; 137 cg ; 178 g ; 179 hd ; 186 g ; 186-187 c. Golders Green United Synagogue : 5c.

Sonia Halliday/F.H. Birch : 177 bg/Laura Lushington : 112 g ; 120-121 c ; 121 hd, hg/Barry Searle : 128 hd ; 130 hd. © S. Heald : 187 hg. John Hillelson Agency/© Brian Blake : 65 bg. Michael Holford : 94g/Louvre : 154 bd/Musée Guimet : 22 hg, hd ; 22-23 c ; 58-59 c ; 59 bd ; 142 hd. © Jim Holmes : 34cg ; 106 hd ; 159 bc. Hutchison Library : 82 hd ; 84 bg ; 86 hd, g/John Burbank : 109 hg/Carlos Freire : 53 hg/Felix Green : 99 hd/Jeremy Horner : 126 bg/Macintyre : 25 hg ; 38 bg ; 10 hd/Edward Parker : 25 hd/Christine Pemberton : 8 bg ; 23 bd ; 36hd/B. Regent : 62 g/Liba Taylor : 38 hg ; 122 hd, bd/Isabella Tree : 59 bc.

The Image Bank/Toyofumi Mori : 107 hg. Musée d'Israël : 118 h.

The Jewish Museum, Londres : 123 b. The Jewish National & University Library : 114-115.

© Rod Leach (SGI-UK) : 110 hd. Los Angeles County Museum of Art/Collection Navin Kumar Gallery, New York : 42 ; 44-45/Linden-Museum, Stuttgart (photo U. Didoni) : 48-49.

Magnum/©Bruno Barbey : 13 hd. Mary Evans Picture Library : 90 bg ; 93 bd ; 148 hc ; 126-7/Explorer : 30 cg ; 157 hd. Collection Mansell : 26 d ; 90 cg ; 119 b. The Metropolitan Museum of Art, Bequest of Michael Friedsam, 1931, The Friedsam Collection (32.100.143), © 1989 The Metropolitan Museum of Art : 142 hg ; 142-143. © Roland & Sabrina Michaud : 165 bd. Museum of Fine Arts, Boston, autorisation William Sturgis Bigelow Collection : 102 g.

Reproduit avec l'autorisation des Trustees de la National Gallery, Londres : 146 ; 146-147 c ; 147c, bd ; 148-149. National Museum of Ireland : 17b. National Museums of Scotland : 161 d. © Yvonne & Juan Negrin : 182-183. Tatei Atsinari, 1980 chez José Benitez Sanchez, 1.22 x 1.22 m, Collection of The Newark Museum, Purchase

1920 Albert G. Sheghon, photo John Bigelow Taylor, New York : 66 hg.

Panos Pictures/Jean-Léo Dugast : 32 hg. Ann & Bury Peerless : 20 cg, hd ; 26 ; 33 bc ; 46 hd ; 47 ; 50 cd ; 53 hd ; 119 bg. Pictor International Ltd : 17 c ; 154 hd. Musée Pitt Rivers, université d'Oxford : 182 hd ; 184 hd ; 184-185 c ; 185 bd ; 186-187 d. Powell Cotton Museum : 101 d ; 179 bg. Dr Ian Reade (Institut nordique d'études asiatiques, Copenhague) : 101 g ; 104 hg, bg ; 107 hd ; 109 hd.

Robert Hading Picture Library : 14 c ; 116 bg/Robin Hanbury-Tennison : 180 hd/Simon Westcott : 65 bc. Autorisation de photographier par le Norman Rockwell Museum à Stockbridge, reproduction autorisée par le Norman Rockwell Family Trust, © 1961 The Norman Rockwell Family Trust : 189.

Peter Sanders : 167 bd ; 168 hd. Scala/Academia, Florence : 144 g ; 144-145/Museo nazionale Reggio Calabria : 14 hd/Sala del Cambio, Casa dei Vettii, Pompéi : 15 c/chapelle Sixtine, Vatican : 158 ; 158-159 c ; 159 gd/Vatican, Museo Pio degli Animali : 15 b.

Staatliche Kunstsammlungen Dresden : 143 bd. © Sean Sprague 1990 : 159 bg.

Staatliche Museen zu Berlin - Preussicher Kulturbesitz, Museum für indische Kunst, © BPK : 56 hg.

Tenrikyo Church Headquarters : 111. The Board of Trinity College, Dublin : 140 hd.

Trip/J. Arnold : 61 bc/Dinodia : 48 hd ; 50 hg/A. Gamiet : 168 hg/W. Jacobs : 66 bg/D.K. Vaghela : 50 hd/H. Rogers : 77 hd ; 80-81 ; 84 hg, c ; 86-7 c ; 127 hd ; 177 bd/B. Turner : 155 bg/M. Turner : 131 bd.

Autorisation du Board of Trustees of the Victoria & Albert Museum : 30-31 ; 46-47 ; 48 hg ; 58 g ; 100 g ; 102-103 b ; 102bg ; 103 hd ; 168-169 c ; 169 bd.

Viewfinder Colour Photo Library : 36 hg ; 70 bg ; 71 hd ; 152 cd ; 163 bd.

Photo John Webb (Philip Dawson : The Art of Tantra, Thames & Hudson Lhd, Londres) : 40-41. Weiner Library, photo n 2913/862768, National Archives : 135 bg/Auschwitz Museum n 817 : 135 bd. Archives Werner Forman : 32 hd ; 114 hg ; 148 g ; 167 d/Archiv/Thjodminjasafh, Reykjavik, Islande : 11 d/Metropolitan Museum, New York : 174 hd/Musée d'anthropologie et d'ethnographie, St-Pétersbourg : 181 bd/Collection Philip Goldman, Londres : 25 bd ; 74 bg ; 75 hd ; /Collection particulière : 1 c ; 43 hd, bg ; 45 bd ; 70 hg/Victoria & Albert Museum, Londres : 162 hg. Cathédrale de Westminster 137 bg.

Zefa/Bob Croxford : 63 bd ; 120 hg/Konrad Helbig : 155 bd. © Zev Radovan : 122 hg, hd, bg ; 122-123 c ; 123 hg, cd ; 131 bg ; 133 bg. Association zoroastrienne d'Europe : 13 b.

Le plus grand soin a été apporté à l'établissement des crédits photographiques. Toutefois, nous adressons à l'avance toutes nos excuses au cas où une erreur ou une omission aurait été faite. Nous nous engageons à effectuer les corrections qui s'imposeraient dès la prochaine réimpression.